U0881478

改革开放以来
烟台市、县委书记口述历史

中共烟台市委党史研究院
（烟台市地方史志研究院） 编著

中国文史出版社
CHINA CULTURAL AND HISTORICAL PRESS

图书在版编目（CIP）数据

改革开放以来烟台市、县委书记口述历史 / 中共烟台市委党史研究院（烟台市地方史志研究院）编著. 北京 : 中国文史出版社, 2024. 12. -- ISBN 978-7-5205-5047-5

Ⅰ. D619.523

中国国家版本馆 CIP 数据核字第 2024WJ0523 号

责任编辑：梁玉梅

出版发行：中国文史出版社
社　　址：北京市海淀区西八里庄路 69 号　　邮编：100142
电　　话：010-81136606　81136602　81136603（发行部）
传　　真：010-81136655
印　　装：山东麦德森文化传媒有限公司
经　　销：全国新华书店
开　　本：787mm × 1092mm　　1/16
字　　数：462 千字
印　　张：34.75
版　　次：2024 年 12 月北京第 1 版
印　　次：2024 年 12 月第 1 次印刷
定　　价：168.00 元

文史版图书，版权所有，侵权必究。
文史版图书，印装错误可与印刷厂联系调换。

《改革开放以来烟台市、县委书记口述历史》
编　委　会

主　　任：李丕志

副 主 任：李迎春　范宇明　王晓鸽　周　弘

委　　员：（按姓氏笔画排序）

于旭光　于　勇　马建宁　毛春雨　王　晓

司兆恒　孙顺龙　李晓霖　刘红梅　刘振兴

时丕全　宋丹丹　宋伟利　苏春刚　陈　超

周家智　赵善超　郭广锋　曹树德　盖寿春

隋克春　隋振平　焦光绪　蔡海林　潘书民

主　　编：李丕志

副 主 编：王晓鸽

执行主编：姜俊英

编　　辑：姜俊英　韩兆蕾　于旭光　于玲燕　于培伟

马鹏程　马德福　王守志　王灵臣　王鹏胜

王　静　王墨童　毛春雨　冯学凌　任浩然

刘玉玫　刘红梅　刘振兴　祁大鹏　纪文宏

李　岩　李智林　杨海峰　时丕全　邹方敏

宋继林　张　涛　陈　超　周家智　赵　丹

赵学杰　侯方旭　原浩政　倪　婧　郭　彬

崔志达　隋振平　董琳琳　韩正黎　韩　冰

焦光绪　谢一梁　谢心海　谢志成　潘书民

前　言

中国共产党一经成立，中国人民和中华民族的历史就揭开了新的画卷。习近平总书记指出："建立中国共产党、成立中华人民共和国、推进改革开放和中国特色社会主义事业，是五四运动以来我国发生的三大历史性事件，是近代以来实现中华民族伟大复兴的三大里程碑。"1978 年 12 月，党的十一届三中全会召开，作出把党和国家工作重点转移到经济建设上来、实行改革开放的历史性决策。中国共产党以咬定青山不放松的决心、信心和耐心，团结带领中国人民开启了改革开放和社会主义现代化建设的伟大征程。几十年同舟共济、春华秋实，中华民族迎来了从站起来、富起来到强起来的伟大飞跃！中国特色社会主义迎来了从创立、发展到完善的伟大飞跃！中国人民迎来了从温饱不足到小康富裕的伟大飞跃！

上下同心，步伐坚定。在改革开放的时代浪潮中，敢闯敢试、锐意创新的烟台人，在历届市委、市政府的坚强领导下，认真贯彻落实党的路线、方针、政策，解放思想、跨越发展，在挑战中破难前行，在奋斗中书写辉煌。以家庭联产承包责任制为重点的农村经济体制改革率先突破，以城市为重点的经济体制改革全面推开，对外开放坚定不移推进，社会主义市场经济体制逐渐确立并不断完善，全面深化改革蹄疾步稳、打开新局。几十载风雨兼程、坚韧不拔，烟台实现了从传统农业地区到现代工业城市的宏伟跨越，实现了由封闭半封闭到全方位对外开放的伟大转折，实现了从基本温饱到全面小康社会的建成，2023 年地区生产总值更是步入"万亿城市"行列。

一部波澜壮阔的改革开放地方史，就是一部地方党组织团结带领人民群众开拓创新、创造辉煌的奋斗史，足以彪炳史册。2019 年 5 月，山东省委组织部、山东省委老干部局和山东省委党史研究院联合部署，在全省组织开展改革开放以来山东市、县委书记口述历史征编工作，旨在以口述历史的形式，抢救性征集改革开放以来重大事件决策者的亲身经历，为改革开放和社会主义现代化建设新时期历史研究提供第一手资料，为广大干部群众提供生动鲜活的党史教材。三年疫情，采访工作被迫停滞。2022年11月，烟台市委党史研究院重启此项工作。按照既定工作流程，市、县党史部门先后开展了全面动员部署、名单审核确认、选题论证确定、书记联络专访、史料广泛征集、文稿撰写修订等一系列工作。作为该书口述历史的讲述者，每位书记都给予了积极配合与支持，表现出应有的社会责任与历史担当。作为党的路线方针政策的执行者，以及烟台经济社会发展的规划者和参与者，每位书记的选题不仅格局宏大深邃，紧跟时代发展脉搏，极具开创性，更实实在在对所在地区当时及以后很长一段时间的发展有着重要而深远的影响。为强有力地支撑起每个选题，每篇主题的采访人员与撰稿整理人员查阅了几万甚至是几十万字的史料、资料，包括当时的重要会议、重要文件、领导讲话和大量的新闻报道等，认真研究选题的历史背景、推进过程与重大意义，深入探寻历史发展的客观规律和辩证逻辑，力求完整再现该项重大选题的真实面貌、来龙去脉。市、县两级征编者共同努力、紧密协作，最终于2024年完成了47位书记50篇口述历史稿件的编撰任务。

《改革开放以来烟台市、县委书记口述历史》全书约50万字，以纪事本末体体例撰写而成。在面对面采访、电话采访的基础上，充分结合史料、资料，鲜活地再现了市、县委书记任职期间所发生的事关烟台发展大局的大事、要事。各位书记的口述专题坚持理论与实践紧密结合、发展与时代紧密结合，具有很强的前瞻性、全局性和思想性，以一种全新角度直观反映了烟台的改革开放发展史。本书图文并茂，资料丰富，逻辑严密，深入浅出，兼具学术性与可读性，既可作为研究烟台改革开放发展史的重要文献，又能为干部群众教育培训提供生动教材，更能为规划未来发展提供有益借鉴。

九万里风鹏正举！烟台将锚定2035年跃升成为环渤海地区中心城市，坚持以习近平新时代中国特色社会主义思想为指导，以新时代创业者的奋斗姿态、敢为人先的责任担当，在进一步全面深化改革、推进高水平对外开放上走在前、挑大梁、作贡献，加快打造绿色低碳高质量发展示范城市，奋力谱写中国式现代化的烟台篇章！

编者

2024年12月

目　录

烟台成功举办第二届APEC国际贸易博览会

王树建*

自1861年烟台开埠以来，对外交往给烟台打开了一扇通往世界的窗户。中华人民共和国成立后，对外开放为烟台的经济发展提供了一条康庄大道，尤其是党的十一届三中全会后，对外开放成为烟台经济腾飞的加速器，并催生了一个新领域——会展经济。会展经济的标志性事件是烟台成功举办第二届APEC国际贸易博览会，这是一次大规模、高层次的国际性经贸活动，也是烟台市第一次代表国家承办的国际性经贸活动。作为当时主政烟台的市委书记，我有幸抓住机遇、亲自决策，会同班子成员全面部署了第二届APEC国际贸易博览会并成功在烟台举办。

一、再接再厉，寻找对外开放新机遇

我从一参加工作就来到了烟台市区，生命里写满了烟台元素，尤其对芝罘区特别熟悉。我是从企业干起的，见证了20世纪80年代中期至90年代初期，烟台举办的轻工产品展销会，烟酒糖茶、纺织品等一系列会展，烟台经济迅猛发展。但随着全国改革开放的深入，到了90年代中后期，全国各地到处都是类似的会展活动，招商引资的组织形势进入了停滞期。同时，竞争激烈的发展环境变化极大，加快发展时不我待。

* 王树建，1995年6月至1997年12月任中共烟台市委书记。

我是1995年6月到任烟台市委书记的，当时正是“八五”计划收尾期，也是“九五”计划的酝酿期，未来五年将是跨入21世纪的冲刺五年。责任当担，使命在肩，我每天想的是如何在常规发展中找到一个新的突破口，把烟台的经济再提高一大步。回顾我的工作经历，结合烟台优势，在全面贯彻落实党中央一系列改革措施的同时，我希望在对外开放这块儿主动作为做点文章。

在连续成功举办两次东亚城交会的过程中，我和班子成员认识到这是烟台面向当时经济最活跃的东亚地区，由国内走向国际市场的重要会展，已经把烟台的对外开放提高了一个很高的层次。但作为带头人，我觉得还远远不够，希望找到一个更好的突破口，胆子再大些，把会展升格为国家级项目。为此，我做了大量准备工作。一方面通过报纸、电视、电台、内部参考信息等多途径，了解国际形势、国内外大中城市最新发展态势；另一方面在进行集体学习、组织会议和参观考察时，加强与同志间的政策交流、经验沟通与典型学习，慢慢地心里就有了底、有了方向，即把东亚城交会申办为国家级大型活动。

当然，首先要找具体分管会展工作的国家外经贸部。机会总是留给有准备的人。1996年5月27日，在威海召开各省市外贸厅办公室主任会议，其中参加会议的有外经贸部部长助理龙永图同志。我听说后，感到这是个机会，马上责成相关部门邀请龙永图同志顺路到烟台来考察工作。在陪同他的过程中表达了两个愿望：一是邀请他来烟台参加东亚城交会；二是将东亚城交会升格为国家级交易会。当时是分管外经工作的副市长以及相关人员具体与龙永图同志进行接触的。结果一上来我们就被浇了一盆冷水，他当即表示：一是因工作日程安排不能参加烟台的东亚城交会；二是不可能批准东亚城交会为国家级会展，原因是外经贸部正在全国范围内清理整顿各地多、乱、杂等类似的交易会，将东亚会升格为国家级大形势上不容许。虽然当时同志们很失望，但并没有放弃，继续与龙永图同志进行探讨与交流，在交流的过程中得知：中国加入世贸组织需要一个过程，所以中国领导人越来越重视 APEC 组织在国际上和经贸中的作用发挥，当时江泽民总书记亲自参加了有关会议。这个组织下面将有一系列的经贸活动要开展，龙永图建议烟台考虑一下是否可以利用 APEC 做点文章。与此同时，通过其他途径，我也得到关于 APEC 的信息。

1997 年 6 月 6 日至 10 日，第二届 APEC 国际贸易博览会在烟台国际商城举办。图为开幕式现场

二、攻坚克难，抢抓 APEC 申办权

听到相关 APEC 的汇报后，我心头一震，感觉有戏，立刻着手行动，研究 APEC 相关资料。APEC 为亚洲太平洋经济合作组织的英文缩写，是亚太地区重要的经济合作论坛，也是亚太地区最高级别的政府间经济合作机

制，该组织成立于1989年11月。1991年11月，中国以主权国家身份加入该组织。第一届APEC国际博览会于1994年10月在日本大阪举行，总共有18个成员国参加，在全世界引起轰动。这对烟台太具吸引力了，烟台正需要这样一次世界的聚光灯：若能够把第二届APEC国际博览会拉到烟台来举办，对于烟台而言是一个千载难逢的大好机遇。虽然明白这是一座崇山峻岭，要拿下它困难重重，但我们胶东人有种越挫越勇的精神，挑战与机遇同在，一定要把它紧紧握在我们烟台手里。在和班子成员沟通后，我们决定立刻付诸行动。

我当即向具体负责筹备东亚城交会的副市长部署：要以举办东亚会为契机，与上级领导密切接触，克服一切困难，把第二次APEC国际贸易博览会拉到烟台举办。所以说，APEC国际博览会的筹备工作早在东亚城交会开幕式之前就已经开始了。当时我们以东亚城交会对应APEC国际博览会的举办标准，全面考量烟台的现状，仔细进行对比，烟台的差距还是很大的，无论是基础设施建设、场馆建设、绿化美化环境，还是交通便利、城市容量等都远远不够。于是，我们多管齐下，迅速行动起来。一方面作为领导层，我与班子成员们相继与济南、北京的老领导、老同事以及相关专家学者进行沟通与求助；另一方面市里组织人员迅速启动申办考察调研程序，我记得当时去了新加坡、日本的大阪等；另外，组织力量对烟台举办更大规模更高档次的国际经贸活动的条件和能力进行可行性专题研究。各个口的相关部门都被调动起来，许多不明就里的部门领导还说：以为东亚会结束能休息两天，这怎么像刚开始。对于大家的议论我也没解释，毕竟申报程序“八”字没一撇。

1996年6月10日东亚城交会一结束，关于城交会的总结报告完成之时，也是APEC申办报告出台之时，醉翁之意不在酒，大家的目的就是借向中央领导汇报东亚城交会之时，争取APEC的举办权。在积极争取过程中，国家部委给予了烟台极大的支持与帮助，可以说没有国家部委的大力支持就没有烟台成功举办 APEC 的可能。当时的吴仪部长，省委、省政府相关领导人，都给予了烟台关键性帮助。尤其是龙永图同志把烟台争取 APEC 举办权当作一件有意义的重要工作来对待，在不到一年的时间里先后多次往返烟台，经过一番实地考察，认为日本能在大阪举办第一届 APEC 国际贸易博览会，中国就有条件和可能在烟台举办第二届。确认后，他迅速做出了两件关键意义的事情：一是由国际司的有关同志协助烟台尽快写出第二届 APEC 投资贸易博览会的可行性报告，交吴仪部长审批；二是要国际司尽快拟定征求意见函，以 APEC 高官的名义发函给 APEC 的 18 个成员。正是龙永图同志的努力，使烟台的积极争取迅速转化为实质性申办。

虽然申办工作得到了部委领导的帮助和默许，但必要的程序还得烟台来办。市里第一时间从全市选调最精干的力量成立专门驻京团队，全天靠在北京外经贸部办理相关事宜。这些工作人员在北京待了足足两个月，发扬咬定青山不放松、完不成任务决不回家的耐力。申办第二届 APEC 国际博览会程序复杂，需要外经贸部同意，需要吴仪部长签字；需要 18 个成员国同意，需要特定的国际程序，尤其是吴仪部长特别忙。这等待的时间特别漫长、令人煎熬。因为考虑到烟台的差距，为了争取时间，在等待审批的过程中会展中心的承建、居民的拆迁、交通扩建等相关工作已经同期开工。虽然说即便申办没有批下来，手头这些基建也同样有利于烟台之后的发展，但毕竟不是那么回事。每天一想到不知道哪儿会卡壳，我心里就捏把汗，半夜会从梦中惊醒。当然驻京申办的同志更辛苦，我后来听说有两位同志天不亮就到外经贸部报到上班，甚至帮助门卫打扫卫生，以诚感人、以恒撼人。当然，对于此次申报我还是有信心的，烟台成功地举办了两届东亚城交会，具备了举办大型国际博览会的经验，这是我们的优势所在。

经过两个月艰苦卓绝的工作，1996 年 8 月 1 日，吴仪部长代表国家签字批准了在烟台举办第二届 APEC 国际贸易博览会。国家外经贸部于 1996 年 8 月 2 日以正式文件，批复同意烟台于 1997 年 6 月 6 日至 10 日举办第二届亚太经合组织国际贸易博览会，并冠名为“中国烟台 APEC 贸易投资博览会”。听到这个消息，我高兴地离开办公桌在地上转了好几圈，太振奋人心了。因为这意味着烟台的对外经贸活动将扩展、升格为国家级、国际性的大型经贸活动了！这是一次进一步优化营商环境、扩大对外开放、开拓国际空间的新机遇，是借助国力抢先发展的新机遇，是一次让世界更好地了解烟台、让烟台更好地走向世界的宝贵机遇。之后，成立了由吴仪部长担任名誉主席、李春亭省长担任主席的第二届亚太经合组织国际贸易博览会领导机构，其中烟台市市长任海深担任执行主席，烟台市副市长王德和担任组织委员会主任。

三、上下齐心，畅通渠道，构建起全面科学的会展组织架构

承办大型国际性博览会是一个庞大的系统工程，其中还涉及国际事务，要做的准备工作很多很复杂。必须借力国家部委和省委、省政府的力量，必须有广大群众的积极参与响应，做到上下努力、共同配合、齐心协力。那段时间大大小小事物堆积案头，上至大工程大项目，下至吃喝拉撒……但是因为第一次举办这么大的国际盛会，很兴奋，精神状态特别好，真正做到了忙而不乱、繁而有序。我提了几条要求，在政治上，烟台要在国际舞台上展示中国形象；在规格上，必须是国际水准，全民参与，全领域深挖；在方式方法上，抓大放小，归口管理，定标定岗定责。一定要通过 APEC 贸易投资博览会把烟台打造成国际舞台，要向全世界展示多角度立体式的烟台，把历史的、文化的、民俗的烟台展现在全世界的目光之下。

首先，我们积极争取到国家部委和省委、省政府以及相关部门的大力支持，加强密集沟通、内外联络和上情下达。当时的省长李春亭等领导给予了烟台全力支持，亲自协调督导大项目大工程的申批和资金协调，甚至

是特事特办、速办速决。与此同时，按照归口管理、定标定岗定责的原则，搭建科学有效的组织框架，当时，市委、市政府重点工作围绕 APEC 来转，每天班子成员都要挤出时间研究商讨 APEC 的相关事宜。我们集思广益重点把一些关键性的框架，大方向、大项目的决策拎出来打包成一个高效科学的中心区域块。在十几天的时间里，我们就有了比较成熟完备的预案，并立即着手进入相关执行程序。

1996 年 8 月 22 日，烟台市政府第 60 次市长办公会议，对举办第二届 APEC 国际贸易博览会有关事宜进行了明确，同意由国家外经贸部和山东省人民政府做主办单位、省外经贸委和烟台市人民政府做承办单位。9 月上旬，烟台市副市长、副秘书长和市外经委负责人共赴北京，向外经贸部国际经贸关系司领导进行专题汇报。领导对烟台的方案很满意，当然也提出了许多好的建议与意见，双方就博览会相关事宜交换了意见。当月，经过几方商定，组建中国（烟台）APEC 贸易投资博览中心，作为专门机构代表烟台市政府与 APEC 及国家有关部门沟通。10 月 3 日至 5 日，外经贸部国际经贸关系司副司长等来烟台考察 APEC 博览会的基础设施、接待能力、城市环境等，给予了肯定。10 月中旬，分管烟台外经贸委的副市长和相关负责人再次赴北京和济南，向对外贸易经济合作部部长助理龙永图、山东省副省长宋法堂等领导分别做出汇报，确定博览会的举办时间、主承办单位、组织领导机构等。举办时间定在 1997 年 6 月 6 日至 10 日。主题定为“友谊、合作、发展、繁荣”。宗旨是：充分展示亚太经合组织各成员的贸易实力和投资环境，创造贸易和投资机会，促进相互间的经济技术交流和贸易合作。主办单位是亚太经合组织、中华人民共和国政府（对外贸易经济合作部），协办单位是山东省人民政府，承办单位是烟台市人民政府和山东省对外经济贸易委员会。博览会展览场馆设在烟台国际商城。省政府还确定，将沿黄九省产品展销会安排在博览会期间举办。

我在这里重点回忆两点：一是关于博览会展览场馆——国际商城的选

址问题；二是沿黄九省产品展销会同期在烟台举办的问题。展览场馆是博览会的心脏，是烟台的形象焦点。早在 1996 年 5 月份的时候我就开始思忖这个问题，东亚城交会的场馆是借用二轻局的楼，无论从建筑本身的规模、设施、容量，以及周边环境、交通等，对于举办更大的招商活动都是掣肘。我对芝罘区还是很了解的，在大脑里从东到西、从南到北地过了几遍，发现国际商城不错，它位于火车站、烟台港客运站、长途汽车总站的交会处，是烟台的商业中心。所以当龙永图提出烟台没有符合 APEC 承办的会展中心时，我马上向他介绍了国际商城：如果在不到一年的时间里重新选址征地，从打地基开始建造新的会展中心，时间肯定不允许，而当时的国际商城是新加坡外商李先生与芝罘区一企业合资地产，商城框架即将完工，主体建筑面积 5 万多平方米，足够满足 APEC 场馆要求。当吴仪部长的大字一签，我亲自抓办这件大事，经过沟通，李先生愿意大力支持烟台的发展，但这中间涉及多方面的施工项目和经济利益，不仅我谈，分管副市长、市财政局等相关职能部门人员也要进行账目预算和谈判。然后，省委、省政府相关领导与工作人员也多次来现场观看考察，大家对我的这个选址都非常满意，正好切合原先的打算：市政府只需要接手内部规划设计，周边居民拆迁，以及周边辅助设施和环境改造与建设。这在时间上让渡出很大一块空间，对保证 APEC 博览会如期举办非常有利；而且商城所在位置、周围交通等情况都非常好，你就是现选也挑不出比这更好的位置了。这件大事一办成，我这心里一块石头落了地。

再说一下沿黄九省产品展销会。烟台在第二届 APEC 国际贸易博览会中扮演的是国际舞台，那烟台就不仅仅代表自己，她还代表了山东省，代表了中国在国际上的形象。这也是我的压力所在，不仅举办的形式要好看，最主要的是内容要丰满多彩，用胶东的话说，要有硬头货。于是，我就开始关注接下来一年里省内外的重大活动，在千头万绪的大杂烩里寻找发展机遇。哎！在众多信息里我就筛选了几条。经过和班子成员们分头与上级领导的交流、汇报、争取，以及调研考察等多条腿走路，最后省政府确定，将沿黄九省产品展销会安排在 APEC 博览会同期举行，并成立了由省委、省政府相关人员为主体的领导小组，专项负责这一块的工作联系。这一下子，至少有 8 个省会自觉与我们烟台联络，为 APEC 博览会增加了内涵，扩大了规模，提升了档次，也省去了我们好多工作，腾出了时间精力人力物力做其他事情。

“时间就是效率，抢抓发展机遇太重要了。”当时我迫切希望快点走完基本法定程序，在做好全面部署和科学决策之后，尽快进入实施阶段，因为时间紧任务重，不能多耽搁一天时间。

四、全民参与，喜迎四海宾朋

1996 年 11 月 20 日上午，在国际经贸大厦举行了“第二届 APEC（中国烟台）国际贸易博览会新闻发布会”，任海深市长（本届博览会主席团执行主席）出席发布会，并作了重要讲话。这次发布会是向全社会和全世界正式宣告第二届 APEC（中国烟台）国际贸易博览会召开事宜。这让我大大松口气，经过我们市委、市政府的科学缜密决策、多渠道沟通协调，展会大框架都出来了，可以进入抓落实阶段了。虽然许多工作在这之前已经全面铺开，但毕竟这是一个正式的行政动员令，从此，各项工作多措并举、多点用力、多处开花，各个方面各个工作一起发力。

科学有效的组织保障和上级领导的高度关注是抓落实的基础。市委、市政府把办好本届博览会作为全市工作的头等大事来抓，建立起上下联动、科学有效的组织体系，即建立起纵到底、横到边的网格式组织网络，确保涉及的每项工程、每件事情有人抓有人干。1996 年 11 月 27 日，市委、市政府印发 70 号文件，成立了由我任组长的 APEC 博览会筹备工作领导小组，下设六个专门工作委员会，分别是基础设施建设和环境整治工作委员会、新闻宣传和文化娱乐工作委员会、经贸洽谈工作委员会、接待旅游服务工作委员会、安全保卫和社会治安工作委员会，以及沿黄九省市产品和建材产品展销会工作委员会6个专门工作委员会，明确了各自分工职责。各县市区和市直有关部门也都成立了由主要负责同志挂帅的博览会筹备工作领导小组和专门工作机构，全市自上而下形成了一个完整的组织领导体系。之后伴随着整个筹备过程，以每半月一次的频率相继召开了多批次市级推进和调度会议，大到三大重点工程，小到复印机、通行证等，及时调配专职干部和专项技术人员，细化任务，强化指标，优化时效；及时汇总信息，跟进进度，发现问题，解决困难，保障各项工作顺利推进。

烟台市承办的两次APEC活动均得到了党中央和国务院以及相关部委和山东省委、省政府的高度重视、大力支持。在经过主席团会议和国家经贸委、国家外经贸部、外交部相关领导的视察后，1997年4月3日至4日，中共中央政治局委员、国务院副总理李岚清，在山东省委副书记、省长李春亭和分管副省长的陪同下视察了第二届APEC国际贸易博览会筹备工作，给办好博览会提出了四方面的指示。5月18日，时任中共中央总书记、国家主席江泽民亲笔为第二届APEC国际贸易博览会题词："平等互利、彼此开放、共同繁荣。"山东省委、省政府高度重视APEC国际贸易博览会的推进，进行了全省统一协调，明确了重大事项由烟台提出意见，经省政府同意，报外经贸部、外交部审定后组织实施，形成国家、省、市三级政府的上下衔接工作方式。在1997年的五个月时间里，仅由省长、副省长召集十几个职能部门举办现场办公会、专题筹备会议的，就多达5次以上。

充分发挥好组织、宣传和群众的力量。积极邀请国家领导人、国际友人和中外新闻记者，举办新闻发布会。走进社区、走入学校等进行广泛宣传动员，组织筹备博览会期间的各项文化娱乐活动、街头文艺宣传活动等。尤其成功组织了一系列新闻发布活动，形成展览会前期宣传的高潮。1996年11月20日、12月5日、12月10日和1997年1月24日，博览会组委会先后在烟台、北京、香港、济南等地举办新闻发布会，对外公布第二届 APEC 国际贸易博览会在烟台举办的消息，宣传中国政府的各项政策信息，介绍美丽烟台的现状，在海内外产生了强烈反响。其中，给我印象最深刻的是在北京人民大会堂新闻发布厅举办的那次新闻发布会（1996 年 12 月 5 日下午），当时，APEC 驻华使馆 40 多名官员、100 余名海内外记者、100 多家海内外大商社和大公司代表及国家有关部委的人员参加了此次新闻发布活动；李肇星（外交部副部长）、龙永图（对外贸易经济合作部部长助理）、山东省分管副省长等与会参加。会场中，李肇星和龙永图分别拿起话筒，以亲历者甚至是相关政策制定者的身份，直接用英语和记者对话，对于记者们的各种提问对答如流，百问不厌，甚至是妙语连珠，引来会场阵阵掌声和中外记者的赞誉，极大地提升了新闻发布会的层次和质量，增加了会议知名度。现场直播视频被海内外多家电视台转播，受到海内外观众的关注与喜爱。两位领导急于加快中国发展的精神和意愿太令人感动了！中央电视台海外新闻中心以博览会为背景，摄制的《两轮驱动的亚太经济》新闻评论专题片影响极为广泛，吸引了全世界的目光。

在烟台，自 1996 年 8 月以后，鲜明有效的宣传工作自始至终贯穿整个 APEC 的筹备和举办过程。以“烟台创建亚太经贸城”为主题，市宣传部及其他相关部门精心策划和组织了一系列宣传活动，先后掀起了新闻发布、深度报道、宣传江泽民同志题词、博览会盛况报道四大高潮，产生了空前的舆论效应。报纸、电台、电视台也加强了宣传报道，相继开设了《以实际行动迎接博览会》《国际礼仪与礼节知识讲座》《告别不文明行为，提高文明素质》等专栏。形成了一个“人人都参与，处处皆展室，努力创建 APEC 国际经贸城”的生动局面。其间，相关 APEC 的海内外报道达 3000 多篇次，其中有影响力的新闻媒体发表重点报道 1500 多篇次，覆盖面达 100 多个国家和地区。形成内外呼应的宣传效应，进一步扩大了博览会的影响，较好地促进了招商招展工作。临近博览会期间，市区各主要街道及广场、车站、机场、码头等公共场所都开始悬挂和张贴宣传 APEC 的彩旗、标语和广告牌等。

举办博览会，招商招展是重中之重，烟台的海内外招商招展和新闻发布宣传活动是同时启动的。市委、市政府通过新闻发布、互联网、请国家有关部委协助、派出招商小组等多种形式，开展大规模的招商招展工作；实施“请进来、走出去”，把招商任务分解到各单位，广泛动员侨属侨眷力量等。仅前期就投资了 60 多万元，编印了中英文本的参展手册和邀请书、日韩文本的参会参展简介、大型画册《中国烟台》等宣传资料 4 万多册（份），并利用国内外大小会议、活动投递送达招展资料。组织培训了 100 名优秀专职翻译和 300 名志愿服务人员。为了做好场馆与开馆会展的布展与实施，市里召开了全市招商招展动员大会，加强了与中外客商的联系，等等。全市经贸洽谈和招商招展人员为博览会的成功召开做出了大量工作，值得肯定。

一个地区的基础设施建设对招商招展非常重要，也是成功举办 APEC 的物质基础。规划部署之初，市委、市政府即通过调研明确了三大重点工程。作为 APEC 主场馆的烟台国际商城在承办博览会之前建筑主体基本完成，约为 5 万多平方米，市政府接手后即按照 APEC 博览会的要求重新找专家设计布局、装修建造。这中间还有个小插曲，建造完成到七八成时，大概 1997 年年初，我正在省里开会，突然接到一个紧急电话，说会场起火了。当时我大脑一片空白，马上请假回烟台，一边赶路一边了解情况，了解到是安装空调引发起火，因及时扑灭，没有影响到整个工程。那时我把芝罘区的一个副书记调到现场做总指挥，他之前做过政法委副书记，在调动交通、警力方面比较有经验，起火时也是他亲自到场指挥。我回到烟台后第一时间赶去现场查看，真是有惊无险！之后，所有工程都加强了安保措施，确保每项工程不出意外。1997 年 4 月 26 日，省委副书记韩喜凯应邀参加了国际商城的竣工典礼。商城总建筑面积 9 万多平方米，其中第一层展览大厅建筑面积为 1.56 万平方米，可设置 700 个国际标准展位。整个商城采用闭路电视管理系统，设有电脑控制的中央空调，拥有 54 部电扶梯、观光电梯及客货电梯，同时拥有业务洽谈、餐饮、酒吧、歌舞厅、夜总会、保龄球、桑拿浴等多种服务设施，总造价为 4.5 亿元人民币。烟台国际商城的建成，为第二届 APEC 国际贸易博览会的成功举办创造了有利条件。国际候机楼工程，1996 年 10 月启动施工，12 月初进入内装修和设备安装阶段，1997 年 5 月 22 日，举行了竣工仪式。烟台山宾馆新楼建设，为五星级宾馆，是重点接待外宾的场所。在交通方面，经过 86 天的超常规施工，工程总投资 5000 万元，烟青路烟台南出口拓宽改建工程提前 3 个月，于 5 月 27 日正式完工通车。环海路立交桥，自 1996 年 9 月开工，市政总公司每天 12 小时工作，1997 年 5 月 23 日主桥竣工通车。为扩大对外开放，烟台机场由国家二类口岸升为一类口岸，争取开通了烟台至中国香港、至新加坡、至日本的三条空中航线。其他部门如邮电部门投资 2000 多万元，完善通讯设施；电业部门自筹资金上千万元，用于城市电网改造。市区内市政公司平均每天有十几个工程在同时进行，1—5 月份完成了 4500 多万元的工程量。为给博览会创造良好的环境，全市上下总动员，开展了大规模持久的城市综合整治活动。其中，市委、市政府调动芝罘区委、区政府先后动员 1600 个单位和个体工商户拆除了 13 万平方米的建筑物，增加了 5 万多平方米的草坪和各种配套设施；依法强制拆除违法建筑近百处；芝罘区发起“迎接博览会义务卫生保洁志愿者”签字活动，6 万余名市民主动参与，为净化、美化城市出一份力。其他各县市区广大干部群众也纷纷投入到建设队伍中，全方位加强基础设施建设和综合整治活动，千方百计做好功课，要把参加博览会的客商们拉到自己的地盘上，要把 1.3 万多平方公里的烟台都变成招展的主战场，展示各自的精彩和文明形象。

1997 年 1 月 4 日，第二届亚太经合组织国际贸易博览会动员大会在市府礼堂举行，龙永图利用休息时间应邀参加了动员大会并做重要讲话，市直各部门、企业以及其他相关部门1200人在市府礼堂参会，另在各县市区设立分会场。全市各部门、单位和广大市民纷纷行动起来，全力参与到迎办APEC的热潮中。全市上下相继开展了“当好东道主、迎接博览会”“提高全民素质 喜迎博览盛会”“以文明形象走近APEC”“擦亮窗口 喜迎盛会”等系列活动。重点工程重点人员以攻坚克难、加班加点保证工程质量和工期来诠释奉献，各单位企事业职工以岗位建功立业来贡献力量，广大市民利用节假日做义工，用良好的文明形象来表达热情支持，更有无数捐助行动让我到现在记忆犹新。中国一汽集团等两个单位捐助了60辆高档汽车做礼宾车为市政府解决了一大难题，加拿大丽天迪集团向博览会捐赠了价值88.8万元的手表1000只，持久钟表在市区无偿竖起110多座装饰钟，还有其他捐钱捐物的。总之，全民总动员是第二届APEC国际贸易博览会最大的特点、亮点，也是至今没有被超越的，这场漂亮的群众总战役，参与人员多、持续时间长、效果非常明显，社会各界包括海内外各企业单位纷纷伸出热情的双手，全市上下无论是党员干部还是群众，上至耄耋老人下至几岁顽童，都有参与。大家只有一个心愿：办好博览会，为国争光，为山东争光，为烟台争光。经过这次博览会，烟台市民的精神面貌、文明素质均有了一个很大的提高。

1997年5月9日，市委、市政府再次召开万人动员大会，我在会议上做了重要讲话，动员全市广大干部群众全力做好各项工作的最后冲刺。5月14日，任海深市长又发表了电视讲话，再次发起冲锋的号角。接着是《致全体市民一封信》、“双文明”活动再部署等相继刊登在《烟台日报》上，分发到各单位各家各户的手里，一场“人人都是投资环境、人人都是接待窗口、人人都是博览会主人”的全民行动有序展开，市容环境综合整治攻坚工作加速推进，各机关企事业单位的楼墙厂房、社区的楼院街巷、公园广场街角空地、大街小巷绿植花草都进行了清洁更新和打理。市区46个重点接待宾馆和其他宾馆，经过半年多的强化训练和培训上岗，接待服务工作达到了国际化、规范化要求，陆陆续续开始接待提前来烟台考察调研的中外客商了。

临近“六一”，又是一次万民总动员，前后几天里，就有解放军、学校师生、广大干部群众等万余人走上街头、走进社区里弄进行环境大清扫。仅 5 月 31 日上午，市直和芝罘区机关的 6000 多名干部职工就对 30 多条主次干道的路面、护栏、绿化带等进行了彻底清洁。经过几个月筹备好的群众性文化活动、广场文艺晚会和剧场文艺晚会等系列文化娱乐活动渐次展开，广大群众和中外客商享受着一道道丰盛的文化大餐。其中，5 月 31 日上午，“我爱烟台”金斯波格大型钢琴演奏会在烟台国际商城广场举行，由烟台龙凤钢琴有限公司捐赠的 58 架钢琴同时奏响，这在当时是山东省规模最大、参与人数最多的一次大型钢琴演奏会。还有“97 烟台亚太电影周”和焰火晚会等。

1997 年 6 月 6 日，国际商城上鲜花盛开，第二届 APEC 国际贸易博览会在烟台隆重开幕，共计 2 万多人参加了开幕盛会。李岚清副总理、吴仪部长等中央、省市领导和国际友人亲临大会，APEC 的发起人、澳大利亚前总理霍克先生在开馆式上作致辞，场面热烈。在接下来的几天时间里，每天都有 1 万人流量进出商城，这是亚太经合组织经贸史上一次空前的盛会。本届博览会创造了 APEC 经贸活动的新纪录，APEC 的 18 个成员和国内 31 个省市自治区全部参会参展，展位总数达到 1236 个，参会的中外客商 1.5 万人，参展商品涉及 30 多个行业、4000 多种产品。其中高精尖、名特优产品占 60% 以上。截至 6 月 10 日博览会结束，共签订利用外资项目 303 个，总投资 26.4 亿美元，外资额 17.4 亿美元；成交进出口贸易总额 14.8 亿美元；其中烟台共签订利用外资项目 272 个，总投资 13 亿美元，其中千万美元以上的大项目 30 多个；国内贸易成交额 9.9 亿元。

成绩的取得既得益于上下同心，也得益于烟台的有效组织保障。从各县市区抽调的 600 多名警力、近千名志愿者和工作人员保障了盛会的顺利进行；组建了70个客商陪同团，配备了专门的联络员、翻译、工勤人员和车辆，4个迎送中心对来宾实施统一接待和分流，负责交通车辆、口岸设施和翻译、协助服务、安保等，所有客商一落地烟台，从接、送、吃、住、行、娱乐等多方面实行全程服务。盛会期间，海关、商检、邮政、电信、银行、交通、物流等全部进入展馆，参会人员不用出馆，和展会相关的事情都可以当场办理。精彩好戏还在于打破博览会场的局限，通过提前科学部署，各县市区组成的代表团争相给参展的国内外客商安排周边县城一日游，深度介绍烟台，拉项目、抢签约。这里面的合同、融资，我就没法统计了。当然，黄河经济协作区省区负责人第十次会议在此期间召开，初步商定经济技术合作项目198项，项目总投资17.31亿元。博览会期间，260多名中外记者参加了盛会，中央电视台、山东电视台、新华社等国内外几十家重要新闻机构及世界有影响的新闻媒体，每天向100多个国家报道盛会纪实。不仅如此，许多记者把镜头聚焦到烟台港口街巷、社区乡村，把一个完整的历史的民俗的烟台呈现到更多观众的面前，让世界进一步了解烟台，把烟台的对外开放推向一个新的水平。关于举办第二届APEC国际贸易博览会的重大意义，我就不想多说了，除了之后烟台红红火火发展起来的会展经济，博览会之后的十年也成为烟台发展最快的十年。

采　访　人：姜俊英　李　岩

撰稿整理人：姜俊英

亚洲金融危机下的烟台对外开放

任海深*

我是烟台市莱州人。烟台是一个风光秀美、富裕丰饶的城市，中国北方最早对外开放的城市之一。我在家乡任职十年，见证并参与到1992年邓小平南方谈话后，烟台对外开放加速向纵深推进和全方位拓宽的发展中。1992年到2001年也正是烟台对外开放突飞猛进的十年，我非常荣幸能够在决策、规划、抓落实上为烟台的对外开放贡献一份自己的智慧。今天，我重点讲一下，我担任烟台市委书记期间，在亚洲金融危机的冲击下，在中国加入WTO的新形势下，烟台市委、市政府如何变危机为机遇，变挑战为动力，在困境中进行产业战略性调整，实施经济国际化战略，把对外开放提升到新的层次与水平上。

一、及时调整对外开放措施，积极应对亚洲金融危机的冲击

在经历过1992年之后的那拨对外开放后，到1995年，烟台市初步建立起全方位开放格局。接下来的一年多，形势依然很好。尤其是成功争取和承办了第二届APEC国际贸易博览会，这对烟台的对外开放起到了全方位推动作用。当时作为市长的我也做了大量实质性工作。当1997年底我接

* 任海深，1997年12月至2001年6月任中共烟台市委书记。

任烟台市委书记时，全市上下还沉浸在“全民办好 APEC”、全面开放、走向世界的良好氛围中。与此同时，突然爆发的亚洲金融危机，对烟台经济的冲击到了年底才开始显露无遗。时值党的十五大召开不久，会议上提出了新的“三步走”发展战略。在新形势、新任务下，如何应对亚洲金融危机对烟台对外开放的冲击，成为市委面前最迫切要解决的问题之一。

相对于内地，当时的烟台属于外向型经济结构，特别是与东南亚、东亚国家的经济贸易发展迅猛，全市近 80% 的外资和出口市场集中在这一地区。在金融危机的冲击下，烟台市外经贸境况直线下降，到 1998 年 1 月，仅合同利用外资一项就同比下降了 58.9%。这是自改革开放以来，烟台经历的最大外贸数字跌幅。电视里泰国民众的惊慌不再是千里之外的戏剧。在面对经济、政治体制等各个领域加快改革步伐、拓宽改革领域的时期，市委、市政府拿出很大一部分精力，应对亚洲金融危机对烟台对外开放的影响，保持冷静，迎难而上，千方百计保持经济的稳定。

首先与省委、省政府相关领导和省直相关部门取得联系，第一时间了解省委应对亚洲金融危机的政策措施，向全市提出增强防范意识，减少危机影响。同时，一面迅速与班子成员们进行反复深入的研究与商讨；一面积极请教金融方面的专家、教授，了解引发亚洲金融危机的原因，以及危机发生后国际市场特别是亚洲市场的形势，以及未来市场发展趋势等。经过学习与研讨，我和常委们一致认为：团结一心，战胜挑战，在困难中寻找并把握机遇，勇于作为，主动作为，积极发挥主观能动性，趋利避害，做好矛盾转化文章，化危机为机遇。在综合多方面信息分析与科学考量后，2 月，市委、市政府专门成立了外资工作领导小组，定期研究重大外经事项，解决重大问题，作出重要决策，统一协调对外开放工作，进一步加大对外开放工作的针对性和整合力。也是在这个基础上，1998 年 2 月 24 日，在烟台市第十三届人代会的政府工作报告中，市委、市政府提出：面向国际市场实施战略性调整，着力提高对外开放层次和水平。

在统一思想、坚定信心的同时，市委、市政府以及相关部门迅速行动起来。这时候，省政府提出了“出口保平促增”的奋斗目标，及时给我们送来一颗定心丸。2月至5月，市委、市政府一方面积极配合省外经贸委做好相关调查，一方面责成市委政研室、市政府调研室、外经贸委等相关部门组织专业人员分成多个小组深入各县市区，以及重点企业了解情况；组织协调海关、税务、银行、商检等涉外部门深入实际走访企业，摸清问题；充分掌握烟台外贸经济受到亚洲金融风暴带来的冲击。在深入搞好调查研究的同时，先后召开了对外经贸工作调度会、重点出口企业调度会以及外商投资企业座谈会、市直外经贸企业座谈会。这些实际有效的举措，给市委、市政府超前决策把握主动权，奠定了坚实有效的理论与实践基础，有利于迅速拿出应对举措，制定出具体的扶持政策和措施。其间，市委确定了全市十大在建、十大在谈项目，起草了《关于进一步加快对外开放步伐的意见》，研究出台了烟台市对出口商品财政给予贴息资金的优惠政策，为企业克服困难、加快发展创造更多便利条件。在市委、市政府一系列卓有成效的举措下，全市相关部门、企事业单位迅速摆脱消极情绪，积极行动起来，变被动为主动，积极化解金融危机带来的负面影响，加快对外开放和经济建设步伐。

二、激活市场主体抓项目，化危机为机遇，积极深挖市场潜能

在科学决策、全面动员的基础上，市委、市政府经过对国际国内形势的科学分析，在危机中寻找机遇，在挑战中发现新的突破口，集中力量办大事，抓关键，重点部署和关注了两样大活：千方百计激活市场主体和督导大项目落地实施。

在激活市场主体方面，积极培育多元开放主体，开辟多元国际市场。

市委抓住党中央关于进一步加快国有企业改革步伐的决策，进行了一些专题调研和思想认识的提升，结合当时烟台乡镇企业迅猛发展、个体私营经济突飞猛进的优势，找到了对外开放新的突破口。通过和班子成员们的共同研讨，认为在对外开放的市场主体上有必要进行改革创新，扩大支持范畴。1998 年，市委、市政府要求全市上下迅速壮大三资企业、自营进出口生产企业、外资企业和个体私营企业四路开放大军，加大市场开拓力度。

个体私营企业作为市场开放的后起之秀，我认为他们的发展潜能是巨大的，市委、市政府制定出台了一系列促进个体私营经济体加快发展的政策措施。1998 年 1 月 24 日，烟台市委、市政府作出《关于鼓励发展个体私营经济的若干规定（试行）》，后来又印发了一个《补充规定》，为个体私营经济的发展提供便利条件。5 月 3 日至 11 日，全市个体私营经济和对外开放南方考察观摩团先后考察了浙江温州、广东东莞，观摩部分个体私营企业并进行座谈。鼓励全市个体私营经济体主动出击，寻找机遇，积极与有进出口权的企业实行挂靠、联合、参股经营等，进入国际市场。1998 年上半年，全市批准私营企业利用外资项目 13 项，占项目总数的 13.6%；合同利用外资 2360 万美元，占全市利用外资总额的 16.8%。大力培植自营进出口骨干生产企业，对列入“246 工程”的重点企业压任务、定指标，积极应对金融危机挑战，变压力为动力，加快向国际市场推进步伐，依靠国际国内两个市场、两种资源壮大自己，增强竞争力。我还专门抽出时间亲自督导外经贸委、经贸委等有关部门跑省进京，向外经贸部推荐增加申报进出口经营权，到 7 月份，烟台市拥有自营进出口权的企业已达 145 家。进一步加快国有外贸企业改革力度，增强竞争能力，给予实行兼并联合的外贸企业享受优化资本结构试点市的优惠政策。努力为三资企业和外资企业提供优质服务，鼓励外资企业追加投资、技术创新和市场延伸。到 1998 年上半年，全市拥有 1850 多家投产三资企业，年出口创汇占到全市出口创汇总额的 70% 以上。

在多渠道激活市场主体数量、规模的同时，市委、市政府鼓励各进出口企业在金融危机中开辟多元化市场，激发他们勇于挑战、敢于拼搏的干事创业精神。6月，邀请外经贸部西亚非洲司、美大司的领导来烟举办国际市场开拓讲座活动，组织全市各县市区负责人、有关部门和各类经贸企业的领导、业务骨干360多人参加学习和培训，充分了解其他亚洲国家在金融风暴中的动荡局势、汇率变化和货币贬值等现状，知己知彼，有针对性地加大应对举措。不放弃亚洲市场，迅速抢占和填补其退出的国际市场“空白”，进一步加大与日韩等亚洲国家和中国香港、中国台湾地区的经贸往来，相继与韩国大宇公司、中国台湾联华公司、中国香港新世界公司、日本伊藤忠株式会社、日商岩井签订了全面合作协议，召开见面例会。积极开拓欧美市场，组团专程赴北京拜访了欧美国家驻华使馆商务处、大公司办事处，和他们建立友好联系，通过这些机构介绍烟台，推荐烟台项目，拓宽对欧美招商渠道。采取组团出国出访等多种措施，激励各市场主体在危机中捕捉商机，迅速抢占和填补其他国家退出的国际市场空白。同时，对遭遇亚洲金融危机冲击的重点外资项目和外资企业，在经过严格的考察筛选后，实行“拉一把”政策，从资金、税收等方面给予重点扶持，帮助他们渡过难关。通过激活市场主体，开拓多元化的市场主体，为对外开放注入了整体实力和发展活力。

在项目这方面，进一步加大了大项目的招商、成交和建设，夯实市场支撑力。继续承接以前的良好机制，强化大项目分工负责制，并以市委、市政府两办的名义下发通知，强化责任，明确分工，严格每月一调度，实施现场办公，进企业，走访施工现场，会见企业负责人等，帮助企业解决设备、物资进口等实际困难和重大问题。1998年上半年，在相关专家的科学论证和相关部门的严格把关下，筛选出20个重点大项目，以市委、市政府两办的名义下发通知，实行三级领导分工负责制，举全市力量进行重点推进、全力推进，确保这些大项目不受或少受金融危机影响，顺利推进

20 世纪 90 年代一汽—大宇汽车发动机有限公司生产流水线

和完工。在这里我想提一下“一汽—大宇”项目，这个项目非常重要。很多人可能知道，我们是在青岛、烟台、威海等多地的激烈竞争中好不容易取得了韩国大宇在烟台的投资，在省委、省政府和市委、市政府以及相关部门大量艰辛努力下，1996 年 3 月，取得了国务院批复的项目可研报告。又经过一年的努力，该项目于 1997 年 4 月正式开工建设。这个项目的顺利实施不仅将改变烟台的工业结构，也对山东的汽车产业是一个新的突破。1998 年上半年全市固定资产投资增长了 79.2%，其中利用外资增长占到了 30.6%，而“一汽—大宇”的项目就占了新增投资的 45.9%。为了保障该项目在亚洲金融危机的冲击下如期推进，市委、市政府以及相关职能部门靠在工地抓项目，我和班子成员也几次到开发区了解情况，及时掌握工程推进中出现的困难与问题，了解市场变化，以便迅速应对与解决。当然，这个项目后期确实受到了亚洲金融危机的影响，这是后话，但当时我们所做的工作为后来的局面逆转也奠定了良好基础。

三、全民动员，抢抓机遇，形成对外开放强大合力

在应对亚洲金融危机，以及大半年的拼搏奋斗中，我们感受到危机也是机遇，如何加大动力，形成强大的对外开放合力，成为我和班子成员们进一步思考的问题。尤其是到了1998年年中，随着对外开放各项工作的恢复，能否彻底消除金融危机的负面影响，加快对外开放的步伐，就看下半年的冲劲了。这个强大的冲劲需要广大干部群众的积极参与，需要人人贡献一份力量。

为此，1998年7月17日，全市对外开放工作会议召开。市委、市政府对于这次会议高度重视，我和市长都到会讲了话。这既是对半年来全市对外开放工作的年中总结，更是对下步工作的部署与规划。这次会议召开的时间，也是我和班子成员们深思熟虑确定下来的，就是想在这行至半途最艰难之时，及时总结经验，纠正不足，给大家加压鼓劲，为后面的对外开放进一步指明方向。会议提出：在世纪之交的重要时期，我们一定要深入贯彻党的十五大精神，抓住机遇，紧紧围绕优化经济结构和提高国民经济整体素质，全面提高对外开放的层次和水平，进一步加快对外开放的步伐，推动全市经济快速健康发展和社会全面进步。我在会议上强调：要始终把对外开放放在全局工作的中心位置来抓。会议上特别强调要齐心协力做好第二届APEC中小企业技术交流暨展览会各项工作。这是继6月份APEC交展会动员大会的又一次总动员。

会议结束后，全市上下广大干部群众同心协力、信心十足，积极消除亚洲金融危机的影响，在对外开放的各项工作中不断创新作为，形成强大合力。市委、市政府设立了对外经贸发展奖励基金，在全市范围内开展了“出口创汇十大状元”评选活动，对工作积极性高、成绩显著的单位和个人给予一定的物质奖励，激发党员干部和广大群众对外开放积极性。市计

委、经贸委、建委、交通委等市直各经济部门和各县（市、区）相继推出大项目，并组织好对外招商。莱阳的“农”字号三资企业对外开放步伐不断加快，在吸纳就业、增加农民收入、推进农业产业化发展等方面走在了前面。银行、税务等部门采取多种形式积极宣传和落实国家、省关于鼓励外贸企业改革发展的有关政策，支持外贸企业扩大出口创汇。建立了口岸工作联席协调会议制度，明确由海关、商检、机场、港口、铁路等中央、省属驻烟单位的主要负责人，市直各有关部门主要负责人，加强横向沟通与联合，形成口岸合力，打造更加开放、开明的口岸形象，为对外开放发挥出最大的硬件、软件优势。全市上下凝聚力量、团结一心，迅速打开对外开放的新局面。

这种合力集中体现在全民办好第二届 APEC 中小企业技术交流暨展览会上。在 1997 年烟台成功举办第二届 APEC 国际贸易博览会的基础上，经过大家的努力，争取到第二届 APEC 中小企业技术交流暨展览会的举办权。市委、市政府紧紧抓住这个机遇，动员全市上下，发挥攻坚克难、奋力拼搏的精神，克服困难，敢闯敢干，在亚洲金融危机影响下实现烟台对外开放局面的上档升位。这次交展会在东南亚爆发金融危机的情况下举办，中国政府和亚太经合组织对这次活动寄予厚望。国务院的相关领导人分别签阅了烟台市承办这届 APEC 盛会的呈报文件，并明确指出，本届技术交流暨展览会的成功与否，是中国参与亚太地区经济技术合作立场和态度的一个重要体现，一定要办好。此后又多次委派有关部委的负责人前来考察筹备情况，及时协调解决一些困难。亚太经合组织的官员则希望通过本次活动，能够为遭受亚洲金融危机影响的亚太中小企业提供一个摆脱困境、增强交流与合作的良好机遇，将本次活动列入 APEC 1998 年重大事项，进行全力支持。全市各级各部门全部动员起来，成立了专门的领导小组、多项工作机构，上下贯通；形成了完整的办事网络，完善了各项工作机制，通力合作。各级各部门围绕烟台国际会展馆、滨海路改造工程、只楚立交桥工程等大项目、大工程全力推进，广大职工加班加点奋战在一线上。党员干部们发挥无私奉献的精神，为烟台的对外开放奉献一份自己的力量。广大群众也积极加入到展会的筹备中，参与各项群众文化活动，热情参加社区活动，清除卫生死角，整治街道里巷……为会展的顺利举办打造良好的大环境。到8月份时，烟台市区已经干净整洁，焕然一新，到处充满了重大节日般的喜庆气氛，随处可见APEC彩旗、彩灯、招贴画。1998年10月8日至14日，第二届APEC中小企业技术交流暨展览会如期举办，主题为“友谊、合作、发展、繁荣”，主要开展商品展览、经贸洽谈和科技论文交流。中共中央政治局委员、国务院副总理吴邦国，以及其他国家领导人出席了开幕式。APEC21个成员单位及国内22个省、市、自治区都派出代表参会参展，参会参展中外客商达3万多人，其中海外客商近4000人，参会的重要政府代表团和企业团组70多个，设立展位1056个。展会期间山东共签订利用外资项目合同、协议和意向252个，总投资21亿美元，外资额14.7亿美元，其中烟台市204个，总投资15亿美元，外资额9.9亿美元。

在第二届APEC中小企业技术交展会的带动下，烟台对外开放活力大增。到1998年底，烟台在加工贸易、直接进口贸易、开辟欧美其他市场和境外投资、境外承包大工程大项目中实现了新的突破。其中，对欧美、中东、非洲市场的出口额达到3.2亿美元，增长79.2%。虽然还有一些外经贸数字并没有增幅，但严重下滑的趋势得到了遏制。当然，由于发展效果的呈现需要一定的反应期，这一年中的许多努力和工作成效都在下一年或更远一些的时间里呈现出来。

1999年，临近新世纪，市委、市政府进一步加强对对外开放工作的领导。年初出台了《关于进一步做好国际市场开拓工作的意见》，召开了专门会议，提出要在对外开放上重点突破。对外经贸工作实施了目标责任制，进一步强化领导力度。年初以签订责任状的方式，把利用外资、外贸出口、对外经济技术合作任务分解落实到各县市区、市直有关部门和企业，纳入

1999 年 10 月 12 日至 16 日，联合国亚太经社会果蔬加工与产业化国际研讨会暨展览会在烟台国际会展馆举行

岗位目标考核范围，坚持每月调度通报。筛选 60 家骨干出口企业进行重点扶持。加强了银贸、税贸、关贸、检贸、科贸等协作，形成推动全市外经贸持续稳定增长的合力。7 月 8 日，全市对外开放和旅游工作调度会议召开，我在会议上讲了话，强调抓住外资大项目、国内外大企业和符合国际惯例的大环境，把烟台市的对外开放工作提高到一个新的水平。

1999 年 10 月，市委、市政府抓住联合国亚太经社会果蔬加工与产业化国际研讨会暨展览会在烟台举办的机遇，再次凝聚全市力量，打造精品展会，进一步扩大烟台知名度。10 月 12 日至 16 日，联合国亚太经社会果蔬加工与产业化国际研讨会暨展览会在烟台国际会展馆举行。这是第一次在我国举办的以果蔬技术交流、技术合作为主题的国际性专业会议。全国政协副主席、中国工程院院长宋健，以及山东省委、省政府相关领导人参会。本次会议有 33 个国家和地区以及国内 20 个省（市、自治区）参会参展，中外客商和专家学者 3 万余人。共成交利用外资项目 112 个，项目总投资 6.5 亿美元，外资额 4.66 亿美元；进出口贸易成交额 5. 69 亿美元，其中出口成交 5.07 亿美元；签订对外承包工程劳务合作合同（协议）7 个，计 1615 万美元；国内贸易成交 7.07 亿元人民币。值得一提的是，韩国大宇集团尽管受到本国金融风暴的冲击，仍然在烟台增加投资 1 亿美元，使其在烟台的投资总额达 7 亿美元。1999 年 10 月 18 日，一汽—大宇（烟台）汽车发动机公司建成并举行投产典礼，成为中国当时最大的动力总成生产基地，设计能力为年产 30 万台汽车发动机、传动器及铸锻毛坯。这一年，烟台对外开放力度进一步加大，在困境中取得新成绩。除实际利用外资这一项下降外，全市外贸出口、合同利用外资、对外工程承包和劳务合作都有不同程度的增长。

四、以加入 WTO 为发展契机，实施经济国际化战略，实现对外开放新突破

经过两年的奋发努力、拼搏进取，虽然受到亚洲金融危机的强烈冲击，但烟台的经济社会建设还是取得了跨越式的发展，对外开放工作在危机中提升了开放意识，在困境中拓宽了开放视野，在挑战中创新了开放领域。我和班子成员们有了许多新的想法和规划。新世纪的到来和加入 WTO 日期的渐近，激励我们必须要有新部署、新做法、新突破。

从 1999 年下半年起，面对即将进入新世纪，国内国际关于加入 WTO 的争论越来越激烈。烟台与全国其他城市一样，部分党员干部对入世的前景心存忧虑，担心缺少了政策保护，国内企业会在激烈的国际竞争中落败。针对入世后面临的新形势新情况，2000 年初，市委、市政府提出“解放思想，更新观念，以开放促改革、促发展，迅速掀起新一轮对外开放热潮”。动员广大党员干部认真反思对外开放以来的经验教训，用新观念、新办法开创招商引资工作的新局面；组织各地各部门进行认真研究和深入思考。2000 年 2 月，省委、省政府召开了全省实施经济国际化战略工作会议。为

贯彻会议精神，市委、市政府专门安排 2 天时间，组织县市区党政主要领导和市直有关部门主要负责人到青岛进行学习考察，对照青岛市对外开放迅猛发展，反思“不进则退、小进也是退”的严峻现实。经过一系列的精心准备，3 月 3 日，全市实施经济国际化战略工作会议召开。这是一次范围较大、层次较高的会议，专题研究如何实施经济国际化战略、推动全市对外开放新突破。会议确定：把对外开放作为全市经济工作的两大突破之一，重点抓落实。要站在实施经济国际化战略的高度，重点从开放的规模和速度、开放的层次和水平、开放的环境和开放的合力上有一个新的突破。会议还对具体开放措施进行了部署。其中，加强园区建设发挥聚集效应、加强环境建设发挥虹吸效应，在新一轮高层次开放中成为实施经济国际化战略的重点突破口。

根据会议要求，经济技术开发区、高新区（APEC 工业园）、九个省级开发区利用外资和外贸出口增长幅度要达到 50% 以上，条件好的要争取翻番。会后，各个园区积极行动起来，树立先行、先试、先导意识，以国际市场为导向，站在实施经济国际化战略的高度，主动走向对外开放的前沿。烟台高新技术产业开发区，1998 年经国务院批准为中国亚太经济合作组织科技工业园，同年 12 月经国务院批准设立中俄高新技术产业化合作示范基地，实行四区合一体制。高新区建设一年一个突破，建区以来累计完成固定资产投资 38 亿元，仅 2000 年全社会固定资产投资就达 10.1 亿元，比上年增长 33%。该区定位高新技术产业，当年高新技术产业投资即取得新突破，实施高新技术项目 12 个，投入 1.9 亿元，比上年增长 1 倍。基础设施完成投资 3.5 亿元，增长 65%。凤凰工业园区建设基本完成，进区项目 50 多个，总投资 10 亿元以上。中俄基地工业园和盛泉工业园进入实际性运作，首期开发的 2 公里达到了“六通一平”，有 26 个项目进区落户，引进在孵科技企业 27 家。2000 年 4 月 27 日成立的烟台出口加工区，按国际惯例实行“境内关外”的全封闭管理，是当时我国开放政策最优惠的区域，无论在开放的广度和深度上还是享有的优惠政策上都有了新的重

中俄高新技术产业化合作示范基地中的科技孵化中心

大突破，全市对外开放、实施经济国际化战略进入一个新的里程碑。

经济技术开发区通过全区全民招商、投资促进局专职招商、抓大项目招商、走出国门招商等方式，在多方面实现了新的突破。2000年相继引进146个项目，其中投资额过千万美元的项目6个，世界500强企业投资项目1个。通过跟踪服务、科学排工期等方法，正海永磁、厚木尼龙、东山电机、三和丛林等一批项目实现了当年签约，当年建设；氨纶五期、首钢电装二期、台华食品等一大批大中项目相继建成投产；出口贸易企业增加到100家。为与国际市场接轨，这一年经济技术开发区在基础设施建设上也有新突破，全年累计投入1.86亿元。

为进一步提质增效，2001年3月12日，全市加快推进经济国际化工作会议召开，动员全市上下进一步解放思想，振奋精神，以更加积极的姿态、从更高的起点上，推动对外开放再上新台阶。其中对优化发展环境提出了新的要求。

在持续的对外开放中，烟台一直很重视营商环境的建设与改善。随着对外开放水平和层次的提高，尤其是实施经济国际化战略后，对外开放的竞争已发展为投资环境的竞争。环境好，外商不请自来；环境不好，外商来了也会跑掉。特别是 2001 年 3 月初的一次苏南考察，让大家深深感受到烟台的营商环境与苏南不是差在哪个方面，而是在整体上差了一个档次。烟台必须在新世纪到来之际，实现营商环境建设的新突破，以强大的虹吸效应吸引广大投资商们。

市委、市政府动员全社会的力量，站在实施经济国际化战略的高度，从营造优惠的政策环境，良好的服务环境，完善的法制环境，舒适的生活环境和安全稳定的社会环境等多方面，综合设计，整体推进，在硬环境和软环境上求创新求突破。

硬件建设上，向国际标准靠拢，千方百计加大投入，从城市建设、道路交通、环境改造、能源、口岸等多方位进行综合提升，由满足一般性传统项目向满足高新技术项目延伸，由满足生产需求向满足现代生活和高质量的生态环境拓展。2000 年，烟台市以建设现代化国际性港口城市为总目标，相继完成了一批重大工程，只楚路拓宽改造工程竣工，拆迁面积达 6 万多平方米，500 供热二期工程完成投资近 1.6 亿元，污水处理厂正式投入运行，蓝烟铁路复线二期工程推进顺利。2001 年，烟台城市重点工程建设投融资 33.7 亿元，形成了滨海中路、迎宾路等一批新的城市景观，烟台港三期、零点立交、黄务立交、青年南路、500 热力网三期等一批重点基础设施相继投入使用，大莱龙铁路和 206 高速公路建设进展顺利，烟大铁路轮渡、莱山污水处理厂等项目正式启动。

在软环境建设方面，全市上下把软环境建设作为对外开放的“生命线”。2000 年，进一步加强制度建设，落实了逐级落实责任机制，建立了外商投诉处理机构，开通了政府与外商、部门之间，以及纪检、组织部门与开放工作部门三条“直通车”等。强化全方位服务，实行“一站式”服务，建立“一站式”审批、“总包”服务和“首接责任制”。为提高效率，进一步调整完善了外商投资服务中心职能，在全市范围内推广市工商局的“首接责任制”，强化每个干部的第一责任人意识。进一步搞好政务公开、承诺制、办事效率监督卡的落实工作，形成公开、公正、高效、有序的服务环境。2001年，外资工作领导小组进一步加强了统一领导，实行两个集中办公，一是对重点利用外资项目实行联合办公，高效便捷地办理有关事宜，确保人项日顺利推进；二是把外商投诉工作领导小组办公室和外商投诉中心的职能集中起来，组建了外商投诉处理中心，集中解决涉外纠纷问题，真正把亲商意识落实到方方面面，不断巩固扩大开放的成果。在营商环境建设上，构筑起现代化的交通、通信网络体系，宽带、高速、广覆盖的信息网络体系，繁荣有序的商贸流通体系和配套完善的生活服务体系。其中LG公司投资烟台一事，让我记忆深刻。2000年初，烟台市偶然得知LG公司将在中国追加投资4亿美元发展电子通信产品，进一步扩大其在中国市场的份额和影响。获得消息后，市里立即组建专门班子，全力做好韩方争取工作。当时韩国LG董事会开会研究投资中国事宜，倾向东莞和上海，拟否定烟台。但烟台市委、市政府以及招商团队靠上去一抓到底，锲而不舍，坚持不懈，无论是从项目规划选址、土地审批还是供水、供电等大小事项，遇到困难立即落实解决，用我们的真挚与热情，最终打动了LG高层。2001年3月12日，浪潮LG烟台数字移动通信技术研发有限公司在烟台开发区注册成立，开始研发“浪潮—LG”联合品牌CDMA手机。同年8月16日，LG（烟台）信息通信技术有限公司注册成立。2002年1月26日，浪潮乐金数字通信有限公司在烟台开发区成立并投产。

招商工作在实施经济国际化战略中也不断取得突破性进展。2000年5月，市里在已有基础上，建立起由100个重点项目、30个3000万美元以上大项目组成的高质量项目库，并在开幕的“网上投资洽谈会”上公开向外推介。6月28日，烟台市投资促进局成立，专职负责全市的招商引资工作，探索职业化招商、专家运作和中介服务，通过多种渠道，选拔高层次、熟悉国际经贸知识、懂外语的开放型人才到全市的招商队伍中，为实现对外开放新突破提供强有力的人才支撑。当年，全民招商的热潮进一步高涨，市里把全球市场划分六大片，每片由市委、市政府负责同志带队，组织相关部门和企业参加，分区域、带指标地靠上抓，各级也都建立了领导招商分工负责制。市外经贸部门迅速组织专门班子，在前段工作基础上，对世界500强进一步调查研究，更新情况，建立客户档案，指导全市的招商引资。民营经济的活力进一步显现，2000年，全市新签的194个合资合作项目，民营企业占139家，接近1999年以前民营企业签订项目的总和，合同外资额为153亿美元，比1999年以前民营企业合同外资总和还多600多万美元。其发展速度，在各种经济成分中是最快的。2001年，市委、市政府更加重视这支力量，采取有力措施，大力畅通民营企业进入对外开放领域的渠道。当年，“高、尖、新”招商项目得到加强，围绕60户市县属重点企业、60户重点乡镇企业、60户重点出口企业三个“60”，进一步发挥好对外开放的骨干支撑作用。营业收入过5亿元的16户乡镇企业集团在招商中发挥了带头作用。

在我任职期间，面对亚洲金融危机的强烈冲击，以及进入新世纪加入WTO的挑战，在上级党委、政府的正确领导下，在市委、市政府的带领下，各级各部门大力实施经济国际化战略，奋力开拓国际、国内两个市场，广泛发动全社会力量开展招商引资活动，攻坚克难，奋发有为，掀起了一轮又一轮对外开放新高潮。虽然，2001年6月我调离了书记的岗位，但当年烟台的对外开放工作成效很好。2001年全市合同利用外资11.95亿美元，比上年增长69.9%；实际利用外资6.91亿美元，增长55.2%。外贸进出口34.17亿美元，增长8.8%，其中出口21.57亿美元，增长9.7%。基本实现了目标确定的对外开放新突破。

采　访　人：姜俊英

撰稿整理人：姜俊英

“十一五”期间烟台工业强市发展历程

孙永春*

2006年10月，省委任命我为烟台市委书记，之前还干了半年烟台市市长。我任职的五年正是烟台“十一五”期间迅猛发展的时期。今天谈一下，如何举全市之力争取大政策、实施大战略、推进大项目，通过产业立项、基础设施等硬实力支撑平台和干部、思想、科技、人才等软实力支撑动力，不断强化“工业立市、工业强市”举措，带领烟台人民走新型工业化道路，全面建设文明富庶新烟台的感想和体会。

一、深挖潜能，为烟台工业强市发展厚积基础力量

烟台资源禀赋好，物产丰富，人文荟萃，人杰地灵，在全省有举足轻重的地位，历届市委、市政府打下了良好基础，由我来领班烟台发展，倍感压力。一是有人认为我长期在西部工作，东部沿海开放城市这部马车能否“驾好辕”；二是一部分人认为改革开放近30年，烟台发展中的优势都快用完了，没有了发展空间。面对疑问，在2006年大半年的时间里我深入企业社区，走进一线基层，熟识烟台人，熟识烟台经济社会文化。经过调研，我发现烟台人具有敢闯敢干、勇于创新的特点，有一股子闯海人的勇气，干事情特别拼；我也发现了烟台工业经济的地域特征：与济南、青岛相比，

* 孙永春，2006年10月至2011年4月任中共烟台市委书记。

济南有总部经济优势，青岛是半总部经济，国际化程度高，烟台恰恰是相对独立的板块经济。烟台工业一直走在全省前列，尤其是20世纪八九十年代还曾出现过“胶东模式”的创举。烟台工业大有可为。应该紧紧抓住这个优势，再一次撬动烟台发展的主动脉。

工业大项目大工程是撬动一个城市经济竞争力的核心力量，是最能汇集全市活力的支撑平台。我刚来烟台时，看到2006年政府工作报告里提出：全面启动实施以抓大培强为主要内容的“三个五十”工程，即集中培育50户重点骨干企业、争创50个名牌产品、建立50个具有较强自主创新能力的技术中心。我调研后的想法与其不谋而合。我不提倡“新官上任三把火”，而是应“一张蓝图绘到底，一届接着一届干，届届要有新作为”，以往好的做法要坚持，做事要有长期性和系统性，要从党的事业和人民群众利益出发，不能动不动就搞另起炉灶、翻烧饼。为此，在我的主持下，市政府年初出台了《关于在全市工业系统实施“3·50工程”的意见》。之后的每年，我都大力推动“3·50工程”，以此为抓手来确定烟台每年的工业大项目大工程。2006年10月，我到任烟台市委书记后，恰逢党的十六届六中全会召开，会议提出“又好又快”的发展要求。这为烟台的工业发展提供了有效的政策支撑。为进一步明确调方式、转结构的发展方向，我和市级分管领导、有关部门在全市范围内开展经济工作大调研活动，并将调研结果进行汇总、提炼，在10月31日召开的市十届十一次全委会议上，提出进一步抓好四大支柱产业和三大产品集群的提升。在11月18日召开的全市领导干部会议上，提出：把大产业、大项目紧紧抓在手上，增强工业发展的拉动力和支撑力，同时要在2007年里开展“项目推进年”活动。12月13日、27日和30日，市委三次召开常委扩大会议，分别研究2007年全市计划指标、重点工作安排意见和开展“项目推进年”等活动，确定2007年全市重点推进的八项重要工作，并要求成立各推进委员会。在2007年2月15日的全市经济工作会议上，我又强调：狠抓事关全局、事关长远的大产业、大项目、大工程。同一天，市委办、市政府办印发了《关于对城市经济等八项重要工作进行专项考核的通知》。2 月 24 日，市委、市政府又印发了《关于加快城市经济发展的意见》等 8 个文件。这些工作的开展都为中共烟台第十一届党代会的召开奠定了良好的工作基础。

2007 年 3 月 22 日至 25 日，中国共产党烟台市第十一次代表大会现场
（申吉忠、张景亮 摄）

在规划立项和等待大项目审批的同时，市委清醒地认识到当下的工业发展已经超越了单一领域的发展，跨行业跨领域多渠道积聚力量求发展是时代的要求，必须从干部、思想、科技、人才等多方面多渠道为工业强市发展深挖动能。

在深入了解烟台工业现状、规划大项目的过程中，我坚定地认为烟台人能把烟台的工业办好，如时任工业和交通的部门负责人对业务十分熟悉，务实能干，通世路、青年路等工业基础设施项目很快落地落实，说明烟台干部素质高，能打硬仗。2010 年，高新区在几位基层领导人的牵头争取下，大项目、大基建顺利申报成功。还有当时的常务副市长、发改委主任等一大批部门负责人对争取上级支持有很好的作为。2010年底，在向上级争取工业项目时，按照要求只准汇报1个项目，但他们把准备的4个项目艺术地全部进行了汇报。上级领导被他们项目的科学严谨、言辞数据的有理有据以及敢说敢干不怕丢官帽子的精神打动，4个项目全部通过，这说明烟台干部有力争上游、不甘落后的拼劲。还有大批这样的干部都在工作中展现了无私奉献、敢于拼搏的精神状态。

当然，烟台人身上的优点突出，缺点也存在，干部中自满自恋就是客观存在的问题，这是会影响经济发展和社会进步的。在2006年大连考察返回的轮渡上，我连夜召开讨论会，纠正考察期间表现出的骄傲自满和不服气的情绪。在常委会等许多会议上强调：破除自满自恋，小富即安、小富即满的心态，提升境界，知道山外有山、天外有天，向更好更快目标迈进，并把它贯穿到每年的机关主题教育当中，贯穿到烟台的党员干部队伍建设中，年年讲、时时讲。我对烟台很有感情，在烟台期间是我职业生涯里令人难以忘怀、非常充实的一段时光，因为烟台人干事创业的劲头特别足，大家都是一门心思来干事业。在研究过程中，形成了“创新、拼搏、协作、包容”的烟台精神（之前也有人在做），经与班子成员们反复讨论、明确和决定，写进市第十一届党代会报告。随后相关部门在全市开展了一系列宣传活动，为发展凝聚烟台力量。这也是为工业强市发展和全面进步提供了思想支撑的同时，为烟台留下一笔精神财富、文化财富，后来市委还提出并实施了文化大市、强市建设的工作目标。（这是后话）

在深挖软支撑动能的同时，市委没有忘记，工业强市最直接的力量来自企业带头人——企业家队伍，他们中很大一部分也是中共党员。通过接触，我觉得烟台的企业家们很有闯劲，具有强烈的创新精神和社会责任感，是烟台工业发展的支柱力量，也是建设文明富庶新烟台的中坚力量。从2007年春节开始，每年市里举办春节联欢晚会时，都组织相关人员给企业家们送票，请企业家们坐到前面，尊重他们，跟他们交朋友。给予企业发展大力的政策扶持。在2007年我主持召开的一次民营企业家座谈会上，其中8位企业家提出了12个方面27个问题，这是给我们工业发展把脉问诊，项目强不强，环境好不好，政策是否配套，作为实体经济的管理者，他们比我们决策者更有发言权。在不断增加面对面沟通交流的同时，还通过外出调研、企业家培训班等多举措，建设好烟台的企业家队伍，培养好干事创业的企业家精神，激发企业家们的创造力和社会责任感。后来，在汶川大地震的抗震救灾中证明他们是有这份担当的，烟台共计捐款4.5亿人民币，同时还有大量的物资和设备，捐建的两个乡镇都在大山里，其建设质量与速度得到当地政府与群众的赞誉，这些都是相关企业在做。在干事创业过程中，烟台锻造出了一支不甘落后、能征善战、勇于开拓的企业家队伍和党员干部队伍。

当然企业家队伍是工业强市建设的领头羊，但实际工作还需要群众和人才脚踏实地干事创业，需要科技添加强大动力，让企业家们重视科技和人才的重要性是第一位的，市委只是给他们提供更好的政策支撑和平台支撑。

发挥好人才与科技的平台支撑作用更具优势效果。市委大力推崇省科技大会提出的开展产学研创新政策，积极寻找机遇多为烟台争取几个这样的平台。海岸带研究所落户烟台就是一个典型的事例。2006年，当得知中国科学院要扩建一批研究所时，已初定不在烟台建了。我与同事一起积极争取时，有人劝我：晚了，定好在外地建了。我说，可以不在烟台建，但总该请中国科学院相关领导来烟台看一看吧。我通过多种渠道和方法请来了中国科学院相关领导，陪同他们围着烟台的海岸转，承诺政策、资金和土地支持，等等，并承诺市委书记直接督导筹建中的每个细节，保证研究所的筹建过程都在市委、市政府的关注下完成。在省委、省政府的关心支持下，经过坚持不懈的努力，最后中国科学院决定在烟台筹建海岸带研究所。海岸带研究所落户烟台，它背靠的是中国科学院，仅此一家每年都能招聘、培养出很多人才。在筹建的三年多里我也确实兑现了自己的承诺，全力配合，多方支持，定期过问筹建细节，及时解决遇到的困难。烟台的这种做法，多年来一直受到中国科学院的称赞。

每年，烟台通过多种途径从外地招引到各种人才，但“输血”同时不忘“造血”。2006 年我初来烟台时即召开了全市企业技术创新现场会，召开了全市科学技术大会。以后每年春天都召开，年年到会讲话，大力提倡科技创新，在全市工业系统达成只有技术创新才是提升企业核心竞争力的共识。同时，大力支持高校建设，通过本地高校培养更多的本地人才，为工业发展提供源源不断的人才支撑。其中，针对烟台汽车产业迅猛发展的趋势，市委、市政府派出相关人员积极向上级部门协调争取。2006 年 4 月，经山东省人民政府批准、教育部备案，在原烟台汽车工业学校的基础上成立了烟台汽车工程职业学院。为高规格地建设好这所学校，市委、市政府从土地划拨、资金扶持等多个途径上给予大力支持，在开发区选定了新校址，几年下来，开始源源不断地为烟台汽车产业输送着大量基础工人和技术人才。在我任职期间，烟台大学、鲁东大学等院校在好多方面也得到了市委、市政府大量的政策和资金支持，扩建新校园，增加新设备，解决教职员工的职级等问题，激发他们干事创业的劲头，不断取得自主创新成果的新突破，烟台的院校建设得到了迅猛发展。

找到了工业发展这个突破口，又确立了大项目大工程的目标，经过不懈的努力，市委又在干部、思想、科技、人才等多渠道上深挖潜能。一个多元化的立体式的工业强市发展模式逐渐清晰完善起来。2007 年春天，正值烟台第十一次党代会即将召开，我将一年来自己的所见所行所思所想进行集中考量、科学探讨与集体酝酿，提出了“全面建设文明富庶新烟台”的目标，把《坚持科学发展 构建和谐社会 全面建设文明富庶新烟台》作为党代会报告的主体内容。

二、以大项目大工程的强大拉动力，实现烟台工业的突破性发展

2007年3月22日，烟台市第十一次党代会顺利召开，我代表市委作了报告。这对于烟台来说是一次再发展的冲锋号，对于我个人来说是一次新的挑战，在做好全面工作的基础上，坚持“好”字优先、又好又快的原则，启动大项目、大工程，实施烟台工业的突破性发展。

为此，仅2007年4月，我就带领相关部门企业组成经贸代表团去西安、天津，前往江苏、深圳等多地考察项目、学习经验、招商洽谈。接下来又相继邀请上海通用、台湾鸿海等知名企业负责人来烟考察。围绕大项目、大产业、大工程，着力从机械制造、电子信息、食品加工和黄金四大支柱产业，汽车、手机、电脑三大产品集群，培育石化、冶金、生物制药三大潜力产业和船舶、特种化纤、葡萄酒3个新的产品集群，谈项目拉工程，大力实施大企业、大集团发展战略，强化骨干企业带动能力、企业核心竞争能力和品牌形象建设。集中开发实施一批重大节能技术、工程和项目，培育一批节能示范园区和企业，发展煤炭开采、汽车制造、黄金冶炼和农副产品加工等十大循环经济链条。深入实施“3·50工程”，2007年8月22日，市委、市政府召开全市培强做大骨干企业动员会议，印发《关于进一步实施“3·50工程”加快培强做大骨干企业的意见》。相关部门积极筛选论证新项目新工程，全市上下全面开展“项目推进年”活动，全力推进海阳核电、大宇造船等94个市级重大项目的全面启动和扎实推进，形成了一批新的支撑点和增长点。围绕这些重点产业重点项目，狠抓结构调整、对外开放和科技创新，加强企业技术改造与自主创新，形成了一批具有自主知识产权的主导产品和关键技术，培育一批在国内外市场具有较高知名度和影响力的名牌产品，提高了烟台制造业的核心竞争力。

2007年10月，党的十七大胜利召开，会议提出五个统筹。同时，省委“一体两翼”区域发展战略，都为烟台提供了发展机遇。我紧紧抓住这一发展契机，在工业大项目的基础上围绕基础设施建设、交通能源建设等又构建出一批大工程、大项目，充实到项目库当中。2007年全市的GDP和地方财政收入分别达到了2827.97亿元和140.8亿元。

2008年是奥运年，是中国改革开放30周年，对于烟台“十一五”规划的实现也尤为重要。市委、市政府加倍努力，2008年1月，关于新一年的大项目大工程大方向都基本出来了。2月13日，市政府召开这一年的第二次常务会议时，即就《烟台市城市经济发展规划》《烟台市城市服务业发展规划》《关于开展“项目集中开工月”活动的意见》进行最后的讨论和明确。到15日召开全市经济工作会议时，全市已筛选出110个市级重点项目和900多个投资3000万元以上项目。又相继召开了“改革新星”“未来之星”表彰大会。这一系列紧锣密鼓的工作都是为2008年能够储备更好更多的产业项目作准备，市委紧紧抓住2008年，科学布局，加快步伐，让已经快马加鞭发展了30年的烟台，乘势而上再好好干上30年。一系列关键性政策相继出台，民营经济、海洋经济、城市经济、临港产业发展的决定与意见分别以10、16、20、21号等文件相继出台，市委作出了《关于在新的历史起点上推进改革开放的决定》。全市上下积极开展项目开工月、促进月活动，加快培植大型骨干企业，加大对工业大项目大工程的调度推进力度。

2008年本该是烟台工业以及其他各项产业大发展大进步的一年，也是我在烟台干事创业最繁忙的一年，上半年全市也确实出现了又好又快发展的热烈景象。但国际市场陡然发生变化，2008年下半年，美国爆发次贷危机，并迅速演变为国际金融危机，对全球经济产生巨大冲击。烟台市9月、10月、11月和12月规模以上工业增加值增幅分别为14.2%、12.5%、11.2%和7.5%，同比回落了7.9、9.7、7.4和13.7个百分点。12月当月100户重点调度企业主营业务收入同比下降16.3%，主营业务收入同比下降的有57户，其中有36户降幅在20%以上。万华集团和玲珑橡胶开工率仅为60%，安德利、金宝电子开工率不足20%。我和班子成员们还是首次遇到金融危机，到了年底，感觉事态严重。一方面紧急与上级部门沟通请教，一方面马上带领相关部门和人员下企业，进工厂，其中，我在开发区调研了三整天，有代表性的企业全部走到，探究原因，找对策。同时带队赴日韩考察，拜访日韩几个著名企业的会长，与他们促膝交谈，承诺与在烟企业抱团取暖并请教他们企业在百年发展中如何应对经济危机。

经过周密的调研、严肃思考和科学分析，我和班子成员们认为：经过30年的改革开放和发展积累，烟台已经具备了继续保持较快发展的物质基础、智力支撑和干部队伍保障，确立了“昂扬精神迎挑战、科学务实谋发展”的应对方针，动员各级各部门与企业同呼吸共命运，采取了一系列积极有效的措施渡过难关。在全省率先成立工业运行指挥部，召开各种形势分析会、工作座谈会，各级各有关部门负责人相继带队进企业开展调研，市直机关

2009年12月28日，山东海阳核电项目一期工程开工

和各县市区抽调千余名干部进驻1000多家企业挂职，为企业应对经济危机提供力所能及的帮助和服务。同时，在困境中紧紧抓住国家一系列“扩内需、保增长”应对政策，给烟台发展创造了新机遇和更大的发展空间。

机会总是给有准备的人。因为经过三年的项目库储备，烟台拥有了一大批论证完备的大项目、大工程，2009年在省委、省政府的领导和支持下，一大批大项目、好项目获批。其中经国务院和国家发展改革委批准的项目就有9个，相当于2000年到2008年总和的1.4倍。铁路、飞机场、港口、核电、万华、张裕等大项目都批下来了。我当时心情特别激动：多年梦寐以求的大项目大工程一朝成为国家重点支持项目，真是机遇不负有心人啊！烟台潮水机场选定了2009年12月26日为奠基开工日，当天一面大雪飘飘，一面紫阳高照，预示着给烟台发展插上腾飞的翅膀；全省铁路建设开工仪式选在了桃村火车站，核电项目也在同期开工。那些日子虽然忙碌，但市领导与全市人民一样感到扬眉吐气，精神振奋，对前景充满了信心和希望。

与此同时，2009年市委、市政府也配套出台了40多项帮扶企业、促进发展的政策措施，全市有154个项目进入上级技术改造、节能减排等扶持计划里，为企业落实扶持资金4.6亿元。继续深入实施“3·50工程”，围绕做大做强先进制造业，大力推进实施以汽车、电子信息、黄金、轻工食品、船舶、装备制造、化工医药、纺织8个行业为重点的工业调整振兴规划，实施了一批规模大、层次高、产业关联度强的重大项目，851个投资过千万元工业项目投产达产，富士康科技工业园、南山高端铝合金、宝钢精密钢管等一批重大项目顺利推进，对全市工业经济产生了强劲的拉动力。同时，充分利用大项目大工程突飞猛进的发展势头，调方式，转结构，大力发展先进制造业，着力提高制造业技术装备水平；加快工业信息化步伐，坚持用高新技术改造传统产业，推动产业、企业和产品向高端化进军。启动和建设万华石化产业园、冰轮工业园等，推动工业企业“退城进园”；加快海阳核电项目建设，年内投资51亿元完成了核岛、常规岛负挖及部分配套设施建设；抓好船舶产业聚集区和大宇造船、中柏京鲁船业、莱佛士海洋重工等项目建设；加大对宝钢精密管和东方不锈钢等新型冶金项目的扶持力度。通过加快培育和发挥龙头板块、支柱产业、骨干企业的引领带动作用，全市经济在发展中调结构，在调整中转方式，迈出了向集约化、高端化、特色化转型升级的历史性步伐。千方百计给企业降费减税，先后两次停止和取消了212项行政事业性收费，降低4项社保费率，推行增值税转型改革，全年共为企业减轻负担21.4亿元。精心论证策划一批大项目、好项目对外招商。在市委、市政府一系列举措应对下，较短时间内遏止了经济下滑态势，并实现了平稳较快发展。2009年，全年实现地区生产总值3728.68亿元，比上年增长13.5%。地方财政收入完成189.1亿元，增长13.8%。全市规模以上工业企业达到3746户，完成增加值2301.1亿元，同比增长16.09%，绝对额居全省第二位；实现主营业务收入8990.2亿元、利税814.5亿元、利润619.2亿元，分别增长15.3%、15.4%和16.5%，三项指标绝对额分别居全省第二、第二和第一位。高新技术产业产值完成3771亿元，占规模以上工业的比重达到42%。全市主营业务收入过10亿元、利税过亿元的企业超过100户。新增国家级工程技术研究中心和企业技术中心2家、中国驰名商标9件，荣获首届山东省省长质量奖1项。

三、加强城市基础设施建设，多举措为烟台工业强市的发展提供持久动力

众所周知，基础设施建设是拉动一个地区工业发展的最重要的支撑载体和基础要件。烟台的基础设施建设一直搞得很好。在储备的项目库里也有不少基础设施建设方面的大工程。因此，在全球经济危机面前，虽然烟台工业经济遇到了暂时的挫折，但基础设施建设却迎来了新一轮跨越式大发展。同时，城市经济、县域经济、科技与人才的强大拉动力都为烟台的

烟台蓬莱国际机场

工业强市发展增添了强有力的支撑动能。

2009 年，市委、市政府围绕基础设施方面的大项目大工程，深入开展“项目推进年”和“集中开工月”活动。这一年，全市固定资产投资完成 2222 亿元，增长 25.1%；集中推进了 122 个投资过 10 亿元的重大项目，是历史最高年份的 1.45 倍，其中，由国家批准的重大项目投资达到 1000 亿元以上。烟台直飞台湾航班获得批准，新开通烟台至美国、荷兰的全货机航班；烟台蓬莱国际机场正式奠基，并被列为全国机场改革试点单位；机场旅客吞吐量完成 209.5 万人次，货邮吞吐量完成 3 万吨，分别增长 22.7% 和 15.8%，均创历史最好水平。烟台港西港区防波堤一期和 20 万吨级航道工程竣工；烟大铁路轮渡工程所有项目全部通过国家验收，全市港口货物吞吐量完成 1.69 亿吨，增长 15.1%。烟台火车站建改工程竣工，蓝烟铁路电气化改造主体工程完工，龙烟铁路开工建设，青烟威荣城际铁路开工准备就绪；莱山至海阳高速公路前期工作进展顺利，三条疏港高速、海阳至即墨跨海大桥等工程建设加快推进；长期制约烟台发展的交通瓶颈得到历史性突破。年内实施了 174 项城建重点工程，年度投资达到 120 亿元。

在一系列基础设施建设的拉动下，中心城区规模快速膨胀，承载力和辐射力不断增强，中心城市的板块优势不断显现，城市经济得以快速复苏，为工业强市的发展注入了强大动力。自2009年初开始申报为国家级开发区的高新区，经历了一番曲折。当时的烟台高新区无论从硬件的基础设施、地理位置，还是软件的科技发展、经济规模都是申报名单中靠前的，但由于多种原因，申报遇到了一些困难。我们一方面锲而不舍地向上级领导反复沟通协调，一方面协同申报人员不断从国家部委等多渠道找政策、找梯台。2010年9月26日，国务院批准烟台高新区升级为国家高新技术产业开发区。这个平台为打造新的高新技术产业隆起带、产学研结合示范区和高端服务业聚集区，提供了政策优势和基础设施优势，高新区在中心城区经济的带动作用异军突起。其间，2009年9月7日，国务院正式下发《关于同意设立烟台保税港区的批复》，高新区成为全国第一家由出口加工区和港口整合形成的开放园区；出口加工区B区规划顺利调整；经济技术开发区的开放龙头作用持续增强，其中心城市的经济功能也与日俱增。

县域经济本来就是烟台的优势板块，在拉动烟台的工业发展中发挥着巨大作用。借助这一轮基础设施建设的高潮，烟台的县域经济为工业经济的复苏作出了贡献。早在2007年的全市经济工作会议上，市委提出：支持开发区领先发展、帮扶栖霞市快速发展、支援长岛县科学发展。市里给予长岛一次性2000万元的支持，重点用于修复好长岛周边的海洋生态环境；

2009年8月16日，烟台火车站新站建成启用　　（于培华 摄）

开发区在我任职期间每年大概只向市财政上缴 1 个亿，其他都用于自身的建设与发展；栖霞市每年得到市财政大量的资金扶持。据了解，目前这三个县（市、区）都按当时的发展思路发展起来了。当然，更多的是给予他们政策上的支持和平台上的建设，发掘他们自身的发展潜能才是长久之计。2009 年 3 月，中国科学院微生物所与莱阳市政府签订了共建生物产业基地合作协议。在金融危机面前，各县（市）区纷纷寻找突破口，抢抓发展机遇，注重把工业化作为拉动区域发展的基本动力。龙口、蓬莱、海阳、莱州等市在实施山东半岛蓝色经济区、胶东半岛高端产业聚集区、黄河三角洲高效生态经济区“三大战略”中各显身手，积极争取立项工业大工程大项目，为烟台的工业发展凝聚了力量，增添了活力。

在金融危机面前，科技与人才的引领作用尤为关键。市委、市政府继续大力实施科教兴烟和人才强市战略，通过多种渠道和方式方法发展科技，培养和吸引人才，大力推进产学研创新发展，为烟台工业发展提供源源不断的创新活力。2009 年 12 月 1 日，中国科学院烟台海岸带研究所验收会议暨揭牌仪式在烟台举行。后来，烟台创造出 3 个 90% 的“产学研奇迹”：90% 的规模以上工业企业与各类院校和科研单位建立了合作关系，90% 以上的专利技术来自企业与科研单位的合作攻关，90% 以上的科技成果来自产学研。同时，市委、市政府对科技创新的资金支持也达到了前所未有的高度，这为烟台积极应对经济危机，调结构、转方式，不断提升工业核心竞争力和经济运行质量，注入了强大动力。高度重视科技进步在应对危机、促进增长中的关键作用，以建设创新型城市为目标，大力发展高新技术产业，积极培育先进制造、新材料、电子信息、生物制药等重点行业，集中扶持氨纶集团等 10 个具有规模效应、先声麦得津等 10 个成长性较强的高新技术企业，抓好荣昌泰爱等 10 个自主创新项目，为烟台工业强市建设提供了强大的创新动力。

市委、市政府在科技与人才方面亲力亲为、积极作为的同时，还鼓励各大企业努力打造自己的科技与人才平台，抓投入、搞研发、上项目，以科技创新助推经济结构调整和发展方式的转变，不断提升原始创新、集成创新和引进消化吸收再创新“三个能力”，积极构建知识创新、技术创新和创新服务“三个体系”，高新技术产业产值占规模以上工业总产值的比重由2005年的28.6%提高到2010年的44.1%。积极入选国家创新型城市试点，引进了中国科学院海岸带研究所和中国科学院烟台综合技术转化中心，新增国家级工程技术研究中心2家、重点实验室1家、企业技术中心10家、创新型企业5家。五年累计申请专利26800件，取得科技成果965项，获国家科学技术奖17项、省科学技术奖214项，其中获国家科技进步一等奖1项。

在我任期的五年里，正好是烟台“十一五”规划实施的五年。这五年里，在大产业项目、基础设施等硬实力平台的支撑下和干部、思想、人才、科技等软实力推动下，烟台的“工业立市、工业强市”举措得到不断强化。工业经济迅猛发展，机械、电子、食品、黄金等传统支柱产业持续扩张，四大产业实现主营业务收入、增加值、利税、利润占全市规模以上工业的60%左右；汽车、手机、电脑、船舶、葡萄酒等产品集群快速膨胀，鸿富泰电子、南山集团、通用东岳汽车等一批骨干企业不断壮大，化学工业园建设快速推进，山东国际生物科技园开工建设，烟台氨纶成功突破对位芳纶技术并进入中试；战略性新兴产业迅速崛起，高新技术产业产值比重达到44.1%。全市经济平稳较快发展、区域综合实力显著增强，“十一五”期间，全市生产总值连续迈过两个千亿元台阶，其中，2008年迈上3000亿元台阶，2010年迈上4000亿元台阶，达到4358.5亿元，是2005年的2倍，五年平均增长14.9%；人均生产总值9300美元；地方财政收入达到237.8亿元，年均增长22.3%；社会消费品零售总额达到1378.4亿元，年均增长19.2%；全社会固定资产投资五年累计超过1万亿元，年均增长23.4%。其间，烟台再次荣获“全国文明城市”荣誉称号；再次荣获“全国社会治安综合治理优秀城市”称号，这是自 1992 年以来，烟台市连续第五次获此殊荣，是全国获得“五连冠”的两个城市之一。烟台跻身中国十大最美丽城市排行榜首位，荣获“最具投资潜力城市”和“十大活力地级以上城市”等。

上述工作是烟台人民干出来的。作为当时烟台人民的一分子，我也是参与者和决策者，因此想起这段工作经历十分欣慰和自豪。时光荏苒，十几年过去，今天的烟台在习近平新时代中国特色社会主义思想引领下，又有了新的发展和不俗表现。衷心祝愿烟台的发展更好，烟台人民富庶安康。

采 访 人：姜俊英　韩兆蕾　李　岩

撰稿整理人：姜俊英

略忆烟台五年文化强市建设

孙永春*

任职烟台的五年多是我职业生涯里最难忘的一段时光，大家都是合着心思来干事业。我对烟台很有感情，一是烟台人干事创业的劲头特别让我敬佩，融入这样的团队很幸运；二是烟台的文化滋养加深了我对烟台的情感。文化是一个城市的灵魂和文明程度的重要体现，是衡量一个城市综合实力强弱的重要尺度之一。经过全面深入地了解烟台后，我认为有必要加快烟台的文化建设，上任市委书记半年之际就召开了全市文化工作会议，提出建设文化大市、强市的工作目标。五年间，全市文化建设总投入达到约 70 亿元，建造了一批具有永久性意义的文化设施，解决了一批历史遗留问题，进一步完善了全市的公共文化服务体系，创新发展了文化事业与文化产业，为烟台的全面发展以及后续发展壮大了实力。这里，我简单地回顾一下在烟台任职期间的文化建设情况。

一、热爱烟台文化，解决热点难点问题，提出建设文化大市和文化强市的目标

一踏上烟台的土地，我就深深地被烟台文化所吸引，深深地热爱烟台，开始琢磨研究烟台文化，提炼烟台人的精神内涵。在这个过程中，也同时

---

* 孙永春，2006 年 10 月至 2011 年 4 月任中共烟台市委书记。

发现了一些文化工作中的难点热点，我毫不犹豫，马上着手处理这些亟待解决的难题。

建设文化强市的切入点，是从解决具体问题着手的。当有关人员向我反映烟台文物店曾靠卖文物发工资、置换高档进口轿车时，内心无比心痛：那是多少代烟台人传承下来的文物，是烟台不可再生和复制的文化遗产和国有资产，决不能在我们手里流失。我马上组织召开了市政府第 35 次常务会议，确定文物店改革事宜。在文化局的强力推动下，用时 3 个月顺利完成文物店改革，向市博物馆移交库存文物 3.77 万件，其中三级以上珍贵文物 800 余件，当时市场价值 2 亿多元。这一改革得到了山东省文化厅和国家文物局的表扬，并在全省和全国文化系统进行了推广。这件事产生的效应对我触动很大。在我的主持下，市政府相继召开过专题会议和两次常务会议，研究文化工作，提出抓紧解决影响文化建设的一些重点难点问题。我让相关部门列出清单，组织力量一一攻克。其中，在市财政等部门的积极运作下，妥善解决了长期困扰文化系统的烟台山工程债务和山上涉军搬

全国重点文物保护单位烟台山近代建筑群

迁问题，以及广电中心大楼建设等问题。在解决这些问题的过程中，我进一步了解了烟台文化和烟台人，烟台文化底蕴深厚，文化资源丰富，拥有一系列独具特色的文化品牌；烟台人敢闯敢试、厚道热情。在大家的共同努力下，提炼出“创新、拼搏、协作、包容”的烟台精神，并在全市通过多种方式进行了大力推广和弘扬，写进了2007年3月份召开的中共烟台第十一次党代会报告，为烟台留下一笔精神财富、文化财富。

我来到烟台任职的2006年，也正是国家文化体制改革试点工作在全国全面推行的一年。9月23日，省委、省政府印发《山东省深化文化体制改革工作方案》。基于中央、省委的要求和烟台文化的实力，市委认为有必要将文化建设提到市委、市政府的重要日程。11月，市委、市政府印发了《关于进一步加快文化建设的意见》，提出加快烟台文化建设的总体目标和主要工作任务，全市关于文化建设的脉络有了清晰的认识。在工作推进的过程中，关于文化大市、强市建设的蓝图，逐渐在我的头脑中成形成熟。同时，也感受到有必要召开一次全市范围的文化工作会议，引起广大干部群众的重视，来一次总动员。

2007年5月，市委、市政府在全省率先召开全市文化工作会议，这是改革开放以来烟台召开的最高规格、最大规模的文化工作会议。会议将文化建设放在事关全局的重要位置来抓，对加快文化大市、强市建设作出了全面部署。提出这个目标，符合中央和省委、省政府的要求，符合市第十一次党代会的战略部署；是经过我和班子成员深思熟虑、广泛调研得来的，从全市的基础条件和经济实力来看也完全能够办到；同时也符合全市人民的愿望。这里所提的文化大市，主要是就规模和普及程度而言，要着力构建与经济社会发展水平相适应的文化发展大格局，使文化融入社会建设各方面，渗透经济发展各领域，覆盖城乡各层次，内化为广大市民的行为规范；这里所讲的文化强市，主要是就层次和品位而言，要显著提高城市文化影响力、亲和力、竞争力，充分展示时代风貌，体现群众要求，彰显烟台特色，走在全国同类城市前列，以文化的率先发展引领经济社会的率先发展。会议表彰了烟台市十大文化名人、十佳文化工作者和文化工作先进集体等，栖霞、蓬莱和莱州市的主要负责同志分别作典型发言，在全市营造了加快文化建设的浓厚氛围。自此，围绕建设文化大市、强市目标，市委、市政府在文化基础设施建设、文化事业、文化产业等各方面全面推进，一个促进文化建设大发展、大繁荣的热潮在全市兴起。

二、加大投入，重点推动文化基础设施建设，夯实文化大市强市建设的承载力

全市文化工作会议后，为加强领导，统一协调各部门行动，强化责任，市里成立了以张江汀市长为组长的文化建设工作领导小组，印发了《关于加快文化建设责任分工的意见》，进一步明确市直部门以及县市区文化建设的职责，并在全市进行了层层传达和大力宣传，树立起“抓文化就是抓发展、就是抓民生、就是抓和谐”的文化自觉，重点建设和完善一批能够体现烟台特色、与全国文明城市地位相称的标志性文化设施，筑牢烟台文化建设的物质基础，提高文化大市强市建设的承载力。

烟台文化底蕴深厚，中心城区人口密集，达到100多万，但却没有一处正规的、可专门用于专业剧团演出的剧院，可用于大型群众性文化活动的广场也很少。3个县市区尚没有文化馆或图书馆，只有一个县的“两馆”达到了国家一级馆标准；全市只有不到20个镇、街设有文化站。无论是按照国家“十一五”文化发展纲要和省委、省政府要求，还是人民群众日益增长的文化需求，烟台的文化基础设施建设都是滞后的。早在我接任市委书记之初，即在人代会和经济工作会议上提出过这个问题，并把其列入2007年城市建设重点项目里。全市文化工作会议后，市里决定加大投入，加快城区文化基础设施建设步伐。其中，文化中心项目是集烟台大剧院、

京剧院新院、群众艺术馆新馆、博物馆新馆、新青少年宫、新华书店六大标志性建筑于一体的综合性文化设施。能够在当时全市城市建设摊子大、重点项目多、任务艰巨的情况下，集中规划建设六大标志性文化设施，在烟台文化建设史上是空前的；尤其是选择在城市黄金地段建造文化中心，会伴随着诸多矛盾，困难和阻力也是客观存在的。原文化中心虽规模小、功能单一，但却地处烟台繁华商圈核心地段——芝罘区南大街中心位置，如出让土地搞商业开发，地方财政会有近 10 亿的收益；而建设文化中心，则需再投入 10 个亿。面对经济与文化两难选题，考虑到群众享受文化服务的便利性，以及文化对商圈的强大辐射力，市委拍板决定，舍眼前经济小利图长远文化大计，在南大街建造烟台的文化中心，并举全市之力拓宽开工。该中心东起胜利路，西至西南河路，南起西关南街，北至南大街，总占地面积约 7.63 公顷，以“山海仙境、开放烟台”为总体设计意向。其中建筑设施位于广场南侧，占地 3.1 万平方米，总建筑面积约 12.6 万平方米。在

胶东五彩文化广场　　　　（宫润苏 摄）

规划设计中，整体建筑跨度长499米，自西向东分别按博物馆，群众艺术馆、大剧院、京剧院，青少年宫和新华书店三部分规划，寓意过去、现在和未来。北部建有约4.53公顷的广场，中间建设可容纳3000人以上的市民露天剧场，赋予整个文化中心更丰富的公众参与内涵，使之成为展示城市魅力和城市形象的一张亮丽名片。在建造过程中，市住建部门和市文化部门密切配合，按照“建筑设施一流，运营管理一流，文化艺术活动一流，公共文化服务一流”的目标，组织多方专家提前谋划六大场馆的设计，做到工程施工与设施配备、场馆启用及活动安排无缝衔接，以最短的时间打造最好的品质。2007年9月10日，举行了工程奠基仪式。2008年7月，完成主体施工。2009年9月，新华书店、烟台大剧院、京剧院和青少年宫相继启用。

与此同时，市里拿出4000多万元，为4000多平方米建筑面积的烟台美术博物馆（画院）新馆实施了内部装修。同样在财政资金支持下，烟台地质博物馆于2008年3月开工建设；冰心纪念馆也于当年8月正式对外开放，成为烟台市公共文化场馆的重要组成部分。县（市、区）的文化基础设施建设也在同步推进，一批有影响力的县级群众文化与公共活动场所相继开工建设，如莱山区胶东五彩文化广场、牟平大剧院、福山王懿荣纪念馆、莱州市民文化中心，以及龙口林苑等，都为之后打造覆盖城乡、实用高效的公共文化设施网络奠定了基础，为全市的文化建设和广大群众的文化生活搭建了良好的平台，为文化事业大繁荣构建了完善的发展体系。

三、强化责任，完善公共文化服务体系，促进文化事业发展大繁荣

作为保护和实现人民群众基本文化权益的主要途径，文化事业的大繁荣是文化大市强市建设的必要渠道。随着党的十七大作出加强社会主义文化建设、推动文化大发展大繁荣的重大战略部署，以及全省文化建设工作

会议的召开，2008 年成为烟台文化大市强市建设全面推进的一年。上半年，市委、市政府相继出台了《关于加强公共文化服务体系建设的实施意见》《烟台市大力繁荣发展文化事业实施纲要》等重要文件，在全市建立起以政府为主导、以公益性文化单位为骨干，让广大群众和社会资源广泛参与的文化事业发展体系。针对城乡文化服务的差距，按照城乡、区域文化协调发展的原则，2008 年市委、市政府把文化事业发展的重心放在基层和农村。通过加大政府投入和支持力度，积极引入社会资本，在全市实施了广播电视村村通工程、公共文化信息资源共享工程、农村电影放映工程、乡镇综合文化站和基层文化阵地建设工程、农家书屋建设五大惠民工程，建立起覆盖农村的公共文化服务体系。

烟台较早提前布置实施了广播电视村村通工程、公共文化信息资源共享工程和农村电影放映工程，更把它们作为社会主义新农村建设的一项重要内容，大力推进。2007 年，市里投入 220 万元对有线电视相关设备进行更新升级；相继投入 800 多万元，用于县、市公共文化信息资源共享中心的升级、改造和更新建设；设立了市、县两级农村电影专项补贴资金，由市财政采购农村电影放映拷贝 300 多部，召开了全市农村电影工作会议，积极推进农村电影放映网络建设。2008 年，顺利完成了全市剩余 9 个 20 户以下自然村有线电视建设任务，实现了村村通；文化部门与市农村党员干部现代远程教育中心进行全面合作，通过传播渠道与信息资源共建共享，使文化共享工程覆盖全市乡镇、村和社区，达到全覆盖、村村通。全面落实了市、县两级农村电影专项补贴政策，并对上争取到补助资金 240 万元；印发了《烟台市农村电影放映工程实施管理暂行办法》，以市电影公司为主体，成立了烟台市农村数字电影院线公司，积极开展数字电影放映服务；建立健全了农村电影公示、监管、统计等各项管理制度，促进农村电影放映制度化、规范化和数字化建设。全年全市农村电影放映达到 6 万场，是 2007 年的 3 倍。

筑牢乡镇综合文化站和基层文化阵地建设工程，以及农家书屋建设工程。以这两个工程建设为抓手，建立起覆盖全市的文化建设网络。2008 年召开了全市乡镇综合文化站建设调度会议，派出专门小组赴各县市区，督导文化站和基层文化阵地建设情况，并与各县市区签订责任状，纳入对县域工作的考核项目里。同时，把农家书屋建设纳入新农村建设，与农村文化大院建设一并布置，一起考核，同步推进。福山、莱山、招远、莱州、龙口、蓬莱等区、市纷纷设立公共文化事业发展专项资金，充分结合当地实际，通过改造、扩建、新建等方式，建立起乡镇综合文化站、农村文化大院、农家书屋，当年建成达到国家标准的乡镇综合文化站 41 个，占应建数的 27%，农村文化大院 3900 多个，占应建数的 63%。全市 1500 家农家书屋建设任务超额完成，数量名列全省第一，获得省里奖励 88 万元。

2009 年，文化部启动了对国家级文化先进县的复查工作，这是自 1991 年评选“全国文化先进县”以来的首次复查，是对烟台市社会文化工作的一次大检验、大考核，事关烟台荣誉。全市文化工作者以“迎复查，保荣誉”为目标，狠抓基层“两馆、一站、一院”等基本文化阵地建设。在市里的积极协调下、市编办等部门的大力支持下，协调解决了乡镇综合文化站的机构编制问题，将文化站建设纳入对县市区工作的考核指标中，并出台“以奖代补”等政策，一系列举措极大地激励了镇村的工作积极性。年中，又召开了全市乡镇综合文化站建设调度观摩会，进一步推动文化站的建设与完善。经过市县镇村的共同努力，2009 年，烟台有 6 个公共图书馆被评为国家一级图书馆，有 3 个图书馆被评为国家二级图书馆；全市建成乡镇（街道）综合文化站 139 个，覆盖率达到 93%；建成农村（社区）文化大院 5330 个，覆盖率达到 81%，超额完成了省里下达的 80% 的建设任务，烟台市继续保持“全国文化模范市”荣誉称号，龙口、莱州、招远、蓬莱、牟平、长岛 6 个县市区继续保持“全国文化先进县”荣誉称号，数量居全省前列。形成了市有图书馆、博物馆、群众艺术馆，县有图书馆、文化馆，乡镇有综合文化站，村有文化大院（文化活动室）的公共文化服务设施体系。各级充分发挥公共文化服务网络的作用，开展公益性大众文化活动，持续加强社区文化、广场文化、企业文化、村镇文化等建设，广泛组织群众开展形式多样的文化活动。

在完善的公共文化设施建设和公共文化服务体系的双重加持下，全市文化事业全面发展。2007 年，开展了全省文化下乡集中示范活动、“和谐文化进万家”、“图书社区行”等丰富多彩的活动。2008 年，成功举办烟台市纪念改革开放 30 周年大型文艺晚会，以艺术的形式展现了烟台改革开放以来取得的巨大成就，以及“中国·长岛中华妈祖文化节”等具有烟台地域文化特色的老百姓喜闻乐见的文化活动。艺术创作与表演也取得了不斐的成绩。开展全市第三次文物普查工作，争取到文物普查经费 200 多万元，新发现不可移动文物 533 处，复查 256 处。高标准完成烟台山近代建筑群保护利用、朝阳街历史街区保护整治、白石村遗址综合整治以及蓬莱水城环境整治等重点工程，文化事业在短时间内取得了巨大成绩，为丰富基层群众文化生活、促进社会和谐进步发挥了积极作用。

四、锐意创新，抢抓数字发展机遇，开拓新兴文化产业发展空间

文化产业作为文化建设中最具生产活力和创新发展力的一部分，烟台始终坚持文化事业、文化产业两手抓两加强。早在党的十六大吹响文化建设的号角，敢闯敢试的烟台人借助改革的力量，率先探索文化产业的创新发展，2003 年举办了首届公益文化项目推介会，提出抓产业兴事业，启动全市文化产业发展。这一行为走在了全省乃至全国的前列。作为全省文化体制改革试点单位，2005 年 9 月 17 日，烟台日报传媒集团正式揭牌成立，成为省内第一家地市级报业传媒集团。这些都为文化大市强市建设增添了

强大的生命力。

我来到烟台后，也强烈地认识到，文化的改革与技术创新势如破竹。在上级的要求部署和市委、市政府的大力推动下，烟台一方面用高新技术改造传统文化产业，另一方面大力发展文化创意、文化博览、动漫游戏、数字传输等新兴文化产业。

短短几年，烟台新兴文化产业异军突起，一条集国家级动漫产业发展基地、数字出版社、数字光盘复制加工业、全媒体数字采编系统和互联网出版为一体的大数字出版产业链逐渐清晰强大起来，实现了动漫产业、报业数字采编网络化的突破，以及数字出版社和互联网出版的零突破。2006年4月，国家出台了《关于推动我国动漫产业发展的若干意见》，开始扶持优秀动漫原创产品创作。芝罘区率先抢抓机遇，把动漫产业作为全区文化产业大发展、大繁荣的突破口。经市、区双方共同努力，筹措到6000余

2007年8月24日，烟台首届国际动漫艺术节暨山东网络动漫嘉年华开幕
（渠敬伦 摄）

万元，选址芝罘区南部新城，建设烟台动漫基地，一期开发建设面积1.7万平方米的动漫基地大楼。2007年8月，该大楼竣工并投入使用，同时配套了动漫作品制作摄影棚、录音室、渲染机房、影像制作中心等公共创作区。为吸引创新企业入驻基地，芝罘区出台了《关于鼓励和扶持动漫产业发展的意见》，从政策、租金、贷款等多方面给予扶持。为扩大基地影响力，在市、区两级的共同努力下，以动漫基地为平台，2007年8月24日，烟台首届国际动漫艺术节暨山东网络动漫嘉年华开幕。面对大好形势，市委、市政府，以及芝罘区积极向上申报宣传，9月12日，国家新闻出版总署正式批准烟台为“国家级动漫产业发展基地”，成为当时的全国八大基地之一。2008年，动漫基地从以投入建设为主转为以动漫产品创作产出为主，开始大力培育创业主体，一方面注重培育本地动漫企业，另一方面面向日韩以及全国各地引进行业内的领军企业和品牌企业，积极发展数字动漫、创意制作、网络游戏等产业。当年创作的三维电视动画片《晶莹小子》荣获国家广电总局推荐第一批国产优秀动画片，并于次年在央视儿童频道播出。2009年，烟台动漫在人才培育方面走出了全面发展的步伐，鲁东大学首次开设动漫专业本科班，另有烟台城乡建设学校、烟台商贸高级技工学校、烟台信息工业学校等中等专业学校相继开展动漫人才培养计划。当年该基地拥有入驻企业39家，注册资本3886万元，从业人员453人，基地内企业共完成动漫作品投资总额4306万元。之后，该基地又连续多年成功举办烟台国际动漫艺术节，为烟台的动漫产业、文化创意产业的发展，搭建起重要平台，有效汇聚起国内外动漫产业的信息流、资金流、人才流，提升了烟台“动漫新城市”的辐射力和影响力。经过几年的发展，烟台建成原创作品多、创新能力强、制作技术先进、传播渠道畅通的动漫创意制作中心。

实现报业数字采编网络化的突破。受益于改革创新的烟台日报传媒集团再接再厉，于2006年11月成功入选国家“数字报业实验室计划”首批成员单位，成为国家数字报业试点单位，率先实施数字报刊战略。2008年

3月，该集团在全国首开先河，整合集团所有媒体记者，组建“全媒体新闻中心”（YMG），启动从传统报业到“全媒体”生产流程、运作方式以及各种运营平台的探索。在全媒体采编系统架构下，集团以《大小新闻》移动客户端为核心载体，打通日报、晚报、晨报3份报纸与水母网、网络电视及各县域报的资讯通道，实现媒体间的信息共享和整合传播。同时改革推行新闻领导小组和例会制度，统筹运营11张报纸、15个网站、33个微博微信及《大小新闻》移动客户端，形成融媒体传播矩阵，实现了“一体策划，即时采集，一次生产，多种生成，滚动发布，多媒呈现”的良好传播效果。与此同时，由国家新闻出版总署批准成立的国内首家数字出版社——黄海数字出版社在烟台成立，实现了数字出版社的零突破；建成的烟台市首个互联网出版网站，实现了互联网出版的零突破。实现了动漫基地、数字出版社、互联网出版、全媒体数字采编系统与数字复制加工业间，在创作、出版、复制、发行、宣传等层面上联系紧密、业务互补、相互促进、协调发展的良好态势，数字出版的产值不断上升，2008年已达到3.5亿。

在新兴文化产业绽放出强大生命力的同时，烟台的传统新闻出版业开始向规模化、集约化发展。2006年市里将全市印刷复制业划分为莱州市、烟台开发区、牟平区三大片区，推动出版产业向园区集中，实行集约化发展，到2007年初步形成效益型、开放型、骨干主导型的新闻出版产业体系。同时，积极开展文化产业项目梳理申报工作，建立起全市文化产业招商项目库。2008年，推进全市文化产业调研，开展文化产业统计指标体系建设，举办了全市首届文企联谊会和第六届公益文化项目推介会，在上年项目库的基础上，推出10大门类203个文化项目，达成合作协议38项，涉及资金额1400多万元，为文化和企业合作搭建了良好的服务平台。2009年，市委、市政府加大了产业结构调整力度和骨干企业的培植力度，明确8家“龙头印刷企业”和6家“骨干印刷企业”为全市重点印刷建设项目，实施重点培植。重点发展包装装潢印刷业，在市里的大力扶持下，新设立24家包装装潢印刷企业。又通过实施对外开放与合作，新增中外合资、外商独资印刷企业 3 家，且均打造为龙头骨干企业。加大技术革新和产业升级，大力推动数字印刷、高清晰度制版系统等高新印刷生产设备和工艺，促进印刷业从劳动密集型向技术密集型转变。2009 年，新增亿元印刷企业 1 家，年销售收入过亿元印刷企业发展到 8 家，全市新闻出版产业完成产值约 57.6 亿元，同比增长 15.2%。

五、持续改革，文化大市强市全面发展，为后续烟台文化建设提供强大动力

改革并不是简单的拆与建，延续历史底蕴，让历史焕发出新的时代光彩也是改革的一部分，尤其文化保护也是文化建设的一部分。在烟台期间，我一方面注重协调好文化保护与文化建设的工作，在改革中为烟台留下更多文化的根，让这文化的根盛开出时代改革的鲜花；另一方面借助改革力量让文化之花日新月异。

保住烟台历史文化街区，为申报国家历史文化名城打好基础。烟台人都知道烟台有两个历史文化街区，一个是朝阳街，一个是所城里。关于这两个街区的保护与开发问题，批复争执了多年，我在烟台期间，对于这个选择题也反复考量了很久。基于对文化建设的自觉以及烟台文化工作者的坚持，2009 年 6 月，在我的主持下，组织了市几套班子领导和市直有关部门负责人先观摩朝阳街和所城里两个街区，而后在所城西门召开现场会，我讲了市委的意见，公开明确要求把烟台历史街区保护起来。为了进一步加大保护力度，又协调市人大开展烟台历史街区的调研，并于 10 月 30 日召开了第十五届人大常委会第十五次会议，会议通过了《关于加强历史街区与文物建筑保护管理工作的决议》（以下简称《决议》）。这种在地市级通过人大法律的形式保护历史街区和文物建筑的做法，走在了全国的前

2009 年 9 月建成使用的烟台市文化中心　（岳川东 摄）

列，同时在当时房地产业发展迅猛的形势下，这一现场会和《决议》的形成，堵住了悠悠众口，从根本上保住了烟台的朝阳街和所城里，也为后来烟台成功申报国家历史文化名城奠定了重要的“硬件”和“软件”基础。同时，在大家的共同努力下，也为后续保护胜利路教堂等历史建筑和文物保护单位提供了法规依据。

借助改革力量建成市区文化高地。市文化中心自 2007 年 9 月 10 日奠基，历经 2 年施工，于 2009 年 9 月 11 日在烟台大剧院举行了首场演出，象征着市文化中心全面对外开放，成为烟台最具规模和影响的公共文化设施，成为区域“文化航母”和新的城市地标。到此，市里没有一建了之，而是借助大剧院改革的力量，将文化中心打造成带动全市文化发展的重要引擎和在全省乃至全国具有影响力的艺术殿堂。烟台大剧院是文化中心的核心部分，建筑面积 1.4 万平方米，可容纳 1230 名观众。早在工程建设伊始，市文化部门即着手谋划大剧院建成后的运营管理工作。经过广泛借鉴学习和认真筛选，最终与北京保利剧院管理有限公司签订委托经营合同，实行与专业剧院管理公司合作经营的运营模式。到此，市里没有一推了之，而是积极改革创新，分别在演出运作模式、院线剧目和票价控制等方面走出了新路子，成为全省全国文化改革的典范。在演出运作模式上充分结合烟台实际推出“公益、院线和社会运营”模式，既保障了普通市民的文化权益，又适应了市场需求；在院线剧目上建立健全了引进机制和审核标准，确保观众能够得到高层次艺术享受。在票价方面，市财政每年拨款对剧院进行补贴，我们称其为“经济适用票”，确保普通市民以低票价观看到高档次国内外演出。这诸多举措树立了大剧院“高贵不贵，文化亲民”的经营宗旨。集博物馆、群众艺术馆、京剧院、大剧院、青少年宫和图书城为一体的文化中心，端坐于市中心黄金地段，成为烟台最美丽的风景之一。

2010 年 7 月，山东省文化体制改革和文化产业振兴大会召开。在省委部署和市里的大力推动下，烟台文化、广电和新闻出版“三局合一”改革工作顺利实施，组建起烟台市文化广电新闻出版局和烟台广播电视台。整合文化、广电和新闻出版执法资源，成立烟台市文化市场执法支队。行政机构的改革进一步释放了文化事业与文化产业的发展活力。到 2010 年，烟台实现了市有文化中心、县有“两馆”、镇有“一站”、村村有文化大院（室）的四级公共文化服务网络。在这覆盖城乡的完善的公共文化服务体系下，烟台市委、市政府坚持用先进文化促进社会主义核心价值体系建设，连续多年举办公益文化项目推介会，文化娱乐业、广电产业、新闻出版业、动漫产业、文化旅游业等加快发展，规模实力不断壮大。2010 年全市文化企业已发展到 6470 余家，从业人员 13 万人，全年实现文化产业增加值 200 亿元，同比增长 20% 以上。全市全力打造烟台国际葡萄酒节、国际果蔬博览会和招远黄金节、栖霞苹果节等节会文化品牌，以及开埠文化、红色文化、民俗文化、海洋文化等地域文化品牌，创作出一大批能够代表烟台地域特色、反映时代精神的精品佳作，文化消费的拉动力日渐明显。

文化大市强市的建设远不止于此，“苟日新，日日新，又日新”，改革创新永远在路上。为了进一步提高烟台文化建设的水准，向国家要求看齐，2011 年 2 月，我组织相关部门积极申报创建国家公共文化服务体系示范区。在申报的过程中，通过听取汇报、现场考察，烟台的文化建设得到文化部领导和专家的高度好评，认为烟台的经验有示范意义和推广价值，中央宣传部和文化部决定在烟台市召开“全国地市级公共文化服务体系建设现场经验交流会”。当年 6 月 2 日，现场经验交流会在烟台如期召开，烟台市的领导在会议上进行了典型发言。此时，我刚刚离任烟台 1 个月，但典型发言效果很好，来自国家部委和各省市的领导，以及专家学者 260 多人听取了汇报，参观了多处文化建设现场，对烟台探索出的这条“靠设施建设夯实基础，靠真诚服务树立形象，靠改革创新增添活力，靠政府主导强化保障”的发展新路子，给予纷纷点赞。现场会的召开也引起中央各大主流媒体的广泛宣传和大力报道，对扩大烟台的知名度，提升烟台经济社会发展软实力，都起到了很好的推动作用。这直接为不久后，烟台市获得“国家历史文化名城”和“国家公共文化服务体系示范区”称号，以及第十届中国艺术节在烟台举办，奠定了坚实的基础。

在我任职烟台市委书记的五年里，有一支文化建设的生力军，有一批献身文化建设的带头人，如先后两任市委宣传部部长和两任文化局局长等一批党员干部，身先士卒、冲锋在前，率先抓住时代发展的机遇；以及在热爱烟台文化的广大干部群众的共同努力下，为烟台文化大市、强市建设留下了市文化中心、国家历史文化名城和国家公共文化服务体系示范区三大基石，进一步塑造了“文化烟台”形象，展现了“烟台文化”风采，使文化成为烟台之魂，为实体经济发展注入强大力量，为和谐社会建设注入源源不断的精神力量，成为建设文明富庶新烟台的持续动力。

采　访　人：姜俊英　韩兆蕾　李　岩

撰稿整理人：姜俊英

打造胶东红色文化

张江汀*

中国共产党成立100周年之际，习近平总书记要求在全党开展党史学习教育。这是党中央立足党的百年历史新起点、统筹中华民族伟大复兴战略全局和世界百年未有之大变局、为动员全党全国满怀信心投身全面建设社会主义现代化国家而作出的重大决策。这不由得让我想起，我在烟台任职期间，深入学习贯彻习近平总书记关于弘扬革命传统、传承红色文化的重要论述，积极打造胶东红色文化的过程，很多场景至今记忆犹新、感触颇多。回顾烟台经济社会发展取得的成就，离不开文化特别是胶东红色文化的滋养、激励和鼓舞。可以说，从2012年到2015年是打造胶东红色文化的关键阶段，而挖掘打造胶东红色文化则是我在烟台期间做的最值得回忆的实事之一。

一、深挖历史资源，启动红色文化建设工作

2006年10月，我从潍坊调到烟台任职，担任烟台市委副书记、代市长、市长，2011年5月担任烟台市委书记。根据我这些年的工作体会，经济建设是根本，文化建设是灵魂，两者相辅相成、缺一不可。烟台是全国首批沿海开放城市和蓝色经济区骨干城市，经济欣欣向荣、人民富足安康，

---

* 张江汀，2011年5月至2015年4月任中共烟台市委书记。

但随着经济社会的发展，群众精神文化需求日益增长，文化建设亟待进一步加强。与此同时，我了解到，烟台革命历史悠久，胶东人民对革命的贡献很大，这些红色资源是非常宝贵的精神财富。基于这些考量，在2012年2月烟台市第十二次党代会上，我代表市委作了题为“把握科学发展主题，抓住重要战略机遇,向着率先基本实现现代化的宏伟目标奋勇前进”的报告，提出加快把烟台建设成蓝色、文明、幸福之都，既在经济建设上争创一流，也在文化建设上率先发展。其中，深度挖掘胶东红色文化资源、为群众提供充足的“精神食粮”的想法，在我心中逐渐生根发芽。经过一段时间的酝酿与调研，2013年2月，成立了发挥革命老区优势建设“红色烟台”工作领导小组，并召开了领导小组会议，进行动员部署。

2013年6月18日，第一批党的群众路线教育实践活动启动。7月，习近平总书记在西柏坡考察时指出，每到井冈山、延安、西柏坡等革命圣地，都是一次精神上、思想上的洗礼；强调历史是最好的教科书，对我们共产党人来说，中国革命历史是最好的营养剂。总书记的重要讲话使我深受鼓舞，开展红色文化建设完全符合总书记的指示精神，也更坚定了我开展这项工作的决心。2013年8月，我率领烟台市党政考察团，赴临沂市、莱芜市、泰安市、日照市等地，重点就红色文化进行考察学习。三天半的时间，我们辗转上千公里，考察学习了20多处重点项目。参观考察的过程也是烟台红色文化工作的规划过程。其中，沂蒙红色文化的影响力之大，给我留下了深刻印象，对打造胶东红色文化有了更加深入的思考。

首先，烟台红色文化资源丰富、底蕴深厚。烟台是山东省建立党组织最早的地区之一，也是胶东地区党组织的发源地和革命斗争的政治中心。早在1921年秋，中共一大后不久，党中央即派党的早期领导人邓中夏、王荷波到烟台开展党的组织工作。革命战争年代，胶东有50万人参军入伍，7.6万人为国捐躯，280万人次踊跃支前，胶东军民先后向党中央和各个战场秘密运送黄金43万余两，成为党的经费的重要来源之一。创办的9处兵工厂，是抗日战争中“山东军工的主力”、解放战争中“华东军工的主要部分”。掖县（今莱州市）党组织带领人民群众通过挖地道创造性建立地下医院，在抗战最艰苦的时期收治和保护了数以千计的八路军伤员，为革命保留了有生力量。从胶东走出去的子弟兵先后组建起原四十一军、二十七军、三十一军、三十二军四个军，涌现出以张万年、迟浩田两位军委副主席为代表的16位共和国上将。中国工农红军胶东游击队是中国北方沿海地区和山东省内唯一一支坚持到抗战全面爆发的红军队伍，胶东根据地被称为当时全国革命政权最稳固、经济最富裕、最有文化的根据地。位于栖霞的胶东革命烈士陵园，是我党建立最早、面积最大、纪念烈士最多的专题抗战烈士陵园，安放着20850名革命烈士的英灵。郑耀南等发起创办的北海银行作为中国人民银行的三大前身之一，在全国解放区最早发行货币。解放战争期间，从派兵东北“北上”到选派干部“南下”，胶东都作出了重要贡献。1949年4月23日，在胶东走出去的第一个共产党员郭寿生的策反

胶东兵工厂生产的弹头、手榴弹、地雷、掷弹筒、迫击炮弹等武器

1945 年建成的英灵山胶东革命烈士陵园

和推动下，时任国民党海军海防第二舰队司令林遵在南京宣布起义，有力配合了百万雄师过长江。这个日期成为中国人民解放军海军成立纪念日。

其次，与大多数革命老区相比，烟台不仅革命战争年代贡献大，改革开放后，烟台作为全国首批 14 个沿海开放城市之一，经济社会实现持续快速健康发展，经济总量居全国地级市前列。2012 年，烟台以占全国 0.14% 的国土面积，贡献了全国 1% 的 GDP、1.3% 的工业增加值、1.2% 的外贸进出口总额。既是革命老区又是发达地区，这是烟台最大的优势和特色，是红色文化建设的根基。这个特点和优势也从一城之地彰显了中国共产党的伟大和改革开放政策的英明。

然而，相比于成为沿海开放城市，烟台作为革命老区的这张红色名片还鲜为人知，红色文化的品牌还不够响亮，红色文化的软实力还没有得到体现。

考察返程的路上，在莱阳召开了一个座谈会，我将这些想法与思考和考察团的同志们进行了深入探讨，得到大家的普遍支持，大家讨论得非常热烈，提出了很多真知灼见，深入挖掘、全面打造胶东红色文化成为大家的共识。

一是打造红色文化的重要性。习近平总书记多次强调，要大力弘扬“红船精神”、井冈山精神、长征精神、延安精神、西柏坡精神、沂蒙精神等红色文化。文化是一个地方保持持久竞争力的根本所在，文化必须要有鲜明的特色，有特色才有生命力。我们评价一个城市的地位，固然要看经济实力，但根本还是要看其特色文化底蕴。特色文化中对当代人最具吸引力、震撼力、感召力的又是红色文化，因为红色文化是我们党百年奋斗历史凝成的，是在血与火的考验中锻造的，最能震撼人的心灵；红色文化往往与英雄、牺牲、奉献紧密联系在一起，最能唤起人的神圣感和昂扬激情；红色文化又是离我们最近的文化，许多事情历历在目、如在身边，最能牵动人心、感人肺腑。正是因为红色文化的这种特质，才使其具备了历史印证、文明传承、政治教育和经济开发等多重价值功能。比如，井冈山市的经济总量并不大，但是提到井冈山全国人民都知道是红色摇篮，正是对中国革命的贡献奠定了井冈山今天的城市地位；革命圣地延安也是如此。要巩固提升烟台在全国全省发展大格局中的地位，就必须在做大做强经济实力的同时，把城市文化建设摆到更加突出的位置，尤其要把红色文化作为烟台文化品牌打造好。

二是打造红色文化的紧迫性。当时，国内许多城市都在深挖自身的红色资源，争先恐后、竞相打造自己的红色品牌。比如，延安市将红色旅游业确定为全市三大战略之一，韶山市把建设爱国主义教育示范基地作为一号工程。省内的几个兄弟城市，也都在挖掘自身的红色文化资源，如果我们再不抢占先机，就会失去优势，就会愧对革命先烈留给我们的宝贵红色遗产。

三是打造红色文化的可行性。烟台打造胶东红色文化的优势和潜力，主要在于烟台革命的历史早、是革命的主战场、对革命的贡献大、著名历史事件多。胶东军民在艰苦卓绝的革命历程中锻造出的胶东革命精神，是一笔宝贵的精神财富。同时，我们又有打造红色文化的深厚社会基础和群众基础。当时，烟台是连续七届全国双拥模范城市、连续六届全国社会管理综合治理优秀城市、连续三届全国文明城市，整个社会见义勇为、扶弱济困、团结互助、诚实守信蔚然成风，在全国范围评选出的感动中国人物、最美人物等层出不穷。这些都与烟台身为革命老区、深受红色文化熏陶和洗礼密不可分。应该说，在胶东红色文化的历史传承上，烟台具有不可比拟的深厚积淀和丰富资源，独具特色，最有代表性。

二、加强组织领导，聚力打造胶东红色文化

2013 年 8 月 21 日，建设“红色烟台”工作领导小组召开第一次会议，这是烟台红色文化建设工作的一次动员会、誓师会，意义深远。我在这次会议上提出：打造红色文化品牌，建设经济文化强市。会议对烟台红色文化建设工作进行了认真研究和系统部署，提出了“做好五篇文章、形成四个一批、打造三个亮点、把握两个节点”的具体部署。“做好五篇文章”就是集中力量抓好搜集史料、总结典型、展览展示、宣传推介、培育产业工作；“形成四个一批”就是挖掘整理一批红色革命史料，整合提升一批红色文化场所，精心创作一批红色艺术精品，集中推出一批红色革命典型；“打造三个亮点”就是高标准建设一座胶东革命历史纪念馆，高水平创作一部红色电视剧，高起点打造一条红色旅游线；“把握两个节点”就是以 2014 年上半年市县两级开展党的群众路线教育实践活动和 2015 年 9 月抗日战争胜利 70 周年为时间节点，加快推进这项工作。这次会议的召开引起了广泛的轰动，大家的积极性很高，许多专家和相关机构也给出了好的建议，与前期的思考与准备不谋而合。9 月 11 日，领导小组召开了胶东红色文化建设筹备情况汇报会议，各分工小组分别汇报工作情况和工作打算，进一步推动各项建设工作。

2013 年 9 月 16 日，市委研究决定再一次调整领导组织，成立胶东红色文化建设工作领导小组，由副书记担任组长调整为由我担任组长，市委副书记担任常务副组长，7 位常委、副市长担任副组长，28 个市直部门和昆嵛山自然保护区、烟台警备区和 2 所驻烟高校为成员单位，下设办公室和收集认定、史馆建设、创作策划 3 个工作组。领导小组规格很高、涉及面很广，充分体现了市委、市政府对打造红色文化品牌的高度重视和坚定决心。之后，迅速形成了《“胶东红色文化”建设工作推进计划（草案）》，成为市委、市政府加强全市文化建设的一项重大举措。其间，我曾提出：“整体时间还要提前。这项工作我们动手已经晚了，不能再按常规套路，必须抢救式工作，请再修订时间表。”这对于打造烟台主体文化品牌、提升城市层次品位和综合实力有着重要意义。

2013 年 10 月 8 日，召开了胶东红色文化建设工作座谈会，讨论今后的工作重点和着力点。当时，工作刚开展，千头万绪，有很多困难，会上，我们反复讨论了各个难点问题，提出了解决方案，坚定了大家的信心。不久，《“胶东红色文化”建设工作推进计划》印发全市，对胶东红色文化建设领导小组下设的3个工作组和各牵头单位明确提出了项目要求和时限要求。推进计划目标时限限定在 2015 年 9 月以前，包括史料征集整理、历史地位认定、基地命名、场馆建设、文艺作品创作、宣传等 9 个方面 59 个推进事项。可以说，把前期考虑的方方面面都体现在推进计划中了，在工作开展过程中，也是按照推进计划紧张而有序地推动。

为了集中力量开展工作，领导小组办公室从市委组织部、党史研究室、机关工委、档案局、烟台日报社、文广新局等市直部门和单位抽调 17 名工作人员充实到市红色文化办公室，集中办公；各县市区也相继成立专门的红色文化办公室，上下联动，统筹推进，全市掀起胶东红色文化建设的热潮。工作中，各级各有关部门和社会各界围绕中心、服务大局，团结协作、积极作为，做了大量艰苦细致、卓有成效的工作，体现了一流的意志品质和思想境界，绘就了以红色精神打造红色文化的生动画面。

三、广泛宣传征集，营造红色文化建设浓厚氛围

2013年10月14日，《烟台日报》《今晨六点》、水母网等媒体同时启动红色文化集中报道，力求形成轰动效应。其中，《烟台日报》推出“弘扬胶东红色文化·寻访红色足迹”系列报道；《今晨六点》开设“追寻红色记忆 弘扬红色文化”专栏；水母网制作“弘扬胶东红色文化”网络专题，集中报道烟台市在胶东红色文化建设方面的新闻动态和进展成果。报道刊出后，全市群众了解到市委正在开展的这项文化民生工程，反响热烈，也在全市更广泛的范围内拉开了胶东红色文化建设的序幕。

史料收集整理是打造胶东红色文化的基础性工作。胶东革命史料是中国共产党在胶东地区创建、发展和领导革命斗争的记录和见证，是胶东革命历史的重要组成部分，征集整理胶东革命史料，进一步丰富完善胶东革命历史资料库，是胶东红色文化建设的重要内容和关键环节，对于总结提炼胶东红色文化精神内涵、策划创作红色经典文艺作品、打造革命教育基地具有重要意义。史料的收集工作成为此次胶东红色文化建设的基础性工作和首要任务，工作人员利用多种渠道，发动全社会的力量，取得了明显成效。

2013年10月16日，专门印发《关于认真做好胶东革命史料征集整理工作的通知》和《胶东革命史料征集普查表》，并召开胶东革命史料征集会议，对史料征集目标任务、重点内容和方法措施等进行部署。征集整理内容主要是1919年五四运动至1949年中华人民共和国成立期间，中国共产党在胶东地区创建、发展和领导革命斗争的文字、图片、音像和实物等，以及1980年以前宣传和介绍党在胶东地区革命历史的重要出版物。

为扩大征集影响力，11月23日起，《烟台日报》《烟台晚报》《今

晨六点》、人民网、大众网、胶东在线等媒体连续两周发布《关于征集胶东革命史料的公告》，29 日至 30 日，相继在《人民日报》《大众日报》发布征集公告；同时，对全市党史馆、档案馆、纪念馆、烈士陵园和博物馆等现存史料进行全面普查；组织力量到中央档案馆、中国人民革命军事博物馆、国家博物馆，以及原二十七、三十一、四十一集团军驻地等单位和区域进行广泛征集。

在征集过程中，全市参与范围之广、群众响应之热烈，令人动容。其中，有两名捐赠史料的同志我至今仍然记忆犹新，一位是芝罘区原党史研究室主任王景文同志，一位是胶东红色文化民间收藏家姜斌同志。他俩积极响应市委的号召，对自己之前收集的史料进行了科学分类和专业修补，并多次四处寻访收集增加红色史料与物件。经过一段时间的辛勤工作，王景文同志无偿捐赠了 889 件珍贵革命史料、126 张电子版老照片，其中 1944 年 3 月胶东设计印制的山东战邮第一版毛泽东像邮票是最早的毛泽东肖像邮票，极为珍贵。姜斌同志无偿捐赠了 101 幅胶东军区司令部印制的胶东地形图、八路军山东纵队第五支队感谢信等 1360 件珍贵革命史料。这两名同志捐赠的史料，经过整理后，分别在市博物馆举办了展览，我和有关同志参观后深受教育。两位同志全力支持市委的工作，将凝聚毕生心血、几十年悉心珍藏的史料捐献出来，充分体现了共产党员崇高的思想觉悟和高尚的道德情操，他们的行动本身就是对爱党爱国、服务人民、勇于牺牲、无私奉献的胶东革命精神的生动诠释。

口述史料也是挖掘重点之一。趁着许多老一辈革命者和历史事件亲历者还健在，派出的工作人员先后赶赴北京、上海、武汉等 10 多个省市，行程 2 万多公里，对 69 位老将军、老干部、老党员和亲历者进行采访，抓紧时间录音、录像、整理、汇总，整理完成有价值的影像资料 1700 多分钟，翻录讲述内容 28 万字，并同步建立了资料数据库，充分展示史料与典型，让大家能够看到、听到、感受到，进而受到教育、受到震撼。

其中，张万年、迟浩田两位老首长的采访，是由我带队赴京进行的，留下了非常珍贵的影像资料。迟浩田首长听说烟台在挖掘红色文化后表示，胶东对于革命的贡献很大，在壮烈的胶东保卫战、牙山保卫战中，有留下英雄足迹的许世友、聂凤智，以及在胶东土地上陨落的许多英雄们；战争年代中胶东发挥了全国后勤保障基地作用等，这一系列红色资源，应该用心发掘。老首长的话令我们深受鼓舞。

五进胶东的许世友（1905—1985）

在全市上下各个领域、各个层面的群策群力、辛勤付出下，在广大群众的积极响应、热心参与下，史料征集工作进展顺利。到12月底，普查已存史料3452件，遴选确定了30个重要事件、100名重要人物、70处重要遗址、700件重要史料，整理形成了较为完整的《胶东革命史料目录》。

四、积极拓宽渠道，增强红色文化建设承载力

打造胶东红色文化，仅仅依靠我们自身的力量还不够，必须让烟台独特的红色文化资源和研究成果得到权威认定，借助上级支持力量和自身努力，为胶东红色文化发展注入强劲动力与活力，使烟台红色文化品牌在全省乃至全国成为独树一帜的亮点。

2013年12月9日，我带着领导小组有关负责人赴中央党史研究室专题汇报烟台市胶东红色文化建设工作，争取中央党史研究室对我们工作的大力支持。中央党史研究室主任欧阳淞对烟台市胶东红色文化建设工作给予充分肯定与赞扬，认为烟台市委、市政府顺应形势发展要求，立足本地丰富的红色文化资源和经济发达优势，着力开展红色文化建设工作，对于

传承红色基因、弘扬革命精神，提升烟台城市层次品位和综合实力，促进全市经济社会全面发展，具有十分重要的意义。他表示，中央党史研究室将给予全方位的支持，帮助烟台做好红色文化资源的挖掘与开发，组织好相关工作的研究与论证，做好重大历史事件的地位与作用认定，为烟台市卓有成效开展胶东红色文化建设工作创造更多有利条件。中央党史研究室的肯定与支持给了我们很大信心，后来"胶东革命历史地位和贡献暨胶东革命精神座谈会"的举办、《胶东红色文化丛书》的出版等，都得到了他们的大力支持和积极参与。

为提高胶东红色文化的地位，市委宣传部、团市委先后多次到中央宣传部、团中央请示汇报，争取烟台市红色场馆的国家级命名。精诚所至，金石为开，在多年没有公布新的国家级示范基地、教育基地的情况下，2013 年 12 月 19 日，共青团中央授予地雷战纪念馆、胶东革命烈士陵园"全国青少年教育基地"称号；2014 年 1 月 20 日，胶东革命烈士陵园被中央宣传部命名为"全国爱国主义教育示范基地"。

有了前期史料收集整理的基础和权威部门的支持，我们开展了系列研究提炼工作。重点围绕"名人、名物、名事"，深度挖掘、系统整理各种珍贵史料，把在全国全省叫得响、过得硬的红色资源研究透、提炼好，争取专家和上级部门认定，突出胶东革命在中国革命中的重要地位和贡献，进一步凸显烟台在胶东地区红色文化的龙头地位。

2014 年初，我们确定了 13 个革命亮点事件作为重点研究课题，县市区、市直部门和驻烟高校分别成立课题组，本着尊重历史、严谨负责的态度，开始进行研究考证，到年底，整理形成了 13 篇、10 多万字的课题报告，并向中央、省党史部门作了全面汇报。一段时间后，"胶东红色革命历史资源丰富精彩""向党中央及其根据地和各解放区密送 43 万余两黄金成为我党领导抗战的重要经费来源""中国工农红军胶东游击队是中国北方沿海地区和山东省内唯一一支坚持到抗战全面爆发的红军队伍""胶东革命烈士陵园是我党最早、占地面积最大、纪念人数最多的专题抗战烈士陵园”等一批重要研究成果得到中央权威部门认定。这些重大革命历史事件和重要成果的认定，让人们知道胶东红色文化丰厚、胶东革命在中国革命史中占据独特的历史地位。胶东革命孕育了胶东革命精神，其核心是忠诚、担当、奉献，这样的精神焕发出来的力量是无穷的，也是被历史和实践所证明的，必须一代一代传承下去。这也是我们积极打造胶东红色文化的重要目标。

场馆设施是红色文化的承载者和守望者，一流的文化必须拥有一流的载体，受到一流的呵护。根据工作计划，我们在广泛调研的基础上，启动了革命遗址保护改造提升和红色文化场馆建设工程，把承载着胶东革命精神的历史遗存和担负传播胶东红色文化任务的场馆发掘好、保护好、建设好、利用好。

场馆建设的重点放在打造胶东党员干部理想信念教育基地上。肯取势者可为人先，能谋事者必有所成，2014年初，第二批党的群众路线教育实践活动开展。这一重要历史机遇，使胶东红色文化资源的优势更加凸显，面向全省全国开放的胶东党员干部理想信念教育基地建设速度进一步加快。

雷神庙战斗遗址

在党的群众路线教育实践活动中，在构建社会主义核心价值观中，发掘和弘扬这一红色文化精神财富具有深远的现实意义。

理想信念教育基地以市委党校为依托，组织专家学者深入挖掘精神内涵，总结提炼出“忠诚坚定、不畏艰难、敢为人先、无私奉献”的主题和“来自人民、属于人民、为了人民”的主线，形成了较为系统完整的教学内容。开发了《弘扬胶东革命精神》专题课，依托烟台山胶东革命史陈列馆、烟台开埠陈列馆和抗日烈士纪念碑、牟平区雷神庙战斗纪念馆、杨子荣纪念馆、英灵山胶东革命烈士陵园为理想信念教育教学点和功能区，构建起点、线、面相结合，“课堂 + 现场”的教学体系。

2014 年 2 月，全市第二批党的群众路线教育实践活动启动，教育实践活动期间，胶东党员干部理想信念教育基地先后承接了 260 个教学班次，培训党员干部 1.3 万余名，收到了良好的党性教育效果，中央、省有关领导视察后给予充分肯定。教育基地被列入《山东省深化党的建设制度改革实施方案》，成为全省第二个党员干部党性教育基地。7 月，中央组织部《党建研究》刊发文章《烟台大力整合提升胶东红色文化资源，打造胶东党员干部理想信念教育基地》，对烟台开发建设理想信念教育基地的做法进行了报道。基地成为全省第二个群众路线教育基地之后，从 2015 年开始承担省干部学院教学班次，这标志着胶东红色文化建设进入一个新的阶段。

此外，对全市 332 处革命遗址、旧址和纪念地建立了保护台账，对雷神庙战斗遗址等重要革命遗址进行了抢救式保护，指导支持海阳市、牟平区、莱阳市新建许世友在胶东纪念馆、杨子荣纪念馆、胶东第一个县委革命历史文化展览馆等一批红色场馆，对“运兵东北”老码头、黄县二行署驻地、徐镜心故居、郑耀南故居和胶东区第一次党代会旧址进行了升级改造。胶东革命烈士陵园、海阳地雷战纪念馆入选第一批国家级抗战纪念设施和遗址名录。

五、形成红色成果，为烟台全面发展提供强大动力

在打造胶东红色文化过程中，我们通过学术研讨、文艺作品、新闻专栏、展览演出等多种形式，全方位推出了一批红色文化成果。

在全国范围内，我们与中央电视台《国宝档案》栏目合作，拍摄了《胶东烽火》纪录片。2014 年 1 月 17 日起，央视摄制组先后赴芝罘、牟平、莱阳、龙口、招远、莱州等地进行实地拍摄，采访了大量的事件亲历者、见证人和专家学者。3 月 10 日，《胶东烽火》在央视《国宝档案》栏目播出。纪录片共 12 集，以胶东革命历史为根基，坚持充分尊重历史的原则，整部影片以主持人演播室实物举证、故事讲述为主，穿插情景再现、专家点评等内容，生动展示了自建党初期至解放战争期间发生在胶东大地的波澜壮阔的革命往事和可歌可泣的革命英雄人物事迹。纪录片的播出，让海内外更多观众了解了烟台，得到社会各界的普遍好评。我们趁热打铁，在北京组织专家学者、新闻单位召开研讨会，引起强烈反响。在山东省内，2014 年省人代会开幕当天，《大众日报》以两会特刊的形式刊发了烟台着力打造胶东红色文化的专版新闻；2014 年 7 月，《山东参考》刊发了多篇由新华社采写的胶东红色文化专题稿件。在全市开展了胶东红色文化进机关、进乡村、进社区、进企业、进单位、进课本，在市博物馆举办了“巍巍丰碑”胶东红色文化图片展，全市集中放映胶东红色革命题材影片 9655 场，举办“传承胶东红色文化”百场报告会活动等系列主题活动。这些活动把胶东红色文化送入了千家万户，使人民群众从中受到教育、受到启迪、受到鼓舞，进一步打牢全市人民团结奋斗的共同思想基础。

在红色文化创作上，广大文艺工作者从烟台丰富的胶东红色文化中汲取营养和灵感，推出一批革命历史纪录片和曲艺、歌舞、小说等艺术作品，精心创作一批具有红色内涵、反映时代旋律、体现烟台精神、契合市场规律，

让专家叫好、被观众叫座、在全国叫响的精品力作，通过作品展示胶东红色文化的丰富资源和建设成果。其中电视剧《大秧歌》，取材于海阳丰富的红色文化资源，把胶东独特的红色文化底蕴和秀丽的自然风光，全景式呈现在全国观众面前，受到全国观众好评，不仅凝聚了烟台力量，更提升了群众的思想境界，同时，扩大了海阳的名声，扩大了烟台的对外影响力。

烟台的文化活动形式由于红色元素的加入更加丰富多彩，内容更加深邃感人，各学校、企业纷纷唱红歌、演红剧，广大青年学生们讲红色故事、进行红色演讲，机关干部们开展党的知识竞赛，老年朋友们回忆传播红色历史，一些红色作品成为每年文化进社区进乡村的重要剧目。这些宣传和活动的推进，让全国、全省都知道胶东人顾全大局、不计得失、忘我奉献的精神，大家对烟台更有亲切感，这样的精神对一个城市的发展是非常宝贵的，更能塑活城市形象、优化人文环境，吸引优秀人才、汇聚资本财富，培育新兴产业、促进融合发展，从而以最小的资源消耗创造最大的经济效益。由于红色元素的加入，在积极培育和践行社会主义核心价值观上，烟台更是打造了具有自己地域特色的烟台精神，成为推动烟台各项事业发展的强大精神动力。

为了充分利用胶东红色丰富资源，打造红色旅游品牌，烟台开展了多项红色旅游宣传推广活动，深度挖掘、整合烟台的红色旅游资源，明确了红色旅游的发展总体布局、发展特色、线路组织，制定了《烟台红色旅游发展纲要》，编辑出版了《烟台红色旅游指南》，将红色旅游与自然生态旅游、历史文化旅游、民俗风情旅游等其他旅游资源相结合，推出一批集教育、观光、体验、住宿、餐饮、购物于一体的红色旅游精品路线，使散发无穷魅力的胶东红色文化催生了更多生产力、惠及了更多人民群众。2014 年全市红色旅游游客接待量达 800 多万人次，来自天南海北的游客在游览中了解和感受了烟台红色文化，接受了胶东革命精神的感染和熏陶。

到 2014 年上半年，胶东红色文化建设已如火如荼地开展了一段时间，取得了不少成果。这时，在更高层次上宣传和弘扬胶东革命历史地位和贡献，就显得尤为重要。我们把眼光放在了举办高层次的座谈会上，通过多方协商沟通，成功举办了“胶东革命历史地位和贡献暨胶东革命精神座谈会”。为配合座谈会召开，2014 年 3 月，领导小组遴选了 28 个研究题目，面向全国公开发布了论文征集公告，在中央党史研究室期刊和网站发布了启事，并向有关专家学者发函约稿。截至 8 月 10 日，共征集到来自中央党史研究室、中央党校、国防大学，从胶东走出去的原第二十七、三十一、四十一集团军，以及其他省份共 140 余篇高质量论文，系统梳理了胶东革命文化脉络，精辟论述了胶东革命精神内涵。

我们派人先后多次赴北京、济南沟通协调，经多方努力，2014 年 11 月 5 日至 6 日，由中共党史学会、北京八路军山东抗日根据地研究会、山东省委党史研究室和烟台市委四方联合主办的“胶东革命历史地位和贡献暨胶东革命精神”座谈会在烟台召开。罗荣桓元帅之子罗东进中将等多名老将军和省部级领导同志出席会议，来自全国权威部门的专家、学者、教授和优秀论文代表等近百人参加了会议，张万年、迟浩田两位老首长分别为座谈会发来了贺信并题词。

与会人员从不同角度全面回顾了胶东革命苦难辉煌的历程，充分肯定了胶东革命历史独特的地位和贡献，阐述了新时期传承和弘扬红色文化传统的必要性、紧迫性和重要意义，高度评价了烟台开展胶东红色文化建设工作取得的成绩。

会议期间，通过新闻报道、新闻综述等方式，进行了宣传报道，对多名与会专家进行了专访，并在《烟台日报》、烟台电视台等主要媒体刊发播出。会后，先后在中央、省市各级媒体集中刊发了 30 余篇宣传报道，全方位、多角度宣传了胶东红色文化资源和烟台胶东红色文化建设的工作成果。将整个会议情况、优秀论文和研讨成果汇编成《胶东革命历史研究》一书，由迟浩田老首长亲自作序，由中共党史出版社编辑出版。这次会议层次高、成果丰、影响大，可以说是胶东红色文化建设工作推进过程中一次具有里程碑意义的会议。

一系列活动的举办和推进，引起了中央和省委有关领导的关注，对胶东革命的历史地位和突出贡献，以及烟台市所做的挖掘、宣传胶东红色文化各项工作，都给予了充分肯定和高度评价。

为进一步推动胶东红色文化建设，进行阶段性总结，2015 年 3 月 10 日，市委召开胶东红色文化建设工作推进会，通报了前期胶东红色文化建设工作情况和后续安排。2015 年 4 月，组织安排我担任省委常委、省委政法委书记。虽然我离开了美丽的胶东，但胶东红色文化建设工作仍按照计划脚踏实地、一步一个脚印地推进，并不断取得新的成效，大大提升了烟台的知名度、美誉度和影响力。进入新时代，在习近平新时代中国特色社会主义思想的指引下，烟台市经济社会快速、健康发展，各项事业蒸蒸日上。我相信，有着光荣传统、勤劳勇敢的烟台人民，在向着第二个百年奋斗目标进军的新征程上，一定能把烟台建设成为一个经济实力雄厚、文化特色鲜明，经济文化发展在全国占据一席之地的重要城市。

采　访　人：韩兆蕾

撰稿整理人：韩兆蕾　姜俊英

现代海洋牧场建设的烟台实践

张术平 *

履职烟台是我平生最大的幸事。来烟台工作不到两个月，就迎来了习近平总书记视察烟台。2018 年 6 月 13 日，习近平总书记视察了中集来福士厂区的全潜式和半潜式海洋牧场管理平台后，对现场的省、市负责人说，海洋牧场是发展趋势，可以在山东搞试点。习近平总书记的这一重要指示，指明了现代渔业发展方向，坚定了正在艰辛探索现代海洋牧场建设之路的山东特别是烟台先行先试的信心。我履职烟台市委书记期间，积极落实习近平总书记的指示，开启了烟台现代海洋牧场建设的时代序幕。这一生动实践使具有改革创新传统的山东烟台，又一次站在了新时代海洋经济发展大潮的前列。

一、使命担当，责任在肩，为打造全国海洋牧场示范之城谋篇布局

2018 年 4 月 4 日，我来到烟台任职市委书记。此时正值《山东省新旧动能转换重大工程实施规划》发布月余，作为山东新旧动能转换综合试验区“三核”之一的烟台，又一次站在了历史发展的新起点。如何带领烟台走在前列、率先突破，成为一份必答卷。带着这份使命担当，我迅速与班

---

* 张术平，2018 年 4 月至 2021 年 2 月任中共烟台市委书记。

子成员投入到省委发起的大学习、大调研、大改进活动中，白天下基层进企业，夜里研究史料文件。6 月 26 日，在习近平总书记视察烟台后的第 12 天，市委召开了十三届五次全体会议，这也是我到烟台工作后召开的第一次市委全会。根据 2 个多月的调研和习近平总书记的嘱托，我在会议上提出了建设制造业强市、海洋经济大市、宜业宜居宜游城市和现代化国际滨海城市的目标定位，努力开拓一条高质量发展新路；提出了坚持陆海统筹、生态优先，建设现代海洋牧场试点先行区，打造全国海洋牧场示范之城；提出了紧密对接省十强产业，实施烟台八大主导产业的行动方案。此次会议为烟台新一轮发展指明了方向、描绘了蓝图，是落实海洋强国、海洋强省战略的动员令，为海洋牧场建设提出了新方案。会后，市委在全市启动了“站在新起点、抓住新机遇、实现新作为”为主题的解放思想大讨论活动，动员全市广大干部群众充分发挥主观能动性，加快新旧动能转换、推动高质量发展。现代海洋牧场建设承载着习近平总书记的嘱托，被列入全市“三重”工作，成为我重点关注的工作之一。我和班子成员分头往来于各个重点工程、重点项目、重大事项场地，抓招商、促进度，解决问题，提供政策支持。

现代海洋牧场是促进传统渔业向现代渔业转型升级的重要手段，是实现烟台海洋经济大市的主要途径之一。依托着丰富的海洋资源，烟台海洋渔业发展先后经历了人工捕捞、近海养殖、深海养殖三个不同的历史阶段。自 20 世纪八九十年代，面对资源枯竭，沿海一带渔民开始转变单一的捕捞方式，大力发展近海人工养殖，从养海带、养虾、养扇贝到养鱼再到后来的养海参、养鲍鱼，经过多年探索，烟台水产经济实现了“养殖高于捕捞”，渔业生产方式逐步由“猎捕型”向“农牧型”转变。但随着养殖种类、养殖规模和产量的不断提升，近海养殖对环境的破坏也越来越严重。21 世纪初，养殖户们开始实施农牧型的增殖放流，投放人工鱼礁和藻场移植，修复渔业资源。长岛、莱州等还尝试投放了一批简易网箱。进入新时代，敢

2018 年，运营在莱州海域的管桩大围网

于“闯海”的烟台人开始探索深远海人工养殖，将先进的海工装备用于渔业养殖。2012 年，莱州的山东蓝色海洋科技股份有限公司依托泽潭渔业专业合作社流转了渔民、养殖大户等 8 万亩零星分散的确权海域，整合形成了 16 万亩集中海域，打造出“泽潭模式”，为渔业规模化经营创造了广阔的海上空间；2017 年 7 月该公司投资建造的我国首个自升式多功能海洋牧场平台——“六十里”1 号下水。同是莱州的明波水产也打造出陆海接力养殖的“明波模式”。两种模式分别于 2014 年、2015 年被省委、省政府大力推广。2017 年，明波水产建造了能容纳 16 万立方米水体的大型围网“蓝钻 1 号”，该围网设置 8 个功能平台，配备了自动投饵、生物量估算等自动化、智能化管控设备，尝试渔业养殖由近海向深远海发展，由人工向自动化转变。同年 8 月，位于大钦岛的长岛弘祥海珍品有限责任公司在其牧场投入运营了国内首座半潜式海洋牧场平台 H383。该平台主甲板面积 625 平方米，平台作业水深可达 30 米。这些先行先试让我深深感到，推动海水养殖从普通网箱向大型装备跃升、从传统人工养殖向自动化和智能化转变，

开启深蓝渔业发展的新纪元，责任在肩，义不容辞。为此，我与班子成员积极主动扛起转型大旗，续写海洋发展新篇章。

现代海洋牧场建设是一项跨产业跨学科、关联性很强的综合性工程，制定科学合理的发展规划是先行先试的首要之举。科学的规划必须建立在科学的数据之上。过去曾出现过人工渔礁和网箱被海沙淹没、被海水冲走的现象，发生过海上牧场与海上运输航道重叠，与海上风电发展规划冲突的问题。基于这些考虑，市委全会召开不久，从 2018 年下半年起，市里即组织部门专业人员和中国海洋大学等专家对烟台黄渤海海域进行海洋本底调查，对烟台海域自然条件、海洋生物资源、海域环境状况、海域使用与确权状况，以及海洋牧场建设现状等进行了全面地调查与研究，为海洋牧场建设规划的制定提供了科学支撑。

现代海洋牧场建设是烟台发展的重点项目，也是中央和省委、省政府重点推进的工作。2017 年、2018 年的中央 1 号文件进一步提出了“现代海洋牧场”的概念，要求各级政府建设现代化海洋牧场。2017 年 7 月《山东省海洋牧场建设规划（2017—2020 年）》印发全省。作为渔业大市，烟台的现代海洋牧场建设备受关注，农业农村部决定在烟台召开全国海洋牧场建设工作现场会。为了进一步做好发展规划，也为办好全国海洋牧场建设工作现场会做好准备，2018 年 10 月中旬，我带领烟台杰瑞集团和中集来福士等企业考察了巴西、阿根廷的海工装备制造业，探寻网箱平台工业化的现状与技术。2018 年 10 月 25 日，全国海洋牧场建设工作现场会在烟台召开。这次会议是国家层面第一次通过召开现场会的形式部署海洋牧场建设，也是第一次肯定烟台先行先试取得的阶段性成果。我在会上作了典型发言。

全国现场会议结束后，市里的部门专业人员和专家们根据会议的最新指示，再次对《规划》进行了完善和修改。年底前《2019 年至 2025 年全市海洋牧场发展规划》初步形成。该《规划》从空间布局上，按照“带为线、群为珠、线串珠”的思路，根据烟台水域的自然禀赋、渔业产业基础和资源环境承载能力，将全市海域划分为西、北、东、南 4 个海洋牧场带，建设 20 个海洋牧场群，涉及海域面积 51 万公顷。该《规划》分两个阶段实施，总体目标是到 2025 年，建成全省领先、全国一流的海洋牧场示范城市。该《规划》初步方案出来后，烟台又向相关国家部委和大专院校的专家，以及各县市区相关资深海上工作者，广泛征求意见。国家部委对此高度重视，给予了有力指导。2019 年，市里又多次召开市委海洋发展委员会会议进行过不断完善，同时还有《海洋牧场实施意见》与《实施方案》等。这些文件给现代海洋牧场建设指明了发展方向和目标，构建了发展路径，提供了发展依据和政策扶持，成为现代海洋牧场建设的巨大推动力。

在调研、编制、审议《规划》的同时，相关建设工作也同步展开。2018 年是蓝天保卫战三年行动的起始年，全市上下以中央环保督查为契机，全面清理规划区内占用海岸线的人工鱼塘、网箱，整治近海海域乱排污水等环境违法行为，为实施新的海洋牧场发展规划拓宽海域空间，创造便利条件。几个承担任务较重的县市区主动作为，“八仙过海，各显神通”。长岛 100% 拆除了全域 80 多台风力发电机组，100% 完成有居民岛屿裸露山体生态修复治理，进一步明确了海域使用规范，一边清理规范近海海域，一边建设深海网箱，海洋渔业转型速度最快。蓬莱在清理取缔了沿海岸线乱搭乱建的育苗大棚后，新上了一批高端育种企业。这些创新性实践为海洋牧场的发展创造了有利条件。2018 年 6 月 29 日，开发区安源水产在其海洋牧场成功投入 H401 自升式海洋牧场平台。到 2018 年底，烟台市各类海洋牧场总面积达 99 万亩，占海水养殖面积的 1/3，创建国家级海洋牧场示范区 7 处、省级海洋牧场示范区 16 处。

二、大力培育领军企业，加强组织领导与政策扶持，多举措多渠道开启建设之路

地（市）一级的工作是一分部署，九分落实。顶层设计完成之后，重要的是整合资源、重点突破。现代海洋牧场是资金人才技术高度密集的产业，尤其是牧场投入动辄几千万、上亿元，非一家一户渔民所能办到。我和班子成员一致认为，在建设初级阶段，要坚持政府引导、市场运作、社会参与多管齐下，通过政策激励与扶持，由领军企业试验示范，蹚出路子，然后引导更多的人参与进来，实施共同发展。尤其是各级党政部门要从海洋渔业的转型升级和海洋生态保护的高度来认识和推动这项工作。

2019 年是烟台现代海洋牧场建设的关键之年，是摁下开工加速键的一年。为了来年的建设，我抓住 2018 年底的关键时刻做足功课。首先，为了把现代海洋牧场建设列入企业来年发展计划中，我和班子成员分头走访一线，积极引导资金雄厚、运营规范的大企业、大集团投入海洋牧场建设，通过工程化、标准化生产，推动海洋牧场从“分散经营”向“集团化运作”转变，探索组建海洋牧场集团。一些大企业在了解了国家政策、市里规划和市场需求后，对现代海洋牧场建设十分感兴趣。2018 年，中集集团成立子公司——中集蓝海洋科技有限公司，专门致力于深远海智能化大型网箱平台的研发建造。这一战略性企业运作不仅使中集集团实现了“油转渔”突破性产业升级，也为中国的现代海洋牧场建设提供了工业与自动化基础技术，烟台能够率先享受其技术优势，真乃一大幸事。2018 年 11 月，省属大型国有企业山东海洋集团有限公司成立了全资子公司——山东海洋现代渔业有限公司，专门从事现代海洋牧场运营。子公司一经成立，集团公司在一期立刻投入 7000 万元，开启了大型海洋牧场综合体“耕海 1 号”的研发、设计与运营。为了支持该项目尽快落地，烟台市积极协调省农业农

村厅、自然资源厅、交通运输厅、海事局等多个部门，进行省级海洋牧场的认定，海域证、准建批复等相关手续的审批，将传统需要两年到三年完成的审批程序压缩至不到一年，实现了该项目的当年审批当年开工。

在市里多方努力下，2019 年 4 月 12 日，长岛南隍城村凭借自己多年来的养殖优势、海域优势与中集来福士的制造优势，以及当地一家海产品销售企业，开展强强联合，共同成立了混合所有制企业——南隍城海洋开发有限公司，专攻深水智能化网箱建造与运营，“长渔一号”“国鲍 1 号”等都是他们的杰作。莱州的蓝色海洋、明波水产，蓬莱、开发区的水产企业，以及东方海洋等传统水产大企也纷纷有了新动作。

在大企业的带动下，一批有实力的个体渔业企业也踊跃试水现代海洋牧场建设。长岛青年陈德刚靠多年养鱼贩鱼积累起“第一桶金”成立了弘祥公司，他于 2019 年 5 月投资 6010 万元在大钦岛海域建设了国内首座坐底式深水智能网箱“长鲸 1 号”。网箱下水后不久，一天傍晚，渤海海域刮起了九级大风，风急浪高，暗流涌动。提前得到预报的陈德刚登上深水网箱平台，要亲自检验一下网箱、网衣和平台，以及刚投入网箱里的鱼苗

“长鲸 1 号”，国内首座坐底式深水智能网箱

能否安然度过这风高夜黑的12小时，亲自见证一下自己几千万元投资的奇迹。第二天早晨，当曙光初照、风过海平的时候，陈德刚激动地给我打视频电话，报告牧场刚刚经历过的这场风险考验，让我观看他拍摄的网箱被风浪冲击的惊险实况，扯着沙哑的嗓子反复喊："网箱保住了，网箱保住了！"与时间赛跑的不仅是企业，市直机关也开启了加班模式，抓住年度交接的关键时刻，积极为现代海洋牧场建设争取政策支持与项目入库。

作为现代海洋牧场建设中最早吃"螃蟹"的烟台，在先行先试中也会遇到前所未有的问题和困难。市委、市政府团结一心，采取了先立后破的方法，先把产业的框架建起来，再一点一点破解障碍与制约。为进一步加强对现代海洋牧场建设的组织领导和协调调度，2018年底，烟台在新一轮党政机构改革中成立了一个新机构——市委海洋发展委员会，我任委员会主任。同时组建市海洋发展和渔业局，全面整合市级党政资源，集中发展海洋经济。2019年，我主持召开了三次委员会议，研究谋划经略海洋，及时采取有效措施破解牧场建设过程中遇到的政策性问题。2019年4月4日，市委海洋委第一次会议召开。对烟台海洋经济发展面临的形势作了客观分析，针对问题与困难进一步坚定目标，研究措施，压实任务，千方百计突破发展瓶颈制约。

面对实际中海洋牧场建设动辄几千万、上亿元的大投资，以及回报周期长、风险高的实况，市委、市政府着力为其解决了融资难问题。经市里多方邀请，在国内股权投资、基金管理方面具有雄厚实力和丰富经验的中金资本派出高管团队前来烟台考察，2019年4月22日，与烟台财金集团达成协议，合作投资烟台海洋经济项目。与此同时，在会议推动和协调沟通下，一系列产业扶持政策纷纷落地实施。市里对直接用于渔业的生产用地免征城镇土地使用税，对从事海水养殖的所得减半征收企业所得税，对渔业船舶免征车船税，实施海域使用金减免政策，对非营利性人工鱼礁公益用海免征海域使用金，建设人工鱼礁的透水构筑物用海，按照投影面积征收海域使用金，执行80%的标准。优先支持海洋牧场企业申报国家和省级现代农业产业园、联合育种基地、渔业增殖示范站、休闲海钓场等，并落实相应政策。优先支持用好首套海洋装备产品保险补贴、海洋装备制造业技术升级改造项目贴息补助、海洋牧场财政资金股权投资改革试点等财政政策。国家级、省级海洋牧场除落实上级2000万元、500万元的财政补贴外，各县市区统筹使用财政涉农资金、乡村振兴专项资金和海域使用金，采取补贴、担保、贴息、基金等形式，优先支持海洋牧场发展。各级对深远海渔业装备单个补贴可达总投资的30%。市新旧动能转换引导基金出资现代海洋产业基金比例由不超过20%提高到不超过30%，省、市、县政府共同出资比例由不超过基金规模的40%放宽至50%。配合山东农担公司“海洋牧场贷”产品在烟台尽快落地，对贷款额在10万至300万元的省级以上牧场，省、市财政给予1.5%的担保费用补贴，并按2.175%给予贷款贴息。将海洋牧场保险纳入地方优势特色农产品保险范围，从财政专项资金中安排部分用于开展海洋牧场保险。支持海洋牧场企业上市融资等。

在一系列政策激励下，以及大社团大资本的带动下，一些中小型投资基金也纷纷加入进来。烟台几年前就是山东省重点支持的区域性基金管理中心，落户的基金管理机构有上百家，基金规模几百亿元，并且在芝罘老城区积聚形成了抱团发展的基金小镇。面广量大的基金的参与，为海洋牧场建设注入了新鲜血液。

这期间，为了深入了解现代海洋牧场的建管运营环节，建立起烟台自己的牧场建设产业链，2019年5月21日，我率领烟台市海洋发展和渔业局、中集来福士及长岛、蓬莱、高新区的主要负责人前往挪威斯塔万格市参观。国际上目前这方面做得较好的是南美国家和挪威。挪威从20世纪70年代的渔业围养，到现在的现代海洋牧场养殖，从多品种养殖到专业化的三文鱼养殖，通过加快渔业结构调整和转型升级，不断地向深海拓展，逐渐成为世界上海洋牧场发展水平最高的国家，其中三文鱼养殖技术、规模以及品牌稳居全球第一。我们一行人登上具有60多年历史的家庭企业布雷姆内斯渔业公司的牧场平台，看到一个人管理着7个大型深水网箱，通过几块硕大的电子视频画面，可以看到平台下海水里的鱼儿游来游去，牧场平台的智能化水平很高，既是工作台，又是游览台，还是舒适的居住空间。其育苗工厂、流水线加工车间的自动化和智能化程度也相当高，几分钟后，一排排活蹦乱跳的大鱼变成了方方正正的包装食品。在这里我们看到了从一产的育苗、二产的工业化自动化再到三产的观光旅游，一条完美的产业链让人震撼，也让人倍感责任重大、路途遥远。烟台的海洋牧场建设才刚刚开始，未来需要学习和建设的东西太多了。

参观之后，市里加快了政策条例的审议。2019年8月20日，市委海洋委第二次会议召开。这次会议确定并发布了《烟台市海洋牧场发展规划（2019—2025年）》《现代化海洋牧场建设实施方案》《关于加快海洋牧场建设的实施意见》等文件。会议特别强调了规划引领问题。会后，市里着重明确了海洋牧场的管理部门与职责，明确了企业立项审批的主管单位与流程，将各部门之间关于海域重叠、冲突的规范，以及管理环节上的制约问题等进行了全面梳理，明确了海洋功能区划、海域使用规划、海岸带保护规划与国土空间规划的协调统一。进一步规范了芝罘区滨海旅游区与港口航运禁用区，调剂整合出更多可利用的深远海域；进一步明确了高新区的近滩陆地使用权，解决了陆地配套场地不足的问题；进一步优化了长山水道的海域使用功能。重新明确了牧场平台尺寸、码头运营资质、养殖体量等相关规范，解决了海洋牧场扩充养殖体积、拓展经营项目无法可依、无规可循的难题，使海洋牧场建设与生态保护、产业发展、港口建设等专项规划有机衔接，实现了市域发展一体谋划、陆域海域一体开发、岸线环境一体保护，为构建陆海统筹、开发有序、智慧高效的海洋管理模式，实现融合发展提供了充足的法律依据和物理空间。

同时，海洋牧场"放管服"改革也相继落地，海洋牧场岸基配套用地参照农业设施用地办理，优先办理休闲游钓码头、游客服务中心、产品展示体验中心等配套设施用地和经营许可。海洋牧场建设单位海域使用权到期后申请续期的，依法快批。海洋牧场建设项目纳入环评绿色通道，实行容缺受理、并联审批。在安全评估、航行条件具备的前提下，试点依法许可客运船舶在登乘码头和海上综合体平台之间建立客运航线，运送游客观光游览。组织海洋渔业、海警、公安等部门联合执法，严厉打击破坏海洋牧场渔业资源的违法行为。在支持海洋牧场培育绿色海产品方面，规定省级以上海洋牧场产品全部接入烟台水产品质量追溯平台，开展烟台海参、烟台鲍鱼地理标志产品质量认证，利用烟台参博会平台集中对外推介，扩大烟台海产品的市场美誉度。

三、坚持融合发展新理念，不断加强人才与技术力量，形成贯通第一、二、三产业的现代海洋牧场产业链

经过全市上下近两年的努力奋斗，烟台完成了顶层的科学规划设计，政府政策的不断完善与健全，以及企业的培育壮大与引领带动，融资渠道的畅通，建造运管环节的规范，现代海洋牧场建设的基本盘粗具规模，扎实稳健。实施全面发展、不断夯实产业体系建设成为来年我对海洋牧场建设的设想。

岁末黄金月份，我和班子成员铆足力量，会同相关部门做好2020年度重要项目规划，积极申报国家和省里的项目库，加快建设全国海洋牧场示范之城。同时，2020年是省委、省政府确定的重点工作攻坚年，我和班子成员们以攻坚战斗的精神和头拱地的姿态，全力推动百项“三重”的落地落实。2019年12月30日，市委海洋委第三次会议召开。会议提出启动实施深水网箱“百箱计划”，促进海洋牧场与海工装备、文化旅游的融合发展。这次会议为2020年烟台现代海洋牧场全面建设按下了加速键。

“百箱计划”不单单是建造100个网箱的数量问题，现代海洋牧场是现代海工技术发展到一定程度的产物，从一颗鱼苗到餐桌上一匙鲜美的鱼羹，需要贯通一二三产业多个领域的学科融合开发，至少包括海域资源保护、苗种繁殖贮备、生产建设与海工技术的融合、平台加工与流通运营的提升，以及休闲旅游的拓展和自动化、信息化、智能化、云计算等技术的开发与应用，环环都是高科技。技术与人才是每个环节最重要的两把钥匙，缺一不可。为此，市委、市政府千方百计想办法建桥搭台，吸引相关的人才与技术。2020年1月9日，省政府印发《关于加快胶东经济圈一体化发展的指导意见》，市里紧紧抓住这一战略性机遇，积极参与、主动融入胶东经济圈建设，加强与兄弟市海洋领域合作。在多年的优势发展中，威海的海洋一产好，远洋捕捞养殖走在前列。烟台的海洋二产好，海工装备制造业优势明显。青岛的海洋三产好，海洋科技人才和科技成果丰富。几年来，青岛市积聚了一大批海洋科研院所和高端人才，烟台组织各涉海企业与其建立产学研合作关系，承接青岛海洋科技创新成果转化。双方共同推进海洋科技协同创新，共同承担国家重大科技专项，在“透明海洋”“蓝色药库”“海工智造”等领域攻坚一批核心技术，推出一批科技成果。中集来福士等海工装备制造企业与青岛合作实施“深远海智能网箱建造计划”，环保部门与青岛等市建立海洋污染防治协调联动机制，加强在海岸带整治修复、海岛保护开发方面的合作。市里还在开发区设立八角湾海洋经济创新区，引进哈尔滨工程大学等一批高校、科研院所进驻，培养应用型、复合型海洋专业人才。各县市区也纷纷走出自己招才引技的新路子。烟台在2019年“新动能”产才交流大会与2019年能源年会暨人才交流大会的基础上，2020年举办了首届烟台国际技术交易大会。我在会议上提出，烟台要着力打造技术资本对接平台、高端人才集聚平台和国际交流合作平台，为烟台的技术、人才发展确立了发展目标。在人才与技术的双向加持下，烟台的现代海洋牧场建设以有目共睹的步伐推进。

要完成“百箱计划”，首先必须打造渔业种业发展高地。作为传统水产渔业大市，多年来烟台坚持不懈打造中国“海上粮仓”，在不断筑牢海带、海水鱼、海参、海水贝四大传统种业基地的同时，定位国际市场，研发与培育新品种、高端苗种，为“百箱计划”提供充足的养殖种源。

烟台开发区经过持续多年的努力，辖区内已拥有安源水产、海益苗业、天源水产等5家国家级水产原良种场，密集程度居全国首位。它们积极与中国海洋大学等6家国内海洋知名高校，以及国家海洋一所、中国科学院海洋所等科研院所建立起长期合作关系，探索产学研融合发展道路，联合周边350余家水产育苗企业，多方联动构筑起海洋生物资源“大养护”格局，成为全国重要的水产种业基地。2020年1月2日，新年里的首个工作日，我即前往烟台开发区调研，在八角湾海洋经济创新区施工现场，鼓励大家“以起步就是冲刺、开局就是决战的攻坚精神，确保‘三重’工作开好头、起好步、快见效”。经过102天的加速度，9000平方米办公总部、800平方米海洋展厅装修改造完成。3月9日，烟台八角湾海洋经济创新区总部基地揭牌启用，这里成为烟台贯彻经略海洋战略、服务海洋强省和海洋经济大市的人才与技术硅谷。承建期间招商引才与创新创业工作同步推进。2020年1月，在烟台、青岛两地海洋主管部门多方协调下，青岛国信集团加盟自贸区烟台片区的苗种研发，注入资金与技术对原养殖基地进行技改升级，共同实施国内最大规模的大西洋鲑深远海养殖“引进中转+陆海接力”项目。该项目实现了当年恢复运转、当年实现产能，建立起国内唯一的规范化、工厂化循环水养殖与技术品控体系。同时，市里还积极联系挪威高端三文鱼养殖、中国海洋大学烟台种业研究院等项目落地创新区。在各条战线的共同努力下，八角湾海洋经济创新区逐渐成为全国首家以蓝色种业为特色、以海洋科创为引擎、以海洋新兴产业为方向的国家级海洋经济高质量发展示范区。以充足的蓝色种业为基础，开发区开始尝试现代海洋牧场建设，以安源水产为代表的企业走的是陆海接力的“明波模式”，即陆基工厂化循环水与深水网箱融合养殖，通俗地说是“育苗＋网箱”，是对一产产业链的有力延伸。

以莱州、海阳、牟平、长岛为代表的县市区，以及许多种业企业也纷纷行动起来，加快了育种的研发与创新。正当大家干劲十足时，一场突如其来的新冠肺炎疫情席卷全球。我和班子成员一面全力防疫打胜仗，一面抓住“三重”工作不松手。2020 年 3 月 16 日，启动了全市重点项目集中开工活动；18 日，召开了全市重点工作攻坚动员大会，我都作了讲话。为将“百箱计划”扎实落地，4 月，市委、市政府加强协调推动，由央企中集集团、市属国丰投资控股集团、烟台开发区业达经济发展集团、长岛旅游集团四方合资成立烟台经海海洋渔业有限公司，注册资本 8 亿元。这是几年来烟台市经略海洋方面国有投资公司设立的最大规模的企业。在统筹谋划过程中，市委就将三产融合发展的思路考虑了进去，综合考量以长岛优质的养殖海域为依托，用中集来福士优良的海工技术对接借鉴挪威渔业养殖管理经验和做法，通过“百箱”推进“千箱万箱”，打造完整的产业链，使海洋牧场建设从“分散经营”向“集团化运作”转变。同时，构建烟台总部，辐射全国市场的发展格局，走规模化、智能化发展道路，先期首批在长岛南隍城海域投放 4 个智能网箱。

规模化的“百箱计划”并不代表箱箱一样。市委、市政府依据区、市不同海域的资源禀赋，注重探索各具特色的发展模式。“海洋牧场＋旅游休闲”的第一、第三产业融合发展模式最具亮点，其代表是 2020 年 5 月 7 日试运营的“耕海 1 号”。“耕海 1 号”位于中心城区黄金海岸四十里湾渔人码头以东海域，由山东海洋集团投资并参与设计研发，中集来福士负责建造，从公司成立到试运营，用时仅一年半。6 月 8 日，我到莱山区调研海洋牧场建设情况，登上了该平台，体验烟台人自己的创新成果，感受与在挪威的完全不同。“耕海 1 号”被市民自豪地称为“海之花”，是全国首座装备休闲型海洋牧场综合体，由三个智能化养殖网箱组合而成，像三片花瓣，每朵“花瓣”养殖体积约10000立方米，设计有60个休闲垂钓位置，配备了环境监测、自动投喂、船舶防碰撞等系统及无人船、水下巡检机器人等全球领先设备，通过融入人工智能、清洁能源、5G通信、大数据等技术，实现了自动化、智能化、环保化的生态养殖。拥有近600平方米的多功能厅，可进行休闲观光、科普教育和海洋监测等。当年，该平台即入选为国家发展改革委现代化海洋牧场建设综合试点项目、国家文化和旅游科技创新工程项目，荣获中国国际海洋牧场大会最佳创新奖。我在现场鼓励企业大胆探索海洋牧场建设新理念、新模式，推动海洋渔业由单一产业向全产业链融合发展转变，坚持规模化、工程化、智慧化、绿色化的发展方向，全面提升海洋牧场建设水平，打造全国一流的海洋牧场示范之城。

2020年5月，试运营的“耕海1号”现代化海洋牧场综合体一期项目

较早探索“海洋牧场+旅游休闲”融合发展的还有牟平养马岛，早在几年前其东部海洋牧场就被确认为“省级现代渔业示范园区”。历史文化名岛养马岛在改革开放中历经数次开发建设，几度繁荣又几度落寞。我也曾多次带领有关部门和牟平区的负责人上岛调研。2020年4月19日，我请来上海等地专家和相关部门，在养马岛召开了一个较大规模的现场办公

会，商讨生态旅游岛的定位问题，研究如何做好生态旅游这篇大文章，并对亟待解决的问题现场拍板。会后，各项落实行动立刻展开。市里先是将养马岛的管理规划建设纳入中心城区统筹布局，设立5000万元的专项财政基金，坚决杜绝工业项目上岛，防止过度开发，开展保护性建设；继续取缔近海养殖，引导渔业向现代海洋牧场跨越；按AAAA级旅游景区标准开展绿化、美化、亮化、硬化和净化，整顿优化旅游环境；陆续转移岛内居民，将老旧民宅改为独具特色的“渔家乐”。不到两个月，我陪同省领导再次上岛时，这位领导对养马岛20多年的前后对比十分震惊，高兴之余自掏腰包请我们吃了一顿岛上渔家乐。9月，养马岛兴运海洋牧场引进国内大型半潜式海上多功能平台，这是山东半岛首个集海珍品养殖加工、海洋科普、水下观光探秘、垂钓、餐饮娱乐于一体的综合性休闲渔业旅游综合体。到2020年底，牟平已建设海洋牧场离岸平台2座、深水抗风浪智能网箱50个，在建深水抗风浪网箱55个、深远海智能大围网1个。

而同样作为海岛，长岛走的是资源优势路径。长岛地处黄渤海交汇处，是优质养殖区域，三次水产转型均走在前列。在烟台工作的3年里，我先后8次赴长岛，踏遍了10个有人居住的岛屿和大竹山岛等无人岛屿，先后召开数次现场办公会，探索海岛统筹发展的现实路径，强调要按规模化、工程化、信息化方向，建设集人工鱼礁、智能网箱、管理平台、监测信息化系统于一体的现代海洋牧场，推动渔业向深远海拓展。经过几年的积累，长岛全部清除环岛养殖户、80多台风力发电机组，修复治理了有居民岛的裸露山体，投石部藻改善养殖水域，先后在南北隍、大小钦岛、砣矶海域投入多个深水网箱。2020年长岛的智能网箱投入力度加大。6月，大型半潜式海洋牧场平台“长渔1号”在南隍城岛周边海域投放；11月，全国首个半潜式深水智能网箱“天安蓝鲸一号”投用于砣矶镇井口村海域；接着12月，全国首个坐底式深水海珍品智能网箱“国鲍1号”在南隍城海域投入使用，该网箱搭载了水质、气象、水温等大数据监测装置、雷达看护设置和5G信号站，具备了对养殖网箱及海洋牧场全天候监控监测的功能。长岛的现代海洋牧场采取的是“科研院所+企业+合作社+渔户”的“大渔带小渔”模式，即大网箱带动小网箱的接力养殖模式，公司与周边中小养殖户签订合同，获得稳定的优质鱼苗或中苗鱼，投入海洋牧场网箱中继续养殖。这种模式辐射带动了周边2万多户渔民实现共同致富，带动了海洋渔业的转型升级，走在了全省全国的前列，成为深海养殖、文化旅游多业并举的生态岛、富裕岛。

以中集来福士和蓬莱中柏京鲁、大金海洋重工为代表的企业，将原来单一的渔业平台升级改造成兼有生态环保、新能源利用、资源养护、海水观测科研、海水养殖、旅游休闲等多功能的平台，创出“海工+牧场”模式，成功实现了“油转渔”“工转渔”的产业转型。创新之举的还有莱州的“海洋牧场+海上风电”发展模式，莱州是全国首个开展海上风电与海洋牧场融合发展研究试验项目的。他们通过立体式开发，将海洋牧场、深远海养殖渔场与海上风电融合开发建设，实现集中集约用海，成为山东省乃至全国打造“蓝色能源+海上粮仓”模式的典范，2022年底实现了38台风机并网发电。那时我已经离开烟台，但是从2018年开始的专家评估、研讨、海洋环境影响评价，我是一路看着它一点点成长成熟，落地成功。

上述无论哪种发展模式，烟台始终坚持科技创新驱动，大力推动海洋牧场产业向智慧化方向发展。为了用好信息手段，市里建起海洋综合管理大数据平台。先后投入1亿多元资金，实施23个海洋牧场观测网项目，完善海洋生态环境在线监测、海洋牧场观测和海洋经济运行监测网络，将5G技术与海洋牧场多功能平台、深水智能网箱等装备深度融合，实行养殖数据实时传输，基本实现海洋牧场“可视、可测、可控、可预警”。由中集蓝研发的“九仙云”海洋渔业数字化管理平台，存储数据已达50T，在装备智能运维、环境状态预警、养殖环境评估、渔业专家系统等方向实现了大数据计算，预测分析结果可为养殖业主、装备运维者、环境评估者等提

2020 年正在建造中的“百箱计划”首座网箱“经海 001 号”

供智能辅助决策方案。充分发挥好海洋牧场产业技术创新战略联盟的作用，先后成功举办烟台市海洋牧场发展论坛、烟台海洋牧场产品博览会，引导企业联合创新、转型升级；利用好 10 亿元的经略海洋产业投资基金，借助 81 处海洋科技创新平台和协同创新中心，补齐科技短板，扶持企业壮大规模，健康发展。利用海洋大数据开发海洋牧场风浪指数保险，为海洋牧场抵御风险做好强力保障。

2020 年 11 月 26 日，我再次主持召开市委海洋发展委员会会议，确定了全市“十四五”海洋经济发展规划，全力建设海洋牧场示范之城、海工装备制造之城、海洋旅游品牌之城和海洋环境优美之城，为面向未来的海洋牧场和海洋经济发展描绘了新的蓝图。29 日，《经济日报》在烟台组织召开了全国海洋经济高质量发展大会，邀请全国海洋经济领域的专家学者、业内人士探讨相关问题，破解发展难题，共谋蓝色经济发展未来。新华社也先后派出几路记者来烟台访海岛、问渔村，探寻海洋牧场发展中的问题，通过内参方式提供给领导参阅。烟台的现代海洋牧场建设之路逐渐被上级部门和面上（大家）所知晓。

短短几年时间，烟台现代海洋牧场建设取得创新性实践、突破性进展。到 2021 年，全市建成省级以上海洋牧场 37 处，其中国家级 17 处，占全国的八分之一。海洋牧场总面积发展到 130 万亩，居全省第 1 位。烟台在拓展深远海养殖空间利用、推进海水养殖由近海走向深远海方面走在了全国前列，初步形成了海洋牧场建设“全国看山东，山东看烟台”的局面。现代海洋牧场建设带动了海洋渔业的加速转型，拉动了烟台海洋经济的高质量发展，推动了相关产业的纵深发展，促进了文化旅游业的华丽转身。但是，海洋牧场建设是一项投入高回报慢的系统工程，向深远海进军是一项风险高、挑战大的战略任务，在经略海洋的征途上，烟台要走的路还很长，任务还很繁重。

离开烟台的工作岗位后，我依然心系烟台的发展。2022 年 3 月 6 日，我参加全国人代会讨论政府工作报告时，专门就海洋牧场建设提了三条建议。同年 6 月，当“百箱计划”首座网箱“经海 001 号”在山东长岛海域安装投用时，我非常激动，虽然不能到场祝贺，但知道种下的种子已经开花结果。如今“经海系列”首批 4 个网箱全部交付使用，标志着“百箱计划”完成阶段性目标。我又听说烟台新的《海洋牧场三年计划》也在实施的路上，后来的继任者能够一张蓝图绘到底，让我倍感欣慰。

采　访　人：姜俊英

撰稿整理人：李丕志　姜俊英

回顾烟台“苹果革命”

张术平 *

烟台是中国现代苹果的故乡。我来烟台工作之前，经常品尝烟台苹果，但对它的历史和地位影响知之甚少。来烟台工作后，在推进高质量发展和乡村振兴战略当中，才感受到仙境海岸·鲜美烟台，不仅指海景海鲜，还有果景果鲜。烟台现代苹果的历史，要从开埠说起。1871 年，美国传教士约翰·倪维思（John Nevius）将从家乡带来的洋苹果树苗与烟台本地苹果树嫁接，相继培育出“青香蕉”“红香蕉”等代表性品种。从此，烟台开启了中国现代苹果发展的新纪元。之后的 150 多年里，在时代更迭与市场竞争中，勤劳、智慧的烟台人民，以海纳百川、勇立潮头的宽广胸怀和敢为人先的首创精神，率先实施了一系列苹果种植技术与栽培方式的重大变革，实现了烟台苹果历史上的几度破茧成蝶，成为当之无愧的中国苹果产业“领头羊”。尤其是以红富士为代表的果业发展，自 20 世纪八九十年代至今，已经保持了 30 多年的繁荣局面。随着果龄 30 年“退役期”的到来，以及国内外市场的双重挤压，尤其是国内西部地区的冲击，在我接手烟台市委书记时，烟台苹果又一次走到了发展的十字路口。于是，一场“苹果革命”在广袤的田野中上演。在这场有计划、有组织、大规模的烟台苹果产业转型升级行动中，我见证了烟台人民敢为人先的创造性实践。

---

* 张术平，2018 年 4 月至 2021 年 2 月任中共烟台市委书记。

一、借势乡村振兴战略，从组织振兴入手，夯实苹果产业发展基础

随着城市化的推进，农村空心化现象日益严重。党的十九大提出实施乡村振兴战略。2018 年 4 月，我履职烟台市委书记，上任后召开的第一次市委常委会会议研究的就有《关于乡村振兴战略的实施意见》。苹果作为烟台农业的支柱产业，是产业振兴的重点，也是我关注的重点。随后，我迅速投入到“大学习、大调研、大改进”活动中，深入基层，走访专家，为烟台未来发展把脉问诊，为烟台苹果持续发展探寻新动能。

在基层调研走访中，我多次在不同场合下强调，要发挥烟台苹果在产业振兴中的主导作用。同时发现早在几年前栖霞市就开始探索党支部领办合作社的新路子，市委组织部也于 2017 年抓了 11 个村的试点工作。经过了解，我认为推广栖霞的做法正是农村组织振兴的迫切所需。

2018 年 7 月上旬，烟台市抓党建促乡村振兴现场观摩会议在栖霞召开。会议总结了栖霞市的经验做法，要求在全市大力推行党支部领办合作社发展集体经济模式。会后，与会人员参观了栖霞市衣家村。位于大山腹地的衣家村，全村 55 户、126 人，常年在外打工的有 30 多人，季节性外出打工的占全村劳动力的 80%。在这种情况下，村党支部代表村集体注册成立合作社，53 户村民无论老弱病残均以劳动力按自愿入股合作社，按股分红。在本村户口村民拥有一股原始股的基础上，按男劳力每天 120 元、女劳力每天 80 元的标准发放工票，满 2000 元可折一股“创业股”，按“创业股”分红，社员可用“工票”在合作社购买生产资料和灌溉用水、果树苗木等。同时，合作社还设立技术股，吸引在外人才回乡创业。这种新的组织形式为苹果产业的转型提供了组织依托。之前，个体果农因资金有限等原因，无法对老果园实施改造。现在，合作社以集体名义贷款融资，组织全村人

施工，解决了钱从哪里来、怎么干的问题。衣家村合作社将全村老旧果园分成三等份，2018 年改造了三分之一，之后每年再改造三分之一，解决了果园改造后头三年无经济收益的难题。

2018 年 7 月底，市委印发《关于在全市开展“党支部 + 合作社”发展集体经济百村示范行动的实施方案》。全市筛选出 100 个试点村开展示范行动，由组织部门牵头，联合农业、财政、国土、供销等 8 个部门，在土地、财政、税收等 9 个方面给予大力支持，释放政策效应。其中，市级财政设立专项资金，向 100 个示范村专项列支 1000 万元，县级财政每年给予每个示范村至少 20 万元，连续扶持 3 年。同时，加强对村干部和合作社的监管，出台《从严管理村干部三十条措施》，确保村干部干成事不出事、村集体资产保值增值，确保村集体的利益和村民的利益不受侵害。

在市委、市政府大力组织与宣传引导下，栽种了几十年苹果的广大果民逐渐认识到，传统的一家一户分散经营模式，虽然有利于激发生产积极性，但不利于老果园的改造，更不利于规模化、标准化生产。在大规模的果业转型趋势下，广大农民开始接受新的组织形式。于是，合作社 + 企业 + 农户 + 基地的方式迅速推广开来，由党支部领办合作社，把分散的果农组织起来，把分散的果园整合起来，把分散的管理统一起来，开展适度规模经营，提高果农的组织化程度。

人们普遍看到了党支部领办合作社在苹果产业以及乡村振兴战略中的明显作用。2019 年，市委将党支部领办合作社作为当年全市农村基层党建的重点，进一步整合相关部门资源，出台配套扶持政策，进行大力推广。市农业农村局制定了 16 条措施专门支持村党支部领办合作社发展集体经济；市供销社依托为农服务中心，为合作社提供水肥一体化等 8 项“定制”服务；市商务局实施了搭建电商平台、农超对接等 9 项重点任务，为合作社的发展创造良好的环境和成长空间。2019 年 4 月，市委组织部邀请中央党校、中山大学等知名院校的“三农”专家学者与乡镇党委书记、村党支部书记面对面召开专题座谈；6 月，市农业农村局开展了为期 2 天的“烟台市村党支部领办合作社发展集体经济培训班”。各县市区也纷纷行动起来，龙口和栖霞召开了千人大会，直接把会议开到村一级；蓬莱组织“走看评”现场观摩等。经过齐心努力，党支部领办合作社从 2017 年 11 个村试点，到 2018 年的百村示范，到 2019 年实现了千村覆盖，前后组织发动了 10 万多名果农改品种、改方式、改土壤，加快了果改进度。

在推行党支部领办合作社的过程中，我逐渐认识到，组织振兴是多种多样的，不能局限于一村一镇之中，技术与信息的组织形式也同样重要，同样构成产业振兴的重要组成部分。在市委、市政府的全力推动下，2018 年 12 月 29 日，烟台市大数据局正式挂牌成立，为苹果产业的信息化建设提供了组织保障。同时，市里请来农科院的专家，把新技术、新品种和新生产理念引入党支部领办合作社的村庄。2019 年 5 月 23 日，中国苹果领域唯一的工程院院士束怀瑞带领他的团队来到莱州小草沟村，把院士工作站落户在此，并带来了三项研究课题，吸引农科院、果树研究所的专业人员来此搞研究实验，为小草沟村的苗木繁育研究提供了新的机遇，巩固了中国苗木第一村的地位。这一系列举措加快了烟台农村的组织振兴，为随后的“苹果革命”奠定了坚实的组织基础。

二、坚持高点定位，树立问题导向，开启“苹果革命”

来烟台一年多的时间里，我和班子成员殚精竭虑，为烟台发展谋划实施了一批重点工程、重点项目和重大事项，其中在总结烟台苹果产业发展时，没有止步于眼前的好年景，反而更深入地把脉产业趋势与市场走向，及时探察到烟台苹果的发展颓势。为继续保持烟台苹果在全国的领先地位，市委、市政府及时入手，坚持高点定位，加强顶层设计，科学规划改革路径，开启了一场新时代以来的“苹果革命”。

2019 年 9 月下旬，随着鲜果即将上市，我听闻当年的烟台苹果可能丰产不丰收。于是没打招呼，也没让基层干部陪同，我直接来到了苹果专业村栖霞市崖后村进行调研，了解到烟台苹果由于自身树龄老化导致果品与果量双双下降，同时在市场上受到了西部苹果的重大冲击。随后，我又调研了周边一些村庄，情况大致相同。我意识到这个问题对烟台和山东的严重性，是整体结构性危机，不是一户一村一镇的问题。于是马上安排市农业农村局及有关部门对全市面上的情况进行调查摸底和汇总，并提出对策建议。10 月 17 日，我到省里汇报工作。省委负责同志也向我表达了相似的忧虑，提出山东苹果要改良、提质、增效，做优做强品牌，并要求在即将召开的全省果业现场会上，重点查短板、补漏洞、讲问题，省市联动迅速。10月20日，全省果业现场会在烟台栖霞召开，省委、省政府分管领导都来了。会上，我重点讲了烟台苹果产业发展中的问题，即：人老、树老、品种老，经营主体散、果农组织程度散、地块管理散，用工高、消耗高、成本高。

烟台苹果装车运输场面

在国际、国内市场的双重挤压下，2019 年上半年烟台鲜果出口量、出口额分别下降 48%、41%，国内主要市场占有率下降了 15%。我这番刀刃向内、揭短亮丑的发言，让大家感受到了山东苹果业面临的严峻形势。

为了彻底搞清山东苹果与西部苹果的真实差距，找到再续烟台苹果荣光的良策，2019 年 10 月 29 日至 31 日，我率领烟台市农业农村局、市农科院及栖霞等重点苹果产区主要负责人赴陕西考察。考察期间，通过与陕西省财政厅、农业农村厅、省果业发展中心等单位的座谈，通过对延安市的延川县、洛川县的实地考察，才知道两省果业的巨大差距。早在十年前，陕西种植面积和产量就已双双超过山东，成为全国苹果第一大省。2018 年，陕西省苹果面积 896 万亩，超过山东省约一倍；延安市苹果面积 380 万亩，超过烟台市近 100 万亩。我察觉出苹果问题已经超出了烟台范畴，是一个省与省的问题。陕西省委、省政府高度重视苹果产业发展，举全省之力推进。政策导向上把苹果产业作为产业扶贫、乡村振兴的头号工程，积极落实国家退耕还林政策，中央和省级的财政扶持资金就有 33.25 亿元；技术研发上产学研融合度高，打造出一支由首席科学家、岗位科学家、市县技术骨干、乡村技术员构成的科技专业队伍，形成了省、市、县、乡、村五级联动的工作机制和技术支撑体系，可以说产业有政策、财政有专项、组织有机构、科技有人才。我们考察团成员经亲口品尝基地工作人员现场采摘的新品种，感觉这些苹果水多、肉脆、香气重，优于一般的富士苹果。

三天陕西之行所见所闻，给予我们很大震撼和启发，我深知，如果没有雷霆改革之举，烟台将失去“苹果之都”的美誉。考察期间，参观人员收集了大量陕西果业的资料，与烟台苹果进行信息对比、数据汇总与分析。回到烟台后，马上以市委、市政府的名义给省委、省政府写了报告，汇报考察情况，分析双方的优势与特点，指出烟台苹果产业存在的突出问题和未来的改革建议。

考察归来后，相关部门全力推进果业规划与策略的制定，相继完成了

《关于加快苹果产业高质量发展的实施意见（2020—2022）》《烟台市苹果产业高质量发展规划（2020—2025）》；从顶层设计和整体规划中谋划符合未来果业科学发展的改革路径和目标策略，引领指导转型升级有序推进。我和班子成员认为，苹果产业振兴需要更多部门与行业的参与帮扶，需要市县镇村企的共同联动，召开一次大范围的动员大会至关重要。

省委负责同志对考察报告很重视，11 月 15 日，省领导的批示就下来了，同意报告所提四项建议。即，尽快出台山东省苹果产业发展规划；以省政府名义在烟台主办中国·山东国际苹果节暨果业博览会；整合全省果业科技与高校力量，在烟台设立山东省苹果及果业科技创新平台；整合省级涉农资金，加强苹果产业发展专项政策扶持。根据省委批示，市里又对《实施意见》与《规划》进行了补充、修改和完善。

一切准备就绪，2019 年 11 月 20 日，全市苹果产业高质量发展工作推进会议召开，会议上以市委、市政府的名义下发了以上两份重要文件，同时建立起由我和市长任双组长、分管负责同志任副组长、有关县市区一把手和市直有关部门主要负责人为成员的苹果产业高质量发展工作推进机制。市委、市政府把苹果产业高质量发展列入全市“三重”工作和改革攻坚重点任务之中，强力推进。与以往历次转型有所不同的是，这一次果改是有指导思想引领、有发展目标定位、有方法步骤推动、有区域布局打造、有品种结构优化的，是有规划、有组织、有步骤地科学有序推进。一场产业转型升级的“苹果革命”正式启动。为了确保这一宏大工程健康平稳推进，市里定了几条基本原则，分别是：坚持政府引导、市场运作、社会参与、果农自愿；坚持创新引领、绿色发展；坚持规模发展、集约优先。我还特别强调，苹果业转型升级一定要从各地实际出发，不搞一阵风，不搞一刀切，不搞强迫命令，不搞劳民伤财的大呼隆。

三、改造老果园，建设示范园，多元化投入保障果园改造顺利实施

由于准备充足，这次大规模的果业转型行动迅速，开局平稳。临近岁末，各部门负责人千方百计与上级沟通，把烟台苹果的产业发展列入省、部委第二年的项目大盘子里，争取到更多的政策支持与专项扶持。冬季农闲，正是老果园改造的有利时机。鉴于烟台苹果种植面广量大，果园分布于各县市区，市里按各区域布局特点，规划了脱毒大苗培育工程、老旧果园更新改造工程、现代苹果产业园建设工程、示范基地建设四大工程。为干有标杆，在生产环节，市里集成推广了现代栽培模式，建立起市、县、乡三级示范基地。一场规模化的老龄果园改革和示范园创建工程在广袤的田野上迅速展开。

得益于党支部领办合作社的组织振兴，“企业 + 合作社 + 基地 + 农户”的组织模式为老果园的更新改造畅通了推进渠道。市里又先后组织了 1 万余人次农技人员下乡，开展果业技术指导。因为现今的果园改良已经不是传统意义上的简单栽植，不仅要改苗木，还要改土壤，改栽培技术，等等。在土壤改良方面，农业技术人员根据烟台不同区域的土壤条件、作物产量潜力和养分综合管理要求，在全市大力推广了化肥减施增效技术规范，即通过测土配方 + 新型肥料技术，根据土质状况调整化肥使用结构，以此达到改良土壤结构和土壤理化性质；大力推广了有机肥 + 果园生草技术，通过增施有机肥、自然生草、秸秆覆盖等，用以改善土壤根际环境，解决果园增墒保水问题，提升果园基础地力。在培育技术方面，推广了水肥一体化 + 配方肥技术，满足苹果不同生长期对不同养分的需求，减少肥料损失，提高水肥利用率；集成推广了畜—沼—果等适用技术，建设种养结合型生态循环果园，发展农牧配套、种养结合的生态循环果业。在环保方面，普

遍建立了重大病虫害监测预警体系，定期发布禁限用农药名录，动员果农科学用药，严查违法生产、经营、使用行为，特别是农药、肥料产品中非法添加成分、重金属等违法违规行为；普遍建立了废旧反光膜、农膜、农药肥料包装废弃回收处理体系，回收率达到 80% 以上，在栖霞等反光膜使用量较大的区市整建制推进回收利用。由于前期组织工作做得好，资金拨付充足，技术完备，方法得当，以及广大果农的积极配合，首批老果园改造快速推进，到 2019 年年底，仅几个月的时间，栖霞、蓬莱等 9 个苹果主产区通过伐老建新、高接换头和土壤改良等，改造老果园 45 万亩。

按照《实施意见》和《发展规划》，各县市区在老果园改造中注重成方连片开发，注重示范园的创建，打造现代苹果产业园。以招远市大户陈家村为例，依靠苹果 + 大数据管理模式解决水肥浇灌问题，建设智慧果园，种植数字苹果。2020 年他们开始从以色列引进农业物联网技术，依托土壤墒情监测和滴灌、水肥一体化系统，在地下铺设了覆盖全园的管网系统和芯片，在每棵果树下都埋有微型喷头，系统通过综合分析土壤情况自动滴灌，把水分养分定时定量、按比例直接提供给果树，既提高了效率，又节约了水肥，较传统灌溉模式节水 60%，节肥 30%，亩产提高 10%，每亩收益增加 5000 元。他们研发使用的“安全农业云”系统，能够全天候监测田间地头的气温、湿度、雨量、风向、风速等数据指标，果农足不出户，通过手机就能查看到果园情况，掌握相关数据，操作土壤监测、施肥浇水、果品销售等环节，坐在家里就可以种苹果、卖苹果。系统平台还能把种植、管理、销售等环节打通串联形成网络，客户订购产品后可以对苹果种植、采摘、冷藏、包装、运输等环节实时跟踪，相关数据会在平台全程展示，实现了从果园到餐桌全链条式的质量控制。大户陈家村 1500 多亩“精准感知、自动决策、智能控制”的现代化果园，是省内规模最大、与省平台联网最早的物联网 + 管理平台，成为智能化生产管理的高地。

莱州市老果园改造的典型是琅琊岭老苹果园。合作社将 250 亩的郁闭园隔一行去一行，减少了800多棵树，行距由3米扩展到4米，采用宽行密植模式栽培，改善通风透光，增加树体光合，树虽然少了，果园产量却增加了20%，全红果比例由40%提高到80%，收益增加30%。这个基地的“绝活”是免套袋栽培技术。他们经过多年实验，掌握了适宜当地气候土壤特点的免套袋栽培技术，每亩节约人工及纸袋、反光膜等成本8000元，产量增加10%，苹果糖度提高4度、芳香类物质含量增加10%，这使得他们曾拿下“中国好苹果”总决赛中免套袋组金奖和最具价值生态果品奖两项大奖，成为知名品牌。为了解决不套袋情况下的病虫害问题，他们探索出“种养一体、生态治虫”的办法，就是在果园里养鸭子，鸭子以虫子、落果、野草为食，鸭粪为碱性，可以中和果园的酸性土壤，一举多得。这个典型示范性很强，市里在几次会议上都推介过他们的做法。

大果改需要大投入，钱从哪里来？在市委、市政府的大力推动下，各部门以及各县市区在构建财政优先保障、金融创新支持、社会多方参与的多元化投入机制方面，做了一些积极尝试。其中，积极争取国家部委将烟台苹果产业集群项目纳入国家支持范畴内，每年可争取支持资金过亿；市财政整合涉农资金，每年安排5000万元专项资金，精准投向与果改相关的领域和项目，用于支持果业科技创新、老龄郁闭果园改造、示范园建设、精深加工、品牌宣传推介、人才培养等，可持续五年。9个苹果主产区市也安排了1.4个亿，为产前、产中、产后全产业链提供资金保障，其中，经济实力较强的龙口市每年安排2500万元，对六项建设项目分档次奖补，每亩最高奖补3200元，对验收合格的市镇村三级示范园分别奖补60万元、24万元和12万元。创新金融服务，通过落实税收优惠政策，吸引工商企业、社会资本进入苹果产业。市里与山东省农业发展信贷担保有限责任公司签订战略合作协议，出台了鲁担惠农贷——果树贷等产品，为果业种植业户提供10万元到300万元的政策性贷款，省、市两级财政贴息贷款利率达到5个基点以上，大大缓解了苹果业融资难、融资贵的问题。市里和县政府还鼓励开展天气指数保险、价格指数保险、贷款保证全保险等试点，建立了农业保险大灾风险分散机制，发展农产品期权期货市场，扩大保险 + 期货试点及订单农业 + 保险 + 期货试点，稳步扩大新型农村合作金融试点，探索创新信用互助模式，鼓励市场主体参与苹果期货交易。这些创新性融资举措，为果改提供了大量“血液”，在很大程度上降低了果业的风险。在多部门多领域多区域的共同努力下，2020 年上半年，全市提升改造老龄果园 47.2 万亩，其中成方连片（30 亩以上）规模化改造面积达 15 万亩，占总改造面积的 31.8%。建设“市县镇村”四级示范果园 3.5 万亩以上，其中建设规模 1000 亩以上的市级标准化果园 9 个，规模 500 亩以上的县级标准化果园 16 个，规模 200 亩以上的镇级标准化果园 74 个，“一村一品”村级标准化果园 71 个。

四、加大研发力度，强化科技创新，赋能苹果产业转型升级

苗木是苹果种植的先导，苗木技术的研发是果改的重要环节。烟台历来重视苹果苗木的技术研发。早在 20 世纪 90 年代，就在国内率先建起了苗木繁育组培室，进行苹果无毒苗木的繁育与推广。陕西苹果在发展初期，就是到烟台取的经、买的苗，聘请过技术员。烟台的苹果技术一直遥遥领先，全市拥有 4 个苹果领域国家级工程技术中心。我来到烟台后，进一步督导相关部门全力推动果业的技术创新力度，突出从产业源头入手，繁育引进良种苗木，搭建完善自主创新平台、产品展示交易中心、苗木推广平台，集中培育“早中晚”“红黄绿”等新风味新产品，抢占中高端市场，不断巩固烟台在全国苹果苗木繁育中的龙头地位。除了继续加大对小草沟村的支持，还支持蓬莱烟富农业科技公司等苗木企业加强技术研发，为“苹果革命”提供了足够的好树苗、新品种，推动果改顺利实施。

春天，万物生发，正是种植补栽新品种的季节。各县市区纷纷行动起来，与苗木研发机构合作，相继补栽了维纳斯黄金、新红星、鲁丽等21个新品种，按不同地域，突出“早中晚、红黄绿、甜香脆、名优特”等特点。果园里处处是劳动者忙碌的身影。市委、市政府的负责同志，以及部门负责人也纷纷深入田间地头，察看改造进度，及时为一线解决技术与资金等难题，全力推进苹果产业改革。其中，由市农业农村局牵头组建的8个调研抽查组分赴8个县市区，对老龄果园更新改造推进情况进行调研抽查，并将抽查发现的问题第一时间反馈县市区委。我于2020年3月中旬先后到栖霞、蓬莱、福山等几个重点产区进行果改督导。在栖霞国家级现代农业产业示范区姚丁庄项目区，村民以土地入股参与党支部领办的合作社，老旧果园改造进度较快。在官道镇栾格庄村老果园改造现场，我加入苗木栽植队伍，扶正果苗，挥锹培土，接连种了十几棵新果树。在蓬莱烟富农业科技公司，我仔细察看了企业自主培育的苹果新品种，鼓励他们加强产学研合作，做好成果转化，在苹果业创新引领中发挥带头作用。3月29日，我又先后去了莱州和招远实地调研。广大果农正采用最新的立架栽植方式，以新品种来替代已经30多年果龄“超龄服役”的富士系列，抢占中高端市场。

离开了果园，果业的科技创新同样竞争激烈，包括苹果在内的现代果业的竞争，归根结底还是科技的竞争。烟台苹果几次大的历史性跨越，无不是由科技创新来引领。市委、市政府十分清醒地认识到，要继续保持苹果产业的领先地位，必须依靠科技赋能。从2019年底开始，市里广泛统筹科技智力资源，相继启动了苹果科技创新中心、大数据中心、展示交易中心和苹果文化博物馆的建设。

山东苹果·果业产业技术研究院（苹果科技创新中心），于2020年3月注册成立，成为全省唯一的农业类型的创新创业共同体，被纳入全省创新创业体系。该院以实力较强、基础较好的烟台农科院为载体，整合中国农科院、中国农业大学、山东农业大学和鲁东大学等院校和机构的高端科技资源，搭建集研发创新、集成示范、成果转化于一体的科技创新平台。平台成立后，工作人员立即广泛联系，先后与14家国内外研发机构签署了合作协议，引进了一批领军型果业专家和科研团队，并与中国果品流通协会合作建设中国果业媒体信息服务中心，与社会资本组建苹果产业投资基金。一批国字号机构如中国苹果产业协会、全国果品标准化技术委员会等也相继加盟该院。2020年7月29日，山东苹果·果业产业技术研究院在烟台举行揭牌和合作项目签约仪式。该院成立后，立足当前，目标长远，坚持问题导向，整合国际国内优势资源，实现政产学研金服用融合发展；聚焦育苗、种植、加工、产业化等环节，加大新品种、新产品、新技术、新装备的研发，推动传统果业升级，培育新兴果业，建设果业自主创新基地、科技成果转化基地、人才培养集聚基地、高新果业孵化基地和国际合作交流基地；破解苹果产业发展中的瓶颈制约，探索市场化引才、引智模式，提高综合实力和核心竞争力。大数据中心，主要是以打造国家级苹果产业

中国苹果谷

数据中心、信息中心为目标，实现全球化苹果信息数据采集。该中心成立不到一年，在烟台政务云的基础上，采集到全市97万农户、4万多家经营主体的数据，整合了农业农村、果业经营、国内外大数据等资源，搭建起集前端生产管理服务、中端金融保险期货服务、终端精准营销服务于一体的苹果产业智慧平台。展示交易中心，主要功能是实行产品集中竞价交易，展示苹果产业最新成果，建设具有产品展示、消费体验、品牌推广、文化传承等功能的苹果展销平台。苹果文化博物馆在建馆伊始，就征集到了一批具有较高文物价值的烟台苹果文史资料，深挖烟台苹果历史，丰富苹果文化内涵，弘扬烟台人在苹果产业的创新创业精神。

2020年10月27日，在新冠疫情比较严峻的形势下，首届中国·山东国际苹果节在烟台隆重举行。“线下”全产业链展示、招商签约等系列活动，吸引了国内外主要苹果产区的22个展团、353家企业前来参展，共签订合约41个，总金额370亿元。我和省政府副省长以及相关领导到会致辞，为山东苹果发展提出新的目标、方式和要求。这次展会在宣传方式上大力突出创新，采用了快手、抖音的宣传手段，在航空、高铁的枢纽场站投放了大量广告，并在各大中城市设立体验店进行宣传促销，提升了烟台苹果的美誉度。

五、做强做大苹果产业链，放大品牌价值，实施高质量发展

与西部苹果产区相比，烟台苹果的优势是产业链长、产业化水平高。展望未来，产业竞争的焦点也在这里。因此，在原来已有的良好基础上，再造新优势，巩固夯实产业链条，成为“苹果革命”的当务之急。为此，按照《规划》，市委、市政府在前端产业链上狠抓研发、转化、育苗、种植等环节的提升，在后续产业链把提升储存保鲜、加工增值、市场销售、品牌管理作为重点持续发力。前面，我已经对苹果产业前端发展进行了很

详细的口述，下面我重点说说市委、市政府如何做大做强产业链后端的几个关键环节。

在产品经销环节，市里一方面不放手传统渠道，一方面努力扩大创新网络新方式，发展新型经营主体，做大做强苹果销售端环节。为适应国内消费者特别是年轻人网上购物的需要，市委、市政府加大政策、资金、技术支持，大力发展“苹果＋互联网”经济，鼓励新型农业经营主体、加工流通企业与电商对接，实行线上线下互动，完善数字基础设施，推动苹果产业迈上智慧化、高端化发展轨道。市里制定了适应苹果电商发展的标准体系，支持建设电商平台和乡村电商服务站。依托农村乡镇客运站点，因地制宜建立具有仓储、分拨、配送功能的农村综合运输服务站，实现农村电商之间物流配送体系的资源共享。鼓励各县市区围绕农村电子商务节点，建立县级电商产业园，在人才、技术、政策、资金等方面提供配套服务，使农村电商更好地服务苹果产业。

为了推动产业“接二连三”，做强做大苹果全产业链，实现新六产的

电商直播赋能乡村振兴　（摄于招远市大户陈家村）

融合发展和不同类型产业的整合，市里注重发挥领军企业在苹果全产业链的作用。以龙口市绿杰股份有限公司为代表的苹果加工企业在一产中不断展现科技绝活。2015 年绿杰公司开始精选流转优质果园，建成万亩原料基地。2016 年开始自主筹建 1000 亩的生态苹果示范园，栽种下 45000 棵适宜酿造加工的特色品种“龙富短枝”和“宫崎短枝”。经过市场调研，全套引进当时最先进的水肥控制系统，可节水 60%，节肥 30%，节工 70%，种植成本减少 50%。为增加土壤有机质，在枯草期将自然生杂草全部粉碎入土，再配合果园生草、沼渣沼液有机肥等生物防治技术，优化果园小气候。到 2019 年喜获丰收时，果香馥郁、甜度高的特色苹果较一般品种苹果出汁率提高 30%，甜度增加 3—4 度。在创新技术的加持下，绿杰果园全部实行了自动化、标准化、绿色化生产。加工环节的技术创新，使该公司实现了一瓶绿杰果醋从鲜果采摘到自动包装的 18 道关卡的全自动化，并练就了二次发酵的独门绝技。绿杰公司成为国内饮品醋行业的标准制定者，既能种出有机苹果，也能“种出”营养丰富、口感独特的“液态苹果”，国内市场上每 10 瓶苹果醋，就有 1 瓶产自绿杰公司。

在苹果与三产的融合发展方面，烟台注重发挥区域与资源的优势，拉长“苹果 +”产业链条。各区市纷纷以采摘、农耕体验、苹果小镇等形式发展苹果旅游，深挖苹果文化内涵，不断丰富苹果业态。2020 年 10 月 27 日至 29 日，首届山东国际苹果节对外公布了中国“苹果王”。这棵“苹果王”位于蓬莱区刘家沟镇，经中国农业大学专家考证，已有 130 多年的历史，是目前我国栽培树龄最长的苹果古树。该树树冠南北长 11.7 米，东西长 9.2 米，高 6 米。古树主干主枝表皮光滑，侧枝向外扩张，根深叶茂。树的品种原为大国光，40 多年前在新枝上嫁接了红富士，到现在虽是百年老树，但依然王者风范、硕果累累。每到春夏秋季，前来观光的游客络绎不绝。前几年每年结果都有 3000 多个，2020 年后，为了保存树力，树的主人通过疏花疏果的方式，一般只保留 2600 多个果实，并将果实命名为“1890”，表明这棵树是1890年栽植的，一袋只装一个苹果，按个论价，每个苹果卖到十几元，还供不应求。他们卖的已经不是果品，而是文化了。因为这不是一棵普通的古树，而是中国现代苹果种植的历史缩影，是烟台苹果历史文化的活标本，成为烟台苹果旅游与苹果文化的一个交汇点。

从经销鲜果到果品深加工，再到推进产业与休闲观光、乡村振兴深度融合，拉长产业链、价值链，烟台苹果的转型升级平稳有序。在这次深刻的“苹果革命”中，烟台人民迎难而上，披荆斩棘，取得了来之不易的阶段性成就。2020年9月10日，第六届中国果业品牌大会发布的2020果品区域公用品牌价值评估结果显示，排名前50位的区域公用品牌中，烟台有4个上榜，其中烟台苹果、栖霞苹果品牌价值分别达到145.05亿元和66.31亿元，这是烟台苹果第12年蝉联中国果业第一品牌。到2020年底，全市已拥有各类果品储藏库1300余座，库容能力400多万吨，系国内唯一实现苹果周年供应的产区。苹果加工企业50多家，年加工能力400多万吨，居全国首位。

2021年2月，我离开了烟台赴省人大任职，不得不离开烟台“苹果革命”的改革工作，但这项深入百姓心坎的德政工程仍在继续。2021年12月，农业农村部确认并公布了全国31个全产业链、重点链，63个全产业链典型县，烟台栖霞苹果全产业链位列其中。同月，烟台苹果又入选“太空苹果”，与烟台姑娘王亚平在太空相聚，为烟台苹果产业的发展画上了一道新的起跑线。我在烟台的工作短暂而匆忙，但聊以自慰的是，我在有限的时间和繁杂的事务中，为烟台苹果产业的发展付出了一滴心血，能够与同事们战斗在同一战壕，取得如此成绩，是我人生的一件幸事。我相信，有着150多年历史的烟台苹果，一定会生生不息，代代传承，永立时代潮头。仙境海岸，鲜美烟台，果红会更加鲜艳，果香会飘得更远。

采　访　人：姜俊英

撰稿整理人：李丕志　姜俊英

芝罘区“奋战三年过百亿”目标的实施过程

张秋波*

我是1989年12月任职芝罘区区长，1993年1月被省委任命为芝罘区委书记，这个职位一干也是3年多。作为芝罘区改革开放的亲历者、见证者更是决策者之一，这段任职时光成为我从政近30年间最重要的经历，终生难忘。其中“奋战三年过百亿，建设一个新芝罘”不仅是我的工作亮点，也是芝罘区发展中最重要的战略目标之一，第一、二、三产业倾力发展，综合经济体量迅速壮大，多种创新在这个时期集中出现。这里，我就说说这一战略目标实施的前前后后。

一、顺应改革潮流，增强时代责任感，谋篇布局百亿目标

1992年，以邓小平南方谈话和党的十四大为标志，中国改革开放和社会主义现代化建设进入新的发展阶段。这一年，区委、区政府召开了一系列会议，动员全区上下积极贯彻落实党中央的方针政策，解放思想、加快发展。1993年1月，区委、区政府制定下发了《关于认真学习贯彻党的十四届三中全会精神的通知》。针对党中央的指示精神，刚履职区委书记的我认为有必要为超常规、跳跃式发展再来一次总动员，为芝罘区的解放

* 张秋波，1993年1月至1996年8月任中共烟台市芝罘区委书记。

思想、加快发展吹响号角。

1993年春夏之际，我带领部门负责人跟着邓小平走过的南方路线走上一圈，他去哪里，我们就去哪里；他见了谁，我们也争取见一见。所经之路，处处是大干快上、连续翻番的迅猛发展势头。苏南各县市1992年工农业总产值均比上年翻了一番；无锡、张家港从发展势头来看，工业产值会在1993年实现翻一番。南方一行，大家热血沸腾，屁股都坐不住了。借势到周边看看，莱州、龙口1992年工业产值已突破百亿大关，招远、牟平、蓬莱1994年将过百亿；当时芝罘赶超目标威海市环翠区的工业产值1994年也能过百亿。这一趟下来，大家开阔了视野、打开了思路，认清了时代发展的脉搏，增强了加快发展的责任感。这时的我有了芝罘也要过百亿的想法和目标。因为过去的9年里，改革开放中的芝罘区初步形成了以医药化工、皮革塑料、纺织缝纫等七大行业为主体、门类比较齐全的工业体系，第三产业也有了较快发展。可以说天时、地利、人和，具备了“过百亿”的发展基础和条件，是顺应形势发展的必然选择。

外出考察后，围绕着如何实现芝罘跨越式发展，区委、区政府相继召开了多次会议，对比国家方针政策和兄弟区县的发展速度，以及芝罘区的现状与未来，“奋战三年过百亿，建设一个新芝罘”的战略决策逐渐清晰完整。即使芝罘区在过去的两年里曾两次调高经济规划速度，但我们的胆子可以再大些，规划的速度可以再高些。在果断排除个别歧议声音后，区委、区政府班子成员达成发展共识。

1993年7月17日，中共芝罘区八届七次全委（扩大）会议在礼堂召开，会议讨论并通过了《芝罘区1996年过百亿战略规划》和《中共芝罘区委关于奋战三年过百亿，建设一个新芝罘的决议》。我在会议上作了题为《抓住机遇，加快发展，奋战三年过百亿，建设一个新芝罘》的讲话，动员全区广大党员干部和基层群众，认清形势，团结一致，奋力拼搏三年，再造新芝罘。7月24日，全区“过百亿”动员大会召开，号召全区上下以发展社会主义市场经济为方向，以改革开放为动力，以科技进步为先导，以提高效益为目的，膨胀提高第二产业，加快发展第三产业，高效开发第一产业，力争到1996年全区工农业总产值突破百亿大关，提前4年登上经济发展第三个台阶。

二、全面深化改革，膨胀提高第二产业，打造百亿目标支柱产业

在考察布局之时，芝罘经济在改革的推动下已高效运转开来。1993年2月25日，中共芝罘区委、区政府出台《关于在全区乡镇企业中实施龙虎工程的意见》，确定乡镇企业总收入5000万元以上的12个村为“龙”村，乡镇企业总产值1000万元以上的40家企业为“虎”企业。5月底，芝罘区在西安举办新闻发布会，开展人才、技术、项目的招商引资。“奋战三年过百亿”动员会议后，区里层层召开会议，广泛宣传动员，全区上下掀起发展新高潮。

工业改革率先发力。1993年，区委、区政府全面推广了上年的企业改组改制试行工作，借助加快推进区属企业各项改革，打造能担当“过百亿”大任的龙头工业企业和领头片区。4月份召开了全区股份制改革经验交流会，全面推广20家企业的股份制改革试点经验。通过专题培训、派驻工作组等多种途径，到10月，全区实行股份制的区属企业达到了44家，吸纳各种股本金额6447.75万元。大力推进投资主体多元化改革，在全面普查的基础上，视企业的经营状况，按骨干企业、小企业、困难企业等，分类实施股权转让、合资合作，剥离重组以及关停兼并、破产等产权制度改革，大力发展国有资本、集体资本、非公资本参股的混合所有制经济。加快推进企业内部改革，年内区里相继出台了《关于深化企业内部改革的意见》等6个规范性文件和14项配套意见，先是在烟台五金制品公司、

塑料六厂、食品厂、服装一厂4家企业进行试点改革，之后通过经验交流会、现场观摩会等进行大力推广。至年底，全区170户工业企业全面实行劳动、人事、分配三项制度改革，实行干部聘任制、劳动合同制和活化工资制，压缩非生产人员，剥离企业的社会属性，加大市场属性，企业经济效益迅速提高。11月，区里制定了《关于区属企业实行经营目标分档升级经营责任制的试行意见》，改革的精准性、分类性进一步增强。在政策推动之余，区里开展了“骏马竞赛”，激励各企业增投入、增总量、增效益、增活力，各工业企业纷纷为实现“三年过百亿”目标开足马力，奋战日夜。

与此同时，市委、市政府提出构建“大、高、外”工业发展格局，芝罘区借势开始实施以大规模、高技术、外向型为目标的工业腾飞工程。先于1993年重点加快了烟台高新技术产业开发区和卧龙外商投资开发区的落地建设，全力推进起步区基础设施建设尽早完工，通过招商引资和外引内联吸引到一批高、精、尖产品相继落户园区；区里积极提供良好的服务，为项目发展保驾护航，将两个园区打造成担当百亿目标的主片区。同时，区里鼓励区属企业通过引进人才、技术、资金和设备，与大企业、大专院校和科研机构加强经济技术协作等方式，改变传统工业生产格局为“大、高、外”工业格局，重点发展普通机械制造业、金属制品业、专用设备制造业、皮革制品业、塑料制品业等新兴工业门类，推动加工型工业向产品型工业的转化。多举措对传统的工业企业进行技术改造和产品更新换代，实现速度、效益和后劲的同步增长。至1993年，全区工业企业发展至765家，基本形成机械、电子、船舶、化工、冶金等13大门类230余种产品的工业格局，成为实现“三年过百亿”目标的重要支柱。

三、活跃市场流通，加快发展第三产业，为百亿目标注入新生力量

在全面改革开放的方针路线下，计划经济体制下的商贸服务业迎来了大变革。1992年11月的全区第三产业工作会议提出：放开手脚，打破常规，努力把芝罘区第三产业推向全面快速发展的新阶段。我履职书记后大力实施社会化、产业化、国际化的三产突破工程。

首先，借助改革之手释放更多的商贸服务业活力。1994年，区里开始对区属和镇街集体企业实施产权制度改革，遵循“抓大放小”“靓女先嫁”的原则，将二建、二开发、太平洋、振华等60多家知名企业先后“出嫁”，完成改制盘活，培植出面向国际市场的大商社、集团公司，成为商业发展的领头羊。振华商贸作为山东省第一家搞股份制的企业，一度成为被推广的典型之一。另一方面，通过转让、出售、租赁、购买等方式，将一批国有商业小企业改制为民营企业，焕发出了新的活力。伴随着国家《关于促进个体经济私营经济发展的若干意见》的发布，芝罘区的个体私营经济迅速活跃起来，成为商贸领域最活跃的主体之一，经营范畴扩展到农副产品、机电产品、五交化产品、工艺礼品、针纺制品等商品的批发零售。

商贸载体是服务业发展的基础。1993年区里开始将南大街两侧的企业从市区逐渐搬走，将市区18条具有较大商贸发展潜能的街道陆续进行整体商业改造。1994年5月，市委、市政府出台了《关于建立社会主义市场经济体制综合配套改革的实施意见》。芝罘区商贸流通增速加快，到1994年底增加网点288个，增加商业营业面积4.2万平方米。不久，市属的烟台百货大楼、华联商厦、新世界商厦、振华商店等相继建成约1万平方米的大商场，繁华的南大街初现规模，成为吸引人流物流的商贸集中地带。同期建成的只楚镇中国（烟台）北方物资交流中心、初家镇

1996 年，烟台三站批发交易市场建成

黄海家具城、黄务镇综合批发市场、幸福镇海鲜世界五大商贸市场，成为在全省、全国有影响力的大型批发市场。烟台商城、振华综合商厦、芝新大厦、义通高级宾馆、太平洋大酒店、幸福工贸大厦等六大商业设施逐年建成。新建烟台三站批发交易市场、科技市场、装饰材料市场、文化市场等一批大型新兴商贸设施。涉及民生的白石路批发市场、海防营市场等居民早市、夜市也如雨后春笋般扎根巷弄，前后累计兴办街居网点 369 个，其他网点 746 个。

全区商品流通业态由以百货商店为主逐步向超市、大卖场、综合性百货商厦、品牌商品专卖店、连锁经营店等新型业态发展，交易市场类型由计划经济时代的零售市场为主向批发零售市场、农副产品工业品市场、专卖性市场等多样化市场发展，非公有制经济成为发展最快、最具活力的市场主体，新型流通业态进入发展快车道。1995 年，芝罘区作为烟台中心城市的综合性功能区域定位和经济区域布局得到确立，快速成长为强大的城市商业中心区，为实现"三年过百亿"目标注入了新的强大动力。

新兴产业异军突起。房地产业在旧村、老城区改造中迅速崛起，新的住宅区和新的工业区，以及相配套的市政设施建设，进一步提高和完善了城市功能。芝罘岛风景旅游区、黄海游乐城和塔山竞技游乐中心三条旅游带相继建成，海滨特色的旅游业加速了人流、物流和商流的流通。在银行网点加速布局下，金融业悄然壮大。

四、发展乡镇“龙虎企业”，实施高产、高效、优质的农业跨越工程

由于城市经济的迅速膨胀，我和班子成员一致认为，以耕地为主的传统农业经济无法为“三年过百亿”目标交上满意的答卷，也不适应芝罘区的长远发展，但通过“海上芝罘”“山上芝罘”可实现农业经济的高产、高效、优质转型。区委、区政府以优化农业产业结构为主线，主动压缩粮田耕种面积，千方百计筹措资金，大力抓好蔬菜、果园、水面、畜牧、林业五大开发，建立起水产品、优质珍稀果品、高标准蔬菜、蛋奶野生动物、沿海防护林和经济林、花卉香椿草莓六大基地，培植打造以此为生产加工内容的支柱产业、龙头产业，形成贸工农一体化、产供销一条龙的商品经济多元结构，加速传统农业经济向较大规模商品经济的转化进程。

在农业跨越工程中，乡镇“龙虎企业”发挥了积极作用。经多方考察，区里明确只楚、初家等5个乡镇和奇山街道为百亿目标“六强”，推动强村、强企迅速上规模、上水平、上效益，通过资金注入、人才引进、项目拉动、强化考核等举措，进行重点扶持。仅1993年上半年，通过“龙虎”腾飞工程迅速崛起的骨干村和骨干企业，其总产值增长100.2%，高出全区平均水平20多个百分点，经济总量占到全区的46%，产业和产品结构得到了进一步优化。1994年4月19日，市委、市政府印发《关于推动农村股份合作制的试行意见》。芝罘区乡镇企业通过股份合作制改革，千方百计融合八方资金、技术和人才，迅速成长壮大，开辟新的合作领域和生产项目，尤其是“龙虎企业”迅速做大做强，成为收益增效的排头兵。其中，只楚集团于1994年被农业部授予“全国最佳经济效益乡镇企业”称号，1995年被确定为国家级乡镇企业。

外向经济助推“海上芝罘”“山上芝罘”发展。20世纪90年代中国

对外开放开始活跃，芝罘区紧紧抓住国家外贸全面开放政策，立足国际化，开展外向带动战略，实施全方位的对外开放，我和班子成员把工业、农业和商业全部纳入对外开放和出口创汇的范畴中，大力发展外向型经济。相继调整了鼓励办独资企业、提高外资比例两项政策，积极开发国外市场。狠抓了外资到位率、开工投产率、出口创汇率、销售利税率的考核督导，大力支持外商独资项目，扩大“三来一补”项目，积极主动与日本、韩国、新加坡、澳大利亚、新西兰举办经贸洽谈会，实行商务、技术的合作。借助百家企业出海经营的浪潮，“海上芝罘”“山上芝罘”开发迅猛，许多新项目、新产品落地生根。

五、抓住资金、人才与技术等关键环节，进一步加大改革开放力度，确保百亿目标的实现

在加快发展第一、二、三产业，实施过百亿战略中，多举措融资解决资金问题，借“脑”开发解决人才问题，借“技”下蛋解决技术问题，是取得成功的关键环节。

在资金方面，要建成投资在5000万元以上的“大、高、外”工业企业10个，开发出国内先进水平以上的新产品100种，前后需要投入25亿元以上。区里通过招商引资吸纳一块，仅1993年底引入资金折合人民币约3亿元；推行股份制改革集资一块，1994年集资金额约1.6亿元；借助银行拆借一块，芝罘区每年可有7000万元的固定资产贷款规模，三年就是2亿多人民币；横向联合协进一块，三年约为1.8亿元。积极创新招商方式，注重与国家有关部委、大企业以及较大个体私营企业加强联系，实施以会招商，发展展会经济。1995年6月联合市委举办了’95中国烟台东亚城市进出口商品交易会，其间的芝罘区高新技术联谊会，吸引到全国的企业家、商人会集芝罘。三天时间里我坚守会场，吃住在会场，没有回家过一次，全力做

好指挥部署，吸引企业落户，为芝罘区发展引入了强大的资金外援。为解决长期发展的资金问题，区里大力扶持金融产业发展，大刀阔斧实施金融机构改革和引进。原来芝罘区只有农村信用社一个金融机构，我和班子成员反复去找人民银行的领导，以地块、门面等优惠政策吸引其落户，人民银行、工商银行、建设银行、农业银行等相继在芝罘区开设了支行，给予了企业发展以强大的资金支持。同时，简化外事审批手续，优化营商环境，设立行政审批中心，对外商投资者实行“一站式”服务，第一时间解决好合资合作中的问题与困难。1995 年，全区实际利用外资 4033 万美元，是 1990 年的 19.9 倍，是 1993 年 1558 万美元的 2.58 倍，年均增长 376.9%。

在人才方面，一方面充分利用市区内大专院校、科研机构积极培育人才，一方面积极走出去引进更多的专业技术人才，实施多方借“脑”研发，大搞科研攻关，最大程度地提高经济发展的科技含量。每年我都亲自带队参加全国科技人才技术交流洽谈会，西安引进人才、技术项目新闻发布会等，开展“求贤寻宝万里行”。几年下来，全区共接触各类技术管理人才 7000 多人，当时达成聘用意向的 3000 多人。除了向外延伸寻找人才，区里更多的还是培养挖掘自己的人才。坚持以考核激励、培植扶持等方式方法培养人才，注重发挥能人的带头作用。让我印象特别深刻的一项考核，就是给当年超额完成经济指标的村委书记奖励一辆奥迪车。当时只楚、北岛两个村发展速度快、经济效益好，区委奖励两个村委书记各一辆奥迪轿车。当时买一辆奥迪车是 30 多万元，我一个正处级干部的月工资是 300 多元，我不吃不喝要 100 年才能买得上一台车，可见区委、区政府激励之大、推动之狠。北岛村委胡书记心里想着老百姓，把奖励给个人的奥迪车卖掉，换成米面油送给全村村民和驻军单位，村民人人受益，进一步激发了全村人的干劲。因为村办企业发展得好，很多领导过来参观视察，其中科技部邓副部长也来到烟台，为芝罘区带来了扶持政策和资源。

在技术方面，大力实施科技人才战略，以科技兴工、兴农、兴三产。

20世纪90年代的烟台只楚民营科技园

1994年5月16日，区委、区政府印发《关于加速实现经济向科技主导型战略转变的实施意见》，提出力争5年建成国家级高新技术开发区1处、村级高新技术密集工业园10处、高新技术企业80家，构筑起全区以“高”为核心的大高外工业格局。全区上下掀起一波技术改造更新热潮。芝罘区只楚集团加大资金投入，不断引进高科技人才，1995年8月，只楚集团公司兴办起全国第一家村办国家级民营科技园——烟台只楚民营科技园，占地14.8平方千米。同年，只楚集团内饰件厂生产的CK111K2P型载重汽车门里板，获得当年国家新产品奖，该集团前后研制开发出28种高新科技产品，被省科委批准为高新技术生产重点企业。1995年，区里开始大力推广农业实用技术、高新技术的应用，实施科教兴农战略，推广先进节水型灌溉新技术，全区节水灌溉面积26公顷，年节水5.28万立方米。1995年，芝罘区被国家科委授予全国科技实力百强县（区）称号。1996年被国家科委授予全国科技工作先进县（市、区）称号。同年，芝罘区世回尧镇被授予山东专利镇称号。经过2年努力，乡镇企业基本实现由资源消耗型向科技主导型的转变。

随着改革的不断深入，到1996年全区改制企业139家，占应改制企业的90%以上，共组建企业集团30家，并初步建立起产权清晰、政企分开、管理科学的现代企业制度。其中，对区属50户商业企业进行重新组合，成立四大区直属公司，实行独立核算、自负盈亏，经营良好。到1996年全区商业零售额达到20亿元。经过三年的拼搏奋斗，在我离任芝罘区委书记时，三年过百亿目标胜利完成。其中，到1996年，全区工业总产值49.1956亿元，较1992年增长了223%。全区第三产业增加值达到27.5亿元，占国民生产总值的比重达到50%。工业产值过1000万元企业25个，其中过5000万—1亿元的企业4个，过亿元的企业3个；工业产值过亿元的村达到20个，过3亿—10亿元的村5个，过10亿元的村1个；过1000万元的村镇企业达到100个，其中过500万—1亿元的企业25个，过1亿—5亿元的企业10个，过5亿元的企业1个。到1996年，全区科技进步因素在经济增长中的比重达到50%以上，科技人员总数达到2万人。全区个体工商业户达到2万户，从业人员3万人，私营企业达到500家，从业人员5000余人。1996年9月5日，芝罘区通过省委、省政府的检查验收，成为首批山东省小康县。

采 访 人：陈 超

撰稿整理人：姜俊英

芝罘区群众工作的实践

刘延林*

群众观点是党的基本政治观点，群众路线是党的根本工作路线，群众工作是党的全部工作的基础。2005年12月，组织安排我担任芝罘区委书记，面对新世纪新阶段，站在新的发展起点上，需要更加重视做好群众工作，不断汲取事业前进的不竭动力。5年时间里我始终坚持的一条工作主线，就是研究如何更加全面系统、综合统筹、自觉主动地加强和改进群众工作，引导广大党员干部牢固树立群众观念，不断提高面对面、心连心、实打实做好群众工作的能力和水平，努力做到时刻想着群众、一切为了群众、紧紧依靠群众，以更加扎实有效的群众工作造福百姓，凝心聚力共同加快建设富裕文明和谐的新芝罘。

一、以群众工作统领信访工作思路的提出

2005年12月我接任芝罘区委书记时，芝罘区正处在一个非常艰难的特殊时期。当时的芝罘区虽然是中心区，但是经济社会发展连续几年在全市考核中排名靠后。尤其让人担忧的是，社会矛盾隐患非常突出，大量的信访问题长期得不到解决，许多利益纠纷由于调解不及时、解决不彻底，基层群众积怨很大，进而导致党群干群关系也不十分和谐，连续多年芝罘

---

*刘延林，2005年12月至2010年9月任中共烟台市芝罘区委书记。

区在全市信访工作考核中排名靠后。

针对这一情况，我上任后第一时间就安排政法委和信访局的同志对全区信访案件专门做了一个统计分析。反馈给我的情况是，2005 年全区共有 460 起信访案件，信访总量全市第二，总体考核全市倒数第三，其中越级访 146 起，集体访 68 起，而直接涉及群众切身利益的有 414 起，占总量的 90%。信访积案化解率只有 54.3%，有 175 起历史遗留的重点信访积案长期得不到解决。同时，全区基层调解结案率仅有 53%，导致大量群众之间简单的纠纷最终转变成涉法问题，进而演变成信访案件，全区涉法涉诉信访案件 115 起，占到信访案件总量的 27.8%。

从这些数字和分析中可以看出，当时芝罘区的信访稳定形势十分严峻，而很多问题都是由于我们在平日工作中对群众利益的关心和维护不到位造成的，是群众工作这个环节根本没有抓实抓好，使得群众积累了怨气和不满等消极情绪。长此以往，不仅信访形势得不到有效控制，而且可能引发重大群体性事件，甚至会动摇群众对党的信任和信心，危及党的执政根基。我这么说绝不是危言耸听，2008 年、2009 年外地接连发生的瓮安、孟连、石首、陇南等群体性事件，就是很现实的警醒。毛泽东同志讲：“群众是真正的英雄”“只有落后的干部，没有落后的群众”“人民群众是历史的真正动力，是火车头”。这是伟大领袖在长期的革命实践中悟出的至理名言，现在读起来都感觉很亲切，而这些观点化为一句话，就是唯物史观，其中的深刻含义，拿到今天，依然适用于指导我们的工作实践。因此，我始终认为，群众本身没有过错，出现这样那样的问题，根子不在群众，而是我们的工作做得不到位。革命战争时期，条件那么艰苦，我们党都把群众工作做到了家，赢得了民心。如今，“枪杆子”“笔杆子”“钱袋子”等各类资源都在我们手中，群众工作做不好，只能是主观上有问题、工作上不到位。于是从那个时候开始，我就思考要把信访工作置于群众工作的大背景下来认识和把握，突破“就信访抓信访、就稳定抓稳定”的惯性思维，将信访工作延伸到经常性的群众工作中去，以群众工作来推动、促进和统领信访工作。

2006 年 1 月 21 日，芝罘区召开全区总结表彰大会。这是我到芝罘区之后召开的第一个全区性的大会。在这次会议上，我明确提出，全区各级领导干部要牢记三句话：一是时刻想着群众，二是一切依靠群众，三是一切为了群众。时刻想着群众，就是面对群众既要讲政治，更要讲感情，要带着感情面对面做好群众工作；一切依靠群众，就是要深刻认识人民群众才是创造历史的真正英雄，我们所有的工作不是靠领导层亲力亲为就能做好的，而是要靠全体干部群众齐心协力、共同努力来完成；一切为了群众，就是要重视解决吃饭、住房、上学、看病、安全等群众最关心、最直接、最现实的利益问题，让所有的人都能过得去，让更多的人能够过得好。通过这些措施，真正使干部群众心情舒畅，营造和谐氛围，凝聚起发展合力。紧接着，在 3 月 3 日召开的全区平安建设暨政法工作会议上，我进一步提出，稳定不能简单地靠“打”，也不能简单地靠“判”，更多地还是要做过细的疏导工作；要树立“和谐”理念，坚持以人为本，想群众之所想，急群众之所急，善于做群众工作，理顺情绪，化解怨气。要坚持一切相信群众、一切依靠群众、一切为了群众，把群众满意作为我们一切工作尤其是信访稳定工作的根本出发点和最高标准。特别是我们区县、镇街一级，处于基层一线，一定要带着深厚的感情，面对面地做好群众工作，了解群众想什么、需要什么，研究群众的问题怎样才能妥善解决，学会怎样教育群众、宣传群众、凝聚群众。

这两次大会过后，以群众工作统领信访工作的理念逐渐在芝罘区广大党员干部中深入人心，形成共识。全区信访形势从根本上得到改观，信访总量持续下降，2009 年信访总量是 2005 年的三分之一，信访工作在全市的考核位次从倒数逐年前移，2008 年、2009 年连续两年位列全市第一。

二、群众工作大会的召开和群众工作体系的初步建立

为了更好地推动群众工作，我们从 2007 年 7 月就开始筹划召开全区群众工作大会。区委就筹备工作做出专门部署，各区委常委、副区长和人大、政协领导分别带队开展了区内调研和区外考察，就各自分管、分工领域的群众工作进行了认真研究，并由区委办公室和区政府办公室牵头围绕解决群众“住房难、上学难、就业难、看病难和担忧生活保障、担忧安全”等“四难两忧”问题，开展了为期 6 个月的群众工作大调研活动，拿出了几份调研报告，形成了一批具体意见。其间，区委、区政府反复调度、酝酿，前后召开了 4 次常委会会议，听取汇报。各部门、各单位也全方位地参与进来，对如何做好群众工作进行了深入扎实的探索。

经过周密细致的筹备，2008 年 3 月 20 日，芝罘区召开了第一次全区群众工作大会。会议上集中印发了一系列文件意见，重点解决群众工作体

2007 年 2 月 17 日，芝罘区党员干部到福利院与老人、孩子共度除夕

制机制问题。针对群众工作体制方面，搭建起一个领导机构和三级工作网络的“1+3”系统化群众工作体系。一个领导机构，就是成立区委群众工作委员会，作为区委、区政府群众工作综合议事协调机构，由我任主任，区委副书记任常务副主任，所有涉及维稳、民生的相关部门负责人任委员，全面负责全区群众工作的组织领导、政策制定、议事协调，牵头研究涉及民生重大决策，牵头组织好联系群众、宣传群众、组织群众的工作。在群工委下设群工办，作为群工委的常设办事机构，与信访局合署办公。三级网络体系，就是在街道、园区和大系统局设立群众工作站，在所有社区、居民区、学校、医院、重点企事业单位设立群众工作室，形成以群工办为龙头、群众工作站为纽带、群众工作室为基础，各职能部门、群众团体、社会组织配合联动、齐抓共管的群众工作网络。根据“1+3”工作体系的需要，我们还组建了规范化的社区保安队、社区综合服务队、流动人口协管队等7支群众工作队伍，配备专兼职群众工作人员和群众信息员2000多人，实现每100名群众至少有1名群众工作人员。以这些队伍为依托，进一步实行网格化管理，将全区划分为126个网格，并落实到具体责任人，对每个社区、每户居民建立民情档案、户情档案，探索推行“五色管理法”，对辖区居民进行分类服务管理，真正做到群众反映的所有问题都有人管、有人干。至此，一个横到边、纵到底、全覆盖的群众工作网络体系初步建立起来，成为各级开展群众工作的重要基础和依托。

围绕群众工作机制方面，全面推行“三有工作法”，即坚持相信群众，做群众“有理推定”，认真听取、妥善处理；对引发群众信访的原因，坚持尊重群众，做干部“有过推定”，先从自身上找原因；对解决群众信访问题，坚持依靠群众，做问题“有解推定”，从群众的要求中寻找思路和方法，解决问题、化解矛盾。在此基础上，我们还进一步提出了“解决问题五项原则”：对群众反映的问题依法按政策可以解决的，立即解决；对群众反映的问题，可以比照政策解决的，比照政策解决；对家庭生活困难的群众，设身处地解决实际困难；对心理不平衡、想出口“气”的群众，理顺情绪，化解怨气；对诉求内容明显过高或不合理的群众，做好耐心细致的思想政治工作。当初刚提出这套工作方法时，有很多干部不理解、难接受，但是后来通过实践还是取得了非常好的效果，一大批信访积案老案得到化解。我印象比较深的是位姓孙的上访老户，反映知青待遇问题。他反映的这个事情涉及青岛、烟台两地，时间跨度32年，并且档案丢失，缺乏原始依据，由于情况复杂，之前相关部门一直拖了很久不能解决。后来，我们按照“三有”原则，主动安排专门人员多方求证，并进行集中会审，最终确认其知青身份，为其补缴了社会保险费，同时考虑到孙某身体有病且生活困难，参照职工平均工资标准，给予其生活困难补助，最终不仅积案顺利结服，他本人也十分满意。

全区群众工作大会的召开，意义重大、影响重大。这是芝罘区建区以来第一次专门召开以群众工作为主题的大会，而且在全市、全省同样也是第一次。它不仅是一次开先河的大会，而且还是一次承前启后的大会。它是对全区党员干部做好群众工作的认识再深化、思想再统一，是对我们前期群众工作的总结和完善，进一步坚定了全区上下做好群众工作的信心和决心，进一步理顺了全区群众工作的思路方向、组织架构和基本脉络，标志着芝罘区真正把群众工作上升到战略层面来具体部署和推动，以群众工作统领信访工作的工作格局进一步得到完善和加强，开启了芝罘区群众工作历史性的新篇章。

三、群众工作“芝罘经验”的不断完善和升华

群众工作是一个永恒的主题，必须常抓不懈、久久为功。为了持续推动群众工作创新和实践，2009年春节过后的第一天，芝罘区又召开了第二次群众工作大会，结合当时应对金融危机的大形势，提出了“坚定信心、

共谋发展，和衷共济、共渡难关”的主题，确立了“让所有的人都能过得去，让更多的人能够过得好”的群众工作总目标。2010年春节过后第一天，芝罘区再次召开第三次全区群众工作大会，提出群众工作要由过去注重“保民生、保稳定，最大限度地减少消极因素”的阶段，转入“最大限度地增加和谐因素、最大限度地调动积极因素、最大限度地凝聚发展因素”的新阶段。如果说过去群众工作强调更多的是“一切为了群众”，那么从这次会议开始，芝罘区的群众工作真正开始重视“一切依靠群众”，开启了全社会共建共享、共生共荣，凝心聚力共谋发展的良好局面。春节后上班第一天，各部门之间不搞串门拜年，而是召开全区大会部署群众工作，这在当时也算是惊人之举。特别是连续坚持了两年，召开的还是以群众工作为主题的大会，这样的安排不仅展现了芝罘区党员干部的务实作风，引导各级干部进一步树牢正确的群众工作价值取向，切实认识到新形势下做好群众工作的极端重要性，而且让群众工作在全社会范围得到了更加广泛的宣传和认知。在随后的工作中，全区上下坚持面对面、心连心、实打实地做好群众工作，为民排忧解难，不断推动群众工作和信访工作创新，提出了一系列新理念和新举措，群众工作体制机制得到进一步的健全和完善。

2009年，我们在召开第二次群众工作大会的同时，同步启用了总面积1000平方米的全市首家区级群众服务中心。中心内有信访、公安、民政等部门进驻，对各类矛盾纠纷和民生问题实行“一站式”服务、“一条龙”办理，并在街道和社区充分整合原有司法所、调解中心、社区警务室、信访工作室等维稳工作机构和劳动、计生、民政等居民服务机构，推广建立社区服务中心，推行窗口式办公和信访服务，为群众反映和解决问题提供更加便捷的渠道，真正筑牢社会和谐稳定第一道防线。在此基础上，为了健全矛盾纠纷排查化解机制，及时收集掌握社情动态，及时化解矛盾纠纷，我们从2009年开始坚持把调解作为处理各类矛盾的优先手段，立足人民调解、行政调解和司法调解的无缝对接，打造“4321”联动调处新模式。“四室”，就是分别在人民法院、公安派出所建立人民调解室，在行政机关建立行政调解室，在检察机关建立平和司法工作办公室；“三员”，就是建立人民调解、司法调解、行政调解联络员；“两定”，就是人民法院依法认定人民调解协议和行政调解协议的法律效力；“一庭”，就是在人民法院建立速裁庭。到2010年，全区基本建成全覆盖、立体化的人民调解网络。芝罘区2010年民事调解结案率由2005年的53%提高到85%，大量矛盾纠纷得到有效化解。此外，我们还建立了社会稳定风险评估、社会稳定风险预警处置、专家评估咨询、社会公示听证“四项机制”，把牢决策和执行关口，从源头上预防矛盾问题的发生，努力做到把风险规避在事前。2009年启动的幸福工业区周边居民区整体搬迁安置工程，涉及7个居民区、4171户、13635人，拆迁面积50万平方米，总建筑面积120万平方米，是当时烟台市最大的旧城旧村改造项目。开工前，我们就深入排查摸底、入户调查，反复与群众沟通，征求群众意见，最终顺应大多数群众的要求，实行易地搬迁安置；安置区的总体规划、住宅设计、公共设施配套等，广泛采纳搬迁居民的主张，并组织居民区党支部书记、居民代表赴北京、大连、天津等地考察施工单位、建筑材料、户型设计等，充分遵循了民意，使得这项“民心工程”“幸福工程”真正办到了群众的心坎上。

应该讲，从2008年开始连续三次群众工作大会的召开，不仅反映了芝罘区对群众工作理解和认识的不断升华、完善和创新，也直观展现了我们群众工作理论与实践结合，不断走向深入的过程；标志着芝罘区的群众工作逐步走出单纯服务信访工作的局限，真正提高到统领全局的战略层面，作为一项核心工作、全局工作、常态工作，构建起了群众工作的新格局。

通过多年的努力，芝罘区的群众工作从理论与实践的结合，到体制机制的完善、方式方法的创新，都创造性积累了一批具有示范引导作用的经验，形成了具有芝罘特色的群众工作品牌。2009年11月，中央政法委调研组到芝罘区专题听取了有关群众工作的汇报，对芝罘区的群众工作给予高度评价。2010 年 5 月，在临沂召开的全国群众工作座谈会上，芝罘区作了典型发言，得到与会领导的充分肯定。2010 年 9 月我离开芝罘区，之后的几任书记依然坚持把群众工作作为芝罘区发展的重大战略之一，始终牢牢抓在手上，持续推动芝罘区群众工作的创新和提升。特别是党的十八大以来，经过群众路线教育实践活动的洗礼，群众工作不仅成为芝罘区的一个品牌，而且已经融入每一名党员干部的思想、血脉，成为他们行动的指南。回顾我担任芝罘区委书记这五年，一步步见证了群众工作“芝罘经验”的创造和实践，备感自豪和欣慰。相信芝罘区的群众工作一定能够不断与时俱进，在新的起点上实现更大的突破。

采 访 人：陈 超

撰稿整理人：陈 超 姜俊英

以城市发展引领烟台“首善之区”建设

高庆波*

我是2008年9月调到芝罘区工作，2010年9月由区长的位置接任区委书记。当时的芝罘区经过几年的发展和积累，各项事业都取得了很大成就，为之后实现跨越式发展奠定了信心和实力基础，积蓄了强劲的发展势能。站在这样一个新的起点上，如何推动全区经济社会发展实现新跨越，是我上任书记后面临的最迫切，也是最现实的问题。很多老领导和身边的同事也非常关心我，建议我尽快拿出新的发展思路。但是我通过深入的思考和与班子成员逐一地沟通交流，深刻感到芝罘区当时正在实施的一系列工作理念和思路经过多年的实践证明，完全符合中央和省、市委的战略部署和要求，也符合区情实际，是成功的，也取得了实效。既然是成功的、正确的思路，我们就要继续坚持下去，而不是常变常新，更不能因为班子的更替而刻意地去标新立异。因此，我认为一定要走出“换领导就一定要换思路”的误区。对芝罘区而言，最需要做的不是新思路，而是抓执行、抓落实，实事求是、脚踏实地，按照既定的发展战略不动摇、不懈怠、不折腾地坚定走下去。但是，面对新的形势，我们既要坚持既定的发展战略，还必须用审时度势的眼光和与时俱进的态度，进一步丰富和完善现有战略思路的内涵和外延，开拓适应新形势和新变化的创新举措，确立更高的奋斗坐标，创造性地开展工作。

---

* 高庆波，2010年9月至2015年6月任中共烟台市芝罘区委书记。

一、把城市发展作为烟台“首善之区”目标的关键支撑

2010 年 10 月 28 日，在我上任后的第一次区委常委民主生活会上，集体围绕“我们这一届班子到底应该朝一个什么方向去努力，树立怎样的追求”这个问题进行了交流和讨论。会上，大家普遍认为，从区位上讲，芝罘区就是烟台的“首府”，是烟台的窗口，代表着烟台的形象；从地位上讲，芝罘区不仅是区位上的中心区，而是要在全市经济社会发展等各个方面都要走在前面，做出更好的榜样。最终大家基本形成一个共识，就是机遇在前、美景在望，我们可以大有作为，更应当奋发有为。也是在这次会议上，首次对内提出了以“首善之区”立足于全市的目标定位。这次会后，各常委同志分别围绕实现这个目标需要具备的指标体系支撑，以及落实目标的具体措施，结合正在编写的“十二五”规划，开展了一系列调研活动。12 月 20 日，区委召开十二届二十一次全会。在这次会上，我们正式对外提出了“努力打造经济更加繁荣、环境更加美好、群众更加幸福、社会更加和谐的烟台首善之区”的奋斗目标，就此翻开了芝罘发展新的篇章。

思想统一了，目标明确了，接下来的重点就是要抓住关键环节，找准工作的突破口，而我当时决定把这个重点放到城市发展上。这里有两个方面的考虑，一方面，从理论上来讲，城市的发展直接影响和决定了一个区域产业的提升、投资的强度、要素的聚集，以及民生的改善，本身就对经济社会发展具有重要的引领和带动意义，中央更是明确提出要把推进城市化作为转方式、调结构的重要举措。因此，抓住了城市发展就是抓住了经济社会发展的“牛鼻子”。而另一方面，也是最重要的，抓城市发展是当时芝罘区最迫切的现实需要。在到芝罘区之前，我长期在建设系统工作，回顾烟台市的城市建设发展史，大约在 20 世纪 90 年代，烟台市尤其是芝罘区，整体城市建设水平一直是走在全省前列的，也可以说是全省的先进

典型。可是到了后期，特别是在90年代末到21世纪初这段时期，在全国各地城市都在大建快上的形势下，我们机遇抓得不是很紧，城市建设的力度有所放缓、步子迈得有点慢，逐渐地失去了领先优势，省内的威海、潍坊、临沂等地市都走到了我们前面。2008年，我刚来芝罘区的时候，就亲自带领有关部门围绕全区城市建设情况做过专门调查研究。当时的芝罘区尽管从传统意义上讲城镇化率很早就已达到100%，但实际上辖区内依然存在大量平房和危旧房，尤其是在城郊接合部，全区67个城郊居民区，其中46个居民区在公共服务、社会保障等诸多方面实行与城市有别的二元体制。一边是高楼林立，一边是棚户连片，一边的群众正享受着现代城市提供的优质服务，一边的群众却依然过着传统农村生活。哪怕是在城市的中心区域、黄金地段也依然存在大量建于20世纪三四十年代的低矮平房，群众居住条件十分恶劣，甚至很多小区还在使用旱厕，群众居住在城市却过得不如农村。与此同时，随着周边地区强势崛起，芝罘区还面临着诸如发展空间狭窄、产业发展承载能力不足等一系列瓶颈问题，严重制约着全区发展。基于上述这些实际情况，把城市发展放在更加突出位置来推进，是芝罘区发展的必然选择。

2010年我接任书记后，在坚持原有的“北隆、南展、西延”城市发展格局的基础上，进一步明确把城市经济发展作为经济工作的重要支撑，并把项目建设作为城市发展的着力点。2011年3月18日到23日，由我带队，全区各级主要领导干部百余人到苏州、无锡、南京、淮安、宿迁、连云港等地市的12个县市区进行了考察学习。这是芝罘区多年来组织的规模最大、人数最多、范围最广的一次外出考察活动，除了引导各级干部进一步解放思想、转变作风外，还有一个重要目的就是学习借鉴南方先进地区城市建设的经验与做法。应该讲，考察之后干部们普遍反映收获很大。在总结会上，我突出强调了抓城市发展、抓项目建设的重要性，要求围绕基础设施、旧城旧居改造和城市综合体“三条线”全力推进城市建设，在全区掀起了抓项目建设促城市提升的热潮。2011 年 12 月 27 日，芝罘区召开中国共产党烟台市芝罘区第十三次代表大会，大会的主题是：奋战“十二五”，实现新跨越，向着烟台“首善之区”的目标阔步前进。在这次党代会上，“以城市发展引领经济社会发展”被写进党代会报告，而且报告第一次把城市发展作为一个单独的篇章拿出来作了全面部署，明确提出要在更高起点上加快实施以旧城旧居改造和芝罘滨河、临港两个新城建设为主要内容的“两旧改造、两新建设”，在提升芝罘区城市功能品质上实现新跨越。这次会议后，芝罘区真正把城市发展上升到全局高度、战略层面来谋划，作为长期坚持的发展方向。

二、抓住战略机遇，加快推动“两旧改造、两新建设”

芝罘区的城市发展在之前很长一段时期相对滞后，其实是有一定客观原因的。首先是钱的问题，芝罘区属于典型的吃饭财政，每年的可用财力除了保证基本运转经费和社会保障类支出外所剩无几，面对动辄上亿甚至十几亿元的城市建设改造投入，区级财力很难负担。其次是市区体制问题，芝罘区与市本级在财税、建设、城管、国土、规划等很多方面实行权责分离的管理体制，很多事情没有决定权和话语权，严重影响相关工作的推进。2009 年 2 月 28 日，全省在济南召开农村住房建设与危房改造工作会议，当时的山东省省长亲自作了重要讲话。会议提出，从 2009 年起，全省要用 3 年时间实施农村新居建设工程，并力争用 5 年时间完成全省 80 万户农村危房改造。烟台市委、市政府随即召开会议贯彻部署全省会议精神，明确把芝罘区作为城中村改造的重点，要求芝罘区在旧村改造、农房建设中走在前面，力争用 3 年时间完成城中村改造，并在资金、审批、土地、保障、信贷五个方面给予政策扶持。这无疑是为芝罘区城市发展创造了前所未有的机遇。

根据省、市会议精神，芝罘区迅速掀起了旧城旧居改造热潮，当年就启动了涉及幸福工业区周边7个居民区的整体搬迁安置工程。2010年又规划建设了只楚西牟、黄务套口等8个集中安置区片。2011年经过不懈努力又启动了胜利区片改造，这是芝罘区乃至烟台市城市发展史上一件标志性的大事。胜利区片位于胜利路以西，西南河路以东，建昌南街以北，西关南街以南，是芝罘区最中心区域，紧邻市区主干道南大街，周边是全市最繁华的商业中心，涉及房屋3819户1.5万多人，其中80%以上房屋都是低矮破旧的棚户房，50%多的居民居住面积不足45平方米，40%多的房子是危旧房，是名副其实的“城中村”。2011年1月，国务院颁布实施了新的房屋征收条例，胜利区片是新条例颁布实施之后，全市启动的第一个房屋征收项目，也是烟台市历史上最大的旧城棚户区片改造项目。之前规模最大的一次是2002年的大马路拆迁，当时涉及1400多户居民，还不到胜利区片征收的一半。芝罘区政府作为胜利区片的房屋征收主体，同样也是第一次承担如此大规模的房屋征收工作，许多工作都是摸着石头过河，再加上老城棚户区片改造，涉及群体种类多、房屋历史遗留问题多、群众利益诉求多的“三多”问题十分突出，征收工作阻力重重。但就是在这种困难情况下，从2011年8月正式启动房屋征收，到2012年12月最后一户群众的搬迁，前后仅用了16个月。在这一年多的时间里，芝罘区坚持“听民意、让民利、解民忧”，政府财政兜底2亿多元，全部用于群众安置，同时创新实施了重大项目社会稳定风险评估机制、“一把尺子量到底”的运行机制、充满正能量的社会舆论引导机制和一整套完备的法律保障机制，做到了科学征迁与友情征迁的有机结合，实现了经济效益与社会效益的互促双赢，创造了中心城区征收改造的“芝罘速度”和“芝罘经验”。2013年1月，胜利区片改造项目顺利打下了它的第一桩，标志着整个改造项目建设全面开工。如今的胜利区片已经是一个90多万平方米的现代化城市社区，集步行街、大卖场、五星级酒店和高档写字楼于一体的万达城市广场更是成为芝罘新的商贸休闲中心。随着胜利区片的成功改造，白石、珠玑、海港路等社会长期关注、群众期盼已久、政府运作多年的“城中村”“棚户区”也先后全面启动改造。

在加快旧城旧居改造的同时，区委、区政府还高度重视新城的建设，分别在中心城区南部与福山区和莱山区交会的区域规划打造芝罘南部滨河生态智慧新城，在中心城区北部的幸福沿海一带规划打造芝罘北部临港蓝色国际新城建设。当初提出这一思路，是有充分考虑的。南部新城的规划区域是市区融合的中心位置，交通便利，空间广阔，土地开发也相对比较成熟，而北部新城则被列入了烟台市东部新区规划范畴，同时毗邻保税港区，在发展临港经济方面具有突出优势，两个新城的发展潜力都很大，完全有条件承接中心城区的产业和人口转移。2011 年 7 月，区里成立专门工作小组开始着手新城的规划工作，专门聘请国内知名城市策划团队王志纲工作室，先对南部新城发展战略进行了总体策划，随后又引进了卓达集团参与北部新城的策划。两个新城的规划经过了多轮反复论证，在区级班子和部门、街道、企业、居民区等不同层面广泛征求意见，其中我先后两次参加和主持了新城规划论证会。在历经一年多的讨论论证、修改完善后，2012 年 10 月，基本达成共识。之后，围绕新城规划定位，区里迅速开启一系列基础设施建设和产业项目引进。2013 年 12 月，中央召开了自改革开放以来的第一次城镇化工作会议，并且首次与中央经济工作会议同期召开，会议规格之高前所未有。2014 年 3 月，中共中央、国务院又联合印发了《国家新型城镇化规划（2014—2020 年）》，这也是中央自新中国成立以来颁布实施的第一个城镇化规划。党中央对加快城镇化工作高度重视，在全国范围内掀起新一轮的城镇化高潮，也为我们加快新城规划建设提供了有利机遇。“十二五”期间，新城范围累计落地实施 71 个重点项目，总投资达到 620 多亿元，新建道路 32 条、65 公里，整个新城区域发生了翻天覆地的变化，城市功能、城市形象和产业布局不断优化，成为推动全区率先发展新的增长极。

三、树立“以人为本、建管并重”的理念让城市更加精致

芝罘区作为老城区，在城市基础配套建设方面存在许多“肠梗阻、老破旧”等问题，在服务民生方面也有不少欠账和不到位、不完善的地方。我到芝罘区后对城市管理工作非常关注，认为城市发展历来是“三分建、七分管”，特别是对于芝罘区这样的中心区，是全市对外宣传的“门面”和“窗口”，承担着代表和展现烟台形象的重大责任，必须把城市管理摆到更加重要的位置来抓。首先要解决城市管理体制的问题。由于受市里体制建制干扰等多方面的原因，芝罘区一直没有设立单独的城管局，城管只是住建局下面的一个二级单位。这样的领导体制，显然无法适应新形势下各级对城市管理工作的要求，以及广大群众对城市管理的期待。为此，区委召集有关部门开展了一系列调研，并与上级部门反复沟通对接，在区政府常务会议和区委常委会上也多次研究讨论。大家普遍认为，从芝罘区的实际情况出发，为了更好地提升城市管理水平，有必要进一步加强城市管理工作的组织领导。经过充分的论证和准备，2010 年 5 月，新组建的芝罘区城市管理局正式成立，标志着芝罘区的城市管理工作迈入了新阶段。新的城管局成立后，迅速完善了相关制度，并重点围绕体制机制创新开展了大量卓有成效的工作。在 2010 年 12 月的全委会上，会议进一步提出城市管理一定要走规范化、标准化、市场化道路，着力提升城市管理的精细化水平。2011 年 5 月，区城管局开始在东山、幸福辖区试点道路保洁市场化运作，并与中标单位明德物业签订了日常保洁协议，迈出了城市管理市场化的第一步。2012 年，芝罘区又探索实施了区街城管体制改革，把城管执法的全部职能和环卫、园林、环艺的部分职能下放到街道园区，进一步突出了街道园区的城市管理主体地位，尤其在驻街城管中队的管理上，实现

了城管工作“一放到底”。2014 年，针对“九龙治水”的城市管理低效模式，芝罘区又提出了“大城管”的工作理念，并于 8 月份在全市率先成立了由区委书记挂帅的城市管理委员会，将涉及城市管理工作的 34 个职能部门以及 13 个街道园区全部纳入城市综合管理体系，定期调度、统筹解决城市管理中的职能交叉、管理空白以及行政执法等方面的问题。城管委的成立标志着芝罘区把城市管理工作真正上升到区委、区政府的层面来抓，进一步强化了城市管理高位协调、高位督办、高位推进的工作力度，建立起了权责统一、全面覆盖、运行通畅的城市管理机制。

应该讲，进入“十二五”的五年，是芝罘区城市建设开发规模最大、拆迁面积最多、城市化进程最快的时期。坚持“拆旧建新、以拆促建”原则，相继启动了 14 个旧城区片和 60 个旧居区片改造，累计完成征迁 400 多万平方米，开工面积突破 1200 万平方米，远远超出“十一五”的完成量，直接惠及群众 2.5 万户、10 万人。累计投入 2.5 亿元对 86 条主次干道、街巷

2013 年 10 月 17 日，中粮大悦城主体项目封顶

和50个老旧小区进行了环境改造和综合整治，居住条件和居住环境得到明显改善，城市面貌发生了很大变化。同时，完成了万达广场、阳光100、大悦城、振华国际、世贸海湾一号、红星美凯龙等城市地标的建成与运营。这五年，我和班子成员完成的城市建设工作不仅优化了芝罘区的城市产业结构，实现了产城融合发展，而且大大提升了广大群众的内心优越感和生活幸福感，赢得了群众对党委、政府的拥护和支持。

尽管我已经离开芝罘区多年，但是每一次回来，走在芝罘的大街小巷，看着曾经为之奋斗的城市，感受着它日新月异的发展，总有一种发自内心的骄傲和喜悦。城市的发展永远不会停步，如今芝罘区的城市发展已经步入了快速发展、良性发展的轨道，相信芝罘区的城市发展一定会越来越好。

采 访 人：陈 超

撰稿整理人：陈 超 姜俊英

打造国家级人力资源服务产业园区

牟树青*

芝罘区是中国历史上最早的外洋通商口岸之一，是烟台市的中心城区，也是烟台的老城区。其区位优势造就了服务业在全区产业结构占比中始终保持绝对领先，2011年占比在67%左右，芝罘区也因此始终把“服务业强区”作为经济工作的主线常抓不懈。但另外一个显著特点是餐饮酒店、商贸物流、休闲娱乐和一般金融性传统生活性服务业在服务业中占比过高，2011年占比在80%左右，这与新形势新时代的发展要求格格不入。我到任芝罘区后，和班子成员看到了这个差距，并努力实现突破发展。因受老城区多种客观因素影响，改造提档成本高、空间小，产业优化升级周期长、难度大，产业低端、低质、低效问题日益严重。为迅速优化产业结构，落实“转调创”的政策措施，芝罘区开始了以特色园区为载体、加快推进生产性服务业发展的步伐。在这期间，围绕国家级人力资源服务产业园的建设打造给我留下的印象尤为深刻，其中的一些做法和亮点非常值得借鉴。

一、积极作为，赢得园区建设主动权

2011年11月，我调任芝罘区委副书记、代区长。当时的芝罘区正处在一个承前启后的关键发展时期，其中服务业面临着发展后劲不足、新兴

* 牟树青，2015年6月至2017年12月任中共烟台市芝罘区委书记。

产业缺失等关键性问题，亟待解决。这些“短板”不仅制约着经济发展目标的顺利实现，而且极大影响着广大群众的获得感、幸福感和满意度。其中，产业结构的矛盾最为突出，也最为紧迫。

通过政策理论的学习研究和与现状的对比分析，我和班子成员认识到，对标时代发展脉搏，全面剖析找差距，千方百计补短板，才能使我们更有信心、有能力在新起点上实现新突破。为此，我和区委书记带领相关人员走出烟台、走出山东，进行了广泛的学习参观和调查研究，运用“木桶理论”与市内、省内和国内走在前列的县（市、区）进行横向对比分析，找出芝罘区各方面存在的差距，决定以问题为导向，把补短板作为重要任务，聚焦发展中的薄弱环节，集中用力、精准发力，不断提高全区服务业发展的整体质量和水平。

2013年5月，山东省第十次党代会提出：“要加快转变经济发展方式，调整优化经济结构，不断增创发展的新优势。”围绕这一主题主线，全省各地进行了积极探索。烟台市委、市政府也提出了一系列扶持“转调创”的政策措施。作为芝罘区如何在这一过程中找到自己的发展路径，我们进行了认真的思考，并提出“以产业促发展”的发展思路，筛选确定了“九大产业”，集中力量进行重点突破。其中，确定以园区为载体，坚持将特色园区建设作为新兴产业发展的重要载体和抓手，大力助推转调的产业加快落地和发展壮大。在确定园区类型时，围绕当前国际国内产业发展趋势和烟台的区域优势与特点，在全区开展了大讨论，集思广益广泛征求意见，请教专家，学习外地先进经验。经过一番科学论证，区委、区政府确定规划打造人力资源、广告创意、电子商务、节能环保、金融服务和婚庆产业等六大特色园区。

其中，人力资源服务业具有高技术含量、高人力资本、高成长性和辐射带动作用强的突出特点，对聚集产业、引进人才、促进就业具有重要作用。“十二五”规划中，人力资源服务业作为独立门类被列入重点鼓励类产业目录，确定为生产性服务业重要领域；人社部也出台了加快发展人力资源服务业的意见，提出“要在全国范围内重点建设一批有规模有影响，布局合理、功能完善的人力资源服务产业园”，人力资源服务业未来发展蕴含着巨大的商机。但从全国发展情况来看，由于受市场需求和思想观念影响，人力资源服务业发展长期存在“南强北弱、南快北慢”的问题，多数高水平园区集中在上海、浙江、广东等南方地区，而山东省2013年以前还没有一家真正意义上的人力资源产业园区。芝罘区作为胶东地区服务业发展较快的县市区，2013年服务业增加值占GDP的比重就已超过70%，人力资源企业超过200家，从业人员达到5000多人，产业规模、发展优势得天独厚。面对人力资源服务产业千载难逢的发展机遇，区委、区政府决定主动顺应行业发展趋势和经济社会发展需求，将人力资源服务业提升到全区重点战略发展层面。

二、多措并举，保证园区顺利建设成为第一个省级园区

经过前期缜密的调研，大家一致认为：建设烟台人力资源服务产业园区，不仅有利于烟台人力资源集聚和产业链条的优化整合，而且有利于辐射带动区域特别是环渤海地区行业整体发展，为一系列国家路线方针政策的实施提供人力资源支撑。为此，我们积极向烟台市委、市政府进行请示汇报，得到了市委、市政府的大力支持与帮助。经市委、市政府研究决定，与烟台市人力资源和社会保障局共同打造烟台人力资源服务产业园。

在之前扎实的调研工作基础上，短短几个月，在上级部门的大力支持下，在区委、区政府以及专业团队的共同努力下，按照科学规划、高点定位的指导思想，土地审批、规划定位、园区设计等各项工作多头并进、同时发力，在紧锣密鼓中有序展开。

在载体建设上，规划了3万平方米的楼宇，总投资2亿元，并从交通、

产业链条等多环节对园区选址进行了周密的考量，拿出城区南部主干路沿线的优质土地落户开发，为园区的实际效应和长远发展进行了科学论证。这在当时算得上大手笔。在园区功能定位上，工作人员加班加点收集国际国内人力资源服务产业方面的信息和经验材料，多次往返上海、浙江等地，考察、交流相关资料，研究烟台市当前和未来产业发展趋势，结合芝罘区的优势资源进行综合研判，按照资源共享、产业集群、集约发展的要求，确定产业园区的功能定位和发展路径。明确了“立足烟台、服务山东、面向全国、辐射带动山东半岛和环渤海经济区”的发展目标，坚持“专业、精致”的建设理念，突出自身特点，走精品路线。在园区建设规划上，我们借鉴了上海、杭州、宁波等地一些具有代表性园区的建设规划经验，邀请了国内高端专业规划团队，按照高端服务、系列开发、长远发展的理念，编制了园区总体规划、中短期规划和主体建设规划，将园区规划与烟台市和芝罘区的经济社会发展，以及现代服务业发展总体规划进行有机结合，充分考虑到园区的服务内涵和发展前景。在资金保障上，一方面从紧张的区财政收入中拿出一部分，另一方面积极争取国家政策支持和行业扶持，千方百计保证园区建设各项经费支出。招商引资相关工作同时推进，开展了对园区招商政策的研究，酝酿具有区域竞争力的优惠政策，编制重点人力资源服务企业名录库，根据烟台的实际情况商定拟引进的人力资源服务企业规模和主营业务类别，建设了园区招商引资信息平台和招商引资工作机制。在园区粗具规模之时，工作人员就率先开始针对智联招聘、万宝盛华等重点企业制定了招商方案，亲自派员盛情邀请他们入驻园区。

我和班子成员还未雨绸缪，想在前，干在先，不仅全力以赴高质量、高标准抓好园区的硬件建设，同时还在园区的软件建设上动脑子、想点子。工程建设过程中，我们就同时向烟台市人力资源和社会保障局、山东省人力资源和社会保障厅分别递交了申报书，严格按照双方入围标准进行软硬件同时施工、建设和完善。在园区投入运营不到2个月的时间内，分别跨入市级和省级产业园区。2014 年 12 月 11 日，烟台市人力资源和社会保障局批复烟台人力资源服务产业园为市级人力资源服务产业园。12 月 31 日，山东省人力资源和社会保障厅批复烟台人力资源服务产业园为省级人力资源服务产业园。

回忆当初产业园区建设过程，我们很多时候都是在摸着石头过河，其间遇到了许多意想不到的困难和问题，但是我们凭着一股改革的闯劲，大胆创新，抢抓机遇，最终取得了成功。2015 年 5 月，园区正式获准成为省级服务标准化试点建设单位。

三、创建服务新模式，成功晋升国家级人力资源服务产业园区

2015 年 7 月，我担任区委书记之后，进一步提出要在加快生活性服务业提档升级的同时，把加快发展生产性服务业作为促进产业结构升级的重要方向，立足全区产业发展基础和全市雄厚的制造业优势，促进生产性服务业与先进制造业的融合，重点推动商务服务、金融服务、现代物流、文化创意、电子商务、人力资源等六大支柱产业和相关园区做大做强，不断提升服务业发展的核心竞争力和辐射带动力。

对于烟台人力资源服务产业园的建设并没有因为投入运营了，就坐享原有荣誉而一劳永逸。芝罘区不仅能进入省级园区，更应该进入国家级园区，向上海、杭州看齐。为此，在区委、区政府的大力推动下，相关机构开启了申报国家级园区的工作，开展一系列论坛等活动。经过大家的共同努力，2016 年 5 月，该园区成为全省首家，全国继上海、重庆、郑州、苏州、杭州、福州、成都之后第 8 个国家级人力资源服务产业园区，具备代表长江以北唯一一个国家级产业园的先发区位优势，在领航中国北方乃至全国人力资源服务产业园发展上发挥重要作用。

2016 年 5 月，晋升为国家级产业园的中国烟台人力资源服务产业园外景

烟台人力资源服务产业园仅用不到三年的时间，就实现了“从无到有”零的突破和“从弱到强”质的提升。同时，2016 年 6 月，以高分通过专家组验收，成为省级服务业标准化示范单位。在此基础上，再接再厉又成功申报了国家级社会管理和公共服务标准化试点项目。层层申报的过程，既是对园区工作的提升过程，又是查找工作中不足的过程，激励同志们不断完善园区服务质量，提升工作水平，不断开拓创新。

为进一步提升园区服务质量，我们广泛调研上海、苏州等全国优秀产业园，在总结传统“场所服务”的基础上，创新推行“四个一”服务模式，着力打造全方位、立体化、高品质的园区配套服务，这一做法被中国人事科学院、人社部劳动关系研究所专家称为产业园管理服务的“烟台模式”。这“四个一”包括：一体化办公服务，高标准配套了会议、培训、金融、人才交流、综合服务五大功能区和餐厅、咖啡店、运动馆等休闲区，并创建“候鸟众创空间”，为文化创意、金融、电商等产业的创业团体和创客项目提供展示交流、孵化成长的平台，打造了真正意义上的“流动办公空间”。

一揽子“保姆式”服务，全面实施入园“交钥匙”工程，驻园企业只需提交相关材料和要求，园区免费为企业提供装修设计、代办登记注册、税务变更、人事代理等全方位入驻服务。“一柜通”集成服务，探索创新政府公共服务与市场服务相结合的便捷高效服务方法，打破原有的业务界限，对129项人社业务重组，实行“一柜通”集成服务，实现了企业和群众需求“一个窗口受理、一个柜台办结”。这一创新做法先后被《人民日报》《中国组织人事报》《中国纪检监察报》《中国劳动保障报》4家国家级媒体报道；2017年1月，综合服务大厅被授予全省优质服务窗口荣誉称号。一条龙信息共享服务，深度推动“互联网＋人力资源产业”融合发展，依托园区众创联盟信息服务平台，充分整合政府、企业、市场三方信息，建立企业需求、人才情况、提供服务等信息互通共享机制，同时通过定期举办人力资源产业高峰论坛，全方位向企业提供北京、上海、深圳等先进地区人力资源市场的前沿信息，积极为企业开展信息交流、业务合作“牵线搭桥”。万宝盛华是世界500强企业，行业排名长期列居全球第一，1994年登陆中国，业务拓展一直持谨慎态度，分支机构设立条件特别高，落户芝罘区之前，仅在北京、上海、广州、天津、成都设立了分支机构，与芝罘区合作成立万宝盛华烟台HR成长学院，在全国是首例。万宝盛华能够选择芝罘区，用其中国区总经理张锦荣先生的话说，山东烟台产业园拥有集聚的政府功能、完善的配套服务和广阔的发展前景，还有一批锲而不舍招商精神的队伍。正是我们不断完善的配套服务，成为吸引国内外知名企业纷纷落户芝罘的重要原因。

为进一步实现区域间人力资源服务信息共享和资源优化配置，我们坚持高点定位，主动强化“跳出烟台看烟台”的视界，通过三个“联”拉近烟台与先进地区、先进企业、高端人才的空间距离，搭建起开放型区域协作平台。第一个“联”是联盟。结合省内外人力资源产业发展和园区布局，确立了“连纵带横”的工作思路，着重加强与上海、杭州、无锡等地联系互动，探索建立产业园联盟，充分发挥各自优势，相互推介企业及产品，寻求合作发展，实现园区企业资源合理配置和资源充分共享，扩大品牌影响力。第二个“联”是联动。一方面，主动加强与省市主管部门的沟通对接，重点开展产业园区创建、行业标准制定等工作，通过标准化体系建设，探索建立了人力资源服务行业的“山东标准”。另一方面，积极探索建立与高校、科研机构的长效联动机制，搭建合作共建平台，整合发展资源、汇聚各类创新要素，推动产学研融合。园区先后与中国人民大学、人社部劳动关系研究院等高校院所建立长期合作关系，借助定期开展高端对话、学术交流等活动，有力地提升了园区发展的科学化水平。第三个“联”是联合。与园区入驻企业、全国领先的职业社交平台“大街网”联合实施“有梦不远行——芝罘游子回乡创业计划”，累计吸引 2000 多名烟台籍人才携带技术、项目、资金回乡就业创业。与 HRoot 等知名会展举办商开展深度合作，连续两年成功举办中国人力资源技术与服务大会、中国人力资本论坛等国内顶尖行业交流盛会，打造人力资源行业北方“达沃斯”，为企业发展壮大、园区品牌带动、产业提质增效提供有力的人才和技术支撑。

经过多年的发展，山东烟台人力资源服务产业园到 2017 年底已有入驻企业 52 家，园区的年产值达到近 16 亿元，比开园初期增长了 70% 多，年利税近 4000 万元，比开园初期增长一倍，累计为超过 2.4 万家企业、129 万人次提供各类人力资源服务，在中国人事科学研究院全国人力资源服务产业园综合实力排行榜上名列第七。

应该讲，山东烟台人力资源服务产业园只是芝罘区特色园区建设的一个缩影，截至 2017 年，全区相继规划打造各类园区 14 个，其中拥有烟台动漫基地、烟台电子商务产业园、烟台文化创意产业园和烟台人力资源服务产业园 4 个国家级园区，园区建设工作走在了全市的前列。2017 年芝罘区实现服务业增加值 390 亿元，服务业增加值占比达到 82.4%，其中各类特色产业园区贡献的服务业增加值达到 176 亿元，占全区服务业总量的

45%。实践证明，以特色园区建设促进产业聚集，推动产业转调发展的思路方向是正确的。我离开芝罘后又到开发区工作，在开发区我对特色园区建设的思路做了进一步的创新和实践，同样取得了明显成效。相信只要我们沿着正确的方向，与时俱进，扎实稳妥地一步一个脚印走下去，就一定能够不断创造出新的成绩和新的经验。

采　访　人：陈　超

撰稿整理人：姜俊英

综合施策推动城市高质量发展

李　波*

2017年12月，我任职芝罘区委书记。当时党的十九大刚结束没多久。2018年2月22日是春节上班第一天，省委书记刘家义召开了全省新旧动能转换重大工程动员大会，烟台被列入新旧动能转换“三核”之一。烟台市委、市政府也提出了以“重点工程、重点项目和重大事项”为主要内容的“三重”工作方案。这给芝罘发展指明了方向，带来了重大机遇。在经过走基层、访谈老干部，以及与班子成员的多次研究、思考、学习和讨论，半年之后，区里审时度势提出了以化解历史遗留问题为抓手，以推进“三重”工作为支撑，以产城融合为引擎，破除制约发展瓶颈，大力拓展城市发展空间，合理完善产业功能布局的发展思路，构建城市发展、产业升级与群众幸福的高质量发展新格局。

一、以加强城市建设为抓手，提升芝罘高质量发展空间

城市建设是经济发展的重要组成部分，是一个地区高质量发展的动力源。芝罘区作为烟台市的中心城区已有近百年历史，是城市的“核心”，是“窗口”是“门面”，有其优势和繁华的一面，是实现高质量发展的优质资源，但也面临着诸如城市基础设施老化、发展空间狭窄、产业发展承载能力不

---

* 李波，2017年12月至2019年9月任中共烟台市芝罘区委书记。

足等瓶颈问题。总之，老城改造与建设是一个普遍的难题。为此，加强城市建设，为高质量发展拓宽发展空间，成为我任期内的一项重要工作规划。

作为近百年的老城，芝罘区一方面许多发展前景广阔的项目由于拆迁原因长期停滞，严重影响了城市发展；另一方面有的老百姓因拆迁停滞无法解决正常的居住问题，严重影响了城市的稳定。这对我触动很大，下决心要把这项工作列入重要工作日程。在我走访调研芝罘区所属单位、街道园区、企业、社区，以及重点项目时，一些干部给我提了南部棚改、幸福片区，以及违法建筑和一些历史遗留问题，这些问题危及社会稳定，阻碍高质量发展，成为城市建设的体制性障碍。当然，在调研中有的同志也善意地建议我缓一缓、放一放，不要给自己找麻烦。我也明白这些问题之所以长期无法得到解决是因为涉及多方利益，有的盘根错节，有的甚至要揭短亮丑……但我的想法是“当官不为民做主，不如回家卖红薯”，在个人私利和团体小利面前，城市的发展才是百姓的需求。我跟区里的干部们座谈，摆事实讲道理，经过反复沟通交流，在思想上基本统一了认识。

2018 年 2 月，春节上班几天后，全区城市建设管理工作会议在市府礼堂召开，这是我到芝罘区召开的第一次全区大会，会上我提出了加快棚户区改造，妥善解决历史遗留问题，坚决拆除违法建设，大力改善芝罘城市面貌，推动城市建设。会议同时下发了相关文件，成立了相关的领导小组。会后，相关部门单位与各街道、居委会也相继成立了工作机构，严明了工作制度，各项工作迅速推动起来。首先，由相关部门立即启动了历史遗留问题的调研摸底、梳理汇总、排查论证、筛选整理等相关工作。再由区委办牵头把各街道部门反映的历史遗留问题、难题，逐个梳理、列出清单。将汇总的近 200 个问题经过筛选、合并，形成 149 个历史遗留问题和信访积案。

在推进过程中，从我和区长做起，由区级领导分包带头破解问题，带头啃“硬骨头”；街道园区强化属地责任，靠上去攻坚；职能部门主动沉到一线，全程提供服务，在大家的共同努力下，取得了一些成绩。但还是有一些牵头部门畏难不前，不愿碰硬、不敢碰硬，相关工作进展不大。我当时也反思自己，是不是给各位领导干部压的担子太重了，也让我对最初的想法有了点动摇。

犹豫之际，我于2018年11月15日去中央党校学习两个月。学习期间，根据课程安排，学员们到了河南的兰考县和林州市接受党性教育，学习焦裕禄和红旗渠精神。和他们相比，芝罘区的这点难题根本算不上问题。感动之余我暗下决心：坚定不移地推进历史遗留问题的解决，持之以恒地抓下去。培训期间，我曾利用周末时间两次回到芝罘，分别于2018年11月22日和12月8日专题调度历史遗留问题，并提出要以“义无反顾、破釜沉舟、壮士断腕”的决心来抓好这项工作。后来2019年9月，省、市交办一批信访积案，这印证了我们的工作方向和思路是对的，也给我们的工作进一步明确了方向，提供了动力。后来区里每次大的会议，我都会调度一下历史遗留问题和信访积案化解工作，对于相关的典型案例及时作出批示，鼓励大家进一步解放思想，打破条条框框的束缚，创造性地再解决一批问题。经过全区上下一年多的辛苦努力，到我离开芝罘区的时候，梳理出的149起历史遗留问题和信访积案，88起成功化解，余者虽未解决，但也都找到了初步解决的思路和办法。特别是停滞长达10余年的宫家岛旧居改造项目，在多方努力下，于2019年8月16日顺利复工，受到了广大群众的热烈称赞，这也是对我们这一届党委、政府工作的最大肯定。在班子成员的共同努力下，在广大干部群众的积极工作和相互配合下，妥善解决历史遗留工作赢得了上级领导和百姓的认可，为芝罘区落实大项目工程扫清了障碍，畅通了发展渠道。

在棚户区改造方面，因为之前我在海阳时积累了一些成功经验，在经过对芝罘区现状的详细调研后，主张结合芝罘区的实际情况进行科学改造。于是，上任伊始，我对南部城区棚改提出了“棚改+”的工作思路，坚持政府引导和市场化运作相结合，更多发挥大商强企作用，调整理顺城市建设投融资体制，统筹做好长远利益和短期收益、经济发展和民生保障的“双向平衡”，确保棚改工作快速推进。在实施的过程中，针对一些居民区“各自为战”、小团体利益严重，以及干扰、阻挠棚改工作，区里加强了顶层设计，将下放到村居的权限统一回收，大力推行“区级统筹、一体推进、市场运作”的模式，为全区棚改工作破除了樊篱、甩掉了包袱。在我任期的两年里，全区同时启动了67个棚改项目，其中全面完成了27个，40个进入收尾阶段。

违法建设历来是城市发展的“顽疾”，难管难看难缠，芝罘区的违法建设在全市范围内来说，体量是最大的。要彻底整治就会伤及一部分人的“奶酪”。刚开始推动这项工作时，进展并不顺利。比如说，在摸底排查阶段，有些社区、居民区认识不到位，不排查就直接上报没有违法建设。也有部门单位预见会有困难，怕得罪人，迟迟不见行动。也有些违法建设拥有者认为整治就是一阵风，抱有侥幸心理和观望态度，不主动不配合。针对此类问题，区里采取了一系列强有力措施，有效推动工作破题。通过营造舆论攻势、形成浓厚氛围，树立明确导向、激励担当作为，依法拆违和解放思想合力突破，加强监督检查确保成效等，促进了这项工作全面推开。随着工作深入开展，也发现了一些新的问题，区里又提出了坚持“先公后私、先主后次、先党员后群众”原则，动真碰硬拆除了一大批违法建设。到我离开芝罘区时，违法建筑拆除已近半数，在体量很大的情况下取得这样的成绩应该说很不容易，一线的党员干部付出了很多，效果也是很明显的，芝罘的城市形象有了较大提升，居民居住环境也得到了大幅改善。

在上述三方面问题矛盾同时依次推动时，脏乱差现象也有了很大改观。芝罘城市面貌焕然一新，群众的正当利益得到了维护，社会秩序得到了进一步保障，甚至群众的精神面貌也发生了变化，群众的生活质量大大提高。更重要的是为经济社会大项目的推进提供了更多的空间和渠道。

二、以推进“三重”项目为动力，加快城市高品质发展步伐

解决旧问题是为了更好地建设新城市。在城市建设中大项目一直是加快城市发展的强大动力，我始终认为建设芝罘一定要充分发挥其作为中心城区的优势。在巧借上级东风的过程中，我紧紧抓住幸福新城、海上世界、芝罘仙境三个全市重中之重大项目，倾注心血，全力推动，目标就是要打造成为经得起检验的百年工程和城市经典，进一步焕发芝罘区作为中心城区的优势。

芝罘仙境项目启动比较早，2018年5月，市里对项目推进体制进行调整，由芝罘区负责朝阳、所城两街区房屋搬迁及非保留建筑拆除工作，由烟台蓝天建设有限公司负责街区修缮及后续运营。2018年12月，市委、市政府又在这个项目的基础上，提出打造涵盖“崆峒岛、芝罘湾、烟台山、朝

2018年，正在建造中的芝罘仙境项目中的新中国电影院、南洋大药房旧址修缮施工现场

阳街、所城里”等区域“五位一体”的“芝罘仙境”大项目。该项目是一个集文保、旅游、城建、民生多重意义于一身的项目，难度大、阻力多，最大的难点是海关街烂尾楼、青年国际旅舍、北河街 2 号楼等建筑的拆除，以及南洋大药房、宝时造钟厂等 4 处节点性建筑使用权的取得。经过班子成员的积极努力，最终保证了设计修缮团队的如期进场。

朝阳街葡萄酒主题街区夜景

幸福新城项目，位于烟台市核心区域，北连黄海，西接夹河，南靠芝罘区南部山体，东连城市结构性绿带，是整个烟台市区山水通道的门户景观和最后一段黄金岸线，区域位置优越。但由于多种因素，幸福片区成为“脏乱差”地带。2018 年 6 月，烟台市委书记在幸福片区召开专题座谈会，指出：市委将下决心改变该区域现状，用 3—5 年的时间打造成为中心城市新亮点、新标杆，彻底改变幸福人民不幸福的现状，真正让幸福人民幸福起来。这给了我们芝罘区委、区政府强大的助推力，幸福新城建设的序幕正式拉开。我和班子成员针对幸福片区多次召开专门会议，相继到多个先进地区系统地学习其成熟经验，为之后的开发提供智力支撑。幸福新城项目规划总面积 27 平方千米，分为起步区、推进区、提升区三个阶段组织实施，区里按照“连片开发、成片运作、产城融合”的工作思路，坚持规划、征迁、招商、融资、建设同步推进，经市委、市政府确定，实行了“封闭运作、自求平衡、市级统筹、区级操作”的开发模式。在规划上按照“中央活力区、烟台新都心”的功能定位，打造高端教育、医疗康养、商业文化、科技双创等八大功能板块，把新城建成烟台城市新亮点、新标杆。在开发过程中，多头并进，同步实施。仅 2019 年 2 月份，就完成了 48 个地块的勘测定界和全部评估工作。2019 年 2 月 28 日，烟台市幸福北部新城产业合作项目签约仪式在烟台世茂希尔顿酒店举行。在资金未到位的情况下，先期启动并提前 1 个月完成 927 亩的旧村原址征迁任务。短短两个月，起步区 9 平方公里内房屋签约率就已经超过了 80%。又先后在上海和深圳召开专场招商会，成功签约了幸福保利城等 19 个总投资超过 1500 亿元的重点项目，为快速起势注入了强劲动力。

烟台海上世界项目是烟台市政府与招商蛇口战略合作的重大工程，重点发展总部经济、邮轮经济、智慧金融产业，打造烟台中央商务区、智慧

2020 年，建造中的海上世界项目芝罘湾广场　　（唐克 摄）

金融谷，并整合文化旅游特色资源，对标国际一流，打造烟台中心城区旅游目的地。项目启动后，芝罘区第一时间成立党政主要领导双挂帅的征迁指挥部，抽调一名副区长脱产靠在一线，从全区抽调 30 多名精干力量集中办公。推行分区域作战模式，将整个征迁范围划分为 5 个区域，每个区域由 1 支突击队负责，共成立了 5 支征迁突击队，对会西街区片和环海路区片的房屋、土地、公管房等先后开展了 5 轮调查摸底和征求意见，全面摸清底数、了解诉求，为后续工作的顺利开展奠定基础。严格按照相关法律规定，一个文件不少、一个程序不省、一个环节不落地开展工作，为依法征收提供必要条件。为充分调动一线干部积极性，区里搭建了比拼赶超的平台，激发工作人员的主动性和创造性。创新预征收模式，上下联动，日夜奋战，仅用 11 天时间就完成 93% 的住宅征收任务。特别值得称赞的是，2019 年 7 月 31 日，平稳关停了烟台市区最大农贸市场——红利市场，为加快项目征迁扫清了障碍。与此同时，幸福新城和芝罘仙境项目也建立了类似机制，推进效果很好。

三、做好“产城融合”文章，为城市高品质发展注入持续动力

随着项目不断集聚，必然要形成产业集群。产业发展方向、产业结构布局将直接影响着未来一段时间芝罘区发展的质量。芝罘区的主导产业是服务业，2017 年区里的服务业增加值占比达到 82.17%，成为中心城区的标志性指标，是我们的优势所在，服务业成为中心城区经济支柱产业。但是，也存在比较明显的短板：内部结构不合理，产值排在前三位的是批发零售、房地产和住宿餐饮，占到了服务业总产值的一半以上，新产业、新技术、新业态、新模式占比不足。

我刚到芝罘区工作的时候，去园区调研，发现有个猪八戒网，对发展

服务业的新业态、新模式很有借鉴意义，对我也有很大的启发。它的业务范围几乎是无所不包，包含创意设计、营销推广、程序开发、文案写作、商务服务、装修服务、生活服务，等等。这样一个互联网企业涵盖的范围这么广，用它这种模式引领，将对全区生活性服务业和生产性服务业的发展带来极大促进。我觉得这既是四新的内容，也是新旧动能转换题中应有之义。我跟区里干部讲，新旧动能转换涵盖了经济工作的全方位，不能狭隘地以为只涉及制造业，服务业同样需要新旧动能转换。但也不意味着芝罘区就要全力发展第三产业而忽视第二产业，第二产业同样重要。我记得在区里的时候常给他们讲深圳和珠海的例子，深圳承接香港产业转移，珠海依托的是澳门，经过多年的发展后，经济高速发展的深圳成为全国标杆城市，而珠海空心化却越来越严重，其原因就是制造业的差别。

从芝罘区的实际出发看第二产业的发展，已经无法走开发区、龙口和莱阳的路子，我们不能和别人去比体量、比规模，但也不能放弃第二产业的发展，我们可以做适合中心城区发展的产业，做在规模质量、未来发展趋势、企业外观形象上与中心城市发展相契合的产业，即“产城融合”，城市繁荣才能以城促产，产业集聚才能以产兴城。通过学习借鉴一些先进地区的经验，对比分析周边县（市、区）的产业布局，区里领导初步形成了一些新观念、新思路，即将信息技术及智能制造、医疗康养、产业金融、商贸服务、文教旅游、海洋经济等“六大产业”作为主攻方向，集中优势资源，构建布局结构优、规模体量大、延伸配套性好、支撑带动力强的现代产业集群。

区委、区政府紧紧围绕全区筛选确定的“六大产业”，跟踪做好省市产业对接引导，用活用好上级各项产业政策，集中力量全面加快烟台医药健康综合产业园、三环智能制造基地、烟台芝罘云数据基地等产业载体的建设，加快引进一批行业领军企业，加大区域骨干企业的扶持力度，发挥好龙头企业的引领带动作用，吸引相关配套企业集中布局，推动特色主导产业不断将规模做大、优势做强、特色做足。

全力构建竞争力强劲的现代产业体系。持续加大商贸服务、产业金融、医疗康养、海洋经济等传统优势产业转调升级力度，扶持相关骨干企业进一步做大做强，提升规模质量，确保产业优势始终走在省市前面。瞄准新兴产业发展方向，大力培育发展新技术、新产业、新业态、新模式，加大高端优质项目的招引力度，抢占未来产业高质量发展制高点。重点发挥特色楼宇和产业园区的承载功能，大力招引辐射带动能力强的产业龙头，以及适合在中心城区发展的“高、精、尖”都市工业项目，延伸拉长、做粗做强产业上下游链条。

经济的快速发展、产业的集群提升都离不开大项目、好项目作支撑，芝罘区坚持把招商引资放在支撑产业发展的重要位置上，突出优质化、高端化、集聚化导向，充分发挥区域内各类资源优势，围绕“六大产业”加大招商推介，紧密结合中心城区经济发展特点，研究出台了《关于进一步加强“双招双引”工作的意见》，创新全员招商、产业链招商、平台招商等多种招商方式，引进落户一批龙头产业项目和企业，吸引更多相关企业集中布局，产业集群发展，逐步延伸拉长、丰富细化，延伸好上下游产业链条，推动产业提质提效、快速发展。同时，搭建高层次招商平台，成功举办第二届、第三届深港城市投资推介会，累计签约 50 个总投资超 2000 亿元的重大项目。先后组织参加了儒商大会、烟台之夜等省市高层次平台招商活动，共签约重点项目 13 个，总投资达到 700 亿元，为经济蓬勃发展、产业提档升级提供了桥梁和纽带。

经过不断的精心培育打造，全区“六大产业”蓬勃发展，初步呈现出集群化、特色化、高端化的发展态势。信息技术及智能制造方面，持续创新政策执行方式和产业培育举措，淼盾物联等一批新一代信息技术骨干企业蓬勃发展；大力支持技术创新，落户国家级企业技术中心 6 家，位居全市前列。产业金融方面，经过大家共同努力，烟台山基金小镇于 2017 年 9

月获批成为全省唯一的基金小镇，两年中，已入驻省高速投资系、明石系等基金机构 70 多家，基金规模达到 490 亿元。医疗康养方面，康佳芝罘生命科学创新中心于 2018 年 6 月成功开园运营，一年中，已引进合作企业 10 多家；烟台医药健康综合产业园快速成势，成功跻身全市医药健康产业“一区七园”重点板块，康佳大健康加速器、宏远医疗科技、烟台乐康金岳健康服务产业园等重点项目快速推进，为产业发展注入了强劲动力。商贸服务方面，之前停滞多年的大商城市乐园项目全面开工建设，烟台国金商业广场项目在我任期内完成主体施工建设。文教旅游方面，不断推动文创产业实现规模化、集约化发展，1861 文化创意产业园规模持续扩大，入驻企业达到 200 余家。海洋经济方面，五洲丰成功申报海洋经济创新示范项目；2019 年，中集来福士设计建造的“蓝鲸 2 号”国之重器成功下水，“仙境烟台”半潜式钻井平台、首座深远海智能化养殖网箱“长鲸 1 号”顺利完工并交付使用，在世界海工装备领域打响“中国制造”品牌。

采　访　人：陈　超

撰稿整理人：姜俊英　陈　超

山东首家县级开发区诞生记

刘同占 *

我离开福山区委有20多个年头了。现在每每看到福山发生的巨大变化，特别是看到福山高新区（现烟台高新区福山园）日新月异的建设速度以及其作为工业经济的龙头地位，作为当年创建这块改革试验田的决策者，我在欣慰、赞叹的同时，百感交集，思绪万千，往事一幕幕浮现在眼前。

一、艰难寻路，大胆探索在县级首创开发区

我于1989年12月由福山区区长接任区委书记。改革开放10年了，当时福山财政年收入只有3000万元，全区固定资产1个多亿，工业固定资产所占比例较少。农业在整个经济中仍占主导地位，区内年税收过百万元的企业只有2家。经济总量在全市一直排在末位。

没有工业哪能有税收？因此，发展工业经济成为我主抓的核心要务。然而，既不能与中央当时的政策相冲突，又要走出一条与福山实际相结合的发展工业之路，谈何容易！说实话，到底该怎样走，当时谁也没有底。当时，烟台市委、市政府组织的一次到苏南地区昆山县参观学习，让我看到了曙光，心里有了一定思路。我们参观的昆山县，于1984年设立了自费开发区。1985年1月开始，自费开发区不断发展壮大，由3.75平方公里起家，

* 刘同占，1989年12月至1993年6月任中共烟台市福山区委书记。

次年就扩大到6.18平方公里。参观中了解到，他们所谓的自费，也就是20世纪80年代初当地快速发展的乡镇企业，在企业规模、技术水平上恰好能够与东南亚国家和地区的中小资本对接，借力外资成为他们快速发展的奥秘。这次参观我收获最关键的一条经验是：这个开发区是县里自行创办的，并没有经过国家的审批。因为当时要建开发区，是必须经由中央批准的。

人家敢闯敢干，我们怎么就不敢！回来后，经过反复思考，头脑里就有了学昆山创建福山开发区的最初思路。为了取得更多人的支持，1990年11月份，我带领区五大班子领导和各乡镇党委书记也到昆山县参观学习。参观过程中，有一些乡镇党委书记表达了和我一样的想法，更加坚定了我创立福山开发区的信心和决心。

在县级区建开发区，当时还是首创，面临着巨大的风险和困难，毕竟苏南地区的发展环境与烟台相比，还是有很大差异的。第一，首先面临的是政策原则问题，师出必有名。如果完全违反了政策原则，就难以得到上级的支持，甚至被下令停止。第二，面临着区级领导班子成员思想不统一的问题。达成共识，是成事之关键。即便师出有名，其可行性有多大，风险性有多高，能否或怎样让区级领导成员接受自己的想法并给予支持？我还没有形成完整的思路。第三，选址问题。福山适合往哪个方向发展？当地的老百姓能否理解支持？如果老百姓有意见整天写信上访，一定会影响甚至中止改革的实施。以前曾有过类似的惨痛教训。这三个问题如同一条流程的三个关键点，有一个处理不好，整个计划都势必会胎死腹中。

二、创新思维，找到解决问题的“三把金钥匙”

我有熬夜的习惯，那段时间每天晚上都在琢磨这件事。白天就与区委办主任、分管工业的副区长等一些区级领导交谈商讨。经过长时间的研讨与思维突破，我们终于找到了解决这三个问题的“三把金钥匙”。

“第一把金钥匙”：在我任职区长时，1988 年 4 月 22 日，国务院曾发函批准福山区为“山东省级农村改革试验区”，同时作为国家农村改革试验区办公室的联系单位。这类似于计划经济体制下以粮为纲的改革措施，可到底该怎样改，我们区级领导一直都很茫然，也为此很发愁。可现在一想，这不就是现成的最恰当的“名号”嘛！于是，我们顺理成章地借“农村改革试验区”这杆大旗，把创立开发区纳入其旗下的一块试验田。这不仅规避了政策风险，还为找到“第二把金钥匙”提供了条件，因为我们有重量级的扶持单位——国家农村改革试验区办公室。

1990 年还有一个比较好的大背景，即全国正处于解放思想、思想大转变时期，当时的突破点就是废除经济工作中“以粮为纲”的指导思想。然而，受传统思想的束缚，在县级创办开发区，在山东来说尚属首创。对于福山来说，更属于超前设想，一些领导干部在思想中还是不太容易接受。尽管我是“一把手”，但就创办开发区这件事来说，以我的资历，即便喊破嗓子说破天，也难以取得同僚的信服和支持。自己不行就需要借助外力，而最强大的外力就是国家农村改革试验区办公室。聘请国家农改办的权威专家来考察论证，以他们的观点向区级领导说明是否可行和怎样建，便成为我们的“第二把金钥匙”。

当时在选址问题上，我很是经过了一番思想斗争与考量。我初到福山时，曾去过城北的盐场村。那里是一片涝洼盐碱地、烂泥塘，并且入地很深。当时我想这里不宜搞建筑，需要很深的地基，成本太高。后来随着对福山了解的加深，我转变了看法，认为福山的发展方向只能往北。因为从长远来看，福山的发展需要烟台市和烟台经济技术开发区的辐射带动，往北可以很快与烟台经济技术开发区对接。然后通过烟台开发区与芝罘区的连接带，同芝罘区连接起来，使福山真正变为一个市区，而不是一个县一样的孤立“假区”。然而，盐场的土壤适合种植水稻，素有“福山大米囤子”之美誉。在此占地搞开发，老百姓能顺利地接受吗？一面要加快福山融入烟台市区的步伐，一面要承担破坏“大米囤子”的名声。该怎样取舍？经过多次调研并与其他领导商讨，最后议定：发展是第一要务，往北发展是最佳选择。而且作为贯彻落实废除“以粮为纲”指导思想的举措，废农兴工，顺理成章。当时公民身份仍然是“二元制”，一个农民要变成城市户口很难，跳出农门是主流意识。为失地村民解决身份问题，以“农转非”的优惠政策赢得老百姓的拥护支持，这是“第三把金钥匙”。

三、敢闯敢试，在改革创新的征途上迈出坚定的步伐

1991年初，我们带着“三把钥匙”，踏上了艰难曲折的创立开发区的新征途。

第一步，借助高端外力，统一思想。由福山区农委牵头，进京到国家农改办聘请国内著名（以温铁军处长为首的）专家团队，先后于3月、7月、12月三次来福山考察论证，得到他们的认可和肯定，并热情为我们出谋划策，提出了很多非常好的意见。这应该说是最具权威、最有影响力和说服力的高端外脑。当初的名字还不是“福山高新区”。为了紧靠农村改革试验区这一名牌，专家们起了一个早期曾被我们采用的“贸工农一体化试验区”的名字，并提醒我们不要张扬，只做少说。在试验区运行的前半年，我们连烟台市委、市政府都没有上报。

他们每次来，我都亲自陪同。每次考察论证结束，我都要求区农委办主任在由各区委常委、区长、副区长，人大、政协等区级领导参加的区委常委扩大会议上作汇报。为了尽快顺利地统一思想，前两次汇报，委员们只听不讨论，我通过察言观色来了解大家的态度。第一次汇报时，我发现大家的神态是赞成的不多。第二次汇报时则出现了相反的转变，不同意的少了。所以，第三次汇报时，我要求大家听完汇报后，可以进行讨论并提出建议。这时，大家已经没有异议了。讨论时的话题，没有该不该建的问题，

而是如何建好的问题。

第二步，确立了开发区的目标任务，出台相关政策。以当时的福山财政收入，是无力承担开发区的前期投入的。所以，区委、区政府的核心要务是招商引资，借力发展。攀高亲，找靠山，吸引外资参与建设。当时正处于计划经济时期，国民经济的成分中还没有“私有制”一说，这就要求我们在政策上要做大胆的改革。因此，我们对五项体制进行了改革探讨和实践：一是管理体制，把开发试验区独立起来，直接由区委、区政府领导。二是外贸体制，主攻方向是大力发展外向型经济，鼓励出口创汇。三是经营体制，允许私有企业前来投资。四是财税体制，为投资落户企业提供财税方面的优惠政策，优惠条件与烟台经济技术开发区相似，有些方面比他们还好。五是户籍体制，为失地村民办理“农转非”手续。

新区建设首先要修路。在财政无力投资的情况下，拿什么来修？我从国际贸易中盛行的“补偿贸易”得到启发，采取以地换路的方式修路。就是你出资修路，政府拿出相应的土地给你作为补偿。此法甚为有效，得到了投资者特别是一些爱国华侨的积极响应，北二路（现崇文街）往北都是以地换路修建的。

第三步，由区长带队到省公安厅争取“农转非”指标。因为每次争取的指标有限，只能勤跑、多跑，基本解决了失地农民“农转非”问题。由区农委牵头有关部门实施建设区的土地使用权转让，将土地由村级转让给

起步区原貌，园区开发建设“从无到有”

区政府，再由区政府向投资者转让。

第四步，由区建委牵头，完成开发试验区建设的最终规划。其中道路规划修改了多次。我的设想是要建设四通八达、正东正西的棋盘路，因为当时我们有这个条件。确立了北一路（现永安街）以北、夹河以西的 8 平方公里为建设区。其中，盐场、永福园一带 1.5 平方公里为起步区（后期调整为 3.8 平方公里），福海路以西为二期发展区。

四、力借政策东风，招商引资助推新区建设步伐加快

1992 年的春天，对于福山人来说是极不寻常的，学苏南建自己开发区的愿望终于得以实现。在没有资金、没有上报审批、没有现成经验可借鉴、经常遇到意外困难的情况下，我们的起步非常艰难。我对“摸着石头过河”这句话有着深刻的亲身体会。让我欣慰的是，由于前期准备工作充分，在建设开发区的进程中得到了全区上下，特别是占地区域老百姓的一致拥护和支持，大家的热情很高，有力推动了开发区建设的快速进行。就在 6 月份，山东省组织全省市委书记学习邓小平同志南方谈话精神。随后，山东乃至全国掀起了加大改革开放力度，进一步深化改革的热潮。借着这股强劲的东风，我们在全区展开招商引资的再动员、再发动，收到极好的效果。各部门的积极性被充分调动起来了，广大干部群众纷纷在国内外求亲访友，千山万水地跑，千方百计地找，大力实施招商引资战略，在全区范围内形成了各单位都是“招商局”、人人都是招商人的浓厚氛围。当年年底，基本完成了起步区的道路修建，连北五路（现永达街）都已经完成了路型建设，落户企业近10家，引进资金2800多万元。值得书写的是，在初期建设过程中，得到了世界各地福山爱国华侨的大力支持，他们为建设新区慷慨解囊，出资修路，投资建厂。

直到现在，每每回忆起当年招商引资的火热场景，我心里不仅是激动，

更多的是感动。要知道，当年的招商引资，一没有奖金，二没有提成，大家的热情还是那么高涨。心底情不自禁地发出赞叹：福山人真好！作为县级区的改革开放先行者，我们的做法也得到了烟台市委、市政府的承认和肯定。1993 年 10 月，我们将原来的“福山贸工农一体化试验区”名称，改为“福山高新技术产业区”，全省第一家县办开发区正式成立了。说实话，如果没有当时的邓小平南方谈话，我们走出最艰难的起步期，势必要拖后一些时间。

五、春色满园，喜获丰收

“福山福地福人聚。”退休后，鉴于和福山的缘分，我定居于福山区，耳闻目睹着福山的巨变。长久以来，在历届区委、区政府的正确领导下，福山高新区从建区之初的 3.8 平方公里，发展到目前建成区的 27 平方公里；

建区初期的福山开发区零部件制造车间

从初始寥若晨星的几户企业，发展到建成企业450多家；以福山高新区为龙头的福山工业经济，已经形成以汽车零部件为主的机械制造、电子信息和特钢制品三大主导产业；工业经济收入所占全区比例，达到了83%；先后荣获山东省十大产业聚集园区、山东省汽车零部件产业示范基地、烟台市“十一五”对外开放先进园区等荣誉称号。到2012年底，福山区境内税收收入已突破30亿元，被授予“2009—2011年度全省县域经济综合实力先进单位”，综合实力列116个参评县市区第四位；荣获“2012年度中国市辖区综合实力百强区”称号，列综合实力百强区第75位。

财政收入的增加惠及了福山百姓，促进了社会各项事业发展。在教育方面，先后高标准建成烟台汽车工程职业学院、福山一中及区镇10余所初中、小学；在卫生方面，先后建成福山区医院和8处镇级卫生院；在新农保、新型农村合作医疗、城乡低保、五保供养等社会保障标准方面，均达到或超过上级规定，在全市、全省，甚至有的在全国都属于高标准保障，使全区人民实实在在地享受到改革发展的红利。

我衷心祝愿福山高新区这个时代宠儿，在新的征途中，以新的风采、新的气概，高歌猛进，再创新的辉煌。

采　访　人：马德福　焦光绪

撰稿整理人：马德福　焦光绪

回望莱山区起步的日子

张卫国 *

我是 1994 年 9 月奉调从龙口市来到莱山区（确切说，那时还仅是筹备中的新区）工作的。随后 4 年多时间里，我亲身参与和见证了莱山区这片充满希望的热土地最初的创建与发展。时光如梭，岁月如歌。站在时间的对岸回望，30 年前的那段奋斗史，依然历历在目、熠熠生辉。

一、开展新区机构建设

莱山区是国务院于 1994 年 7 月 3 日批准成立的。市委、市政府对新区建设非常重视，成立了专门工作班子，制定启动方案，指导筹建工作。9 月 15 日，市委副书记王树建同志与我们参与前期筹建的 8 名成员谈话之后，大家立即奔赴属于自己的岗位，莱山区筹建办公室也由此正式成立，我任筹建办公室主任，另外三位同志任副主任。最初办公地址设在清泉集团一座当时尚未完全竣工小楼的二、三两层上，我们在一天之内联系安装了门窗、电话，购买了写字台等办公用具。虽然条件非常简陋，但是大伙士气高昂，精神抖擞，因为我们都知道新区优美的画卷正在徐徐铺展。

9 月 24 日，莱山区筹建大会召开，各镇副科级以上干部、村党支部书记、镇办企业负责人及驻镇双管单位负责人、烟台高新技术产业开发区全体机

* 张卫国，1994 年 10 月至 1999 年 2 月任中共烟台市莱山区委书记。

1994 年 9 月 25 日，烟台市莱山区筹建办公室有关成员进行实地调研

关干部参加会议。会上，我因势利导提出了“快、新、争、实”的四字要求，并大力倡导四种创业实干精神。其中，“快”，就是不等不靠快到位，把各项工作往前赶，确保新区快起步、快运转；“新”，就是在新的岗位、新的任务、新的使命面前，以新的思想、新的方法、新的作为，全面开创工作新局面；“争”，就是增强工作的主动性，争政策、争人才、争项目，争取更多的机遇和条件；“实”，就是不说空话办实事，务实求实抓落实。四种创业实干精神：一是顾全大局、团结协作的精神，同心同德建新区，形成抓工作的合力；二是解放思想、创新进取的精神，以思想的大解放推动事业的大发展；三是不怕困难、艰苦创业的精神，用主观的努力克服客观的不足，增强跨越的力量；四是勤勉高效、认真负责的精神，以廉洁勤政树立新区的新形象。

10 月 1 日，中共烟台市莱山区委员会成立，我任书记，另外 4 位同志任副书记。以此为标志，莱山区各项工作驶入快车道。首先，工作人员逐步到位。按照“精简、统一、效能”原则，区直共设置 23 个部门，根据干部“四化”方针和德才兼备原则，考察选拔了一批素质较高、能力较强的干部，平均年龄约35岁，大专以上文化程度超过75%。二是，成立专门班子，聘请同济大学、清华大学及新加坡著名规划设计单位完成了莱山区总体规划编制工作，并于1995年9月经市政府批准实施；同时完成了分区规划，划定了行政中心区、旅游度假区、商贸区、科教区、高新技术产业密集区、生活区和工业区，扩大了城市规划储备，拉大了建设和发展的空间。同期，我们还积极加强与市里有关部门的联系，争取在资金、政策等方面给予倾斜；主动到上级部门登门拜访，到中央、省、市驻莱山各单位走访，争取帮助和支持；经常到基层调查研究，广泛听取广大干部群众意见建议，共商新区发展大计。

12月6日至8日，烟台市莱山区第一届人民代表大会第一次会议顺利召开，第一届区人民政府由此产生。12月26日，烟台市莱山区揭牌仪式暨招商引资新闻发布会在烟台大酒店举行。随后，莱山区先后在《人民日

烟台市莱山区揭牌仪式现场

1994年12月26日，烟台市莱山区揭牌仪式暨招商引资新闻发布会在烟台大酒店举行

报》（海外版）上发表《简朴的挂牌仪式》稿件，在新华社和中新社播发《烟台新区莱山区成为外商投资热点》稿件，在《经济日报》上发表《烟台加速发展建设国际性港口城市——东郊大规模开发正式实施》稿件，用一场极其简朴的揭牌仪式、一次隆重的招商引资发布会、一批含金量极高的重磅稿件，正式宣告莱山区的“诞生”，新区的知名度和美誉度也随之迅速提高。

二、为新区建设谋篇布局

当时作为新建区，我们也实实在在面临着一些现实困难：国家实行宏观调控，银根紧缩，启动建设资金短缺；区域经济实力不强，区级经济还比较薄弱；基础设施比较差，供电、供水能力不足，交通设施建设的任务重、压力大；社会公益事业还不完善，群众生活质量仍不够高。

这些困难如何克服？我们的优势在哪里？未来的莱山该如何发展？对此，我们班子成员反复思考探讨，并在日常工作任务较为繁重的情况下，千方百计挤出时间，带领有关同志开展多种形式的调查研究活动，熟悉情况，摸清底子，有的放矢开展工作，即“知实情”。首先是吃透上情。认真学习党和国家的大政方针政策，全面学习领会上级指示要求等。不仅自身学深学透，还积极影响和带动区直党员干部，力求做好与本地实际相结合的文章。二是摸透下情。对下情了解得越充分、越准确，各项工作就越主动。每年都拿出不低于三分之一的时间和精力，深入基层调查研究，认真解剖一两只“麻雀”，掌握第一手资料。此外，还组织专门力量就重点课题进行调研。三是了解外情。不仅包括省情和市情，还包括国外的情况。通过学习和借鉴，开阔思路，自觉把本地的实情放到国内外这个大环境中，认真分析本地的优势和劣势，悉心研究如何扬长避短，如何选准启动点、培植增长点，确定具有莱山特色的经济发展战略、工作方针和奋斗目标。

其间，在各类会议讲话中，在与同志们交流时，我将莱山区的优势概括为“四优一便”，即环境优美、区位优越、科教优先、政策优惠、交通便利，并号召大家既要全面分析、充分估计困难，更要看到优势、看到潜力、看到希望。在吃透上情、摸透区情、了解外情的基础上，随着调研的深入，区委、区政府的发展思路逐渐明晰、发展目标逐渐明确，新区建设的宏伟蓝图呼之欲出。

经过认真筹备，全区第一次党代会于1995年2月9日至11日召开，出席会议的代表105人，大会听取并审议通过了我代表区委所作的题为《团结进取，艰苦创业，为实现莱山区发展的宏伟目标而努力奋斗》的工作报告。会议号召，全区上下要大力弘扬“团结进取、艰苦创业”的莱山精神，以发展为主题，靠科技立区、开放兴区、三产活区，积极实施“四动”战略（即以开放拉动增活力，以设施启动增引力，以科技带动挖潜力，以项目推动壮实力），努力向“五化”（即经济外向化、产业科技化、管理效能化、设施现代化、城乡一体化）方向发展，把莱山区初步建成集科、工、贸、旅、养、乐于一体的多功能、多元化的新城区，基本达到“四区”（即高新技术产业密集区、国际商贸旅游中心区、科技教育新兴区、改革开放示范区）目标。

三、全面推动新区加快建设

新区建设必须要办实事，很多时候办实事就是办难事，再难也要办、也要干。因为，不干，半点马列主义思想也没有；不干，就没有区域经济的快发展。那几年，莱山区就是在困难重重、矛盾碰撞的情况下，通过办一件一件的实事发展起来的。首个任期（1995 年 2 月至 1997 年 12 月）内，我和区委一班人，始终保持旺盛的斗志和高涨的工作热情，坚持办实事，围绕基础设施建设、项目立区、农业产业化、社会事业等重点，有序开展各项工作。

新区建设，百业待兴。区委、区政府按照“高起点、高标准、高质量、现代化”要求，着力实施基础设施启动战略。从建区后的第五个月开始，我们在极其艰难的情况下，用 100 天时间搬迁安置了 5 个村庄的 293 户居民，拆迁了 49 户企业，又用两年时间投资近 3 亿元，修建了区内五条高等级道路和各类办公、公用设施，几乎是在零的起点上，新城区建设的主框架迅速形成，大大增强了城市功能和对外吸引力。其中，把“两路”（即现在的港城大街和迎春大街）建设作为全区道路建设全面启动的抓手，整个新区中心区道路主框架初步确立。“两路”建设中，区委、区政府把要干的事情、面临的困难和未来的前景等，向被拆迁安置居民和企业负责人一五一十讲清楚，得到大家的衷心理解和大力支持，有力保证了建设项目的顺利推进。以高新区高新技术产业孵化创业中心建设为重点，高标准开启了新区行政中心建设，并同步启动了公安、法院、检察院、信用社、国税、保险公司、中行等办公设施建设。开通了51、52、53路公共汽车和13条客运线路，极大改善了新区的交通环境。新增公共绿地面积13万平方米，进一步美化了城区环境。完成了城区主干路地下通信线路铺设和解甲庄、莱山两镇的电网改造任务，保证了全区电力、通信需要。新建和扩建了滨海市场、芳华园商贸城等6处商贸市场，总建筑面积3万多平方米，促进了个体民营经济的发展。旅游设施建设进展顺利，黄海游乐城、竹林寺等成为市区重要的旅游景点，沿海风景带被列为省级旅游度假区。

新区坚持实施“项目立区、工业兴区”发展战略，以引进开发高新技术项目、膨胀提高骨干村企规模档次为支撑，拉动工业经济和高新技术产业的发展，综合经济实力持续增强。启动运转创业服务中心，成为高新技术产业的重要生长点。科技与经济的结合更加紧密，先后与全国57家大院、大所建立起稳固的技术合作关系，引进各类科技人才408名、各类项目324项。累计争取上级科技类拨款150万元，科技退（免）税款90万元，高新技术企业创产值由2000万元增加到4亿元。1996年经国家科委批准，莱山区正式进入“全国科技工作先进区”行列。三年间，全区在项目建设上累计投入资金6.9亿元，完成各类项目65项，其中新上项目48项、技改项目17项。1997年，全区工业增加值和利税分别比1994年增长1.1倍和95.4%；全区高新技术企业和生长点企业由建区时的2家发展到13家。区委、区政府始终坚持把改革开放作为加速全区经济发展的关键环节来抓，不断加大工作力度，招商引资工作取得新突破，改革开放迈出新步伐。通过推行“三改一加强”，镇以上企业改制面达到90%，全区组建企业集团21户，其中有3个跨入省级集团行列。通过实施“开放拉动”战略，全区新批准成立外资企业43家，项目总投资4676.5万美元，合同外资额3560.2万美元，是建区前总和的三分之二；实际利用外资4196.9万美元，出口创汇8839万美元，分别是1994年前的2.09倍和3.73倍。

始终坚持城郊型高效农业的定位，注重抓好产业内部的几个亮点，以点带面，辐射拉动整个产业的发展，提升农业产业化水平。在稳定粮食生产的前提下，突出发展畜牧、蔬菜、果业和水产养殖，努力按产业化要求组织发展，大力实施科技兴农战略。持续加大农业投入，三年共完成各类农田水利工程项目394项；全区农机总动力达到14.5万千瓦，比1994年增加1.2万千瓦，农业生产条件得到进一步改善。农业科技服务体系进一步健全，共引进推广各类农业新品种、新技术、新成果30余项。加大区、镇两级农业、林业花卉科技示范园建设，培植做大8个农业龙头加工企业和6个流通型专业合作社的发展规模，其中解甲庄果品专业合作社被列为全省50个示范社之一，莱山区由此成为烟台市重要副食品生产基地。1997年，蔬菜总产达到7万吨，比1994年增长22.8%；肉蛋奶总量突破1万吨，较1994年增长1倍；粮食产量基本稳定在4万吨左右；基地开发迈上新台阶，果品开发和水产养殖质量明显提高。农业龙头加工企业总数达到8家，年加工销售能力达到1.35万吨。

区委、区政府努力发展各项社会事业，提升城乡人民生活质量。对群众普遍关注而又急需解决的难点热点问题，不惜代价，率先破题。刚建区时，区里的教育设施比较落后，没有一所像样的高中，加之受行政区划调整影响，镇办中学改造滞后。区里集中有限的财力，对全区校舍进行全面更新改造。此举得到了社会的广泛关注和大力支持，莱山一中作为新区建设的重大工程之一，总投资3000余万元，奠基开工当天就收到社会捐资180余万元。同期，全区还新建、改造了6所初级中学和小学校舍，迅速改变了教育设施落后的面貌。尤其是在财力比较紧张的情况下，按照高标准、现代化要求，投资1200余万元，完成莱山一中9000平方米教学楼和餐厅、礼堂及部分配套工程的建设任务。各学校内部管理体制改革和学校布局调整顺利完成，规范化学校建设取得较大突破，其中6所学校达到市级规范化学校标准，1所幼儿园被评为省级示范园。三年间，全区教育事业累计投入资金3400余万元，新建和改扩建校舍2.6万平方米。在全市率先推行了城乡居民最低生活保障线制度，农村社会保障体系建设日趋完善。当时区计划生育工作基础不好，一开始主管部门和基层都不愿揭这个盖子，问题一直反映不透彻。区常委会决定，任何部门、单位在汇报工作、揭露问题时，不准使用“代名词”，是谁的问题谁领着，直呼其名，单刀直入，分清责任，限期改进。之后的一年时间里，连续开了多次“点名”会，尽管给一些部门和单位“丢了面子”，但这项工作却得到彻底综合整治，处理了几十件历史遗留问题，使全区所有镇、村计生工作全面达到了市级先进标准。群众婚育观念大大改观，连续多年受到省、市表彰，荣获“山东省计划生育‘三为主’先进单位”“烟台市计划生育达标奖”等荣誉称号。全区住房制度和养老、医疗等社会保障制度改革也同步全面展开。

新区建设经历了打基础、快起步、初见效等几个阶段，这都离不开各级领导班子的团结拼搏，离不开广大干部群众的艰苦奋斗。

四、期待新起点，再谱新篇章

1997 年 12 月 29 日至 31 日，莱山区第二次党代会召开。这次大会是在认真贯彻落实党的十五大和省、市全委会议精神，解放思想、加快发展的新形势下召开的。大会听取并审议我代表中共莱山区第一届委员会所作的《解放思想，开拓前进，为实现莱山区跨世纪宏伟目标而努力奋斗》工作报告，确立了今后五年全区经济和社会发展总的指导思想和奋斗目标，提出力争经过五年努力，把莱山区建设成为高新技术企业密集、城市功能完善、科技教育先进、商贸旅游发达、城乡市场繁荣、农业高产高效、人民生活富裕的新城区。

1998 年注定是莱山区发展进程中极为重要的一年。在省、市有关领导的大力支持下，经过我们长期不懈的争取工作，4 月，国务院批准将烟台高新区（莱山区）列入 5 个中国亚太经济合作组织科技工业园区之一。9

月 26 日，区委、区政府及区级机关迁入新落成的区行政中心办公大楼办公。10 月 8 日，科技部、外交部正式确认烟台高新技术产业开发区为中国亚太经济合作组织科技工业园区。10 月 9 日，中国 APEC 烟台科技工业园区正式揭牌。12 月 14 日，经科技部批准，烟台中俄高新技术产业化合作示范基地设立，为全国首家对俄合作示范基地。一系列利好政策，为新区此后更快更好的发展带来了重大而深远的影响。

1999 年 2 月，因为工作需要，我离开奋斗了 4 年多的莱山区，奔赴新的岗位。4 年多的时间，1600 余天，不算长，更不算短。作为引领莱山起步与发展的领头羊，我与同志们齐心协力、并肩作战，竭尽所能干好第一任、竭尽全力跑好第一棒，努力用担当、奋斗和实绩回报组织的培养、领导的信任和干部群众的期待，真正做到了“知实情、讲实话、办实事”。离别之际，回望莱山区从最初的一张白纸到各项事业方兴未艾、欣欣向荣，我百感交集：有欣慰、有自豪、有不舍，更有祝福。此后，在不同的岗位上，我依旧密切关注着莱山区的发展和进步。

2024 年，恰逢莱山区建区 30 周年。30 年的沧桑变化，已经让一个呱呱坠地的婴儿，成长为一名意气风发的青年。30 年前的那个秋日，我们筹建办 8 位成员站在半山坡上，脚踏实地、眺望远方，一起畅想着如何把莱山区建设成为一个充满活力、宜居宜业的现代化新城区。30 年来，经过无数人的接续努力，这一梦想已经逐步变成现实。站在新的历史起点上展望未来，相信并祝愿莱山一定会越来越好！

采　访　人：刘振兴　崔志达

撰稿整理人：刘振兴　崔志达　韩兆蕾

“有解思维”谱新篇

罗　建*

2021 年 12 月，我就任烟台市莱山区委书记。如何在历届区委、区政府打下的良好基础上，更好地接过“接力棒”，跑出更优异的成绩，是我反复深入思考的问题。牢记习近平总书记对广大中青年干部的殷殷寄语：“要锐意改革创新，在直面问题、破解难题中不断打开工作新局面。”我紧锣密鼓地展开了上任之初的走访调研与座谈交流。

2022 年 1 月，中共烟台市莱山区第七次党代会召开，会议提出“加快建设务实开放、品质活力、生态和谐、美丽富裕的现代化新莱山”的奋斗目标。会上，我号召全区上下坚持问题导向，强化“有解思维”，敢于创新、勇于变革，集聚更多发展动能，创造更多比较优势。此后几年时间里，我在抓好全面工作的同时，带领同志们努力探求破解难题之道，在“向存量要效益、让包袱变财富”的探索实践中，蹚出了一条由外延式扩展向内涵式挖潜转变的高质量发展特色路径。现择一二口述如下。

一、以“有解思维”创新创业拓展第一产业链条，实现第一、二、三产业融合发展

对于拥有 10.5 公里海岸线和 33.3 平方公里海域面积、辖区农村占“半

---

* 罗建，2021 年 12 月至今任中共烟台市莱山区委书记。

壁江山”的莱山区而言，大力发展一产经济是一道躲不开、绕不过的必答题。对此，我们这一届领导班子直面问题、迎难而上，牢固树立“有解思维”，紧紧扣住时代发展脉搏，全力推动一产创新与变革，有序推进一、二、三产业有机融合发展。

2021 年省重点项目“耕海 1 号”二期总投资 3.53 亿元，计划利用二产先进海工技术，将旅游、研学等三产融为一体，创新打造一座集合养殖、住宿、餐饮、科普、科研等业态的大型现代化海上渔业综合体。

自 2022 年初开始，面对“耕海 1 号”二期平台用海手续等诸多“全国首次”，我和有关同志积极对上争取，多方协调省、市相关部门开通“绿色通道”，缩短海域使用证等手续办理周期，并联进行省级海洋牧场认定和深海网箱建设，有力确保了项目按期顺利进入后续施工环节。2022 年 5 月，“耕海 1 号”二期主体平台被拖入指定海域。区里立即派出专门人员助力解决安装调试中遇到的问题，相继完成风光发电、排污处理和海水淡化等系统安装，从而变“资源消耗”为“环保利用”，成功打造出海上“蓝色车间”，实现了海洋渔业生产方式的绿色转型。

2023 年初起，我带领同志们秉持“敢为人先”的精神，灵活运用“有解思维”，相继摸索办理了所有权证书、食品经营许可等一系列手续，先行先试办出全国首例应用于海上住宿的特种行业许可证，成功运营起全国第一家海上休闲度假酒店，并探索建立起行业监管、安全生产等一整套制度体系，首创“一个专班、一项制度、一批规范、一套预案”的“四个一”多元化监管体系，既保障了项目的早启动早建设早运营，又保证了手续办理的合规性和后期管理运营的稳定性，为我国发展现代化海洋牧场闯出了一条新路子，相关经验做法被国家发展改革委、农业农村部予以全国推广。4 月 28 日，“耕海 1 号”二期正式投入运营，海星形状综合平台与北部一期花瓣造型平台以栈桥围栏相连，好似一条璀璨夺目的宝石项链嵌于海面。莱山区由此新增一个高端“蓝色文旅”项目，全市又添一张对外交往的亮

2023 年 4 月投入运营的“耕海 1 号”二期

丽名片。2024 年，“耕海 1 号”荣获全国文化和旅游装备技术提升优秀案例、省属企业“十大科技创新成果”，成功入选第九批国家级海洋牧场，并获得中央财政补助资金 2000 万元。

“耕海 1 号”的优势发挥得益于科技与创新，发展农村经济同样需要科技与创新，同样需要以“有解思维”求突破。依托国家级现代农业产业园建设，莱山区走出了一条发展科技农业、智慧农业、高效农业、多元农业的新路径，初步形成了贯通“农文旅”融合发展的全产业链条。

2021 年 4 月，莱山区获批建设国家现代农业产业园。该产业园位于莱山区南部，规划面积 126 平方公里，主导产业种植面积 3.6 万亩，惠及莱山、院格庄 2 个街道、47 个村共 6 万余村民。年内，莱山区委、区政府即出台了建设规划。2022 年起，我们新一届领导班子接续扛起产业园建设重任，以“生态美、农民富、业态多、产值高、带动强”为目标，聚焦葡萄、苹果两大主导产业，致力做优智慧种植一产，做强品质加工二产，做活鲜明文旅三产。

如何破解产业园建设中遇到的人才匮乏、融资难融资贵等瓶颈问题？

我们的回答是，“有解思维”来助阵。为培养产业园优秀基层带头人，2022年2月，区里落实了五级书记抓乡村振兴制度，进一步强化了农村党支部标准化规范化建设，并评选出30名“担当作为好书记”以强化“书记担当”。此后，又先后成立“山东莱山乡村振兴大学科技园”等试验基地5个，合作培养硕士研究生39名，累计举办相关技术培训班149期次，培训农技人员和种植农户1.5万人次。通过“莱山英才计划”，引进生产、经营等高层次及急需紧缺人才9名，带动1500余名大学生返乡发展。区里还多次组织有关企业与政策性银行、商业银行等开展对接，打通融资“最后一公里”，涉农贷款总计8.05亿元；相关企业与新加坡丰树集团等大商强企在供应链、新能源、种质芯片等领域开展合作，孵化涉农企业50余家。

经过一年多的实践，进一步统筹加快产业园发展成为当务之急。2023年5月18日，在我的主持下，莱山区国家现代农业产业园创建工作领导小组召开会议，会议审议通过了《莱山区国家现代农业产业园创建实施方案》等文件。6月9日，我又主持召开了专题会议，研究解决堵点卡点问题，并同步下发《高质量推进国家现代农业产业园建设的实施意见》，推动土地、资金、人才等资源要素向产业园汇聚。至2024年9月，产业融合发展示范等四类工程、葡萄标准化种植基地数字化提升等14个重点项目全部建成，产业园总产值、园内农民人均可支配收入等16项主要指标均超过预期目标，形成了莱山特色、烟台代表、齐鲁样板、全国领先的“生产+加工+科技+绿色+品牌”的全产业链发展格局。2024年11月，莱山区现代农业产业园以同批次全省第一的佳绩通过农业农村部绩效评估。

二、以“有解思维”攻坚破局夯实第二产业主体，助力企业实现“涅槃重生”

企业是支撑经济发展的“生力军”、创新创造的“活力源”、产业跃升的“强引擎”。莱山区委、区政府在“有解思维”指引下，不仅注重培植新兴骨干企业，也同样注重经济下行期背景下对传统老企业的纾困解难。

2022 年底，经过持之以恒的努力，台海核电破产重整案成功审结，圆满实现该上市公司及其核心子公司全体债权人 100% 清偿，整体化解债务约 50 亿元，有效安置职工 1350 余人。在实际推进中，区里逐步探索建立起“党委领导、政府支持、法院主导、部门协作”的工作机制，最大限度发挥体制优势，系统整合行政和司法力量，为企业顺利重整扫清多重障碍，最终实现“企业不停产、职工不下岗、效益不下降”的共赢局面，并为后续企业重整积累了丰富经验。

2023 年，莱山区又对陷入困境的山东东方海洋科技股份有限公司（以下简称东方海洋）进行了强力扶持。东方海洋是一家集海水养殖、冷藏加工、科研推广等于一体的国家级高新技术企业，2006 年 11 月在深交所中小板上市，一度成为引领行业发展的领头羊。2018 年，该公司被曝违规事件，

山东东方海洋集团有限公司的海鲜加工车间

随之金融、司法、维稳等各种难题交织叠加，企业经营举步维艰。重整时，又因利益各方相互掣肘难以达成共识，一拖再拖。

2023 年 5 月，东方海洋被深交所实施“退市风险警示”。按照规定，企业必须于当年重整成功，否则将被强制退市。其间，原第一大股东湖南某企业频繁设置障碍，导致证监会审批时间比预期延长三个月，留给重整的有效时间仅一个多月，企业被逼到了“强制退市”的悬崖边上。面对等不得更等不起的时限表，我亲自督导，同时派出多路人马，成立专门小组常驻北京、济南，人盯人、事盯事，一个月内化解了“时间期限”危机，帮助企业拿到了证监会无异议函件，破除了重组工作的首要障碍。其后，我又多次召集有关区领导、相关区直部门主要负责同志参加的专题会议，听取工作进展，分析研判形势，提出解决方案，部署下步工作。

重组实施中，人心最重要。为破解“职工人心涣散”难题，2023 年 6 月区里积极协调引入共益债务 4500 万元，用于补发职工工资、补缴职工保险等开支，同时实行“留岗留编”政策，最困难时也未主动裁员一人，既维持了企业正常运转，更保障了员工合法权益。同时，通过与各债权人协商谈判，于 9 月实现了重点债权人对东方海洋债务的豁免、担保责任的免除，有效破解了“历史包袱沉重”难题，确保重整期间企业正常生产经营。同月，在全省首创“预重整”机制，即在进入正式破产重整程序前，将债权人、出资人分为优先债权组、普通债权组、出资人组三个组别，对债务处置方案进行表决，并将“预重整”表决结果依法带入正式重整程序。经表决，同意率明显高于同类上市公司重整案件。12 月，在市领导及市直有关部门大力支持下，实行容缺办理，仅用三天时间，即办妥从最高法到省高院到市中院的逐级审批，为后续重整赢得了宝贵时间。12 月 29 日，是本年度最后一个工作日。正是在这“压哨时刻”，东方海洋正式完成重整，成为全省首例实施“预重整”，并成功转入重整的上市企业。由此，不仅化解了企业超 30 亿元整体债务，实现了全体债权人 100% 清偿，更稳定了

500 余名高层次人才和企业职工就业，保证了数万户中小投资者权益。

这便是莱山区委、区政府近年来所完成的“两年救活两家上市公司”的壮举。目前，两家企业均已走出面临破产清算甚至退市风险的困境，解决了巨额债务负担，逐渐恢复了“造血功能”，焕发出企业持续经营能力，实现了凤凰涅槃、淬火新生。

推进企业破产重整，只是区委、区政府不遗余力服务企业的一个缩影。多年来，莱山区始终秉承“企业兴则莱山兴，项目强则莱山强”的服务理念，认真落实服务企业专员制度，持续构建企业全生命周期服务体系，全力为企业高质量发展保驾护航，先后涌现出全球前三的油气装备服务企业、年营收入过百亿元的杰瑞集团，全球宠物食品领军企业中宠食品，服务于国家电网、南方电网的国家单项冠军东方威思顿电气，全球最大特种膜水处理单体设备制造商、省级独角兽企业金正环保等一批“小而精、小而强、小而壮”的骨干企业。2024 年，全区新增市场主体 8500 户，总量突破 7 万户；规上工业企业盈利面超过 70%，总产值突破 300 亿元；新增省级以上创新平台 18 个，新认定国家级重点“小巨人”企业 2 家、省级专精特新企业 20 家；培育省级以上“晨星工厂”“绿色工厂”15 家，高新技术产业产值占比突破 80%；21 家倍增培育企业产值增速超过 20%，获得市级倍增奖励 2591 万元。

三、以“有解思维”治脏破乱解城建之困，建设现代化新莱山

城市建设对经济社会发展和人民生活水平提高均具有较强的推动作用。上任之后，我便提出明确要求，新一届领导班子一方面要确立新的城市建设思路，全面践行人民城市理念，加快建设现代化新莱山；另一方面要“新官必理旧账”，以“有解思维”直面“老大难”问题，决不把历史

遗留问题再留给历史。

2022 年初起，按照“北优、中融、南拓”的发展思路，以“市区一体、系统谋划、整体提升、分步实施”为原则，莱山区加快形成“一山、一湖、一河、一湾、一脊、一区”的城市发展格局，通过由点及面、串点成线、连线成片，全面提升城市现代气息、时尚品质和活力指数，加快打造“精致舒美的中央活力区”。其中，“一湖”即以凤凰湖为样板协调推进 10 座城区塘库改造提升。凤凰湖虽位于城区核心位置，却常年以“脏、乱、差”严重影响着城市形象。通过深入调研和思考，我因势利导提出，抢抓烟台入选首批国家城市更新试点的机遇，借势将凤凰湖区片整治纳入到全市城市更新规划的大盘当中。

结合烟台市建筑业总部落户莱山的有利契机，2022 年 2 月至 3 月，我密集与应邀到访的有关央企、国企及金融机构负责人等就项目融资问题进行深度洽谈。经过多方通力协作，逐步探索建立起“金融机构融资贷款 + 专项债 + 央企带资 + 社会资本参与”相结合的融资模式，共计落实专项债资金 1.5 亿元，有效解决了资金难问题，充分保障了项目顺利实施。

凤凰湖公园

2023年4月，动迁伊始，我便明确要求，有关街道、村居要研究建立“一户一档”，制定“一户一策”，在吃透上级精神、掌握当地实情、总结过去经验上做好结合文章，以充分调动村民积极性，努力让征迁既有速度更有温度。最终，仅用两个月时间即迅速平稳完成全部拆违征迁工作，累计拆除围挡900余米，清理私搭乱建无证房66处、1.2万平方米，广阔空间得以释放，“还湖于民”迈出了坚实的一步。

2023年10月，占地650亩的凤凰湖公园正式对外开放，成为中心城区首个集儿童娱乐、活力运动、老年休闲等多功能于一体的全龄乐活体育综合体，并成功获评全国海绵城市建设示范项目、全省城市更新试点。如今，凤凰湖地块已经成为全市高品质住宅小区集聚区域。

双河东路在停滞多年后实现全线贯通，是近年来我们啃下的又一块“硬骨头”。作为烟台市政府2008年城建重点工程项目之一，该路被规划为城区主干道，全长2.9千米。截至2010年底，仅剩下宋家庄村路段未施工，长度600余米。此后，受制于棚改征迁难题，10余年一直“栓塞”不通。面对这一多年顽疾，我明确提出，属地街道、职能部门要强化责任担当，树牢“有解思维”，盯着节点推、奔着问题攻，确保征迁工作有序开展、快速推进。

2023年2月起，区里前后组织机关干部、村工作人员等100多人，对520套房屋先后进行两轮入户走访，全面摸清村民棚改意愿、安置诉求等情况；邀请专业律所、评估公司、开发企业等多方力量加入，召开协调推进会议20余次，探讨论证并制定出符合村庄实际且利民惠民的搬迁安置补偿方案。4月6日至7日，宋家庄村召开党员大会和村民代表会议，审议并表决通过了《宋家庄村搬迁安置补偿方案》。

5月初，入户动迁工作开始。区里抽调精干力量，成立10个攻坚小组，分组包干，分包到户，一包到底，推动拆迁工作实现闭环管理。针对部分村民对棚改信心不足问题，工作人员反复登门入户，与村民面对面沟通交流，让群众真切感受到政府推动棚改、保障民生的决心，进而重拾信心。对合理诉求解决后仍不配合者，严格按照法律程序依法收回土地使用权。对于个别极特殊情况，一律召开村民代表会议集体讨论表决，坚决不搞“私下交易”、破坏公平公正。

功夫不负有心人。2023 年 11 月 9 日，双河东路宋家庄段 172 套房屋征迁全部完成，道路建设也随之全面启动。仅用两个月即完成道路施工，双河东路因此实现全线贯通，并于次年 3 月通行公交。一子落，满盘活。双河东路的贯通，实现了路网优化、群众便利、商业活跃、地块升值、带动旧改等多重效应，从源头上解决了中心城区环境治理顽瘴痼疾。

近年来，楼盘交付逾期问题频发，莱山区部分房地产项目也在所难免。保交楼、稳民生，既是对区委处理复杂问题能力的一项严峻考验，更是运用“有解思维”勇接“烫手山芋”的生动例证。

2021 年下半年，恒大集团在建项目陆续出现了全国范围大面积停工，莱山区恒大御山华府项目同样受到影响。10 月，区里成立恒大地产项目推进保障工作专班，在区委、区政府统一部署安排下，全面有序推进已售房屋“保交楼”工作。我还提出明确要求，有关部门要举一反三，组织开展全区在建项目建设进展综合评估并实施分类管理，对建设缓慢的项目采取加大检查频次、提高资金拨付标准等措施进行重点监管。

2022 年 7 月底，中央政治局会议首次明确提出“保交楼、稳民生”的工作要求。同月，在听取区里各职能部门负责人专题汇报时，我旗帜鲜明地指出，这项工作不仅是房地产企业自己的事情，更是区委、区政府托举行业健康发展、保民生促和谐稳定的责任体现；既要当作严肃政治任务来抓，又要当作民心工程去推动；表面上看是“烫手山芋”，实则是“送上门的群众工作”，要带着感情去履职尽责、化解矛盾。此后，按照“保交楼、保民生、保稳定”工作思路，莱山区针对各保交楼项目，逐一摸清具体情况、理清项目架构及与集团公司的关联度等，研究制定出一楼一策，并统筹协调区级国有平台公司，灵活循环使用专项借款资金，切实提高资金使用效率。随后两年多时间里，莱山区通过“国企平台代建”模式解决恒大御山华府项目1615户业主交付问题，依托“府院联动机制”推动融创壹品项目破产重整，完成580户保交楼任务交付，采用“政府专班介入”方式协调大栖地、中南林樾等项目化解建设资金问题，切实维护了购房业主合法权益，促进了社会和谐稳定，而且形成了一整套可复制、可推广的典型经验做法，并多次迎接住建部、省住建厅等上级部门组织的现场观摩指导。

光阴似箭，日月如梭。2021年12月以来的三年多时间里，我与同志们一道风雨同舟、并肩战斗，灵活掌握运用“有解思维”这一利器，解决了许多长期想解决而没有解决的难题，办成了许多过去想办而没有办成的大事，取得了良好的经济效益、社会效益和生态效益，务实开放、品质活力、生态和谐、美丽富裕的现代化新莱山建设不断谱写出新的篇章。

采　访　人：刘振兴　崔志达

撰稿整理人：姜俊英　刘振兴　崔志达

20世纪80年代牟平乡村企业发展之路

谢玉堂*

我于1979年1月来到牟平，前前后后在牟平工作了有10年多的时间。我是从基层开始一步步干起来的，先后干过乡镇（公社）党委书记、县委副书记、县长，1988年12月任中共牟平县委书记。虽然在县委书记任上不到一年，就因组织需要调离了牟平，但在我心里却始终对牟平充满了深厚的感情。这十年间正是牟平的乡镇企业异军突起、农村经济飞速发展的黄金十年。其中，任职观水公社（今观水镇）党委书记、革委会主任期间，组织引导大力发展苹果种植业，为日后观水成为"中国苹果第一镇"打下了基础；任职城关公社（1981年12月撤城关公社设城关镇，1984年4月改设宁海镇，下文为叙述方便，均统一称为宁海镇）党委书记期间，组织带领全镇干部群众大干快上镇村企业，使宁海镇村企昂首阔步跳跃发展，率先进入全国富裕乡镇之列，为全县发展乡村企业树立了样板，其经验被推广到全县，推动了全县乡村企业的蓬勃发展和经济的全面振兴。作为牟平乡村企业发展的开拓者、力推者，今天我想以亲历者的身份，对20世纪80年代牟平乡村企业发展的这段历史脉络做一简短回顾。

---

* 谢玉堂，1988年12月至1989年8月任中共牟平县委书记。

一、“宁海经验”为牟平乡村企业的发展闯出了新路

牟平乡村企业发展，最初是从宁海镇开始的。我是农民的儿子，曾在务农不久时就发现了搞副业的门道挺多，认识到光靠单纯的种地只能解决温饱，只有走亦工亦农、发展企业这条路才能增加收入，才能更快发家致富。党的十一届三中全会后，社队企业发展被列入了改革日程，1979 年 3 月，山东省委发出《关于大力发展社队企业的通知》，这给了初任公社党委书记的我大施拳脚的机遇。1980 年 4 月，我调到城关公社任党委书记，上任伊始在走访调研中就发现当时的城关公社最显著的经济特征就是贫穷单一的小农经济。总面积 58 平方公里的 65 个村庄中，有 37 个村庄分布在县城中心区，又是烟威大通道的必经之路，拥有发展社队经济得天独厚的优势条件。经过两个多月的深入调研后，我在党委扩大会上明确提出了城关公社要走农工商同步发展、林牧副渔全面开花的经济发展道路，并为此进行了系统分析和积极探索。7 月，我起草了一份发展纲要，提出了面向社会找门路、工业发展靠技术、企业生产凭质量、农副人员调比例、供销人员大包干、企业挖潜靠管理、立足本地抓优势、按劳分配拉差距等八大工作举措。同时向当时的县委书记刘忠孝作了详细汇报，得到全面认可后，推荐我在当年的全县四级干部会议上作了长篇发言，宁海镇在全县率先擂起了向乡村企业发起冲锋的战鼓，牟平农村经济也从此有了新的发展目标和方向。

有了镇党委富民兴镇策略，有了县委、县政府的全力支持，我们当时搞的破局之笔是首先组织启动了农村党支部改型工程。农村党支部处于农村改革和建设的前沿，是农村工作的“火车头”，为打造一支敢试、敢干、敢闯的经济发展带头人队伍，我和班子成员将当时全镇所有村支书按功臣、农业、政治三种类型进行了划分，有针对性地采取了劝退、培养、转型等

措施，大胆起用一批有开拓精神、有经济头脑的带头人；同时辅以参观、学习、培训等提升素质的办法，切实把农村党支部打造成真正能带领群众发家致富的战斗堡垒。1981 年，我组织带领村支书分批次先后到深圳、广州、上海、浙江等经济发达地区、商品大市场参观学习，帮助他们长见识、增才干。从 1982 年起，宁海镇党委每年都拿出一个月的冬闲时间，组织全镇基层干部进行集训，请专家讲解工业管理、商品生产等方面的专业知识，以及党的方针政策等。通过“引、学、配、带”等系列措施，帮助村支书解放思想、开阔视野，增强商品生产和经营管理能力，掌握提升领导现代商品经济的知识和本领。在开展大培训的同时，还启动了“借脑兴企”工程，即把火车头老式内燃机换上新式发动机，进一步加大科技人才的招聘力度，采取请进来、走出去，引进技术、购买专利、代培代训、自培帮教等多种形式，千方百计引进人才。1986 年，经国家教委批准，宁海镇投资 160 万元，与天津大学在宁海镇联合办起了天津大学牟平培训中心，设机械制造和土木建筑两个专业，培养了一批当时企业发展急需的人才。至 1989 年 11 月，全镇招聘人才总数达到了 1500 余人。

宁海镇镇村两级企业的发展壮大，是在找到了“横向联合”的道路之后实现的。1982 年底，新牟里村与国营呼和浩特机床附件厂联营成功，诞生了第一个新的联合体——呼和浩特机床附件厂牟平分厂。这一举措为村镇企业的发展注入了靠山和活力，也得到了广泛认可。1983 年 2 月 22 日，国家副主席乌兰夫到牟平特意视察了新牟里“呼和浩特机床附件厂牟平分厂”，对新牟里与呼和浩特机床附件厂联营的做法给予了充分肯定和高度赞扬。1984 年 2 月 4 日（正月初三），国务院副总理万里、中央书记处书记胡启立，在烟台市委书记王济夫的陪同下到新牟里视察，也充分肯定了新牟里调整产业结构、发展工副业项目和开展横向联合的新鲜做法。不久中央一号文件下发，其中明确提出：“国营和社队联办工业具有不可取代的经济作用和意义，应总结经验，努力办好。”经县委、县政府大力学习宣传与组织推广，全县党员干部群众深刻认识到，开展横向联合是乡村企业上规模上档次最有效、便捷的重要途径。

宁海镇村办企业的异军突起，引起了牟平县委、县政府的高度重视和支持，1983年1月，在全县设立了“劳动致富”奖，通过在全县大张旗鼓地表彰劳动致富专业户，不断地引导促进乡村企业发展。1983年，城关镇（今宁海镇）开始实施“雄（年产值1000万元以上）、柱（500万元以上）、梁（200万元以上）”的村庄排位战，在各村组织展开了一场扛旗打擂、抢先进位的经济大会战。到1984年，崛起的“两雄”“八柱”“十支梁”20个村的集体经济总收入占当年全镇村级集体总收入的70%以上，务工劳力占劳力总数的95%；全镇新增企业100余家，各类企业总计752个，经济总收入达1.2亿元，相当于1980年的5.1倍，继续担当着全县乡村企业发展的领跑者。

牟平县委、县政府及时抓住了宁海镇这个先进典型，特别是对全国十佳农民企业家常宗琳、全国优秀农民企业家李德海等优秀企业家群体，通过观摩会、报告会、经验交流会以及利用电台、报纸、电视台等形式，多角度、全方位加大宣传，让宁海模式深入人心，在全县内外开花结果，为全面推进全县乡村经济的迅猛发展蹚出新路。1984年3月3日，全县召开了三级干部会议，县委向全县发出了大力发展乡镇企业的动员令。到1984年底，牟平县乡企、村企发展到6300多个，比1983年增加2100多个，总收入达到3.039亿元，比上年增长67%。宁海的成功模式，其影响力也超出了当地，在全国引起了轰动效应。其经验与做法成为当时国家相关政策制定的实践依据来源之一。1983年腊月二十九、三十，受烟台市委的委托，我主持召开了关于中央3号文件征求意见的会议，围绕万里、胡启立两位中央领导带来的中国乡镇企业的发展征求意见稿，进行了深入学习研究。经过两天时间的认真讨论，共提出了17条修改意见。其中乡镇企业要发展必须要有科技人才作保证这一条，被写进了中央正式文件。

二、推行工业“城乡一体化”，助力镇村企业发展

当我从宁海镇进入到县政府、县委班子后，视野从一个镇拓展延伸到了全县，更深切地感受到镇村企业的发展离不开人才，离不开好项目。牟平县委、县政府在对全县的农村经济发展进行了更为全面深入的调研后，展开了新的布局。1986 年 12 月 10 日，县委常委扩大会议召开，听取了县政府党组《关于我县城乡一体化和发展工业生产的设想》的调研报告，力推全县城乡一体化发展，并最终形成决议，发布实施。1987 年初，牟平在全县范围内开始全方位、大规模地推进城乡一体化工作。这里所提的“城乡一体化”，指的是工业经济城乡一体化。这个一体，本义就是把大小工业、城乡工业连为一体。

城乡一体化工作开展后，县委、县政府从县直部门和县属企事业单位抽调经验丰富的党员、干部进驻后进乡镇、后进村，帮助上项目、抓管理。1987 年，县直 87 个部门包了 120 个村（包括 4 处乡镇办企业），1988 年又增加到 176 个单位，包了 220 个村（包括 9 处乡镇办企业），1989 年增加到 180 个单位，包了 224 个村（包括 9 处乡镇办企业），占全县农村总数的 33%。全县参与包村的干部数量一度达 440 多人，干部挂职的人数达 47 名。1988 年 12 月，县里专门设立了城乡一体化办公室，负责加强对机关包村、干部挂职工作的领导、协调和考核评比。

城乡一体化工作有力地促进了农村经济，特别是工业经济的发展，全县农村新上了一大批工业项目，搞了许多老项目的改造挖潜。1987 年，全县县直机关（包括局级公司）共帮扶后进村新上工副业项目 253 个，改造革新挖潜项目 196 个，引进资金 6687 万元，新增产值 6600 万元，新增利润 1200 万元，安排就业劳力 6000 多名。在 1989 年的 1 月至 4 月，全县各包村单位帮助所包村新上工副业项目 120 多个，投资总数达 1000 多万元，

实现产值 300 多万元，实现利润 40 余万元。改造挖潜老企业 250 余家，比同期增加产值 600 多万元，增加利润 150 多万元。城乡一体化工作，也促进了机关作风的转变，密切了党群关系、工农关系、城乡关系，各包村单位从生产需要出发，利用各种渠道、各种关系帮助所包村引进了大量人才和物资，解决了一些村庄难以解决的困难。

牟平在推进城乡一体化工作过程中，采取的“三包”和干部挂职等工作方法，践行了党为人民服务的根本宗旨，得到了社会各界的普遍好评。在 1989 年全省的党建会上，省委书记姜春云在报告中指出：“实践证明，从机关选派干部到工作薄弱的单位挂职、包村，是一条成功的经验。牟平县抓得比较早，下到后进村的干部，直接担任村党支部书记或村委会主任，一包三年，很受群众欢迎。”

三、逆水行舟，多措并举，推动牟平乡村企业在困境中稳步发展

随着改革开放进入第 10 个年头，全国过热的经济势头导致了通货膨胀加剧、物价波动较大、重复建设严重等问题。1988 年 9 月，中央进行经济结构调整，治理整顿的举措相继出台，乡镇企业面临着市场疲软、原材料短缺和信贷紧缩等重重困难。这时的我已经任职牟平县委书记，在治理整顿、深化改革总方针的指导下，全县坚持发展乡村企业的基本方针不变、基本思路不变、基本政策不变的指导思想，采取了一系列具体措施，来推动乡村企业的持续发展，谱写出了乡村企业发展的新篇章。

为积极应对国家治理整顿的新举措，牟平县委、县政府进一步梳理和分析了县、乡（镇）、村三级工业体系基本状况，坚持突出重点的原则，狠抓分类指导，帮助基础好的企业抓住机遇，上规模、上水平，帮助基础较差的企业站稳脚跟、渡过难关。

横向联合是牟平乡镇企业发展的重要途径之一，在经济形势不利的情形下，我和班子成员决定进一步组织加大横向联合的广度与深度，为此，牟平根据实际情况，以“立足本地，面向全国，盯住国外”为目标，狠抓了全方位的联合。在立足本地方面，1988 年牟平以县办企业为龙头，分别组建了黄金、鞋业、服装、纺织、建筑、抽纱、水产、酿酒等八大集团公司，吸收 80 多家乡村企业加入到集团公司中来，先后将 82 种产品向集团内的乡村企业进行了扩散，从而使这些企业在困境中找到了靠山。在面向全国方面，牟平采取“以孩找娘”“以房娶媳”“倒杆嫁接”等办法，广泛发动各乡镇、村继续向大中型企业、大专院校和科研单位靠拢。在加强同国内企业联营的同时，还发动乡村企业把联合的领域拓展到国外，大力发展外向型经济。在 1988 年、1989 年两年的时间里，全县有 9 个乡村企业同国外企业开展了经济技术协作，有 13 个企业的产品打入了国际市场。宁海镇新牟里村，1986 年曾采用“补偿贸易”的方法，从英国、意大利引进先进设备，建起了一个年产 300 吨兔毛纱的外向型毛纺厂。1989 年他们又一鼓作气引进外资 216 万美元，与香港一家公司合资办起了羊毛衫厂和针织厂；引进外资 127.2 万美元，设备 53 台，与香港东亚标准件有限公司联营办起了烟台新孚标准件有限公司；投资 1800 万元，引进省外贸投资 1200 万元，购买了一艘 4448 吨级的国际近海运输船，航行日本、中国香港、东南亚等地。

20 世纪 80 年代的新牟集团新潮毛纺厂车间

在抓重点、促骨干方面，县委、县政府把乡镇办工业摆到突出位置，作为工作重点来抓。在县、乡（镇）、村三级工业中，乡镇办工业起着“促上带下”的作用，并直接关系到乡镇党委和政府一级的经济主导权威。为了促进乡镇办工业的飞跃发展，对市场潜力大、经济效益好的乡镇办骨干企业，牟平采取加大投入的办法，集中有限的资金加速企业的技术改造，使其尽快形成技术规模优势。1988 年、1989 年两年内向这些骨干企业投入技术改造资金 3000 多万元。对生产不景气、经济效益差的企业，牟平采取了逐个会诊、重点突破的办法，实行边整顿边调整，帮助 8 个乡镇企业中的 6 个迅速扭转了局面，走上了自我良性发展的道路。在对乡镇企业的宏观指导上，牟平坚持每月召开一次生产调度会议，及时分析乡镇办企业的形势，针对存在的问题和困难，研究对策措施。由于措施到位，牟平县乡镇办企业落后于县办、村办企业的局面开始扭转。武宁乡有 5 个乡办骨干企业，其中烤果厂和地毯厂是两个出口创汇大户。1988 年，烤果厂的外贸出口创汇额居全国乡镇级企业的第二名，并荣获经贸部和农牧渔业部颁发的外贸出口创汇“飞龙奖”。1989 年，这个乡党委、政府在抓好全面工作的同时，把工作的重点放在乡办骨干企业特别是两个出口产品生产企业上。为解决地毯出口资金周转困难，乡领导多次与上级有关部门联系，拆借资金 150 多万元，保证了这个厂的正常生产。帮助烤果厂融资 60 万元，建了一座液化气供应站，解决了烤果厂用高价液化气生产的问题，仅此一项，每年可为该厂减少支出 10 万元。投资 30 万元建起了一个榨油厂，实现了烤果厂下脚废料的深加工利用，这一项每年可增收 30 万元。通过抓重点骨干企业发展的实践，使我们越来越深切地感受到，乡村企业要在商品生产的海洋里行得稳、驶得快，就必须多打造一些压风浪的“航空母舰”企业。正是基于这样的考虑，1989 年，县委、县政府组织和规划了“331”工程，即搞 30 个骨干县属企业、30 个骨干乡镇企业、100 个骨干村办企业。通过支持这些骨干企业发挥支撑作用，有力地带动了全县三级工业的全面发展。

为了促进产业结构调整，牟平在发展创汇农业的基础上，大力扶持出口创汇工业。以骨干企业和骨干商品为龙头，扩大工业品出口量，使工业逐步成为出口创汇的主导产业。1988 年，县政府制定《关于鼓励出口企业发展出口创汇的暂行规定》，扶持出口企业扩大出口商品生产。对出口骨干企业在能源、原材料和资金、人才等方面予以优先扶持；对重点出口企业，在出国考察、引进先进技术等方面予以优先考虑；对出口额连续三年递增 30% 以上的企业厂长、经理给予晋升一级工资奖励，以调动工业企业发展出口创汇的积极性。同时，坚持国营、集体一起上的原则，引导更多的企业参与国际经济循环。1988 年，全县已建起大花生、肉食鸡、长毛兔、果品（苹果和板栗）、水产品、菜牛等六大农产品出口创汇基地，纺织、服装、轻工、机械、化工、食品等六大工业出口创汇体系，全县外贸出口收购总值突破 2 亿元，居烟台市第一位、全省县级第四位，成为全省、全国出口创汇重点县。1988 年，新牟毛纺厂荣获全国乡镇企业出口创汇“飞龙奖”。

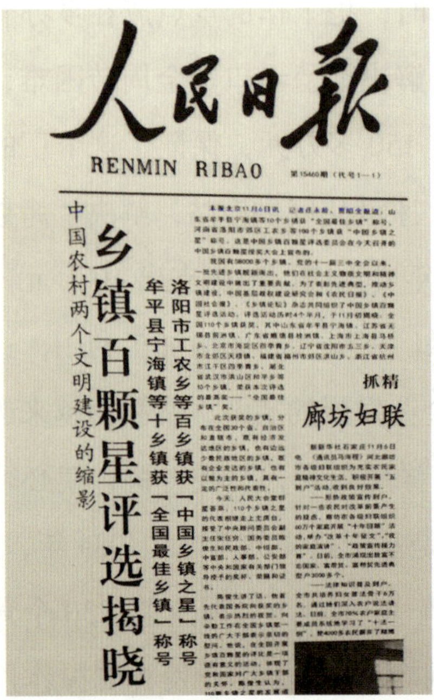
人民日报
RENMIN RIBAO

中国农村两个文明建设的缩影
乡镇百颗星评选揭晓
洛阳市工农乡等百乡镇获「中国乡镇之星」称号
牟平县宁海镇等十乡镇获「全国最佳乡镇」称号

抓精
廊坊妇联

1990 年 11 月 7 日，《人民日报》头版头条报道牟平县宁海镇名列“全国最佳乡镇之首”

1990 年，宁海镇获得的“大地杯”

由于措施得力，1989 年，全县绝大多数乡镇办企业不仅没有因外部环境的改变而出现下滑，反而实现了速度和效益不同程度的增长。经过努力，牟平乡镇企业比较平稳地度过了三年治理整顿阶段。到 1990 年，全县乡镇企业达到 3813 家，固定资产总值增至 6.61 亿元，总产值增至 16.93 亿元，分别比 1978 年增长 53 倍、26.6 倍。有 25 家乡镇工业企业的产品打入国际市场，出口创汇 2588.9 万美元。涌现出新牟毛纺厂（烟台新潮实业公司）、武宁烤果厂（山东恒成集团公司）2 家部级先进企业和 6 家省级先进企业，1990 年，在全国乡镇企业百星评选中，宁海镇被评为“十佳乡镇”之首，夺得了最高荣誉——大地杯。牟平县乡镇村办企业已涉足食品、机械、冶金、纺织、服装、电子、化工、建材、造纸、印刷、橡塑、建筑安装、商业服务等数十个行业。

随着全县乡村企业的迅猛发展，也逐渐出现了发展不平衡的问题，牟平南北差距逐渐拉大。受地理位置、经济基础、人才、生产力开发等多重因素影响，牟平南部六处乡镇（埠西头、观水、王格庄、刘家夼、水道、莒格庄）经济发展远不如北部六处乡镇，对此，县委、县政府高度重视，在充分调研的基础上，围绕加速传统农业改造、搞好横向联合、提高农民素质等方面提出若干意见和解决措施，由于措施得力，也引起了广泛关注。1988 年 10 月 7 日，全县召开大会，我在会上作了《按生产力标准，发展我县山区经济——对牟平县南部六处乡镇经济发展的战略思考》的报告。10 月 18 日，市委研究室《内部通报》刊发由我所写的《对山区经济发展的战略思考》，引导鼓励全市从实际出发，注重研究解决此类盲点问题。12 月，县委、县政府制定《关于推进南部山区经济发展的总体设想》，要求根据山区经济状况，总结山区经济发展的经验教训，实事求是、因地制宜地进行山区经济综合开发。突出粮油生产、多种经营、乡村企业三大重点，探索出一条“一种二养三开采四加工”的综合经济开发路子，并将牟平南六乡经济开发工作纳入了全县城乡一体化管理，从而使南六乡经济开发工作步入新的发展轨道。

1989 年 1 月，牟平研究制定了《关于推进南六乡经济发展的总体设想》，作为县委 1 号文件印发到基层，并发动县直 21 个部门制定了与县委 1 号文件配套的倾斜政策，助力南六乡经济开发工作全面启动。3 月 16 日，南六乡经济开发工作组全体成员会议召开。之后，县委、县政府领导现场办公，县直机关 30 多个部门和单位共同参与，并对南六乡实行优惠鼓励政策。先后发放生产周转金和专项贷款 600 万元，招聘各类工程技术人员 80 余人，培训各类管理、技术人员 1500 余人，引进新技术 40 余项，增加设备 120 多台（套）。由于各项倾斜政策的逐步落实，南六乡乡镇企业的困难局面在很大程度上得到了缓解。1990 年，南六乡乡镇企业产值 4624 万元，利润 397 万元，比 1988 年分别增长 47.2% 和 36.8%；村办企业产值 7772 万元，利润 986 万元，分别比 1988 年增长 64.7% 和 58.9%；农村经济总收入 47620 万元，其中多种经营收入 24716 万元，分别比 1988 年增长 23.5% 和 29.6%。牟平南六乡农业综合开发的成功经验和做法，在全市被推广。

过去，牟平是一个传统的农业县，农业在全县整个国民经济中一直占据重要地位，在经历了十年改革之后，1989 年，乡镇村办企业成为了全县经济的主要贡献力量，但是全县仍有 30% 的行政村仍处于工业空白的状态，这种村当时被称作“无工村”（即没有工业企业的村）。为了有效提升“无工村”的经济发展水平，县委、县政府决定，在县直机关、各部门、县直企业各单位组织同乡会，动员和发动这些村在外工作的干部和职工关心家乡、建设家乡。1989 年 4 月 4 日，全县召开了“无工村”同乡会动员大会。会议后，全县各乡镇党委高度重视此项工作，将其纳入了党委工作的主要议事日程，并积极为同乡会开展工作牵线搭桥。截至 1989 年 6 月 12 日，在短短的两个月时间内，各乡镇党委共牵头组织召开同乡会会长、副会长会议 20 余次，从而有效地促进了同乡会工作的顺利开展。同乡会帮助村庄引进资金 35 万元，新上工副业项目 13 个，复活倒闭项目 5 个。

十年光阴，弹指一挥间。牟平是我的第二故乡，在牟平工作的十年里，我亲历了改革开放大潮下牟平乡村企业和农村经济的快速迅猛发展，见证了广大党员干部群众勇立潮头、敢闯敢试、开拓进取、可歌可泣的豪情壮举，同时也与牟平干部群众结下了深情厚谊，借此机会，衷心地祝愿牟平在今后的发展道路上百尺竿头，更进一步！祝福牟平人民生活富裕、幸福安康！

采　访　人：于玲燕

撰稿整理人：于玲燕　姜俊英

牟平家庭建设工作开展情况回顾

赵树国 *

改革开放后，随着人民公社制度的废止和家庭联产承包责任制的推行，农村生产力得到解放，农民勤劳致富的积极性被调动起来，农业生产和农村经济蓬勃发展，农民生活水平有了明显提升。但是，在社会风气和社会秩序上也出现了某些混乱现象，亟须治理。20 世纪 90 年代，针对这些新情况和新问题，牟平县（区）在充分调研的基础上，抓住家庭这个社会细胞，启动实施了家庭建设工作。

牟平家庭建设工作启动于 1992 年。当时牟平在行政区划上还是牟平县，1994 年 12 月 29 日，举行挂牌仪式，撤县设区，成为烟台市一个行政区。我于 1993 年 5 月接任牟平县的县委书记职位。在我担任县长期间，也参与了牟平家庭建设工作的决策和启动过程，对开展这项工作的必要性和重要意义，有着充分认识。担任县委书记后，我和我的同事们，一直高度重视并坚持不懈地把这项工作抓在手上，全力推动家庭建设工作不断走向完善和深入。可以说，牟平通过不断发展和完善家庭建设工作，走出了一条全面坚持党的基本路线、加强农村两个文明建设的新路子，有力推动了农村经济发展、政治稳定和社会进步。

* 赵树国，1993 年 5 月至 1997 年 12 月任中共烟台市牟平区委书记。

一、开展家庭建设工作的背景与重要意义

牟平农村家庭多。1992年初，牟平县的总面积是1737平方公里，全县设17个乡镇，辖682个行政村，有家庭16万个、人口58万。其中，农村家庭15.4万户，人口53万。随着改革开放的深入，牟平一部分农村村民头脑灵活，迅速抓住机遇，创办企业带领村民发家致富，但还有大量的农民面对市场是一种茫然失措、致富无方的状态，所以在当时乡镇与乡镇、村与村之间存在着发展不平衡，户与户之间的差距也越拉越大。在党的十一届三中全会前，农村普遍实行“三级所有，队为基础”的领导体制。农村改革后，生产队解体，村级组织力量一度严重弱化，不能担负起其应有的职责。尽管牟平县委通过强化村级组织建设，建立以党小组为核心的“四位一体”中层组织，弥补了村党支部与群众之间领导体系上的“断层”。但是基层工作者还是发现，随着农村改革的深入，农民对村级组织的依赖性减弱，传统的农村工作失去了着力点，基层工作越来越难，出现党的方针政策难以落实到户、落实到人，各项工作也就难以落实到底的情况。

为了有效解决牟平在经济社会发展中出现的这些新情况和新问题，我们组织干部深入基层，调查研究，发现家庭是社会的细胞，具有巨大的能量。从道德法制的角度看，家庭具有十分重要的自律作用。家庭功能强化，可以成为社会稳定和进步的因素；弱化则会成为滋生各种不良现象的土壤，影响社会肌体健康运行。据工作人员调查，在开展家庭建设工作之前的几年时间里，牟平县发生的杀人案件和伤害案件有50%以上，是由婚姻、家庭、邻里之间的矛盾纠纷引起的。赡养、婚姻、邻里、赔偿等四大民间纠纷都直接与家庭邻里有关。因家庭原因导致青少年犯罪的比例高达70%。从科学文化建设的角度看，如果能提高农民的科学文化素质，丰富家庭文化娱乐活动，倡导和建立文明的生活方式，必然会对减少或杜绝

格调低下的文化消费，遏制赌博、封建迷信等不健康行为有积极作用。从社会管理角度上看，如果能够把家庭作为基层党组织体系中的一个重要层次建设好，在基层党组织上形成一个由村—组—户构成的完整链条，那么必然有利于党和国家的方针政策及每项工作纵向到底，深入到户，得以落实。从经济层面上看，随着家庭生产经营功能的凸显，家庭生产经营的好坏，直接影响一个村、一个乡镇乃至一个地区的经济发展水平。从中国国情和历史传统上看，受儒家传统文化和生产生活方式等因素的影响，人们历来十分重视家庭血缘伦理关系，家庭作为具有特殊凝聚力和约束力的初级社会群体，作用同样不可低估。

二、家庭建设工作的稳步实施

通过细致的调查研究，我们发现家庭这个社会细胞的地位和作用越来越突出，于是县委、县政府决定要抓好细胞工程建设，把提高每个社会成员的文明素质作为塑造农民新形象的着力点。1992 年 3 月 6 日，牟平县委、县政府下发《关于加强家庭建设，促进社会进步的意见》，并召开 8000 余人参会的动员大会，成立由县委、县政府有关领导挂帅，宣传、文化、妇联等 21 个部门参与的领导小组。会议上对家庭建设工作进行动员部署，首次正式将家庭问题作为一项“建设”和一个“管理层次”提出来。并对牟平县家庭建设的基本思路，做了一个概括性的表述，就是把家庭作为一个管理层次，融两个文明建设为一体，以家庭的道德建设、法制建设、文化建设和经济建设等四项为主线，以“双十”评选、建立村民家庭档案、推行婚姻规范化管理、兴办家政学校、举办家庭文化节和开展庭院经济竞赛等活动为载体，形成家庭的自我教育、自我管理、自我发展机制和全党动手、分工负责、上下贯通的社会化工作体系，通过强化优化家庭细胞，推动整个农村两个文明建设水平不断提高。

动员大会召开后，牟平立即启动相关配套文件的制定和试点工作，妇联、文化、教育等部门依据《关于加强家庭建设，促进社会进步的意见》制定了系列实施文件。3 月 31 日，牟平县精神文明建设委员会下发《关于在全县农村开展“双十”评选活动的实施意见》《关于在全县兴办农民学校和家政学校的实施意见》《关于举办家庭文化节的实施意见》；同日，县妇联下发《关于在全县农村妇女中开展庭院经济竞赛活动的意见》，文化、教育等部门也制定了相关配套文件。文件下发后，县里选取了 3 个单位，乡镇（街道）抓了 74 个乡村、单位进行试点，推动牟平的家庭建设各项工作稳步实施。4 月 11 日，县“双学双比”领导小组在刘家夼、水道召开庭院经济现场会，推广刘家夼乡发展养兔专业村、实行规模经营和科学养兔的经验和水道镇部分村开发种、养、加工综合庭院经济经验。5 月 2 日，以“跳起来、唱起来”为主题的牟平县首届家庭文化节在县城举行，牟平县组织了大型的文艺演出和科技文化展览，3 万余人参加活动。5 月 5 日，牟平县文明委对荣获牟平县首届家庭文化节“组织奖”的 15 个单位和 100 个“文化之家”进行命名表彰。截至 1992 年 6 月 30 日，全县 575 个村开办家政学校，占比 84.3%。8 月 5 日，牟平县家政学校举行开学典礼，首批学员共 800 余人参加。“双十”评选活动，采用半年初评和年终总评的方式开展，评选结果记入家庭档案。1993 年 3 月，县委、县政府命名表彰 1992 年全县家庭建设工作先进集体（单位）57 个、先进个人 100 名，“满堂红”家庭 100 户。

家庭文化节活动是对全区家庭建设成果的展示和检阅，每年主题不同，均得到干部群众的广泛参与，形成轰动效应。烟台市自 1993 年起连续多年在牟平召开家庭建设会议，推广牟平一年一个主题，深入扎实开展家庭建设的经验。其中，1996 年 5 月 19 日，在牟平县第五届家庭文化节举办的当日，烟台市“美德进万家”文化节观摩会也在牟平同时启动。我于 1997 年 12 月离任牟平区委书记，据我所知，我离职后的很长一段时间里，牟平还一直坚持举办家庭文化节。

牟平不断探索、深化、规范家庭建设工作，逐步形成可比可考、易于操作的规范体系。1995 年，牟平把家庭经济建设放在突出位置，推广了玉林店镇龙头企业辐射带动千家万户的庭院经济发展新模式。1996 年，针对部分农村经济发展不平衡、少数农村家庭经济相对贫弱的现实，区人大、区政协两会代表和委员们倡议要大力开展“手拉手、联帮带”活动，区家庭建设领导小组将这项内容纳入家庭建设总体规划之中，全区结成 6000 余个“手拉手、联帮带”对子。1996 年，牟平还将“十星家庭”评选机制延伸到村级，在武宁镇进行了“十星村”的创建试点，取得了值得借鉴的经验。粗略地统计一下，自 1992 年家庭建设工作启动至 1996 年底，这五年的时间里，区委、区政府及其职能部门下发的有关家庭建设的文件近 20 个，活动的载体也由最初的 6 项扩大到了 8 项。

三、家庭建设工作助推牟平农村综合发展全面进步

区委、区政府通过家庭建设促进了牟平农村各项工作的开展。其中，“双十”评选活动深受广大群众的认可，并得以推广到其他地区。“双十”评选活动指的是“十星家庭”“十好个人”评选。其中，“十星家庭”包括义务星、守法星、节育星、和睦星、养老星、教子星、新风星、文化星、卫生星、致富星，其评比采取自报和公议相结合的办法，农村家庭各项“硬指标”的完成情况、是否具备良好的行为规范，通过一张小小的星牌一目了然地反映出来，这实际上是让农民家庭自己为自己做鉴定。在这种机制的客观规范下，多数农民家庭自觉履行起自我教育管理、自我激励约束的职能。农户之间你追我赶，争当“十星家庭”。姑娘小伙找对象，先要看看对方门牌上有几颗星。武宁镇东谭家泊村有名妇女，人称“顶天转”，“十星家庭”初评时，仅得了四星，她泪流满面找到了村里表示悔改，并主动找多年不说话的婆婆承认错误，主动改善婆媳关系，还千方百计弥补其他

1995年，新牟里村表彰“十好个人”现场

方面不足之处，并表示决心到年底评上八颗星。追“星”热的高涨，促进了社会风气的优化和社会秩序的稳定，全县出现了“四多四少”的新气象：尽义务、讲奉献的家庭多了，不尽义务的家庭少了，收粮难、提留难的状况大有好转；团结和睦的家庭多了，夫妻之间、弟兄妯娌之间、婆媳之间闹矛盾、打乱仗的家庭少了；尊老敬老的家庭多了，不赡养老人的家庭少了；自觉遵纪守法、依法办事的家庭多了，胡来蛮干、违法犯罪的家庭少了。

家庭建设促进了牟平农村经济的快速发展。庭院经济开发带动了一批高层次经济庭院，涌现出大批的“综合庭院”“科技庭院”“创汇庭院”“规模庭院”，并带动了养牛、养羊、养猪、养兔、养鸡及庭院加工专业村，提高了家庭收入，促进了全县经济发展。1993年，全县庭院经济收入2亿元，户均1300元，家庭经济收入35亿元，占全县农村经济总收入30%以上。1994年牟平县被评为“第二届中国农村综合实力百强县”“中国明星县”，并被批准为“国家社会发展综合试验区”。1995年，全区农民人均纯收入达到2204元，牟平被国家统计局、中国农村评价中心评为“第三届中国综合实力百强县（市）”。1996年9月，牟平区被山东省委、省政府命名和公布为全省第一批进入“小康县”的34个县（市、区）之一。

家庭建设提高了家庭成员的素质，带动了牟平企业家队伍的壮大，截至1994年，牟平已涌现出全国“十佳农民企业家”、优秀农民企业家2名，省级企业家7名，县以上企业家82名。其中，新牟里村常宗琳获评全国最佳农民企业家和优秀乡镇企业家、省农民企业家协会会长；西关村李德海获评全国优秀农民企业家和乡镇企业家、市乡镇企业家协会会长。同时，也涌现出一批女能人、女强人，苏家疃村徐杰获评“齐鲁女杰”和“全国三八红旗手”称号。

家庭建设促进了社会治安秩序的稳定。在全县范围内通过开展家庭法治建设，实施村级规范化管理和依法治村活动，提高了农民的法治观念和法律意识，增强了家庭的凝聚力和约束力，密切了人际关系和党群、干群关系，促进了牟平社会治安的稳定，较好地保障了其他工作的开展。由于家庭建设工作的稳步开展，牟平连续多年未发生到市以上越级上访、集体上访的现象，成为了信访维稳方面的先进单位。1995年8月，我赴日本考察期间，山东省社会治安综合治理基层基础建设经验交流会在烟台召开，现场推广了牟平开展家庭建设、促进社会稳定的经验。牟平的领导同志在大会上作了题为《全面实施家庭建设“细胞工程”，促进社会治安综合治理工作》的发言。

家庭建设促进了牟平广大群众的文化素养和生活质量的提高。随着家庭文化活动的开展，低级庸俗、格调低下的文化活动逐渐被内容健康向上、群众喜闻乐见、形式丰富多彩的文化活动所取代。赌博、封建迷信、黄色淫秽物品泛滥之风开始收敛，不少农民家庭自费订阅报刊，并涌现出许多京剧之家、书法之家、园艺之家。1993年，牟平县获“全国科技先进县”称号；1995年，牟平区被国家科委评为“全国科技实力百强县（市）”。1996年6月，牟平区获评“第三届全省精神文明建设先进县”。在推进家庭建设过程中，基层开始重视农村文化基础设施建设，建起图书馆、体育馆、广播电视中心等文化设施。截至 1996 年底，牟平区 85% 的村有文化娱乐场所。

围绕家庭的经济建设，牟平的广大农民群众自发开展了学技术、学市场经济、学致富本领的活动，掀起了家庭科技致富热潮。过去牟平人走亲访友大多带的是烟、酒、点心和大饽饽，家庭建设启动后，大多带的是新科技、新品种。在科技热的推动下，广大农民的科学文化素质和致富本领得到了提升。截至 1996 年底，全区有 9100 余名农民取得了科技职称，10.5 万个家庭掌握了 1—2 门实用技术，逐步走上了富裕之路。

四、牟平家庭建设工作经验的推广

牟平家庭建设工作符合社情民意，引起各级领导重视。1992 年 4 月 21 日，全国妇联书记处康书记视察牟平县妇女幼教工作，对牟平县家庭建设给予肯定。1992 年 5 月、7 月，省委副书记高书记来牟平考察家庭建设工作，他称牟平的家庭建设“是一项社会基础工程、细胞工程，是一个创造”，“与莱西村级组织建设、章丘制度建设是姊妹篇，是二者经验的深化”，指示省有关部门组织综合考察组总结推广牟平的经验。9 月，省委宣传部、省妇联联合多家省直部门、市直部门实地考察了牟平家庭建设情况，形成书面报告，以省委宣传部文件下发各地，推广牟平家庭建设工作经验。11 月，烟台市委和牟平县委相关领导进京向全国妇联汇报了烟台开展家庭建设工作情况，全国妇联的领导也对建设活动提出了具体指导意见。

1994 年 4 月，中共中央政治局委员、书记处书记、中央宣传部部长丁关根在杭州宣传工作座谈会上的讲话中指出：“在全国范围推广上海、三明和山东牟平县精神文明建设的经验。上海是大城市，三明是中小城市，牟平是县。这三个地方工作做得比较好。”同年 7 月 21 日，我在河南林州召开的全国农村精神文明建设座谈会上，作了题为《抓好三大建设，塑造

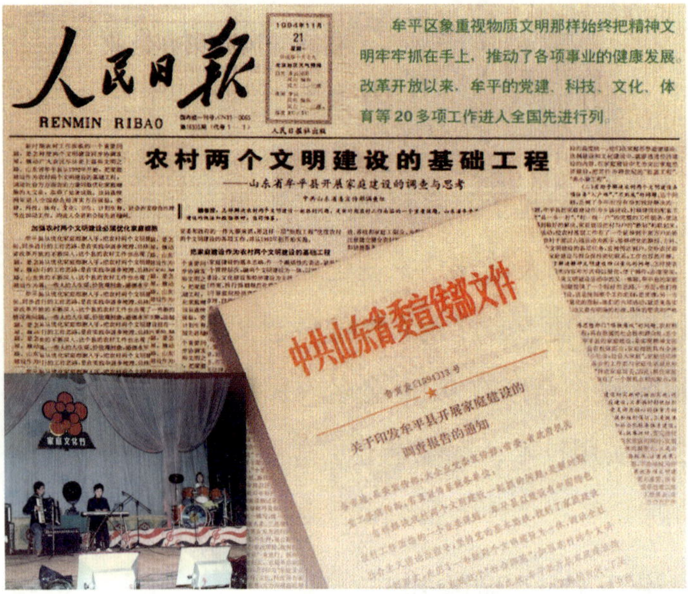

1994 年 11 月 21 日，《人民日报》头版头条报道牟平县家庭建设的工作成就

现代农民新形象》的发言，系统介绍牟平开展家庭建设工作的经验。11 月 21 日，《人民日报》以《农村两个文明建设的基础工作》为题，发表了牟平开展家庭文明建设的调查报告。12 月 1 日，《人民日报》再以《农村两个文明建设的有效抓手——学习牟平县家庭建设的新鲜经验》为题发表评论员文章。1994 年，牟平县共接待全国各地参观家庭建设工作的团体和个人 800 余人次。1996 年，《中国妇女报》对牟平家庭建设作连续报道，并以“农村工作的一次革命”为题，发表评论员文章。《新华社电讯》《内参选编》，中央人民广播电台、电视台以及省市新闻单位均对牟平家庭建设做了大量的宣传报道。

牟平在 20 世纪 90 年代启动的家庭建设工作，对推动现今的家庭建设、家风建设等工作均有可供借鉴的经验。牟平把家庭建设作为乡镇建设、村级建设的配套工程，形成“县—乡—村”“村—组—户”的完整工作链条，促进了党的路线、方针、政策落地生根，促进了农村各项工作的开展，同时又有效调动起农民的积极性、主动性和参与热情，促进了农村经济社会的全面发展。

采　访　人：于玲燕

撰稿整理人：于玲燕　姜俊英

全面推动蓬莱在改革开放的道路上加快发展

孙德汉 *

1986 年 11 月，我接山东省委组织部调令，从牟平县长调任蓬莱县委书记，时年 35 岁。为了不给牟平的领导和同志们添麻烦，13 日凌晨，提前独自和司机离乡赴任。

蓬莱即古登州，历史悠久，人杰地灵。上任伊始，我直接住进了县委办公室，白天进村庄、走乡镇、访企业；晚饭后看文件，阅群众来信。用了一周时间跑遍全县，初步掌握了基本情况。针对当时的发展还拘泥于老框框的现状，我提出：必须坚持改革方针，把蓬莱全面推入加快改革开放的道路之上。调研之中，深感实施改革仅靠蓬莱自身的力量是不够的。为此我请来了机械电子部经济技术政研所贺所长一行，请来了经贸部经济研究所张所长一行，请他们到蓬莱开展调研。不久，我们以改革创新为理念，立足蓬莱实际，顺应国家政策导向，共同绘制出改蓬莱以农为主的经济结构为贸、工、农、旅并举的经济技术产业发展规划。

一、解放思想、转变作风，打造担当改革先锋的党员干部队伍

有了调研、有了底气与想法，11 月下旬，我主持召开了到任蓬莱后的

---

* 孙德汉，1986 年 11 月至 1990 年 8 月任中共蓬莱县委书记。

第一场机关干部大会，地点在人民剧场。虽然有所耳闻，但现实还是让我十分震惊：时间已到，参会人员参差不齐。旁边人大主任说，“八点开会九点到，十点才能听报告”，老毛病了！几年的县长履职让我意识到：千到位，万到位，解放思想要先到位；千要紧，万要紧，更新观念最要紧；解放思想、更新观念必须从转变机关作风上率先开始。在这次大会上，大家共同绘制了一个新蓬莱。

会后当天，一场会场纪律整顿全面启动，拉开了全县的党员干部作风整治工程。由于“文革”历史遗留问题带来的小帮派、小山头影响，以及制度不健全导致政务混乱等原因，使得蓬莱党员干部形成了思想保守、作风懒散 、人心不齐、纪律涣散等现象。要想短时间内尽快转换思想观念与行为作风，必须加强制度建设，理清政务，给党员干部们立好规矩。我责成组织部门督导每次会议入场情况，并将各单位到会情况张榜公布在大院的公示栏里，表扬满勤，批评缺勤，树立正气，并与各种考核挂钩。办法一出，立竿见影，再召开会议，会前十分钟人员全部到齐，很是奏效。会后，围绕着如何完善经济技术产业发展规划（草案）的解放思想、更新观念大讨论也在全县启动，我和班子成员发动了全县四级干部讨论修改，通过个人酝酿、分组讨论和集体讨论等多种渠道，动员党员干部们献计献策，广泛参与，把讨论修改的过程打造成解放思想、更新观念的过程；打造成全民动员、凝聚人心、民主集中、群策群力的过程。就这样，伴随着机关整顿，一场关于调整经济结构、城乡结构的干事创业战役随即打响，全县干部群众都要投身到这场如火如荼的战役中去。

与此同时，我责成县委办和组织部酝酿的政务公开制度在全县发布，并加大监督落实力度。此举招致部分同志的强烈反对，我顶住压力，反复找个别人员谈话，最终达成一致。首先从热点问题入手。当时正赶上县直机关要分配一批公房，我责成相关部门制定公开分房标准，张榜公布分房结果，接受群众监督，堵住了投机取巧、占便宜的机会，其间，群众还举报出两位弄虚作假的人来。接着，实行农转非名额公开分配制度。每年几个农转非指标搅得大家人心惶惶。为此，我一方面积极向上级争取多要几个指标，一方面责成相关部门制定出分配资格与细则，并与工作考核挂钩分配，同样张榜公布，让大家心服口服。在我任职期间，每年都会利用年底总结之际对全县一些较大的财政收支、国有企业经营业绩等进行公开，让广大群众了解全县经济发展的现状。鼓励群众来信来访，实行登记造册，公开件数与解决内容，定期督查落实，做到了把问题解决在基层，基本杜绝了越级上访现象。蓬莱是当时全省县级市中率先提出政务公开的城市，大事要事公开透明，进展程序一目了然，群众高兴地说，蓬莱的事俺心里最亮堂！通过一系列的运作，在干部中解放了思想，树立了正气，良好的干事创业氛围，让广大党员干部的作风迅速转变。

1987 年春节开工之际，我提出“正派、团结、务实、创新、廉洁”十字方针，并张贴在县委的东墙上，引领干部队伍建设。当时这些新思维、新提法，在全国尚属首次提出，尤其是机关“廉政”这个词。为落实“十字方针”，我让纪委、组织部、人事局等职能部门发挥带头作用。县纪委在年初牵头组织了 3000 多名党员骨干参与的“新时期党员如何发挥先锋模范作用”大讨论，总结党风正、改革好的典型经验 26 份，经过学习与讨论，制定出赶超规划。几大部门经过相互配合、联合机制，从 1987 年 7 月开始，蓬莱率先在全国、全省实行了党政干部目标管理，普遍建立起政绩考核机制。县、乡（镇）和各部门、科室及每个工作人员全部实行目标管理责任制，采取民主集中的考核方法，按“德、能、勤、绩、廉”五个方面，实事求是，逐项考核；建立起层层签订责任状的四级目标管理体系，普遍建立起政绩考核档案，初步改变了党政不分、责任不明等问题，党政工作效率明显提高。在 1987 年人事部和山东省委召开的有关会议上，蓬莱县委以全省唯一先行者的身份，交流了经验，被省委表彰并在全省予以推广。

为建立起一支长期稳定的高素质党员干部队伍，狠抓了党员干部的学习培训和交流使用。前者，除了定期的县级干部正规化理论学习班外，充分发挥党校和各职能部门的作用，开展专题培训和综合培训。1987 年开始，县委党校采取走出去的方法，进机关入企业下乡村，大力宣传党的路线、方针、政策，宣传先进地市改革发展的典型案例，授课外贸、财经等相关专业知识。县直机关、企事业单位也纷纷行动起来，主动联系上级主管部门或党校，借用礼堂、教室和教师对干部职工进行培训，少则 1—2 天，多则 1 个月。同期开始对农村党支部书记或村委会主任进行轮训，培养有觉悟、懂经营、会管理的农村领导骨干。创新干部交流使用机制。经过近一年的沟通与准备，1988 年蓬莱在全省率先启动了县级以下干部交流机制，即通过自愿报名、单位推荐、组织审查相结合的方法，在县直和乡镇机关、企事业单位选派了 115 名干部到基层任职。次年，针对下派干部的思想状态、工作情况专门召开了下派干部工作经验交流会。这种首创打破了任用干部几个人说了算、任职终身制、干好干坏一个样的旧体制，使交流干部开阔了视野，丰富了阅历，增长了才干，加强了团结与合力，树立了正气。同时，在航空部、兵器部、中国科学院等国家部委聘请了 5 位科技副县长，这在全国也是首创。之后，又相继推行了领导干部公开述职、群众质询评议、定量考核及信任度测试等方案。在任期蓬莱书记期间，坚持不懈抓党建，抓机关作风，开展了各行各业纠正行风和机构精简改革等，在全省率先改革行政机构，将原机械局、建材局等改为八大业务公司，转变行业职能，推入市场经济，参与国内外竞争，为蓬莱的改革开放锻造出一支能打硬仗、敢于拼搏，不断创新的改革先锋队和主力军。

二、以旅游业为先导，全面发展和提升第三产业

经过广大党员干部的讨论修改、群策群力，蓬莱的经济技术产业发展规划逐渐完善，在等待文件出台的同时，以实际行动来诠释什么是加快发

展：一是开发旅游，二是找金。

蓬莱阁是中国四大名楼之一，蓬莱还有妇孺皆知的“八仙过海”，同时借鉴牟平旅游开发的经验，我认为：蓬莱旅游大有可为。到任蓬莱的第二天，我即召集旅游局的领导们到蓬莱阁共商旅游发展大计。几天后，烟台市委、市政府的领导来蓬莱调研，也提出旅游开发的议题。于是，我和班子成员加快行动步伐，查资料，访专家，做研讨，一份围绕蓬莱阁、水城名胜做亮“八仙”、戚继光、田横的旅游产业蓝图逐渐形成。1987 年春，蓬莱县委、县政府针对境内名胜制定了“一手抓修复，一手抓开发”的方针，提出“以旅游为先导、全面振兴蓬莱经济”的口号。

由于蓬莱阁与蓬莱水城是全国文物保护单位，其扩建与维修需要层层申报。于是我就从戚继光、田横的开发创新上先入手。据《登州府志》记载，秦末齐王田横曾在老北山上屯兵，此山又名“田横山”“田横寨”。在我到任不久即与县委办公室主任以及建委、旅游局等负责人，多次到田横山上看地形，讨论开发规划。有了市委的支持与县委的规划，说干就干，我请来同济大学 3 名教授，以历史线索为依据恢复建设了“海阔天高阁”“海

修复后的蓬莱水城

事亭”等景点。建委的同志们带领施工队昼夜奋战，仅用5个月就完成了田横山风景区与蓬莱阁景区的一体联合，面积扩大到原景区的两倍。其间我为《人民日报》写了新闻稿，起草了竣工碑文。1987年5月1日，景点如期对外开业、开放，一时间游人如织。打响的第一炮，大大鼓舞了广大党员干部们的创新斗志，坚定了旅游发展的信心。实践证明，在改革开放的道路上，他们能干、会干，也干得很好。之后，又相继在山头上修复了田横柱，建起田横寨，修筑了小城垛和栈道，插上带有“齐”“田”篆体字的旌旗，策划修建连接田横寨和蓬莱阁西北院的索道，有缆车在海上飞渡过去，我起名为“八仙渡”。为进一步丰富景观，我又请来北京颐和园职工在前坡饲养上孔雀、火鸡、珍珠鸡等珍品鸟类。1988年8月1日，田横山动物园落成，对游人开放。

关于戚继光的传颂更为广泛。1987年，依据史书记载在原址重建了戚继光会友见客、讨论作战的太平楼。建成之日，我请来著名雕塑家姜老师在院内立下戚继光塑像。重新修复了戚继光祠堂、祠堂牌坊，以及城东芝山南的戚继光古墓。为扩大影响力，1987年10月15日至18日，蓬莱召开了“戚继光逝世400周年”全国学术研讨会，邀请到蓬莱人阎崇年先生（著名明清史学家）主讲，我作为组委会主任，主持了会议并为塑像揭幕。开会的头一天，我和几位领导还在济南开会，为了如期参加研讨会，我们连夜冒雨赶路，由于路况实在险恶，车子翻进了8米多深的沟里，我们一行4人爬出大沟，互相搀扶着一瘸一拐地往县城方向赶去，半路上才遇到接应的车子。所幸我只是锁骨骨裂，大家也只受了轻伤。天亮后，我到现场主持了会议，使戚继光“封侯非我意，但愿海波平”的豪情壮志正式吟诵于太平楼。第二年8月，我陪同胡耀邦同志和彭真同志来此游览，领导们十分高兴，给予了高度肯定和表扬，彭真同志还题写了“民族英雄戚继光”七个大字。

旅游业的快速提升，为加快发展第三产业提供了动能。早在1984年蓬莱就开始围绕“八仙”故事打造登州古市。我到蓬莱后，对工作中的难点进行了重点突破。其中，为了解决拆迁难，一方面动员全县县直机关干部逐家逐户做思想工作，讲意义，讲政策；一方面规划建设了城西安置小区，首批搬进 89 户拆迁家庭。到 1987 年，建成的登州古市里面有商店、饭店、旅店等基础设施，已经成为周边小有名气的商贸交流集中地。为了进一步丰富三产内涵，我和班子成员经过探讨规划和招商引资，在 1987 年里相继打造了八仙居宾馆、蓬莱阁宾馆等高档酒店，修建了蓬莱体育场。其中，八仙居是由 8 组别墅式宾馆组成，由同济大学教授设计，我起的名字，溥杰先生题字。八仙居落成后，接待了不少党和国家领导人。蓬莱体育场建造时，我还请来牟平建筑公司援建了 3 个月。并在体育场相继举办了飞行跳伞、全国女子足球邀请赛（7 月）和全国摩托车场地邀请赛等（9 月），其间邀请到许多名人与明星，进一步扩大了蓬莱的声誉，带动了第三产业的加快发展。

到了 1988 年，蓬莱阁与蓬莱水城的保护修缮工作也得到了上级部门的同意与批复，我们在蓬莱阁建成“八仙过海”人物蜡像。依据 1984 年清淤水城时清出的两条古代沉船，建造起古船博物馆。同时，在植树造林、卫生管理和导游队伍培训等软件功能上不断加大完善力度。优美的风景加上优良的服务，吸引无数游客前来游览，许多名人纷纷题字留影。其中，蓬莱阁里的优秀管理团队和导游团队在全国旅游系统产生了强烈反响，中央电视台曾专门报道过她们的先进事迹。1987 年和 1988 年两年间，蓬莱先后投资 200 多万元开发旅游，拉动三产，初步形成了以蓬莱阁为龙头，旅游、娱乐、休养相互配套的服务业体系，使游客在蓬莱有仙境可寻，有古迹可看，有海水可浴，有仙居可息。到 1990 年，蓬莱观光浏览的中外客人达 155 万人次。

这一系列举措大大提升了蓬莱的知名度，增强了蓬莱的凝聚力，大大促进了蓬莱的人流、物流、信息流和资金流，增加了老百姓的就业机会和收入，社会也就安定和谐多了。

三、大力实施经济结构改革，形成贸工农旅并举的发展格局

由于历史原因，当时的蓬莱像其他地方一样，还是以农业为主，打造贸工农旅一体化经济模式是政策导向和时代的要求，也是我们的责任担当。

俗话说无工不富。我到任后注重从“新”字突破蓬莱的传统工业，最典型的就是上面提到的“找金”。我力排众议，找到冶金部地质勘探司蓬莱刘家旺人田司长，调来518队进驻蓬莱，免费为蓬莱勘探找矿，经过近一年的不懈努力，终于在黑岚沟找到高品质的金矿。后又经过多方努力，黑岚沟金矿于1988年开工建设，其间还不时开出“狗头金”。同时其他河流也开展了沙金采淘生产，至此蓬莱成为黄金生产大县。新型工业还体现在那些污染小、耗能低、技术附加值高、出口量大的项目上，我以县办工业为抓手大搞招商引资和技术合作。1988年，我请兵器部贺主任帮忙，与

20世纪80年代末的蓬莱电视机厂车间

蓬莱棉纺织厂工人在车间工作

重庆嘉陵摩托厂孙董事谈，与正大集团谈，我曾一年8次带队去重庆谈合作，成功合作组装出500辆摩托车，胶东大地为之一振。为汇集高新产业，县委、县政府在蓬莱城东创建了蓬莱经济开发区，专门吸引和培植新兴产业。之后县里又请了燕兴公司罗总和南京兵器光学仪器厂李厂长帮忙，引进新技术培植光学电子产业，生产照相机、镜片等光学精密仪器，并出口国外。还与邮电部合资生产电视机、BP机和监视器。在发展新兴产业的同时，蓬莱对传统产业也毫不放松，根据当时工业发展状况，在县纺织公司的产能基础上，新上了5万锭的棉纺织厂，县直工业得到快速膨胀发展。

为进一步完善工业产业结构，蓬莱同时狠抓了乡镇企业的发展。一方面给予创业者以政策与资金的大力支持，激励他们做大做强；另一方面及时抓典型，把他们的经验与做法广泛宣传出去。1987年6月10日，我与蓬莱企业家“新八仙”被邀请到中央电视台演播室，与费孝通副委员长，中央农村政策研究室、国务院政研室张主任等作了一期直播专访。之后，我们请来中央电视台专题组，摄制了14集专题片，报道乡镇企业家带领群众集体致富经验，在全国引起了强烈反响。经过几年的奋斗，乡镇企业成为蓬莱经济发展与改革中一支重要力量。

在三产结构调整中，蓬莱较早地进行了农业种植业的内部改革调整，走在全省前列。首先，粮食生产不放松，大力推广优良品种，抓实农村科技，提高单产、总产。我曾写过“关于加强农业要五种手段并举”的党政信息，被中央、省委办公厅采纳，后被评为优秀信息奖，即加强农业基础的思想手段、科技手段、法制手段、政策手段、行政手段。当时，分管农业工作的副县长隋安臣同志有思路、肯实干，做了许多工作。在调整种植结构方面，经过土壤分析，蓬莱开始着手葡萄产业的开发与创业，动员北部农民大力种植葡萄，动员企业家们建葡萄园，造酒窖，招聘专业技师。其中在招聘国家级品酒专家彭德华的过程中，费尽周折。当时这样的人才国家只有 17 人，即使我亲自到轻工部做工作，原单位也扣着他的档案坚决不放人。最后没招，我找人事局长，让彭总自己先写个档案，后面加个备注，将来以原始档案为准，这才名正言顺地将人请了来。在他的团队研发下，蓬莱逐渐实现了种植—加工—销售一条龙的葡萄产业格局，如今蓬莱已是世界上著名的葡萄酒产区。众多农民也在发展中变身为产业工人，并迅速实现了致富。毫不夸张地说彭总工程师为蓬莱葡萄酒业立了大功。

蓬莱不但拥有 64 公里长的海岸线，而且水域条件较好，非常适合海水养殖的研发和生产，水产业的突破势在必得。1989 年，我率队与于青松、王轰同志一起跑北京，找北京市黄市长、铁秘书长争取合作项目，得到了为北京的副食品菜篮子工程供应水产品的机会。同年，在省领导的关心支持下，亚行的第一批贷款 2600 万美元拨至蓬莱，用于发展海珍品养殖和研发，这在当时可是一笔不小的数目。畅通的销售渠道与资金支持，进一步激发了水产业的发展速度，由我起名字组建了“京鲁水产”和“京鲁船队”，一方面抓海水养殖，另一方面抓远洋捕捞。1990 年，山东省委、省政府在蓬莱召开了海洋渔业现场会，会议上提出了“海上山东”的建设目标，众所周知，这是那个年代闻名全国的重大举措。

随着改革开放的深入，蓬莱商贸活动日趋兴盛。自 1989 年起，蓬莱借助登州古市展厅，连续 3 年举办了“小交会”，展销各类产品，中外客人云集于此，成为“广交会”的缩影，这类展会在县级城市举办，当时在全国尚属首次。商贸经济发展中，我们注重国内贸易与国外贸易并举，广泛招商引资，尤其是发展外向型经济，通过发展独资、合资企业，扩大产品出口份额，挣外汇，同时引进外国的先进设备、先进技术和企业管理经验，发展速度在烟台市一路领先。经过县委、县政府的共同努力，几年下来，蓬莱的主要经济结构起了变化，贸工农旅并举的发展格局促进了蓬莱经济社会的全面进步，带来了巨大的经济社会效益，使蓬莱的改革开放发展向前推进了一大步。纵观蓬莱经济结构调整的过程，始终遵循了我提出的“五借”方针：借船出海，发展外向型经济，打开国际市场；借梯上楼，借助外力，发展高新技术项目，上档升位；借兵打仗，广泛招商引资，发展本县经济；借帅出征，招聘人才，从国家科研院所聘请科技副县长；借题发挥，充分运用蓬莱阁旅游优势，广泛外联内引。这“五借”，曾被人民日报记者采访并发表在 1990 年 9 月 8 日的《人民日报》上。

四、大刀阔斧开“三通”，确保经济畅通发展

基础设施建设与经济社会发展息息相关，我到任蓬莱后，以通路、通水、通航为突破口，全力加强了基础设施建设，一为保障经济畅通发展，二为造福民众。在广泛调研、现场勘查的基础上，我主张着眼未来、统筹全面，对山、水、田、林、路进行综合治理与建设。

当时有个顺口溜“要想富先修路”。我依据蓬莱南高北低的地势特点，以南北山脉龙山为骨干，依据周边环境特点，同时修路与蓄水。首先，在龙山东侧规划建造一条南北骨干公路，即后来的蓬水路（蓬莱段）。该公路南通青岛北达新港，途经 4 个乡镇 16 个村庄，工程浩大，地形复杂，累计搬运土石方 57 万立方米，过程中克服了不少困难，于 1988 年 10 月 1 日全线竣工，并被烟台市公路局授予优级工程。在修路过程中，我提出对公

路两旁的远山沟壑进行截堵，形成“长藤结瓜”之势，连接许多水塘坝，在1988年2月的一次全县三级干部会议上，我讲要逢山开路，遇沟蓄水，统筹兼顾，一举多得，最起码给老百姓留下浇地瓜窝的水，引起一片掌声。我给该系统工程起名曰“龙骨工程”，又寓意“啃骨头”“龙治水”之意。搭好工程支柱后，又多次与县交通局、县公路局领导一起研究，现场看地形、定路线，提出三纵三横的公路规划。记得一个寒冷的风雪夜，我和县委办公室戴主任驱车去海阳县的济南军区某部求援。在得到部队的大力援助下，经过一年的多方努力，最终形成了三纵三横的公路交通网，使蓬莱有了四通八达的公路交通大动脉，为经济发展插上了翅膀。

当时的蓬莱与胶东其他地区一样，十年九旱，水仍是制约经济发展的头号瓶颈，得益于历届县委、县政府地持续推进，到1987年蓬莱基本解决了城区居民的生产生活用水。但乡镇村庄的用水还是个大问题。我还是抓住龙山主脉，搞了个“龙治水”。相继和班子成员多次现场勘查龙山南侧的五条河交会处，俗称“五龙聚会”，于1988年10月多次发动当地干部群众，挑灯夜战，机械上阵加肩挑人抬，在那里挖了一个很大的平塘，甘泉喷涌，支流源源不断汇聚而来，解决了周边良田灌溉之难题，广大干部群众奔走相告，心里乐开了花。同时，县里请水利专家对龙山东侧流域面积达1400平方公里的黄河水进行论证，在下游河床内深挖水槽，水泥灌浆，修建了岳家圈水库，使白白流走的河水得到了有效的保护与利用，很好地解决了小门家、大辛店、龙山店等乡镇的人畜饮水问题。另外，在全县推广开源节流，力推喷灌、滴灌、微喷等先进节水技术，如1988年西关村投资7.8万元，安装了250亩的果树滴灌技术。这一系列的大手笔使得群众的生产生活条件发生了根本转变，蓬莱的水利有了天翻地覆的变化，在深得民心的同时也引起了上级部门的关注与赞扬，1988年全省全市农用节水工程现场会在蓬莱召开，水利部也对蓬莱的经验做法进行了推广。

在学习研究、分析认证中，我认为蓬莱海上地理位置十分重要，港口经济潜藏巨大优势。力排众议，我们把以海为港、以港兴市、以港富民列入改革开放的规划中，请来蓬莱人交通部闫总经济师，组织交通部和天津一航院的专家进行现场勘查，确定了蓬莱新港可停靠万吨轮的结论。又得益于山东省交通厅杨副厅长的进京游说，以及辽宁省、大连、旅顺等相关领导的共同努力和支持，经过层层申报与加快建设，1990 年春，鲁辽海峡两岸的蓬莱至旅顺轮渡正式通航，蓬莱新港口的建设，大力改善了蓬莱与东三省的经济来往与人员流通。后来，蓬莱又规划建造了蓬莱沿海的环海公路，将港口与公路进行了有效的连接，促进了海洋生产和旅游产业的快速发展。通路、通水、通航的三通工程，带动了蓬莱工业商贸的跨越式发展，为蓬莱的转型升级与可持续发展奠定了基础。

采　访　人：周家智　谢心海　董琳琳

撰稿整理人：姜俊英　谢心海

20 世纪 90 年代初蓬莱对外开放工作回顾

荣风刚 *

1990 年 8 月底，我从烟台市委宣传部调任蓬莱县委书记。在当时国内外局势复杂的情况下，我坚定中国共产党的领导，坚持党中央和省、市的对外开放政策，把蓬莱的对外开放作为主抓的重点工作之一。

一、开展大讨论，统一对外开放的思想共识

蓬莱（1992 年 1 月 18 日设立县级蓬莱市）是胶东革命老区，是 20 世纪 70 年代全国农业学大寨先进县。1990 年 8 月底，我刚到蓬莱时发现，改革开放已经 10 余年，但因长期受“左”的思想禁锢，这里的不少同志在推进对外开放工作上仍然抱残守缺、故步自封，计划经济时代形成的惯性思维、工作作风还不同程度地制约着对外开放的步伐。有的还在纠缠于“姓资姓社”，怕“丧失立场”，怕“犯错误”，怕“外污趁机侵入”，不敢闯，不敢试，迈不开步子，表现在实际工作中，就是活力不足、效率不高、不敢突破。甚至有些政府部门“门难进、脸难看、事难办”，还有些部门遇事推诿扯皮、不作为，工作效率低，服务质量差。这些问题已经引起许多外商和基层企业的强烈反感，严重影响了对外开放的推进和蓬莱经济发展。尤其是党委、政府部门某些机关干部思想保守、观念陈旧。我深切地

* 荣风刚，1990 年 8 月至 1993 年 1 月任中共蓬莱市委书记。

感受到：解放思想、更新观念已经到了迫在眉睫的程度。正在我和班子成员们焦虑的时候，是年 9 月，烟台市委、市政府对此进行了统一部署，给蓬莱的发展指明了方向，提供了机遇。于是，蓬莱县委立即成立了领导小组，制定了活动实施方案，召开了专题动员会议。10 月，在全县启动了对外开放大讨论，重点解决干部群众中不适应对外开放的落后意识和思想观念问题，树立起参与开放、服务开放、方便开放、促进开放的新观念，突破阻碍对外开放发展的瓶颈。

对外开放大讨论活动历时 5 个多月，广泛组织县直部门和单位党员干部群众，围绕“以什么样的精神、姿态、干劲、效率带头搞好对外开放”为主题，采取集中学习上级文件与总结检查自身工作相结合的方法，把对外开放的思想动员与机关、企事业单位的思想、作风、纪律整顿结合起来，对照上级文件要求和先进地区的经验，检查本单位和个人在思想、作风和工作上的问题，找出差距，加以整改，营造进一步扩大开放的良好氛围。经过一段时间的学习与提高，在全县党员干部中广泛树立起了“对外开放，人人有责”的观念，针对不同职能部门分别压实压细对外开放职责，针对蓬莱外经贸、外事接待等对外开放窗口单位进一步增强开放意识，强化职能提升；针对不直接对外部门解决“对外开放与己无关”的“局外人”的错误思想，摆正各自在全县对外开放大格局中的位置，增强“我为开放服务，开放促我发展”的责任感、紧迫感。在全县范围内树立“管理就是服务”的观念，针对与对外开放有关的县直部门、业务管理机构和工作人员，重点破除“等靠”思想和“卡压”作风，打破部门门槛界限，转变角色位置，主动与企业联系，自觉参与开放进程，由职能管理、岗位检验转变为到企业服务，为企业送政策，主动帮助企业解决实际问题，提高服务质量，使企业切身感受到这种转变带来的效益。在全县范围内树立“提高效率、服务开放”的观念，凡属于对外开放的事情，做到“特事特办、新事新办、马上就办”，“从简、从优、从快、随到随办”。树立“为对外开放办实事”“人人都是投资环境、每个人都代表蓬莱形象”的观念，明确对下级请示的事项，不能马上解决的必须说明情况，一周内给予答复。

大讨论的过程中，我还责成相关部门对久拖未决，特别是对涉及土地使用、项目审批、出国手续、人才引进等方面的问题，列出条目一一解决；理顺各方面关系，帮助对外企业解决了许多实际操作中的“老大难”问题。经过扎实有效、形式多样的大讨论，全县广大党员干部，甚至广大群众都对对外开放有了新的认识，提高了思想境界，为把全县对外开放水平提升到一个新的层次，奠定了良好的思想基础和意识平台。

二、发挥整体优势，迅速打造对外开放新局面

在大讨论期间，1990 年 11 月 12 日，蓬莱召开了县委常委扩大会议，专门研究对外开放问题。会议听取了全县 20 个重点项目和筹建十大企业集团的工作汇报，分析了当时蓬莱对外开放的形势和存在的问题，研究确定了蓬莱进一步扩大开放的基本思路：解放思想，更新观念，树立整体开放意识，面向国内国外两个市场，利用国内国外两个资源，形成整体开放的新格局，打好对外开放总体战。

按照这个思路要求，在全方位推动蓬莱对外开放加速发展的过程中，县委始终坚持一个原则，就是不搞形式主义，注重对外开放的实际效果。我经常跟县直机关和乡镇领导讲，有些工作虽然没有做好，但不能为了掩盖问题做一些表面文章，宁可揭短亮丑，也不能让老百姓骂我们搞形式主义，劳民伤财。特别是在对外扩大开放工作上，如果不考虑蓬莱的实际情况，一味地搞形式，不光项目引不进来，就是有项目了也落不下，落下了也发展不好。所以，县委办重点制定了三项制度，即领导联系点制度、干部参加劳动制度、领导调研制度，就是为了让各级领导干部多接地气、多干实事。在此基础上，围绕对外开放的重点、难点问题，逐一梳理，研究

并提出解决办法。为了扩大开放格局，发挥整体优势，1991 年 2 月 6 日的常委扩大会上，提出了县、乡镇、村一齐上，经济部门和非经济部门一起搞，上下左右配合联动的发展策略。在合作内容上，既引进资金，又引进智力；既搞合资企业，又搞国际贷款、国际租赁、三来一补等。在合作方式上开辟新途径多渠道跑资金，重点发展“大高外”项目。在开放渠道上，实施请进来和走出去战略。在这方面，最让我印象深刻的是 1991 年 3 月蓬莱举办的第一次恳谈会。

为了举办好这次恳谈会，前期我们做了大量准备工作。县委、县政府多次召开专题会议，开展讨论，结合当时的政治、经济、社会形势和蓬莱的实际情况，确定了清晰的工作思路和主题。为了保证恳谈会圆满成功，县里根据活动内容专门成立了组委会。县委、县政府领导亲自挂帅，全面负责活动的组织指导、部署、调度。各乡镇、各有关部门也根据县委、县政府的要求，成立了专门的领导机构和工作班子，形成了由组委会统一组织、统一指导、统一调度，各有关部门和单位共同实施的工作领导体系。组委会在充分酝酿的基础上，经过反复讨论研究，多方征集意见，多次修改、补充，制定出切实可行的恳谈会实施方案，为活动的成功举办提供了组织保证。组委会同时还承担了客商邀请、项目签约、参观考察等活动，按照社会效益与经济效益并重、外经外贸与内联内贸并举、经济环境与精神文明建设同步，用文化形式带动经济发展的思路，采取了重经济实效、抓关键环节、保会议质量的举措。

为了请到更多的国内外客商，以县委、县政府名义，采取发电报、发信函、发电传以及派人登门送请柬等多种方法邀请客人。相关的接待宾馆、饭店等单位，按照规范化、程序化的要求，分别对服务人员进行了培训，并注重做好环境美化工作。文化部门组织人力、物力，选调具有蓬莱民间特色的演出队、秧歌队、乐队等文艺团体，为参会客商献上精彩的文化大餐。安排两位副县长专门负责布展工作，本着“统一设计、分头施工、集中布展、严格要求”的原则，组织了县属企业、乡镇企业和三资企业三大展区，重在突出蓬莱特色，引起了客商的广泛关注。在整个活动过程中，全县上上下下主动配合、通力协作，体现出强烈的整体意识和全局观念。记得恳谈会期间，为了准备一场展示精武文化的大型演出，当时缺少专业的演员，组委会特向某驻蓬部队请求帮助。当部队领导得知是为了招商引资、扩大开放，经请示汇报给予了大力支持，他们在军训任务十分繁忙的情况下，派出80多名战士，扮演成戚家军，圆满完成了演出任务，获得广大客商极大好评。为了展现蓬莱的地方传统文化，旅游局、工商局、文化局等部门精心策划打造了古市一条街，登州镇服装厂加班加点赶做了400多套古装，各大银行、石油、烟草、保险、邮电等单位赞助资金。国内外来宾在看到具有蓬莱民间特色的演出和仙境特有风采的景观后，纷纷拍手称赞。在活动洽谈期间，各乡镇、各部门、各单位都表现出极大的主动性，争先恐后地与中外客户进行广泛接触，许多单位除了在展室现场洽谈外，还请客商到厂里参观考察谈，请不回去的跟踪洽谈，使洽谈工作始终在紧锣密鼓中进行。这里我想提一下外经委，当时他们全员出动，在八仙居宾馆专门设立洽谈会议室，负责协调组织全面的外经洽谈，主动为企业出谋划策，协调解决外商关注的问题。

这次恳谈会规模空前，成效也很大。其间共接待来自美国、日本、新加坡、法国以及东欧等20多个国家和中国香港、台湾地区的客商460余人，国家部委及国内客商近千人，前后洽谈项目163个，签订合同69个。其中，洽谈外资项目36个，总投资5800万美元；签订外贸进出口合同19项，交货总额近6000万美元；洽谈国内合作项目57个，投资总额1.8亿元；签订内贸方面合同39个，贸易额近2亿元。同时，活动还洽谈了157个专利技术转让项目，涉及转让资金8000余万元。

三、设立经济开发区及乡镇工业园区，发挥对外开放的聚集效应

1992 年 2 月，邓小平视察南方并发表重要讲话后，中央出台了《关于加快改革，扩大开放，力争经济更好更快地上一个新台阶的意见》，进一步明确了对外开放的方针路线。根据讲话精神，我们班子成员进行了认真学习和深入研讨，做了大量基础性准备工作。5 月，山东省召开扩大开放会议，决定在全省设立 34 个外向型工业加工区、12 个开放开发综合试验区，蓬莱便是其中之一。为了建设好蓬莱省级开发区，1992 年 6 月 6 日，市委、市政府研究通过了开发区的远期规划发展区域面积为 20 平方公里，近期规划区域面积约 9 平方公里，起步区为 1.18 平方公里，其行政区划为原南王镇的矫格庄、许马、景家和原马格庄镇的大皂孙家、山北头 5 个村。在专家的指导和工作人员的努力下，8 月 6 日，开发区总体规划方案编制完成。经过广泛的意见征求和上级审批，11 月 2 日，烟台市委、市政府第 19 次常务会议通过实施。这个规划重点强调园区以发展工业为主要方向，同时超前做好分区规划，完备基础设施，达到“七通一平”。为加快蓬莱经济开发区的建设，带动全市经济发展，根据国家有关法律法规和各级人民政府的有关规定，11 月 8 日，市委、市政府又专门研究下发了《关于经济开发区管理的暂行规定》，确定了蓬莱经济开发区的范围、进园区的项目要求、职能部门设立、管理委员会的职权、土地管理办法、外经外贸政策、劳动人事政策等方案和措施，使其真正成为蓬莱对外开放的窗口和承载项目的平台。随后，北沟、刘家沟、大辛店、登州、南王等乡镇也陆续设立工业园区，结合各自的区位和产业优势，大力开展招商引资。

围绕园区建设，我和班子成员大力推动全市对外开放工作纵深发展，努力形成聚集效应。为此，市里先后研究制定了一系列政策文件。其中，

1992年6月28日制定的《关于进一步扩大对外开放，加快发展外向型经济的意见》，从全面贯彻落实中央文件和省对外开放工作会议精神的高度上，对蓬莱扩大对外开放，加快发展外向型经济，提出了树立整体开放意识，加快全市经济由内向型向外向型的战略转变，提出16条意见，包括大胆利用外资、积极发展三资企业和“三来一补”项目；优化出口产品结构，提高产品竞争能力；实行重点突破，把骨干企业推向国际市场，以及放开搞活房地产业、建设一批各具特色的利用外资乡镇、大力开发新的旅游资源、建设外贸出口商品基地等。《关于奖励引荐外商投资者的有关政策》《关于鼓励“三属”为发展外向型经济牵线搭桥的优惠措施》两个文件，则是对引荐外资、技术、设备等规定了相应的奖励标准，从而调动了“三属”和全市各界人士的积极性。另外，市里还制定了一系列有利于扩大改革开放、经济发展、人才引进等方面的配套措施文件，比如《关于搞好市区商品房开发、吸引国内外有识之士到蓬莱买房居住的试行办法》《蓬莱市招

1992年9月6日，蓬莱第二届对外经济贸易恳谈会召开

聘引进人才政策规定》《关于蓬莱市外向型工业加工区优惠政策的意见》《关于鼓励发展个体、私营经济的意见》等，进一步推进了对外开放的进程。

其间，1992 年 9 月 6 日到 10 日蓬莱又举办了第二次恳谈会。这届恳谈会共接待中外客商 500 余人，其中，来自美国、日本、新加坡、韩国等 10 多个国家以及中国香港和中国台湾地区的客商 100 多人。洽谈项目 290 个，签订合同 102 个。其中，洽谈外资项目 34 个，总投资 8500 多万美元；签订外贸进出口合同 16 个，交货总额近 5000 万美元；洽谈国内合作项目 50 多个，投资总额近 2 亿元，内贸货物交易额也达到 2 个多亿人民币。另外，在这次洽谈会上，还为企业引进了 100 多名技术人才。

为了进一步巩固经贸恳谈会请进来的成果，扎实建设好园区的开放平台，继续扩大蓬莱对外开放影响力，1992 年 11 月上旬，我采取走出去的方式，带领园区相关企业以及其他骨干企业，在深圳举办了一届对外经贸联谊洽谈会。这次洽谈会蓬莱去了 50 多人，除了县委、县政府有关领导外，还有外经委、计委、侨办、台办和登州、大辛店、北沟等 27 个部门、乡镇及 26 个企业负责人。其间，先后与 100 多名外商就 120 个合资、合作、贸易项目进行了洽谈，共签订利用外资项目 42 个，总投资额 8000 多万美元，其中，技术先进、规模较大，投资额在 100 万美元以上的项目有 17 个；签订外贸出口合同 6 项，成交额 1300 万美元。同时，洽谈会上还与 120 个国内客商签订了 13 项合同，涉及总投资一个多亿人民币，贸易成交额 5000 余万元。

这次深圳洽谈会的效果超出班子成员的预期，主要是洽谈了一批好项目。如蓬莱永昌实业公司与福善（香港）贸易公司合资生产改性 PVC 超薄型防水涂布项目，总投资 800 万美元，利用外资 200 万美元；物资化轻公司与中国香港大升集团公司合资开发房地产项目，总投资 1960 万美元，全部是外资；化工总厂与韩国乐喜金星集团公司合资生产聚苯乙烯项目，总投资 1000 万美元，利用外资 600 万美元，等等。同时，也拓宽了对外开放新领域。洽谈会期间，我们既进一步巩固了与香港大升、香港福善、香港洛山、台湾维泰等老客商的关系，又接触结交了香港华润、南韩乐喜、新加坡里文根、台湾葆旺等一些大的公司和财团，为进一步扩大蓬莱与海内外经济技术交流与合作，创造了有利条件。合作方式和内容上也更加灵活多样，有合资企业项目，也有“三来一补”项目，还有独资企业项目；有一般性加工项目，还有房地产开发、旅游景点建设等项目。在深圳，我们还探讨了到境外投资办企业和进行一般性贸易的可能性。如蓬莱轴瓦厂与香港兴利公司达成到印度尼西亚合资兴办铸造厂的意向，市财政局与香港聚安有限公司签订了到香港联营兴办贸易公司的合同，等等。通过深圳洽谈会，进一步增强了领导干部和企业家的开放意识。

实践证明，没有思想的大解放，就没有对外的大开放。与会同志通过这次洽谈会的亲身体验、耳闻目睹，进一步加深了对中央文件和邓小平同志南方谈话精神的理解，看到了当前对外开放的形势，也看到了蓬莱对外开放工作的差距。这次洽谈会，无论从解放思想还是从实际效果来看，比在家里开几个会的效果都要好。“与其坐门等客，不如外出招商”，使大家普遍有了压力感和紧迫感，激发了对外开放的干劲，同时也获得了对外开放新经验。过去，大家认为对外开放，就是参加广交会、青交会和在市内举办几场经贸恳谈会。这些法子固然很好，取得了一定的成效。但这次深圳洽谈会给大家的触动很大，扩大对外开放要坚持“请进来、走出去”两条腿走路的原则，充分利用好国内国外一切资源。南方经济发达地区对外开放搞得早、搞得好、搞得活，对我们来说不光是机遇和交流平台，也对我们不断拓宽对外开放的路子提供了借鉴。随后，市委、市政府又组织党政代表团分别考察了珠江三角洲 9 个县（市、区），组织经贸考察团赴韩国、中国香港等国家和地区进行招商，进一步推动了蓬莱对外经济技术发展与交流。

采　访　人：周家智　谢心海　董琳琳

撰稿整理人：周家智　谢心海　董琳琳　姜俊英

蓬莱市工业经济发展回顾

程竹坤*

工业企业作为实体经济的主体，是地方经济发展的重要支撑，也是地方税收的主要来源。工业稳则经济稳，工业兴则经济兴，工业经济发展了，才能反哺农业，带动第三产业的发展，这样，整个蓬莱的经济总量就上去了。所以，任职蓬莱市委书记期间，我一直把发展区域经济、增加财税收入作为重点工作来抓，特别是在抓工业经济方面，动了不少脑筋，付出了较大的努力，也取得了明显的成效。

一、更新发展工业经济的思想和观念

应该说，蓬莱的工业经济还是有一定基础的，工业门类也比较多，这主要得益于改革开放10多年来乡镇企业的崛起。我记得当时的统计显示，1993年乡镇以上工业企业共有203家，年实现利税3.3亿元；村办企业有652家，年实现利税2.2亿元，涉及汽车、黄金、机械加工、五金制造等领域，但产值过亿元的只有2家，利税过千万元的只有4家。相比发达地区，蓬莱的企业是只见群山，不见高峰，而且企业普遍存在技术落后、设备陈旧、资金不足、后劲乏力、对财税贡献不大等问题。所以，发展工业经济，膨胀经济总量，提高经济效益就成为当务之急。突破口在哪里呢？首先就

* 程竹坤，1993年1月至1996年8月任中共蓬莱市委书记。

是要解决领导干部的思想问题、观念问题，坚定大家发展工业经济的信心、决心。为此，我和班子成员经过商讨，决定三管齐下，以开展解放思想大讨论、下江南取真经、结对子对口学的方式方法，从理论和实践上共同推动广大干部发展工业的思想与观念。

得益于1992年邓小平的南方谈话，在全国掀起解放思想的高潮。在1993年4月的解放思想大讨论过程中，蓬莱市委搞了一个“学查改”活动，就是学习领会邓小平同志南方谈话精神，学习南方先进地区的经验，查一查现有哪些规定和政策影响对外开放、哪些需要调整和变通、哪些政策还没有用足用活用好、哪些成功经验还没学到、哪些应该放的权力还没有放、哪些应该争取的项目还没有落实、哪些工作由于信息不灵坐了“末班车”。在此基础上，组织相关部门相关人员一条一条地登记分析，一条一条地整改，一项一项地落实。能够整改落实的马上整改落实，客观条件和时机不成熟的，都制定了整改的时间表，要求相关部门想办法定期整改，让广大党员干部真切地体会到自己工作中的实际状况，到底是哪里阻碍了经济发展的脚步，哪里能够快速推进发展的速度。通过这次大讨论，较好地破除了领导干部畏难发愁的思想，破除了自满自足的思想，破除了“等靠要”的思想，破除了不可能实现跳跃发展的思想，树立了“敢闯敢干”的思想观念。

仅仅停留在自家一亩三分地的查改是不够的。依我多年的工作经验，走出去才是拓宽眼界最直接的法子。1993年3月，上任伊始不到两个月的我，即带领乡镇党委书记去张家港学习。根据当时的信息判断，我认为人家南方思想解放早，行动动作快，经济发展好。出发前，市委办工作人员做了大量准备工作，为区别于之前的泛泛而学，这次跟出访人员提出了严格的学习要求，强调针对性，走访学习不是走马观花浅尝辄止，更不是游山玩水看光景，让每位同志根据自己乡镇的实际情况，有针对性地提出要解决的问题；强调实用性，要取真经、学真法、鼓实劲、重行动，每个单位部门回来后要有新的实际发展重点，出实效。

在走访学习环节中，我强调了项目安排和经验介绍者的规格。想方设法与对方衔接做好接待工作，重点是参观好的单位与典型，邀请了被参观单位的“一把手”亲自陪同、亲自介绍，以便学到真东西、真经验，防止安排一般性的参观应付。这样做的目的是让我们的干部感受到领导的高度重视，能够学到面上学不到的真东西。学习过程中，也不限于单单听介绍、看材料，注重突出重点、抓住要害、现场提问、释疑解难。让我印象深刻的是，为了让大家更直观更全面地了解南方城市的发展态势，我专门联系了当时张家港市的秦书记亲自与大家见面，详细讲述张家港的发展历程与经验，通过秦书记高屋建瓴式的介绍，直接提升了大家发展经济的格局高度。这次考察学习，拓展了大家的发展思路，启发了大家的思想意识，特别是对一些思想僵化的同志触动很大，为蓬莱后期的工业发展提供了强大的思想动力。大家都认为这种方式很好，为此，在我任期的几年里，每年都组织党员干部走访南方学习，先后四下江南取真经，三次带领乡镇党委书记，一次带领重点骨干企业负责人考察学习。其中，去顺德的时候，广州市的市长安排顺德的陈书记全程陪同、介绍。并把以后每年的走访时间调到了正月十五之前，这样回来后就可以及时对照先进城市作出新一年的工作打算，趁热打铁，抓好落实。

参观学习后，市委办又组织各部门、各乡镇把参观学习与思想大讨论结合起来开展讨论、整改和结对子对口学。结对子对口学就是市与市对口、部门与部门对口。刚开始市里是和顺德学，后来我们又和无锡市的锡山区结对子学，因为当时锡山区曲区长是蓬莱水城人，能学到直接的东西。同时，还要求各乡镇、各部门也照办，找到适合自己追赶学习的目标，结成对子，实施对口赶比超。通过这些措施的实施，全市广大党员干部统一了思想，明确了发展思路。当时蓬莱的总体发展思路是：强化农业、振兴工业、搞好水产、大力发展以旅游业为龙头的第三产业。结合参观与对比学习，我和班子成员分析蓬莱相对落后的关键是经济落后，经济落后又主要在于工业落后，要想振兴蓬莱、实现跳跃式发展，就必须发展经济，就必须在振兴工业上出点子、想办法、用奇兵。于是，在1993年6月5日的常委扩大会上，提出围绕发展工业生产，实施跳跃式发展；提出坚持四个轮子一起转，即市属工业、乡镇企业、村办企业和民营企业一起上的发展策略，既抓铺天盖地，又抓顶天立地。因为没有铺天盖地，就没有工业经济总量的膨胀，就调动不起来民营中小企业的积极性。没有顶天立地就没有支柱企业，没有叫得响的品牌。应该说，这两点当时蓬莱是有差距，都不如南方，都比不上周边的先进县市。所以，提高蓬莱工业经济的发展比重，将三次产业的比例由二一三尽快变成二三一，成为这届班子成员经济发展的目标。同时，结合走访学习，我和班子成员明确了工业发展中的制度建设、项目与资金建设、人才与营商环境建设等几个突破口。常委扩大会后，相关招商引资、人才引进、发展科技与城市建设等方面的文件接连修订发布。其中，部分工作提前行动，很快有了起色。

二、积极落实工业经济发展项目和资金

笼统地说，要发展工业经济，就得抓好两个基础，一是项目，二是资金。没有项目、没有资金，工业经济就无从谈起。围绕工业项目，我和班子成员实施了“五个围绕”；围绕资金解决，我们实施了两条腿走路。

围绕高新技术上项目。蓬莱把应用信息技术、生物工程技术、微电子技术、新材料和机电一体化技术作为重点发展方向。通过政策争取、上级部门助力、借助兄弟县（市）或部门联合研发，以及自我研发等多种形式，加快高科技产品的深层次开发，逐渐建立起星火技术密集城镇和区域性星火技术支柱产业，1994年通过了省级星火技术密集区的验收。重点扶持了漆包线厂、节能灯厂、金刚石厂等，都取得了不错的成效。在我任期内共实施科技发展计划56项，其中有29项填补国内空白，15项填补省内空白，

8 项达到国际水平，34 项达到国内先进水平。

围绕出口创汇上项目。因为当时我们国家实行外汇管制，官方的外汇牌价和民间的差额很大，所以说，要了外汇额度，就相当于要了钱回来。那时绣花厂、工艺品厂、玩具厂等都是创汇大户，而且出口创汇是当时上级要求的一项重要指标，没有外汇，蓬莱企业从国外购买的设备、原材料和技术等是进不来的。记得 1994 年 2 月，市里到财政部争取了 500 万的外汇额度，按照当时民间的兑换比例，就等于给了 500 万元人民币。

围绕骨干企业、重点企业上项目。因为这些企业有资金、有技术、有人才、有基础，所以上项目见效快。在对标高新产业项目中，1994 年蓬莱市委、市政府积极推动了蓬莱万寿机械有限公司的成立，这是一家集铸造、机械加工、总成装配于一体的专门生产汽车零部件的省级高新技术企业。经过一年的努力，依靠过硬的产品质量和可靠的商业信誉，成功成为烟台大宇、一汽、二汽、重汽等国内汽车生产企业定点配套厂家，年产值 4000 多万元，利税 300 多万元。

围绕企业能人上项目。无论是个体还是民营，项目成功与否，关键在人。

20 世纪 90 年代初的烟台天一金属制品有限公司车间

有些企业没有能人，给他资金、项目也干不起来，相反给了企业能人就如虎添翼。蓬莱的乡镇企业之所以发展得比较好，主要归功于有一批企业能人，当时命名“新八仙”的12名企业家就全国出名，他们是蓬莱的宝贵财富，是市里抓工业的排头兵。

围绕当地优势上项目。蓬莱有丰富的农产品和海产品资源，品质也不错，在全国小有名气。所以，市委、市政府摒弃过去资金一味在传统工业项目上打转的发展思路，以效益定投向，把政策、资金重点放到新兴产业上，放到转型升级和品牌打造上。1993年到1996年，蓬莱新发展国有、集体、个体、外资等多成分农业深加工企业500多家，完成投资6.3亿元，农副产品综合加工率达55%以上，增值10—15倍，600多种农产品畅销国内外市场。到1995年，全市水产品总量已突破50万吨，位居山东省各县市第二。

以上的项目从哪里来？项目的建设需要大量的资金，钱又是从哪里来？当时市委、市政府是通过招商引资和跑省进京等多条路实现的。

招商引资的形式多种多样。广大党员干部集思广益，共同努力想出很多金点子来。招商的形式有领导带头招商，包括市领导带队到深圳招商、韩国招商、香港招商、北京招商等。其中，1993年9月领导班子在深圳丽晶大酒店搞了招商新闻发布会，有100多人参加，工商银行总行、港中旅、华润、招商局领导都到了，还有很多台湾客商也去了，规格比较高，效果非常好。我记得当时有马来西亚林先生在刘沟镇投资的长福陶瓷、美国的魏先生投资的华茂化工等，其他项目在随后的时间里也陆续落户蓬莱。项目推介会招商，我印象深刻的是1994年3月去韩国招商那次，一行35个人，既有市领导，又有村党支部书记，分别在汉城、釜山、群山举办了三场投资说明会，共洽谈了35个项目。同时还收获了与群山市缔结为友好城市，后来他们的市长还到蓬莱进行了回访。亲朋好友招商、以商招商，让我至今感动的是，经多方牵线搭桥，通过蓬莱的老乡台湾孙运璇的妹妹孙慕娟联系台湾客商，通过台商周福厚和毛纺厂的合作又在北沟引进了项目。

香港是通过刘士凯、于荣恩等先生介绍了很多朋友。1994 年 9 月，在北京的城市推介会上举办了老乡联谊会，邀请在各部委、央企工作的蓬莱老乡、知名人士参加，叙乡情、谋发展。敲门招商就是通过北京的蓬莱老乡孟学农找到国内各大公司、银行、外国机构驻北京办事处的相关信息，带上招商项目主动登门介绍、汇报，晚上汇总各乡镇、各部门一天的走访情况，第二天再上门洽谈。还有外商现场推介招商、落实责任招商等。当时大家热情高涨，招商引资的形式多种多样，搞得很有成效。除了全体招商外，1994 年，蓬莱市招商办公室成立，招商专项职能也得到了强化。

跑省进京，是由于当时中国经济还没完全市场化，实行的是以计划经济为主、市场调节为辅的双轨制，国家各部委和省厅都有可观的专项发展资金。所以，我要求从市领导到部门领导都要想尽一切办法向上级争取资金、争取政策、争取项目。对于争取工作做得好的，也制定了一些激励办法。

当时的经济环境，信息很重要，信息就是发展机遇。为此，我们想了个办法，规定凡是到蓬莱的客人及其陪同人员，有关接待单位都要填写接待单子，内容包括客人的姓名、工作单位、分管什么，接待以后提出了什么要求、出个什么题目、有什么资金、怎么答复的、下步打算等，落实到人，一竿子到底。当时有好多事都是借这样的机会办成的。比如，山汽改、小汽改的汽车目录，就是机械部主要领导到蓬莱时解决的。1995 年，也是采取类似方式争取到部队的 2800 万元资金，修建了从北沟到大柳行的道路，方便了沿线村庄百姓搞活经济。

1995 年 7 月，为了支持重点企业和重点项目，市委、市政府从全盘出发，搞个“拼盘”资金。考虑到个别重大项目资金需求量大，单凭一家银行的贷款额度是不够的，所以，就组织多家专业银行进行“拼盘”贷款。这样，不仅解决了资金问题，还分摊了风险，各银行的积极性都挺高。像这样一事一办、特事特办的法子还很多，只要不违法，能够快速推动蓬莱工业经济的发展，我和班子成员没少绞尽脑汁。

三、大力引进和培养工业经济发展人才

万事人是根本，没有人才，有了项目、资金和技术也白搭，人才是关键。我和班子成员深知此点，当时的人才政策是以引为主，引进、培养、提高并举；当时在引进方面突出了科技人才与能人几个方面，尤其是招聘科技副市长这一点，蓬莱做得还是比较超前的。

在开启跑省进京招商引资的想法与行动中，我就感觉跑一趟济南、北京也不容易，去一趟要多办几件事情，要丰富办事内容，想来想去在引进人才方面就想到了争取科技副市长这一招。引进一个科技副市长，不仅多了一份领导力量，更重要的是密切了蓬莱与国家部委的关系，增进了友谊，加强了联系，从政策到项目、到资金，都得到了额外的支持和帮助，实践证明这个做法很管用。1993 年筹建的国家工商银行蓬莱培训中心就是通过挂职副市长争取政策资金建起来的。有了这个平台，国家工商银行系统的很多会议在蓬莱召开，蓬莱"坐收渔翁之利"，资金短缺的矛盾迎刃而解。另外，牡丹宾馆、蓬秀宾馆等众多项目也是用这种方式争取来的。我和班子成员以及部门"一把手"，先后跑了中央组织部、机械部、科技部、地矿部等国家部委，也有工商银行、人民银行、国家保险公司等金融部门和央企，以及省市级科研院所、军工企业、大专院校等。经过坚持不懈的努力，从 1993 年到 1995 年，我记得前后最少争取了 10 多位部委和省厅的同志到蓬莱挂职副市长，聘请了 40 多名各个领域的科技人员担任市级经济顾问和科技副乡镇长等。

引进科技人才是市委、市政府发展工业经济的重点，形式上突出不拘一格。1993 年春天，我即带队去北京、段市长带队去西安，把引进科技人才作为推动经济发展的突破口，以后每年班子成员都组团外出引聘科技人才。成立人才交流中心，制定一系列优惠政策，并先后在《人民日报》《中

国科学报》等媒体上登载科技人才招聘广告。到 1994 年，引进国内科技人才 608 人，国外人才 167 人，在国家和省科研部门获奖 135 项。同时，注意把引进高级科技人才作为招聘工作的重点，吸引退休的高科技人才来蓬莱安家，在职的就聘请“星期日工程师”，就是星期五下班后来蓬莱，星期一再回去上班。其中，省级“科技星火镇”大辛店曾聘请了中国光源专家蔡祖泉教授担任技术顾问，使该镇迅速发展起了年产 2D 高效节能灯 400 万只的新兴源灯具厂，产能居江北第一。

市委、市政府还重点瞄准能人的引进。蓬莱有个第一棉纺厂，从 1986 年筹建到投产经历了很多波折，效益一直不好。自从 1993 年 8 月我们率先从潍坊请来一位“明白人”当厂长后，不但解决了数千万资金的缺口问题，而且一年就实现利润 1000 多万元，到 1995 年已成为全市的利税大户。

在培养人才方面，蓬莱市委、市政府注重激活本地人才，积极落实奖励政策。1993 年开始每年市委办都出台若干政策，千方百计地激励本地有贡献的厂长经理，破格提拔懂工业经济的干部。比如说，乡镇的党委书记可以提拔副县级干部进行高配，乡镇企业的厂长经理可以挂乡镇党委副书记，市属企业的厂长经理可以挂工业部门的副局长等。不光提高他们的政治待遇，还帮助解决子女就业、“农转非”指标等实际问题，解决他们的后顾之忧，以便他们把全部精力投入到做好蓬莱的工业经济发展上。总之，对企业家提出的要求，只要不违背原则，我们都尽量给予解决。

四、创造工业经济发展良好环境

经济的发展与社会环境息息相关，我和班子成员始终坚持软硬环境一起抓。

搞好基础设施建设，改善投资硬环境。包括牟黄路硬化、蓬水路硬化，修建龙骨工程，东出口、西出口拓宽工程，东西两个港口建设等。蓬莱是滨海城市，也是沿海开放城市，但还称不上港口城市。因为我们没有专门的货运码头，更谈不上开放口岸。为此，我和班子向上级争取在城区东部建设蓬莱新港，刚开始的规划方案只有一个3000吨和一个5000吨泊位。经过几次实际调研后，感觉周边岸线条件非常好，从5000吨泊位往外延伸不远，水深就达到10—15米，而且码头离主航道又很近，稍微调整下就能建万吨泊位，投资只增加了200多万元，关键是调整后会对港口的功能定位和未来发展产生深远影响。于是，在经与上级有关部门沟通后，又组织相关设计部门重新论证与规划，形成新的港口建设规划，增加万吨级泊位一个，并最终通过了专家的认可和国家有关部门的批复。经过加快施工，1995年12月港口通过验收使用，1997年成为国家一类开放港口。(现在看来，蓬莱新港的建设，不但是利用好了当地的岸线资源优势，而且为蓬莱以后临港工业的发展奠定了坚实基础。）另外，为了使产业集聚发展，在蓬莱东部配套设立了工业开发区，在北沟等乡镇规划了工业园，迅速带动起蓬莱东部发展。为了解决供水问题，对丘山水库进行扩容，浆砌了几十公里干渠等。

在发展软环境方面，市委、市政府通过政策制度、机制完善优化服务环境，通过树立榜样、检查督导、广造舆论等多种形式，在全市上下形成人人想发展、发展是硬道理的良好营商氛围。

上任伊始，我即提出“一级带着一级干，一级做给一级看，一切围着发展转”，领导干部，尤其是市委领导干部是党员群众学习参照的样板。层层带头、树立榜样，成为我主抓的重点，在全市实行领导包乡镇、包项目的机制，让领导干部带头跑部进京，只讲成功经验，不找失败的理由；在全市推行“一把手带动工程”，急、难、重工程项目全部由各级“一把手”挑起来。记得1995年全市30项重大建设项目和16个投产未达产的项目全部被分解到60位市党政领导、乡镇党委和企业“一把手”名下，从项目立项、筹集资金到开工建设、投产达产，实行全程负责，一包到底，改变过去主要领导只管总体目标、不负具体责任的工作模式。在我的主导下，市委、市政府又实行了“一把手”承包亏损企业的办法，明确责任，签订军令状，实行短期脱岗，对亏损企业实施改制、创立新项目、招商引资等，新上项目投产必须达产，否则不予验收，直至扭亏为止。其中，市汽车集团由于重型车市场疲软，产品大量积压，新上农用车项目因资金短缺又不能开工，实施市主要领导责任承包后，通过现场办公、带队出访等多种途径，短期内筹集资金 2800 万元，使企业边改造边生产，迅速扭转亏损局面。其他部门领导、乡镇党委政府领导和企业领导也纷纷行动起来，包村包企业，大展手脚，各显神通，积极实施经济大提速，全市各级党政领导在加快经济发展中，到主战场上俯下身子干实事，为基层干部和人民群众做出了表率。

与此同时，市委、市政府把这种表率作用广泛推广出去，通过多种形式宣传，营造发展舆论氛围。开展多种形式的竞赛活动，乡镇与乡镇比、系统和系统比、公司和公司比、企业和企业比，相互之间比项目数量、比投资多少、比达产快慢、比效益高低，以发展论英雄，提倡有先进必抢，有第一必争。及时抓典型，树标杆，大力推广，广泛宣传，激发了干部群众的发展干劲。

市委、市政府又经过及时运作，把干部群众的发展热情转化为机制创新与制度建设，为长期发展营造良好的环境，进一步优化营商环境。开展经常性检查督促，一年两次大检查、大观摩，春天看开工，冬天看结果。项目要看新的，进展要看当年的。然后互相表态，传导压力，激发竞争。同时从市领导到乡镇、企业、部门的干部，结合本职岗位责任，围绕年内工作目标，在德、能、勤、绩四方面向上级领导和社会作出责任承诺，层层签订责任书。并通过各种媒介向社会公布公开，让广大群众参与发展，监督发展，共同努力，也为蓬莱的发展出一把力。政策制度建设及时跟进，从 1993 年到 1995 年，市委、市政府相继出台了《调整结构、保证重点、增加收入、加快工业经济发展意见》《鼓励发展外向型经济的实施办法》《对市属和乡镇企业及主管部门奖惩办法》《对市属企业实行经营目标责任制的通知》《对市属企业和乡镇企业产权制度改革意见》《加快实施外向型带动战略，进一步扩大对外开放的意见》《加速推进市属工业发展的意见》等一系列文件，用政策措施调动起大家的积极性、创造性，保证蓬莱工业经济的持续增长。

总体来讲，在我任职期间，蓬莱的工业经济发展还是比较快的。从1993年起，工业总产值年增长均在25%以上，到1996年工业总产值突破百亿元大关，实现利税8.5亿元，财政总收入突破2亿元大关，比1992年翻一番，是1989年的3.4倍。1994年，蓬莱通过省级星火技术密集区验收，位于全国科技实力百强县第70位。1995年10月，蓬莱第二次荣获“全国综合实力百强县”称号。

采　访　人：周家智　谢心海　董琳琳

撰稿整理人：周家智　谢心海　董琳琳　姜俊英

谈蓬莱企业改制

王胜科*

20世纪末，蓬莱作为全国四个县级中小企业改制试点县之一，1997年的市属企业改制，1998年的乡镇企业改制，都走在全省乃至全国的前列。当时，在中小企业改制方面，全国还没有实际成熟的路线图，各地的情况千差万别，都处于改则困难重重、不改则被时代淘汰出局。我带领班子成员们摸索出一套完善的行之有效的改革实践经验，其做法相继被《烟台日报》《大众日报》和新华社以连续报道或长篇通讯的形式予以重点宣传。烟台市在蓬莱召开了全市企业改制工作现场会议。蓬莱也在全省县域企业改制工作会议上作了交流发言。可以说，在这一轮企业改制中，蓬莱主动发力，成效明显。

一、主动摸清家底，率先启动企业改制

1996年9月上旬，蓬莱市委、市政府针对市属企业和乡镇企业产值增长、但效益滑坡问题，尝试实行了一套“预警管理”办法。将产品销售率、资金利税率、成本费用利润率等8项指标，纳入政府预警管理范围，并对企业采取派驻工作组、集体会诊、加强管理等一系列的措施。到11月上旬，效果并不理想。现在看，那时还是政府的手伸得太长，市场的手没发挥作用，

* 王胜科，1996年8月至2000年1月任中共蓬莱市委书记。

政府哪能管得了那么多企业的事？于是，1996 年 11 月中旬，市里下决心组织了一支庞大的审计队伍，对全市有一定规模的工商企业进行了 3 个多月的逐一审计。审计发现，在审的 114 个企业中，有 104 个企业存在亏损，有的还十分严重。企业亏损面这么大，特别是存在一些对企业生存能力影响较大的利润不实、资产不实、成本不实等问题，让我和班子成员心神难安。在 1997 年 2 月 6 日的常委扩大会议上，我们听取了审计汇报，一致认为，如果不从根本上解决企业的经营体制问题，把企业的责、权、利统一起来，终有一天还要出更多问题。

当时，关于企业改制这个问题，党中央、国务院都有要求，但是上级没有定制，没有时间要求，也没说怎样改，更没有什么具体路线图。结合国家的政策要求和蓬莱企业的实际困境，市委、市政府决定主动作为，从实际出发，抓紧时间一步一个脚印摸索着先干起来。我和班子成员一致认为，中央和上级不可能具体明确一个县哪个企业怎么改，改了以后怎么做。因为各个县市、各个地区、各个企业都会有各自不同的具体情况，不可能有统一的模式。所以自然而然出现了一个现象：领导干部的惰性和畏难情绪决定了企业改制的快慢。如果领导层面的问题不解决，惰性不打掉，就会形成领导受得了、干部受得了，而企业受不了的局面。而要改，又如何下手？当时，蓬莱突出抓了四点。一是摸清家底，将财政、审计、企业主管部门分成若干审计小组，逐户摸清每个企业资产及经营状况，做到心中有数，因企施策。二是领导层统一思想，由领导干部带队深入企业做思想工作，对企业干部职工晓之以理，动员积极参与。三是参观学习外地经验，除了到江浙地区外，在省内学习诸城、寿光的做法，使大家真正学到“产权”改革这个根本。四是积极争取上级政策。通过行之有效的宣传引导，蓬莱的中小企业改制迅速启动，积极争取列入了“全国县域企业试点县”。既然是全国试点县，就应该方案更超前一点，视野更宽一些，做法也可以更加灵活一些，保证企业改制工作通畅有效。

结合蓬莱实际，通过不断地摸索，1997 年 4 月 15 日，市委、市政府制定出台了《蓬莱市关于加快推进企业改革的意见》，提出了“首选股份制、因企制宜、一企一策”的工作思路。基本原则是“三个有利于”，即有利于财税增长，有利于职工稳定和就业增加，有利于经济发展。目的是按照《公司法》的相关规定进行市场化运作。国有、集体资产可以通过产权转让、挂靠、兼并、外资嫁接、剥离经营等方式，实现产权主体、结构多元化，使企业具有独立的法人地位，拥有独立的财产权利，独立承担责任，最终建立现代企业制度，从而激活企业参与市场竞争的能力，使包袱转为财富、劣势转为优势。

二、多措并举，大力推进企业改制顺利实施

为了加强对改制工作的领导，1997 年 4 月 20 日，市委、市政府首先成立了一个领导小组，这是一项创举，就是领导小组兼工作小组，我是组长，市长、人大常委会主任、政协主席是副组长。领导小组的领导都分工在各个执行小组，既是领导力量，又是执行力量。这样，工作小组的会实际上就是市委、市政府的调度会。遇到改制中的问题需要研究通过的，各口直接带回去，有意见的提意见，没有意见直接通过。相比之下，如果只建立领导小组，开完会后，再回头各忙各的，又分散了。所以说，这是个非常灵活、非常好操作的机制，推进力度非常大。当时还有几条戒令，就是哪个企业要是应当改而不改，负责人就地免职，看看哪个企业敢不执行？！在具体措施上，市委、市政府把改制列为 1997 年、1998 年全市重点工作，纳入部门年度目标责任制考核，完不成目标任务的取消评优资格。1997 年 4 月至 1998 年 8 月，蓬莱先后出台了《关于加快推进企业改制的意见》《关于企业改制中土地资产的处置意见》等指导性文件，随后又陆续配套出台了一系列企业改制的优惠政策和规定，极大地吸引了民间资本、外地资本

参与到蓬莱的企业改制中。比如说，1997 年 5 月制定的《建立蓬莱市职工救急济难互助储金会》规定，从企业的净资产中拿出 30% 作为改制基金，用于解决职工安置等遗留问题；同月制定的《关于改制中土地资产处理意见》中规定，对资不抵债的企业，允许把土地使用权捆在一起出让；企业改制过程中发生的费用除按规定的上交外，其余的免交；对 12 个部门涉及改制的 18 项收费一律给予减免，杜绝改不起的现象。当然，费用减免自然会触动一些部门的利益，个别部门仍以某文件规定为借口迟迟不落实。我知道情况后，立刻把那个部门负责人找来，就一句话："怎么，还得换换位置吗？"这件事当时反响很大，关键是让大家看到了市委、市政府改制的态度和决心。

每个企业在改制过程中还有个时间问题，时间拖得越长就越被动，不但会造成企业资产的流失，加大改制成本，而且也会使企业失去在市场竞争中的主动性。比如说，有个企业 1996 年的净资产是 1300 多万元，到了 10 个月后改制时仅剩 300 多万元。类似的企业还有很多，算大账，企业改制如果再拖一年，全市企业的资产可能流失 2 个亿。这说明，谁早改谁主动，晚改就可能被市场淘汰。所以，蓬莱在改制环节上千方百计提高效率。工商、物价、建设、土地等 10 个职能相关部门都公开承诺办事期限，接受社会监督。对于改制企业变更营业执照、土地证、房产证等手续的，安排专人主动上门服务，工商部门还推出了营业执照可以先变更后补办手续的举措，大大提高了办事效率。

当然，市属和乡镇企业改制是一项系统工程，问题繁多、过程复杂，我们不但要改得快、改得好，还要把国有资产看好、管好，不能造成流失，更要使改制后的企业能够健康的发展、焕发活力。在这方面，市委、市政府积极借鉴外地的先进经验，因企施策，增加改革针对性。市属企业主要围绕资产重组、产权出让和资本运营做文章，通过减员增效、下岗分流、规范破产、鼓励兼并等方式，解决企业债务包袱过重的问题；鼓励和引导规模较大企业进行股份制改造，由现任负责人及中层干部控股经营，其他的则可整体出让；对债务较重资不抵债、改制难度较大的企业，采取剥离经营、停息挂账、破产等形式，盘活企业资产；对已改制企业采取“回头看”的办法，及时帮助企业解决遗留问题，做好国有、集体资产监管，提高运行质量。另外，市里还规定：不准以集资的形式搞股份制，未经论证的产品和项目不准以股份制为名集资入股，对原有以集资形式入股并且经营良好的企业，可以按照自愿的原则转为股份，规范成股份制企业。

在乡镇企业改制上，市委、市政府坚持从实际出发，采取了更加灵活多样的形式，而不是“一刀切”“一卖了事”。在改制之前，先对全市乡镇 700 余家企业按类型、资产、债务进行分门别类，再针对每一类企业“对症下药”。除整体出售之外，市里还制定出整体租赁、售租结合、先售后股等改制方案。比如原蓬莱登州皮鞋厂，由于产品老化，管理不善，市场缺乏竞争力，到 1996 年底时，企业亏损 100 多万元。为此，政府将该企业的流动资产抽回，将厂房、设备等固定资产租赁给私营企业。私营企业接手后，立马追加投资，上技改，开发出消防应急灯等高新技术产品，形成年产应急灯 1 万台、电视放大器 600 多台的生产规模，年可实现销售收入 1000 万元，被省公安厅确定为消防产品定点生产厂家。可以说，“整体租赁”让皮鞋厂“起死回生”。类似这样的例子还有很多。到 1998 年 8 月，全市通过租赁重新登记注册的企业达 217 家，占总数的 32.9%，涉及资产 5.2 亿元。

但是，对于一部分规模较大、净资产几百万甚至上千万的乡镇村企来说，它的改制是整个改革工作中的重点、难点。如果单是个人来买，无疑难度很大。对此，市里创造性地先将企业出让给有意愿的厂长经理，再动员内部职工和外来资本入股，组建成股份制企业，这叫“先售后股”。像大辛店的蓬泰、北沟的良友等企业，都是通过这种方式成为股份制公司。这样，管理层控股，中层干部和部分工人也当上了股东，从而使企业上下一心，为企业发展增添了后劲。

在推行改制过程中，村办企业由于其与村民利益紧密联系的属性而备受关注。北沟镇下朱潘村的杨书记向我提出了这样一个带有普遍性的问题，说村办企业原先每年向村里上缴一定的利润，现在搞一次性买断，企业负担是减轻了，然而必将削弱村里的集体收入。针对村办企业这一不容忽视的现状，我和小组成员研究协调，又制定出售租结合的方案。将村企流动资金、设备等资产出售，厂房、土地等不动产租赁，这样，村集体不但可以得到一笔出让金，每年还可以收取不动产租赁金。下朱潘村利用这种方法，将 9 个村办企业下放给私人经营，每年可收取租赁费 50 万元，保证了村民们的医疗、养老保险等福利，很受老百姓的欢迎。到 1998 年 8 月，全市有 575 家乡镇村企完成改制，占总数的 80%。私人资本参与改制涉及资产 30.8 亿元，控制经营的资产达到 28.9 亿元。

这里需要说明的是，对改制后的市属企业，政府职能哪些需要弱化，哪些需要强化，建立一个什么样的事中和事后管理模式，也是改革的焦点，也是难点。我们不能因为产权没了、经营权没了，监管也不要了。所以，改制过程中蓬莱随之设立了国有资产管理局，负责管理国有资产的保值和增值。设立国有资产经营公司，负责管理投资方向。设立行业管理办公室，负责管理经营导向和法规执行。实现了政府职能由微观管理向宏观调控、直接管理向间接管理的转变。与此同时，为适应中小企业改革，市委、市政府对过去的企业主管部门进行大刀阔斧的机构改革。首先是整合企业主管部门。随着改革的不断深入，企业逐步与市场接轨，原 32 个市属国有、集体企业相继改制成独立法人企业，像原机械工业总公司等主管局慢慢变成了“空壳局”，行政职能也随之消失。为此，蓬莱一步到位，直接撤销了原机械工业总公司、一轻工业总公司、纺织工业总公司、化工总公司、二轻总公司等企业主管部门，人员大多分流到各企业。整合保留的行政职能，建立“大经委”模式，统一指导企业发展。其次是组建行业龙头企业集团。蓬莱黄金管理局过去一直主管全市黄金工业，但其行政职能基本弱化，我们以黑岚沟金矿为主导，撤销黄金管理局，同时合并全市 27 家金矿企业，成立蓬莱黄金集团总公司，又整合其中的优质资产，进行股份制改造，成立蓬莱金创股份有限公司。到 1997 年 12 月，全市黄金产量突破 10 万两，年创利税 1.3 亿元。

三、企业改制助推全市经济发展

从蓬莱企业改制后的情况看，全市市属企业改制后共盘活存量资产 4 亿元，产权省内上柜交易融资 1 亿元，在没有向银行贷款的情况下，企业资产规模和经济效益分别以 112.6% 和 50.2% 的幅度递增，经济运行质量明显提高。具体表现在三个方面。

一个是分离经营，企业逃生不逃债。蓬莱把困难企业最具发展潜力的良性资产从母体中剥离出来，成立独立的法人实体，培育一个新的经济增长点，并按剥离出的资产比例，分别承担相应的债权债务。蓬莱市化工总厂曾负债 2173 万元，生产经营陷入困境。但企业研制开发的高苯乙烯属高新技术产品，市场前景看好。1997 年 5 月，市委、市政府把高苯乙烯生产车间 1130 万元资产从原化工总厂分离出来，组建起蓬莱市聚苯乙烯树脂厂。新企业成立仅半年，产品生产能力就扩大到 350 吨，实现销售收入 240 万元，是分离前的 3.2 倍，不但抵顶了债务，并盈利 30 余万元。自 1997 年起一年多的时间，全市先后对 8 家企业进行剥离，剥离出新的增长点 17 个，使 5000 万元债务得到重组，盘活资产 3800 万元。

一个是企业破产，核销债务。对部分扭亏无望的企业，在征得债权人同意的基础上，市里依照《破产法》，果断实行破产，其固定资产由同行业优势企业购买后重新运营。市葡萄酒厂破产核销债务 960 万元，其固定资产由酒业集团以 1700 万元一次买断，原葡萄酒厂职工也一同接收。1998 年上半年，葡萄酒厂就实现利税 200 多万元，增长 198%。全市相继对 8 家企业实行破产后，各按实际情况以多种形式进行资产重组，重组资产6700万元，既能实现存量变现，又能使企业重获新生，既能妥善安置并分流职工，又保障了国有商业银行的债权，使破产企业在改革重组中资产不流失。这一点，我和班子成员们应该感谢金融系统，特别是银行系统，给予改革极大的支持。

一个是培育支柱骨干型的企业。企业改革不是摆脱企业现时困境的权宜之计，而是着眼于资本运作，建立符合资本市场要求的经营机制，并在改制中培育经济支柱型大企业。到1998年8月底，蓬莱市已组建了13家技术密度高、经营规模大的集团公司，走出一条依靠兼并联合盘活存量资产，以资本运营带动增量投入，推动骨干企业上规模、上档次的路子。山东蓬印股份有限公司前身是一个县级印刷企业，在经历了1992年股份制改造，和1996年的公司股票上市挂牌后，该公司迅速发展成为拥有17个子公司、2000多名职工的大型企业集团，净资产由2000万元增加到2亿元。莱州市无线电一厂生产的电子产品“可控硅”很有发展前途，但是，由于资金匮乏，设备老化，企业逐年亏损。1997年，蓬印公司以28万元买进400万元的净资产，以接受全厂职工、债权债务为条件合并了该企业，并注入了300万元资金，迅速使该厂恢复生机。到1998年6月，该公司已兼并或正在兼并的企业有蓬莱动力配件厂、蓬莱汽车改装厂、烟台印刷厂等企业，这期资本运营工作完成后，蓬印集团公司不但成为蓬莱的

20世纪90年代末的一汽山东汽车改装厂（蓬莱）生产车间

支柱企业，而且跻身全国大型印刷企业的行列。至此，蓬莱市有山东蓬印、山东蓬泰、山东金创、山东鲁蓬四大公司的股票在省内产权交易所挂牌交易。另有4个大企业也被改造成规范的股份有限公司，资本运营体系已经建立，发展状态很好。此次企业改革成功助推蓬莱市属企业经营发展实现一次大的跨越。

蓬莱乡镇企业改革改出一片新天地。一个是企业通过改革焕发出勃勃生机，走上了持续发展的道路。蓬莱乡镇企业改制最大的特点是活跃的私人资本参与到企业经营中来，由此带来的最大好处就是经济结构的整体优化。改制后形成的企业主要有股份制、个体私营两种形式。自主运营的私人资本占了很大的比重，换句话说，以前企业亏了是亏国家的，如今企业亏损的就是私营业主自己的钱，这就倒逼着企业不得不进行产销结构、人员、工资、生产技术的革新，绝大多数企业改掉了花钱讲排场的“不实之举”。改制后仅仅半年多，就有三四家企业将打算新建办公楼的资金投入生产中，有的厂长甚至主动卖掉豪华轿车。这一点，在以前“富了和尚穷了庙”的乡企中极为少见。一个是乡镇企业改制后最先考虑的就是技术改造。过去企业遇到这样那样的问题，手一伸，找政府、找银行。如今，取而代之的是私营企业自己主动找门路进行融资，求发展。蓬莱登州电力设备制造有限公司原先自行研制开发了15项国家级专利产品，该公司经理却借企业产权不明晰，抱着“金娃娃”不生产。改制后第二天，他就买回18万元的设备，先后投入70多万元，进行技改，并高兴地说：“现在是让金娃娃长大的时候了。”改制一年来，蓬莱乡镇企业先后投入技改资金6亿元，政府和银行几乎没出什么钱，大都是企业招商引资和吸纳社会资金获得的。一个是改制对乡镇企业最大的触动，就是直接面向市场，参与竞争。在市场经济体制下，企业要生存，必须以高质量的产品和优质的服务占有市场，才能立于不败之地。中海水泥便是以优质的服务赢得了客户信任。1998年6月，威海一家客户前来购买325号水泥，不料公司这种型号的水泥卖完了，他们二话不说，发给客户 425 号水泥，按 325 号价格出售。“中海”为此损失数万元，却赢得了巨大的市场。该公司先后在青岛、威海、烟台、栖霞、莱阳等地设立销售网点，既开拓了外地市场，又打出了自己的品牌。

蓬莱的企业改制，牵动着全市的经济命脉。改制前，全市企业闲置、半闲置的资产约有 8 亿元，占固定资产总数的 35%。改制后，到 1998 年 8 月底，全市已有 7 亿多存量资产得到活化，更重要的是遏止了企业效益日益滑坡的趋势，带动了全市经济的回升。

采　访　人：周家智　谢心海　董琳琳

撰稿整理人：周家智　谢心海　董琳琳　姜俊英

蓬莱美丽乡村创建历程

张代令*

在我任职蓬莱市委书记期间，农村社会治理工作走在了全省的前列。我以美丽乡村创建为抓手，大力推动农村社会经济全面发展，取得了很好的效果。2012年初，市委、市政府结合蓬莱的实际情况，将转方式调结构、抓好“三农”、基层组织建设等各项工作进行有机“串联”，在全省率先开展了美丽乡村创建工作。这项工作对于改善农村面貌，推进全市政治、经济、文化、生态文明建设起到了很好的作用。

一、因地制宜，启动蓬莱美丽乡村创建工作

蓬莱市委、市政府搞美丽乡村创建，最初基于几个方面的考虑：一是从先进生产力发展方向和全市经济社会发展的阶段性特点考虑，到了应该重视农村的时候，再不重视农村，城乡之间的不平衡和差距就会越来越大，农村就会出问题。所以，必须把更多精力放在农村，聚集政策、资金、人才等各种发展要素，让先进生产力走进农村，释放农村发展活力，尽快改变落后的农村面貌。二是从顺应科学发展、转调发展的客观要求和全市经济社会的结构状况考虑，把调整城乡结构作为当务之急。相比城市来讲，蓬莱的农村在交通通讯、卫生医疗、就业创业、社会保障等方面还有很长

* 张代令，2010年9月至2016年1月任中共蓬莱市委书记。

的一段路要走。所以，要全面建成小康社会，就必须从调整城乡结构、就业结构、消费结构、投资结构等方面入手，加大对农村的投入和扶持，逐步缩小城乡差距，促进城乡共同繁荣。三是从新型城镇化、城乡一体化的现实取向和广大农村的自然人文特色考虑，把改善农村生产生活条件作为当务之急。蓬莱是中国历史文化名城和中国优秀旅游城市，文化底蕴深厚，生态环境良好，尤其是农村的物质和非物质文化遗产丰富，都是极其难得的优质旅游资源。所以，在农村采取就地改造的方式，既可保持和优化农村的传统格局，也可把城市的各种公共资源延伸到农村，真正实现城乡统筹、永续发展。另外，还有一个非常重要的考虑，就是基于当时农村的基层组织建设状况考虑。多年以来，蓬莱农村换届的时候总会出现一些比较乱的现象，经过认真研究，其中的宗族势力、家族势力、痞恶势力甚至黑恶势力是重要因素。如果我们不去加强引导，党和政府在农村的影响力就会受到削弱。所以，加强党在农村工作的领导，创建美丽乡村，增强党和政府的凝聚力，显得尤为重要。

二、科学规划，明确蓬莱美丽乡村创建的思路和内容

2012 年 2 月 26 日，市委、市政府在总结前期工作经验的基础上，启动了以“四美”为主要思路和内容的蓬莱美丽乡村创建活动。在当时出台的《关于在全市开展“蓬莱美丽乡村”创建活动的实施意见》中，市委提出了“三个明确”：第一个是明确美丽乡村创建的原则。即“以人为本、尊重民意，高点定位、规划先行，因地制宜、突出特色，分步实施、重点突破”。第二个是明确“四美”的创建标准及内容。村容整洁环境美，重点是对农村人居环境进行功能化改造和景观化提升；村强民富生活美，重点是通过发展休闲农业、乡村旅游来推进“一村一品”、产业化经营，拓宽村集体和农民群众增收渠道；村风文明人文美，重点是增强群众的生态

文明意识，提升村居形象软实力；村稳民安和谐美，则是从加强农村社会管理综合治理、普法、矛盾调处等方面入手，夯实基层基础，推进规范管理，形成农村和谐稳定、群众安居乐业的局面。为增强标准的可操作性，市里还制定出台了《“蓬莱美丽乡村”创建工作考核指标及计分办法》，将“四美”标准细化为四大类29项具体工作指标，有效指导了创建工作深入开展。经过三年的创建，2014年，蓬莱市被认定为全国首批美丽乡村建设标准化示范区项目，《“蓬莱美丽乡村”建设规范地方标准》被采用为山东省《生态文明村（美丽乡村）建设规范》的地方标准，在全省推广实施。第三个是明确创建工作的方法步骤。我们制定了“整体创建、全面参与、因地制宜、分类指导”创建原则，对全市578个村划分为精品村、特色村、提升村三种类型，分年度制订创建计划，并逐步实现全覆盖。同时提出，每年年底，通过宣传展示、社会参与、专家评审等方式评选出10个左右的蓬莱美丽乡村，用3—5年的时间，使总数达到40个左右，达到全市新农村建设整体上水平的目的。

三、蓬莱美丽乡村创建“三步走”战略

2012年3月20日，市委、市政府举行了蓬莱美丽乡村创建活动启动仪式，实施了“五年三步走”战略。

第一步是培植典型，以点带面。2012年创建伊始，市委、市政府按照典型示范、辐射带动的思路，通过集中力量培植打造一批先进典型，引导他们高点定位，提升“四美”水平、丰富“四美”内涵、展现“四美”风貌。在推进措施上，首先强化政策规划的引领性。按照“村庄自主申报、镇街筛选提报、市里研究审核”程序，从基础较好、环境优美、交通便利、特色突出、具有乡村旅游发展潜力的村庄中，确定了24个重点创建村，列入全市重点培植调度对象，打造能示范、可推广的“蓬莱美丽乡村”示范

村。同时，委托山东省城乡规划设计研究院，编制了《蓬莱市社区和新农村发展规划》，规划设立了大辛店丘山山谷、刘家沟葡萄长廊、北沟蔚阳河、潮水女王山、大柳行黄金河、南王包家岭、小门家黄水河、村里集艾崮山等8个美丽乡村示范片区等。在推进的过程中市里注重强化项目管理，对确定的重点创建村居，相关主管部门按照抓城市建设项目的思路、办法来汇总项目、推进项目，统一建立工作台账，实行销号管理。根据项目开工时序和时间节点，采取分散和集中相结合的方式，定期、不定期地深入现场进行督导，及时总结经验、发现并协调解决问题。在创建的过程中强化配合联动机制。围绕创建工作，各级各部门立足职能，互相配合，做到了上下联动、左右互动。比如说，组织部在抓村级组织建设活动中，联合了住建局和农业局，三方人员同时进基层。组织部组织实施了村级组织活动场所建设全达标，住建局的工作人员组织开展了农村卫生大扫除，在大

丘山山谷葡萄基地

扫除的过程中推行了城乡生活垃圾一体化处理，从根本上改善了农村脏乱差的面貌；农业局的技术人员同时进村推广了苹果自根砧矮化栽培新技术和太阳能杀虫灯等新产品，有效促进了生态循环农业的发展。创建过程中同时注重强化舆论宣传的引导作用，采取在电视、报纸、网站开设专题、专栏等形式，加大宣传力度，让村民人人都知道创建的作用与意义，跟踪宣传报道蓬莱美丽乡村创建工作动态和先进典型，推介创建工作成果，为经营好美丽乡村创造氛围。这一年，全市先后开展了蓬莱美丽乡村创建一把手访谈、蓬莱美丽乡村创建巡礼、“民和杯”蓬莱美丽乡村创建主题摄影大赛以及“欢乐蓬莱行”走进美丽乡村等大型活动，效果还是不错的，尤其受到了广大村民的喜爱与关注。年末，市里推进了立体式考评，打造创建长效机制。采取横到边、纵到底的立体式考评办法，对美丽乡村活动进行评选，即采取领导评议、组委会考核和社会投票相结合的办法，让更

多的人参与到评选活动中来，让评选活动成为宣传工作、展示成果的过程。

为集中优势办大事，我和班子成员注重做好创建活动中的整合工作。先是整合市、镇、村三级以及社会各界的力量，凝聚合力，协同推进。包括实行一名市级领导挂帅、确定两个骨干部门包帮、动员社会各方力量参与等。当时，我要求市级领导一人联系包帮一个村，要住到村里，一年不少于 7 天。到年底相关部门统计了一下数据。2012 年，市级领导累计进村走访调研 300 多人次、走访党员群众 1200 多户次、帮助解决实际问题 320 多个。48 个部门启动基础建设、环境综合整治、乡村旅游等帮扶项目近百个，投入资金 3000 多万元。其中，刘家沟镇马家沟村在能人马继业的带领下，大力发展乡村旅游，着力打造集水果采摘、深加工、观光旅游、葡萄酒文化传播于一体的农业生态旅游休闲度假区，使原本窝在山沟里的小山村一举成为“蓬莱美丽乡村”的典范。在创建过程中，市委、市政府注重整合多种有效资源，结合各村庄实际情况，本着“宜工则工、宜农则农、宜商则商”的原则，找准特色定位，集约利用有效资源，争取用最小的投入产生最大的效益。比如，在优化土地资源方面，采取“折价入股”“集体经营”“村企合作”等土地流转方式，促进传统的一家一户分散土地经营模式向集中连片规模经营模式转变，实现了村集体和农民收入的双增加。比较典型的是，南王街道三包家村采取“集体经营”模式，由村集体投资 300 万元集中连片开发了 200 亩“开心农场”，采取市民认种菜地的模式对外出租，变传统种植业为体验式休闲农业。在整合山水资源方面，村里集镇南官山村利用三面环山、水源充足、物产丰富等独特优势，发展优质苹果、特禽养殖、优质蜂蜜及农家乐四大产业，每年可为村集体增加收入 50 万元，户均收入 3 万元，打响了“古老官山、当代桃源”的品牌。在政策整合方面，最重要的是涉农资金整合，当时是没有先例的。我和班子成员打破常规，按照“渠道不乱、用途不变、优势互补”原则，对不同层面、不同渠道的涉农资金进行整合，做到“多个渠道进水、一个池子蓄水、一个龙头放水”，实现了政策的累进和叠加效应。在农业方面，市里整合了农业综合开发、土地开发整理、高效节水灌溉、葡萄基地奖补等涉农资金17项、总数达3.6亿元，仅北沟镇大姜家、小门家镇炉上等3个创建村，就获得了苹果矮砧集约栽培和自来水改造等项目涉农资金2000多万元。同时，还专门出台了一系列奖励政策，设立1000万元专项资金用于创建工作奖补。

第二步是串点成线，连片打造。随着典型的成熟和数量的累积，市里逐步把创建重点放到示范片打造上。2013年，新增18个重点创建村居，同时在城区和部分城郊4个街道启动幸福社区创建活动。在示范区推广上，按照“彰显特色、串点成线、连片打造”的思路，突出烟蓬观光大道沿线及丘山山谷两个重点区域，集中力量打造美丽乡村示范区、示范带。当时，北沟镇重点以推进合村并点为契机，建设功能完善、配套齐全的新型农村社区，在加快城镇化、城乡一体化发展上搞突破。大辛店镇以乡村旅游、休闲农庄、精品酒庄为重点，突出抓好丘山山谷生态文明综合示范区建设。刘家沟镇则是依托省级农高区，面向高端转型升级，高标准规划建设集技术研发、生产示范、加工流通、休闲观光、文化传承于一体的特色产业镇。到2013年底，蓬莱美丽乡村数量达到21个，蓬莱市获批全国美丽乡村建设标准化示范区和山东省“一事一议”支持美丽乡村建设试点县；大辛店镇和北沟镇跻身山东省示范镇，刘家沟镇马家沟村获评2013年度“中国最有魅力休闲乡村”。

2014年，在之前经验的基础上，市里对美丽乡村建设又提高了标准，在新的高度上提出“提质、扩面、连片”的思路，筛选确定25个重点创建村和8个重点创建社区，规划8个示范片覆盖150多个村居，实行多方资源整合，集中连片打造，以放大规模效应和辐射效应。突出以精品村居、特色村居打造为着力点，以美丽乡村示范片创建为重点，以全面提升城乡环境面貌和居民生活品质为核心，把创建美丽与经营美丽结合起来，与推

蓬莱美丽乡村大柳行镇南曲家村

进全域旅游结合起来，进一步提高了创建标准、丰富了创建内涵、拓展了创建范围。创建活动的推进，进一步推动了全市生态文明乡村建设和乡村文明行动再上新台阶，使得城乡统筹、一体化发展取得了新进展。这一年，各参与创建村居累计启动项目 559 项，完成投入 4.64 亿元。大辛店镇丘山山谷、刘家沟镇葡萄长廊等示范片区已经成功打造成为有看点、能接待、促增收的精品示范片区。丘山山谷旅游区荣获“山东省休闲农业与乡村旅游示范点”称号，蓬莱还作为烟台唯一县市区获批山东省生态文明乡村建设示范县创建单位。

第三步是普惠共建，整体达标。2015 年，作为启动创建活动的第四个年头，市里在以往工作基础上，提出了“扩面连片、普惠共建、群众参与”的指导思想，围绕实现美丽乡村全域覆盖达标，重点实施了环境改善、百村硬化、万户改厕、水系整治、农网改造、文化惠民、保障安民、平安建设等八大工程，促进获评村升级、示范片提档、受益村扩面，形成了“点上出彩、沿线美丽、面上整洁”的创建格局，推动美丽乡村建设与乡村旅游融合发展，实现美丽乡村建设制度化、常态化。当年，211 个村居累计投入 3.05 亿元，新启动建设项目 667 个，包括 8000 多个无害化卫生厕所、400 多公里村级道路硬化全部完工，成为烟台地区首批通过全省城乡环卫一体化检查的县市；农业部主办的《农村工作通讯》杂志第 8 期，对蓬莱卫生改厕工作进行了专题宣传和推介；11 月，木兰沟村、马家沟村被国家旅游局评为“中国乡村旅游模范村”，同时作为美丽乡村的代表走进省级电视荧屏，向全省人民展示了蓬莱形象。

四、蓬莱美丽乡村创建带来四大变化

蓬莱美丽乡村创建活动成效显著，极大地改善了农村的面貌。第一个变化是农村人居环境得到极大改善。随着美丽乡村创建的开展，全市农村生活垃圾、污水全部实现无害化处理，形成了“户集、村收、镇运、市处理”的管理模式，576 个村居全部纳入城乡环卫一体化管理。9 个镇街全部建设了垃圾中转站，每 20 户设置 1 个 240 升垃圾箱，每 100 户配备 1 名保洁员，组建卫生保洁队伍 500 多支，实现了生活垃圾日产、日清，使规划保留村居全部达到“五化”标准。全市完成农村道路硬化面积 300 多万平方米，新建村级公路 240 公里，农村硬化路通村率和主街道硬化率均达到 100%；建设户用沼气池 1.4 万个，改厕 6.4 万座。15.5 万农村人口的安全饮水问题全部得到解决与改善，自来水入户率和水质合格率达到 95%，集中饮用水源地水质达标率、地表水环境功能区达标率保持在 100%。农村秸秆综合利用率达到 98% 以上，完成荒山造林 5.6 万亩，全市森林覆盖率达到 48%，建成省、烟台市级绿化示范村 58 个，烟台市级绿化示范镇 3 个，烟台市星级示范村 152 个。实施农房整村改造项目 18945 户，改造面积 237 万平方米，建成新型农村社区 25 个。按照“一厅十一室三超市”标准，建成农村社区服务中心 142 个，农村社区网格化管理覆盖率达到 100%。

第二个变化是农村产业发展得到全面提升。2016 年，蓬莱的三大产业比已经调整到 5.8 ∶ 51.8 ∶ 42.4，产业结构得到了优化。发展优质果品 50.3 万亩、优质葡萄基地 16 万亩、海珍品精养 7.77 万亩，建设畜禽养殖标准化示范场 12 处、畜禽标准化养殖场 1390 个；发展无公害农产品基地 30 万亩、绿色食品基地 15 万亩、生态循环示范基地 28 个、“畜—沼—果”生态循环农业标准化生产基地 9 处，建设省级海洋牧场 5600 亩；涉农产品获中国名牌 2 个、山东省名牌 11 个，通过 QS 认证企业 66 家，100 多个产品通过无公害认证或获得绿色食品标志使用权，“蓬莱葡萄”“蓬莱海参”“蓬莱苹果”注册成为国家地理标志证明商标，荣获中国酿酒葡萄之乡、海参苗种之乡称号；乡村旅游纳入全域旅游发展，建成和圣农业、和易农业等生态示范园 12 个，省级旅游强乡镇 5 个、省级旅游特色村 10 个，发展葡萄、大樱桃、养殖等特色专业村 114 个，发展“农家乐”“渔家乐”等旅游专业村 28 个，培植赏花节、采摘节等乡村游项目 23 个，2016 年全年接待游客 924 万人次、实现旅游总收入 114 亿元。形成了北部“仙、海、阁”、中部“酒、湖、马”、南部“山、林、泉”的旅游产业发展格局，蓬莱“人间仙境、美酒之乡、休闲天堂”的城市品牌叫得更响了。大力推广“公司 + 合作社 + 农户”等产业化经营模式，培植国家级农业龙头企业 3 家、山东省级农业产业化龙头企业 7 家，发展农民专业合作社 349 个，入社农户 6.8 万户，有效推动了富民强村。

第三个变化是农村社会发展更加和谐。新（改）建镇街卫生院业务用房 2.1 万平方米，社区卫生服务中心、妇幼保健院投入使用，三级公共卫生服务机制进一步健全，城乡居民 15 分钟就医圈基本形成，大大改善了居民的医疗卫生条件。教育事业得到优先发展，新建、改造校舍 16.8 万平方米，创建了蓬莱市教育基金，设立了蓬莱杰出青少年市长奖和蓬莱优秀青少年奖，奖励中小学生 300 多名。城乡居民基础养老金、城乡低保、居民医保财政补助和农村五保供养标准进一步提高，完善居民大病医疗保险制度，城乡居民基本医疗保险覆盖率达到 90%，农村五保集中供养率保持在

80%以上，城乡低保基本实现应保尽保；全市12个镇街均建成了符合国家标准的综合文化站，农家书屋、文体大院普及率达100%，组建农村文体队伍512支，打造了“仙境之夏文艺晚会”等丰富多彩的群众文化活动品牌，全市拥有国家级非物质文化遗产1项、省级非物质文化遗产3项。建成烟台市级以上文明村41个、星级示范村152个，90%以上的村居都成立了“道德评议会”和“红白理事会”等自律组织，培植表彰和谐文明创建先进集体278个，评选市级道德模范451名，群众文明素质和城乡文明程度有了新提升；实施了“基层组织建设年”“党员能人带富兴村”“党建精品示范村”等工程，按照“领导班子好、党员队伍好、工作机制好、工作业绩好、群众反映好”的“五好”标准，加强基层党组织建设，345个基层党组织实现了转化升级，新建、整修村级组织活动场所100多个，巩固了农村基础阵地。

第四个变化是基层组织的号召力和凝聚力大大增强。美丽乡村创建的过程，始终坚持群众参与、基层主导，调动和发挥村“两委”和镇街党委的积极性；始终坚持务实求实，解决了一大批一家一户解决不了的实际问题；始终坚持真金白银、真抓真干，想干就帮，干好了就奖，老百姓看到了变化、得到了实惠；始终坚持党委、村委带头干，干部在群众身边领着干，广大群众切身感受到了党组织的存在，感受到了党员的作用。

创建美丽乡村这项活动，不仅得到了各级各部门的积极响应和大力支持，广大群众对这项活动也是举手称赞、拍手叫好。这说明，蓬莱市委、市政府的这项决策得民心、顺民意。2015年10月，新华社《山东参考》和山东省政府《参事建议》专题介绍了蓬莱市美丽乡村创建工作，中央电视台《新闻联播》播发了蓬莱的做法，省委、省政府主要领导给予了肯定和批示，社会各界也给予了充分的支持和认可。

采　访　人：隋振平　谢心海　董琳琳

撰稿整理人：隋振平　谢心海　董琳琳

20世纪80年代初期海阳农村工作回顾

刘同德*

我叫刘同德，1980年8月至1984年1月，我在中共海阳县委任书记，到现在已有40多个年头了。

“文化大革命”刚结束时的海阳，由于受“四清运动”和“文化大革命”的影响，党群关系遭到严重破坏，干部队伍人心惶惶，各方面的工作都比较落后，在全地区16个县市中老百姓说咱海阳是“老十六”。党的十一届三中全会的召开，使全县上下迎来了新形势。

我到海阳时，全县各方面的情况已有好转，工作起来已经不很吃力。在我任期的4年里，全县各行各业、各条战线都出现了一派安定团结、繁荣兴旺的崭新景象。到1984年春我调离海阳时，海阳已经甩掉了“老十六”的帽子。在海阳工作的近4年里，给我印象最深刻的还是按照中央及上级党委的要求，逐步推行完善了农业生产责任制。

“东方风来春满园”，20世纪70年代末80年代初，是党领导全国人民进行拨乱反正，实现全国工作重点转变的伟大历史时期。在这个历史进程中，海阳县委、县政府按照中央及上级党委的要求，不断克服极左路线的影响和干扰，提高认识，解放思想，以改革的精神循序渐进地推行完善农业生产责任制。工作进展大体可分为四个阶段。

---

* 刘同德，1980年8月至1984年1月任中共海阳县委书记。

一、坚持三级所有、队为基础做法

党的十一届三中全会以后，海阳开始解放思想，大胆探索，曾提倡社队实行不同形式的生产责任制，改进劳动计酬办法。生产大队与承包者签订合同，按地块实行定人员、定产量、定费用、定报酬、定奖惩的“五定”制度；对多种经营单位，实行定人员、定纯收入、定费用、定奖惩的“四定”制度，以有效地调动社员群众的积极性。随着农副业生产责任制的落实，社员们的积极性空前高涨。往年，春季生产是干部催着干，到 1980 年是社员争着干；过去是春早人不勤，现在是人勤春来早。1980 年，全县粮食平均亩产 402.5 千克，首次过“长江”。但是，囿于当时的历史现状及思想认识的局限性，思想有顾虑，工作还有所保守。所以，在搞生产责任制这个问题上，仍然坚持从社会主义集体化这个大前提出发，要有利于集体经济的巩固和发展，有利于社会主义事业，坚持以集体经济为主，由集体统一经营、统一制订生产计划、统一支配生产资料、统一调配劳力、统一筹措和使用集体生产资金等。因此，实行责任制，开始主要推广以生产大队为单位，只对粮油和林牧副渔各业实行专业承包、联产计酬，而不提倡以生产队为单位分组搞专业承包、联产计酬的办法，但是对那些已经搞了，而且搞得不错的，也并不责怪他们，并且帮助各村进一步完善和提高。但在实行生产责任制中，有一条必须坚持和遵循的，就是三个“不准”，不准包产到户，不准包产到人，不准分田单干。总之，当时县里领导干部们的认识和做法还停留在坚持集体经营、统一管理这个大前提下，真正的责任制是推不开的，只是停留在口头上。尤其是这一年，文登县有的社队把田间管理农活包工到人，还受到上级领导的点名批评，班子成员们的顾虑就更大了。

二、推动和实行农业生产责任制

但是政策不等人，到了1981年，无论是上级政策导向还是周边省市做法，改革的力量都骤然加大。我和班子成员的想法也有了极大的转变，推广农业生产责任制成为大势所趋。为了推广和实行农业生产责任制，1981年1月6日至9日，县委、县政府召开了县、公社、大队三级干部会议，与会人员900多人。会议重点就是推广和实行农业生产责任制问题。6月8日，我又在全县有线广播大会上，结合部署“三夏”生产，再次向广大村民强调要积极落实农业生产责任制。在多种经营生产上，要进一步解放思想，放开手脚，本着宜队则队、宜组则组、宜户则户、宜人则人的原则承包下去；粮食生产中的田间管理等可以单户单人干的农活承包到户到人，把集体经济收入和社员个人的切身利益结合起来，以调动社员的积极性。经过层层宣传动员与大力推动，到1981年底，全县各社队在多种经营生产上普遍做到了承包到队、到组、到户、到劳，较好地解决了平均主义和吃“大锅饭”的弊病。在粮食生产中单户单人干的农活，也大多包工到户、到人，大大调动了干部群众的积极性，推动了农业生产的发展。同时，为了切实把生产责任制搞好，县里组织了干部培训，培养一大批懂得党的政策和政府法令、通晓集体经济经营管理的人才。我带头学习政策，县委、县政府的领导干部也深入钻研业务，不断实践，尽快使自己成为改革队伍中的一员，以进一步完善和加强各种生产责任制，加快农业发展的步伐。

农业是国民经济的基础，粮食是基础的基础。提高粮食产量，让农民吃饱肚子，是农业的首要任务。海阳县山丘多，可耕地少，又地处胶东屋脊以南，“小气候”干旱少雨，不适合玉米、小麦等粮食作物生长。在过去，只好大面积栽种地瓜、芋头等来解决吃饭问题。无数的历史经验证明，粮食丰收了，日子就好过，粮食减产了，各方面就被动。在当时的条件下，要确保粮食生产稳定增长，除积极推行农业生产责任制外，海阳还积极推广运用先进的农业技术，扩大间作套种面积，增加复种指数。海阳县过去种小麦是粗耕粗种，广种薄收。我到海阳后，在平原和沟夼好地大力推广普及了“小畦大背”（又叫“二四畦”）的播种方式。畦背 2 尺，畦面 4 尺，每畦密植小麦 8 行。2 尺畦背留待小麦成熟前半月左右套种两行夏玉米。山坡薄地搞“大沟麦”。步犁开沟起垄，沟内种两行小麦，抗旱防冻，来年套种花生和菜类，并要求扩大小麦播种面积，提高小麦总产量。

为贯彻好上述指导思想，切实把秋种这一仗打得更好，在推行农业生产责任制、调动起干部群众积极性的基础上，组织部于 1981 年 9 月初，以 4 天时间举办了公社主任、村大队长参加的秋种学习班，并实地参观了东村公社北城阳片秋种现场。之后各公社又组织全体生产队长到北城阳现场实地参观学习。到会人员反应强烈，既解决了思想问题，又解决了技术问题，从而使县委秋种指导思想得以深入广泛的推广落实，大大提高了小麦播种质量。力没有白出，1982 年全地区各县市小麦都减产，唯独海阳县小麦增产 2000 多万斤，全县上下欢欣鼓舞，叫好声一片。

三、全面落实家庭联产承包责任制

1982 年，是海阳农业生产责任制日趋完善、迅速发展的一年，也是广大干部群众的认识不断提高、思想不断解放的一年。这一年，县里不断清除“左”的影响，勇于探索，勇于实践，做了大量工作，使生产责任制逐步提高到了一个新水平，打开了一个新局面。

记得 1982 年 7 月，地委王济夫书记带领县委书记到莒县“爱国农业生产合作社”参观学习，村党支部书记、全国农业劳动模范吕洪斌同志介绍了他们搞家庭联产承包责任制的经验，我当时感到十分震惊，深受启发，决心回来后大力推广。

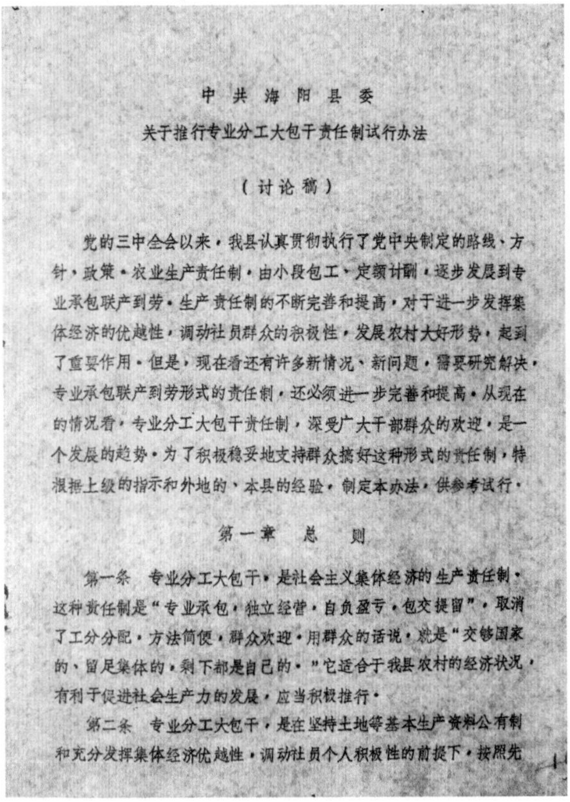

中共海阳县委
关于推行专业分工大包干责任制试行办法

（讨论稿）

党的三中全会以来，我县认真贯彻执行了党中央制定的路线、方针，政策。农业生产责任制，由小段包工、定额计酬，逐步发展到专业承包联产到劳。生产责任制的不断完善和提高，对于进一步发挥集体经济的优越性，调动社员群众的积极性，发展农村大好形势，起到了重要作用。但是，现在看还有许多新情况、新问题，需要研究解决，专业承包联产到劳形式的责任制，还必须进一步完善和提高。从现在的情况看，专业分工大包干责任制，深受广大干部群众的欢迎，是一个发展的趋势。为了积极稳妥地支持群众搞好这种形式的责任制，特根据上级的指示和外地的、本县的经验，制定本办法，供参考试行。

第一章　总　则

第一条　专业分工大包干，是社会主义集体经济的生产责任制。这种责任制是“专业承包，独立经营，自负盈亏，包交提留”，取消了工分分配，方法简便，群众欢迎。用群众的话说，就是“交够国家的、留足集体的，剩下都是自己的。”它适合于我县农村的经济状况，有利于促进社会生产力的发展，应当积极推行。

第二条　专业分工大包干，是在坚持土地等基本生产资料公有制和充分发挥集体经济优越性，调动社员个人积极性的前提下，按照先

1982年8月12日，中共海阳县委印发《关于推行专业分工大包干责任制试行办法》

8月9日至12日，县委、县政府用4天时间召开了所有村大队党支部书记参加的三级干部会议，专门研究布置实行家庭联产承包责任制（老百姓直接叫作“分田单干”）。8月12日，县委印发《关于推行专业分工大包干责任制试行办法》，要求秋收秋种之前分田到户，待秋天生产队集体收粮之后，由社员自己种小麦。具体办法是：按人口分配“口粮田”，按劳力基本分配“责任田”，国家粮食征购任务和大队集体提留粮任务，明细分配到户。这就叫作“交够国家的，留足集体的，剩下都是自己的”，方法简便，责任明确，利益直接，群众欢迎。这样，既兼顾了国家、集体、个人三者利益，又大大地调动了干部群众的积极性。当时全地区16个县市，只有海阳县一家搞了“分田到户”。秋种时，适逢天气大旱，秋种十分艰难。9月23日至24日，地委召开县委书记紧急会议，对各县市秋种进行巡回大检查，各县市行动都不算很好，地委领导很不满意，唯独到了海阳县境内，情况大变，漫山遍野，人山人海，热火朝天，男女老少，盆盆罐罐，一齐上阵，社员群众抗旱种麦的积极性井喷式爆发。地委领导叫我在会上发言介绍经验，我说：“7月份参观学习了莒县爱国社吕洪斌的经验，8月份召开全县三级干部会议动员部

署分田到户，秋天种麦就单干了。”会后，各县市都大力推广海阳的做法，但已是三秋大忙，来不及了，只能等到秋后冬闲才能实行“分田到户”，都比海阳县晚了半年或一年。

12 月 12 日至 17 日，县委又召开三级干部会议，进一步推行农业联产承包责任制，着重解决专业分工大包干责任制问题。到 1982 年末 1983 年初，全县 732 个大队、4272 个生产队已全部落实。速度之快，效果之好，令人鼓舞。这种“包产到户”的大包干责任制的落实，进一步解放了生产力，调动了积极性，推动了农业生产的发展。是年，发城公社忠厚大队 1.05 亩“海花一号”花生，亩产 732.75 千克，创全国纪录。

在适时推行农业生产责任制、调动干部群众农业生产积极性的同时，海阳还因地制宜大搞了农业基础建设。海阳山区丘陵多，土壤瘠薄，水源缺乏，加之降雨量少，往往是年年有旱，季季有旱，旱旱相连，1976 年 10 月至 1979 年，4 年连旱，地表水奇缺，地下水位平均下降 5 米。仅 1979 年，全县即有 66.7 多万亩秋作物严重受灾。1981 年，全县平均降水量 390.7 毫米，不到正常年景的一半，全县地下水位平均下降 6 米，502 座水库、塘坝全部干涸。旱情持续时间之长，危害之严重，都是历史上罕见的。海阳县连续几年大旱，使我深受触动，不下决心解决水的问题，是不可能从根本上扭转农业生产靠天吃饭的被动局面。吸取前几年的经验教训，我决心带领班子成员把农田小型水利建设搞上去。先是动员全县上下牢固树立长期搞水的思想，又确定了全县水利基本建设总的要求：因地制宜，讲求实效，实行山、水、田、村全面规划，综合治理。努力扩大水浇地面积，为快速发展海阳县农业生产创造条件，打好基础。

动员令后，县委、县政府根据当时实际情况，集中多搞了一些用工少、投资少、见效快的小型水利工程。一种小型、实用、惠民的蓄水大口井在全县公社被广泛推广使用，各公社都有一两个标准较高、非常漂亮的石砌大口井。当年谷牧副总理路过海阳看了几个大口井之后，非常高兴，并给予表扬。1982年1月，烟台地区在海阳召开了小型水利建设现场会。会后，各县市都组织社队干部到海阳参观学习。1982年11月27日至30日，省水利厅在海阳县召开了全省水利建设现场会，推广海阳县小水利建设经验。1982年，全县共开工小水利工程1015项，完成了525项，改善和扩大水浇地5万亩。在我任职县委书记的几年里，按照立足当前，着眼长远的思路，全县共新建、扩建、配套各种小水利工程1590项，扩大和改善水浇地92200亩，这些都为后来海阳农业振兴创造了条件，打下了基础。

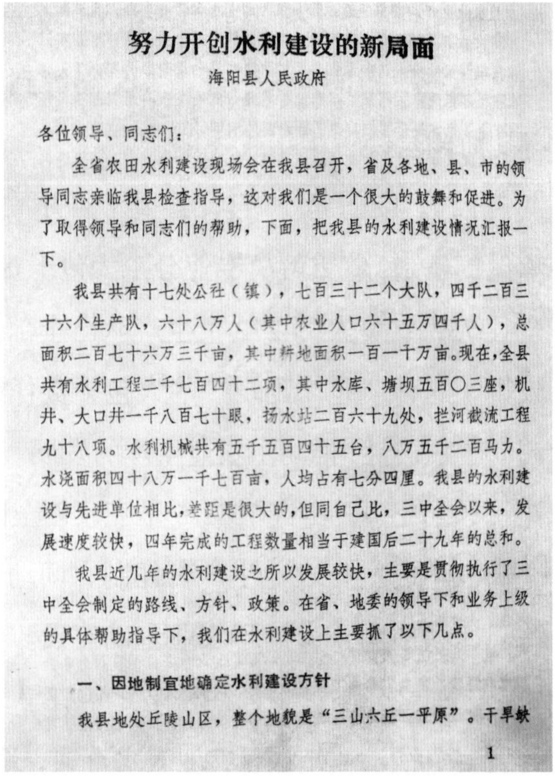

努力开创水利建设的新局面

海阳县人民政府

各位领导、同志们：

全省农田水利建设现场会在我县召开，省及各地、县、市的领导同志亲临我县检查指导，这对我们是一个很大的鼓舞和促进。为了取得领导和同志们的帮助，下面，把我县的水利建设情况汇报一下。

我县共有十七处公社（镇），七百三十二个大队，四千二百三十六个生产队，六十八万人（其中农业人口六十五万四千人），总面积二百七十六万三千亩，其中耕地面积一百一十万亩。现在，全县共有水利工程二千七百四十二项，其中水库、塘坝五百〇三座，机井、大口井一千八百七十眼，扬水站二百六十九处，拦河截流工程九十八项。水利机械共有五千五百四十五台，八万五千二百马力。水浇面积四十八万一千七百亩，人均占有七分四厘。我县的水利建设与先进单位相比，差距是很大的，但同自己比，三中全会以来，发展速度较快，四年完成的工程数量相当于建国后二十九年的总和。

我县近几年的水利建设之所以发展较快，主要是贯彻执行了三中全会制定的路线、方针、政策。在省、地委的领导下和业务上级的具体帮助指导下，我们在水利建设上主要抓了以下几点。

一、因地制宜地确定水利建设方针

我县地处丘陵山区，整个地貌是“三山六丘一平原”。干旱缺

1

1982年11月27日至30日，山东省水利厅在海阳县召开全省水利建设现场会，推广海阳县小水利建设经验

四、妥善解决农村改革中的问题

1983年，海阳从实际出发，进一步提高和完善专业分工大包干责任制。中央一号文件指出：稳定和完善农业责任制，仍然是当前农村工作的主要任务。海阳的专业分工大包干责任制（包括各种经营的包干到组到人、粮食生产的包产到户），总的来说，方向已经明确，道路已经开通，但是还存在许多问题，有些地方实行得还不够全面，存在许多薄弱环节：有些地方“统”与“包”的关系处理得还不好，许多该统的工作没有统起来，机械、水利设施、大牲畜等作用发挥得还不够好；有些地方土地分得过于零碎，

不便于耕种管理，影响了生产；农民产前、产中和产后的服务工作做得还不好；有些地方的提留比例定得不适当，特别是少数单位积累过少，影响集体经济的发展壮大；合同制还不够健全，合同纠纷较多，有些地方不能正确处理三者关系；有些承包单位内部仍然存在吃“二锅饭”的问题；等等。因此县里进一步着手加强调查研究，并于1982年底至1983年初，连续召开三级干部会议和劳动致富经验交流会，认真扎实地解决好大包干责任制落实中的各种问题，力争使其手续更加简便、利益更加直接，更能调动起社员的生产积极性。

1983年，海阳全面推行了以家庭联产承包为主要形式的大包干责任制，无论是粮油生产，还是林牧副渔工商各业，都做到了宜队则队、宜组则组、宜户则户、宜人则人，并进一步建立健全了合同制。将土地分成口粮田、劳力田，口粮田按人头分到各户，劳力田实行公开叫行承包，承包者与大队签订合同，按合同协调好国家、集体和个人三者利益。各村按实际土地性质不同，“两田”安排比例不同，或“人三劳七”或“人五劳五”或“人六劳四”“人七劳三”。少数大队实行“一田制”，即把土地全部作为口粮田，按人口分地。多种经营产业实行叫行承包，承包数额高者中标，中标者与大队签订合同。在推行大包干责任制的过程中，全县上下进一步解放思想，放宽政策，把大量的荒山作为责任山和自留山划给社员植树造林，把部分滩涂划给社员作为自留滩长期经营使用，使多年来没有得到开发利用的荒山、荒滩、荒水都得到了开发和利用。大包干责任制的全面推行和落实，充分调动了广大社员的积极性，使多年来蕴藏在干部群众中建设社会主义的热情迸发了出来，极大推动了生产的发展。随着大包干责任制的普遍推行，农民劳动效率大大提高，这也推动了广大农民利用剩余劳力和资金去发展多种经营，分工分业。1983年，全县各种专业户、重点户发展到40150户，出现各种“经济联合体”610个，“两户一体”的大量涌现，促进了专业分工，推动了农村商品生产的发展，加快了农民致富的步伐。是年，全县多种经营“两户”，总收入 6048 万元，占全县多种经营总收入的 23.9%，户均 1506 元；全县出现了许多冒尖户，人均所得千元以上的农村家庭有 17000 户，收入在万元以上的有 12 户，社员年末储蓄余额达到 7200 万元，比 1982 年同期增加 2046 万元，平均每户 414 元。整个农村家家有余粮，手里有钱花。

正确处理统分关系是稳定和完善承包责任制的关键，统分关系要做到统得适当、分得合理。在推行大包干责任制过程中，县委、县政府不断总结新经验,解决新问题,促其不断完善和提高,协调各村镇正确地处理了“统”与“分”的关系。在生产经营的各个环节，全县上下也狠抓了“统”的工作，抓了机械、车辆、牲畜、水利设施等的统一建设与安排使用，抓了化肥、农药等生产资料的统一供应，抓了重大生产环节和增产措施的统一推广和应用等，较好地解决了社员在生产中遇到的实际困难，充分发挥了集体经济的优越性，从而更好地调动起社员群众的积极性。

1983 年，全县农业空前丰收，创出历史最好水平，充分显示了大包干责任制的巨大动力。粮食单产突破千斤大关，达到 1122 斤，比 1980 年增加了 279 斤，总产达到 83640 多万斤，比 1980 年增产了 22500 万斤，单产、总产分别增长 33% 和 30%。

采 访 人：赵学杰

撰稿整理人：赵学杰

海阳旅游度假区的初期建设

王曰銮*

我在海阳工作长达30年。自1980年12月起，先后担任县长、县委书记共7年零8个月，其中，1984年1月至1987年9月，担任县委书记4年零8个月。身为一名领导干部，我深知“打铁还须自身硬”，我对党始终做到忠诚坚定、担当尽责、遵纪守法、清正廉洁。在任职期间，认真贯彻执行中央、省、市的部署，创造性地开展工作，通过建设“黄金海岸”和旅游度假区这“一线一面”两大重点工程，为海阳当地建设、经济振兴和社会发展作出了贡献，对党和人民尽到了自己应尽的责任和义务。

一、凤城开发的起因

海阳是个好地方，这里自古以来就是人间胜境。海阳的故县城凤城，位于海阳县的南端，背依凤山，面迎黄海，山水之间，钟灵毓秀，风景怡人。古时便有“嵩岳”山色、龙山远照、凤台日出等胜景，今时景色更加诱人。有如此优秀之条件，如不能将之充分利用，只觉甚为可惜。

而事实上，在凤城建设黄金海岸和旅游度假区，理想很好，却困难不小。凤城海边原本是绵延数十里的荒凉沙滩，每当退潮时，海底就会袒露出百余米的沙板，别说鱼类，连贝壳都没有。既不能捕捞，也不能养殖，在当

* 王曰銮，1984年1月至1987年9月任中共海阳县委书记。

时被人称为“穷海滩”。岸边则更是一片杂草丛生的盐碱地。这样的滩涂，自古以来都被认定为百无一用的废沙滩，也从来没人想过在此做点文章，更不知道该如何去利用。

1984年10月24日，时任中共中央总书记胡耀邦来海阳视察。这一天，耀邦同志从威海出发，一路视察了荣成、文登、乳山等县，一路风尘仆仆。下午，来到海阳。当他视察海阳凤城这片沙滩时，看到了夕阳笼罩下的大海，波光粼粼、金光闪闪。如此美景，让耀邦同志看得专心致志，心情舒朗。回到宾馆挥毫泼墨，欣然写下了“海阳万米海滩浴场”几个大字。受到他题词的指引、感召，我和班子成员决心在凤城全面建设千米海水浴场，搞旅游区开发建设，利用好这宝贵的旅游资源，让海阳抓住机遇，如碧海浪涛般奔涌向前，发展腾飞。

耀邦同志离开海阳后，烟台市委及时召开了各县（区）委书记会议，学习贯彻耀邦同志视察的讲话精神。接着，海阳立即召开了县委常委会会议，专题研究落实耀邦同志的题词精神。会议上，常委们各抒己见，热烈发言。有的常委认为，搞凤城海岸开发，对促进海阳旅游业长足发展具有带动作用；有的常委心存疑虑，认为海阳县是个边缘小县城，客流量少，开发旅游投入大、耗时长，短时间内难以收到预期效果。对于同志们的不同意见，我发表了自己的看法：总书记的题词带给海阳的是一次千载难逢的机遇，给我们指出了凤城开发的方向。再者，海阳境内旅游资源丰富，有久负盛名的人文历史、古今交融的文化氛围、目不暇接的自然景观，北部有盘石的招虎山，有丛麻禅院遗址，有北方最大的竹海；南部有绵延数百里的海岸线，有一望无际的大海；文化上有百姓喜闻乐见的海阳大秧歌、剪纸、草编、工艺品等，还是闻名全国的地雷战的故乡。只要精心打造，必然会成为旅游观光的一个亮点。常委们也纷纷表示要从长远和战略的高度，充分认识开发凤城旅游的重要性，高起点规划、高品位设计、高质量开发，为推动海阳旅游奠定坚实的基础。最后，会议统一了思想，提高了认识，决定在凤城进行以观光旅游和休闲居住为方向的建设开发。

会后，县委、县政府迅速推动开发建设，成立了凤城旅游度假区开发总指挥部，协调全县的力量搞统一开发。首先，我和班子成员各自分工，跑部委，进省委，设立了凤城旅游区，相关扶持政策陆续到位。县政府对凤城进行了首次规划，组织相关部门和专家拿出了切实可行的、经得起时间考验的规划。各有关单位积极把推动城市发展、提升城市品牌、搞好城市旅游作为开发建设的出发点和落脚点，落实责任、强化调度，形成上下联动和互促互进的工作格局。当年凤城被定为烟台市重点旅游区之一。后来又经省政府批准，将海阳县凤城旅游区列入省重点旅游开发区之一。

二、描绘凤城开发的蓝图

1984 年 11 月 4 日，时任县长张凤国带领县委、县政府有关同志到北京，向中央有关部门作了书面汇报。10 日晚上，在北京饭店举行了由中央电视台、《人民日报》、中央人民广播电台、《光明日报》等 14 家媒体 30 多人参加的记者招待会。之后，进京人员在 12 日、14 日与中央办公厅主任王兆国等同志见面中得知，耀邦同志已经看过了汇报材料，也了解到召开记者会的新闻，对海阳的工作很满意，鼓励领导干部带领广大群众撒手地干，有胆量地干。

张凤国同志的这次进京收获比较大，为开发建设凤城取得了多方面的支持。比较具体地向党中央、国务院汇报了开发凤城的优越条件和建设规划，进一步取得了中央领导同志的信任和支持。记者招待会引起了北京新闻界的极大兴趣，发动了中央一级新闻单位为开发凤城大造舆论，《人民日报》、中央人民广播电台等都广播、报道了关于开发建设凤城的消息，声势造得比较大。在引进投资方面，初步取得了成效，招引到有关单位来凤城投资开发共同建设。中山实业公司、人民日报社、中联部、市政第三建筑工程公司都准备到凤城投资。《人民日报》于当月 18 日来海阳，月底签约。

北京之行后，张凤国等同志于 11 月 21 日到达济南，先同省委、省政府办公厅取得了联系，将胡耀邦总书记的题词及《海阳县人民政府关于开发建设凤城的请示报告》呈送给了省委、省政府的主要领导同志。

23 日下午 5 点 30 分，省委副书记李昌安接见了张凤国同志说："你在北京的活动情况我全知道了，那时我也正在北京，看到了《人民日报》的消息。胡耀邦总书记为凤城万米海滩浴场的题词，给你们开了大路。你不仅要在这里开（记者会），烟台也要开。到烟台市不开别的，召开商业、饮食部门的座谈会，引一点搞商业的到凤城，不要有局限性，各行各业都可以去。"

晚上 8 点，张凤国同志向梁步庭省长作了汇报，汇报长达两个多小时。梁省长说："你到北京的舆论造得好，你还真有个闯劲来！"并提出三点建议。第一，开发旅游区，要以经济为依托。没有经济作依托的旅游业是很难办好的。旅游和经济要成为统一体，必须同步进行，随着经济的发展来开发旅游，反过来以旅游促进经济的发展。第二，开发旅游区必须由小到大、由内而外。即一步一步扎扎实实地干，既要吸引国内游客又要吸引国外游客。第三，要把基础设施和服务业搞好。25 日晚上 6 点，省委书记苏毅然也听取了汇报，给予了海阳发展很好的建议与意见。

26 日晚上，在省广播电视厅举行了由省城 20 家新闻单位（大众日报社、光明日报社驻山东记者站、人民日报社驻山东记者站、新华社、山东电视台等）共 40 多人参加的记者招待会。27 日下午 2 点，省委相关领导人与省计委、省建委、省旅游局等部门主要负责人召开专门会议，听取了张凤国同志的汇报。与会人员纷纷为海阳发展建言献策，表示一定给予大力支持。

这次去省里汇报，各级领导对海阳开发建设都表达出了殷殷期盼，纷纷给予了殷切嘱托。有了省里领导的大力支持，我们找到了方向，树立了信心，决心要把旅游度假区建设好，不辜负领导和人民的重托。

一次进京，一次去省，这两次汇报让更多人知道了海阳，了解了海阳，提高了海阳的知名度，对招揽项目、引进资金，都起到了较好的宣传作用，为全面建设旅游度假区做好了铺垫。

三、起步建设旅游度假区

旅游度假区地处海阳市南部，紧临黄海。境内属暖温带季风性气候区，冬无严寒，夏无酷暑，气候宜人，空气也很是清新，环境优美，四季分明。地势平坦，腹地广阔，东、西海滩曲折绵延万余米，形如伏鸟舒翼。

旅游度假区的自然和人文旅游资源都很丰富，可开发潜力巨大。丛麻禅院、世外桃源、平岚瀑布、千里仙岛等旅游景点已粗具规模。当时每年到此旅游观光度假的海内外游客达 30 万人次。旅游度假区的海滩沿黄海海岸绵延曲折，滩平、坡缓，凤城港东西各有长 8000 多米的大沙滩，落潮时，宽达 150 米，沙粒细匀如粉面般，海水洁净清澈，无污染、无杂质，是理想的天然浴场，被国内外客人誉为“国内少有的黄金海岸”，是一理想的天然海水浴场和海上娱乐场所。

度假区当时的建设条件也算是相当完善了。当时东（东村）凤（凤城）一级公路已经贯通，烟台、青岛两个机场的班机已开通到全国 30 多个大中城市，兰（兰村）烟（烟台）铁路、烟青公路横贯海阳境内，交通十分便捷。通信设施也达到国际先进水平，电传、传真、移动电话发展迅速，并开办了国际、国内特快专递业务。接待条件优良，当时在度假区内已有宾馆 12 家、旅游涉外定点饭店 1 家，可供国内外游客使用的床位 1200 余张。

以上这些都是海阳旅游度假区建设的充分条件。随即，海阳全面开展了黄金海岸和旅游度假区的建设。旅游度假区总体规划面积为 30 平方公里，主要分为东区、西区和北区。东区为海阳贵族高尔夫乡村俱乐部；西区为度假娱乐区，其主要项目有军事乐园、海滨乐园、商业购物和国际会议中心等；北区为胶东伊甸区，主要项目有田园风光、凤凰观海、百果园、情侣林等。

1985 年 3 月，海阳县委印发《关于转发凤城旅游度假区总指挥部〈关于加速开发凤城、确保七一对外开放的工作安排〉的通知》。要求当年“七一”前确保凤城旅游度假区的对外开放。张凤国县长全面指挥各项工作的开展，县计委、建委、财政、交通、邮电、电力、商业和凤城镇等有关部门，按各自分工，不分昼夜，科学协调各施工队，全力推进工程建设，我和班子成员定期分头展开调度，确保按期按量完成开发任务，切实做到密切合作，同步进行。

与此同时，县委和县政府把凤城旅游度假区的建设工作，纳入到城镇建设的范畴，由县建委负责测绘、勘察、设计、建筑等方面的工作，以长远的眼光与定位，进行合理布局、精心规划，切实把凤城旅游开发打造成集旅游观光、住宿休闲、特色餐饮和购物消费于一体的高端旅游项目。

经过多方的共同努力，按县委、县政府的部署，凤城万米海滩浴场、凤凰岛宾馆、帐篷村于 1985 年 6 月 30 日前开始对外营业；胡耀邦总书记的题词牌坊也在这时候建设落成；海边主要道路基本完成了硬化，周边绿化、美化、亮化全部完工；海水浴场所需的更衣室、活动板房和太阳伞也已全部就位；为旅客准备的救生圈和皮游艇基本全部购进。通过这些紧锣密鼓的筹备，7 月 1 日，海阳旅游度假区正式对外开放，当即呈现出游人如织、车水马龙的可喜局面。

旅游度假区建设已具规模之后，趁着这股热乎劲还没过去，县里随即开始了更大规模的开发建设。其中，度假区的环境非常适宜旅游休闲和疗养，所以县里规划建设了一个集旅游、避暑、疗养于一体的休闲区域，位置在凤凰岛周围及望石山南面，开发项目主要有凤凰岛公园、甘泉水族馆、虎墩栈桥等，另在海水浴场中开工建设了望石山公园，为旅游度假区的全面建设增加了新的景点内涵，为海阳的旅游发展增添了新亮色。

由于受资金与时间的制约，从凤城旅游度假区的开发到 1987 年 8 月我调离海阳，规划建设的工程已初具框架，尚未形成较大规模，但也为后来

海阳万米海滩浴场现貌

的开发与繁荣打下了坚实的基础。

我的继任者们，一棒又一棒地传递着凤城开发的信心与责任，他们着力加快招商引资的步伐，以举办第三届亚沙会为契机，全面加强旅游度假区建设，设施完善的滨海接待集群已经形成，规模宏大的沙雕艺术公园坐落其中，小孩儿口湿地公园绿树成荫……整个区内的基础设施配套进一步完善，管理水平大幅提升。创新发展多个旅游新业态，推出多种水陆空健身运动休闲产品，以文化、体育和生态三大元素让游客意犹未尽，流连忘返。

现今，我从海阳调到威海已有30多年，退休也已20多年。以上这些事，只是我个人粗浅的回忆，这项事业发展到现今这样可喜的局面，都有一个历史的过程。我在任职县委书记时，旅游度假区的建设只是做了开头、铺垫、打基础的工作，大量后续工作还是由我的继任者们埋头苦干、全力推动而逐步成规模的。

采　访　人：于培伟　王墨童

撰稿整理人：于培伟　王墨童

1991年海阳农村社会主义思想教育回顾

孙庆传 *

我是1986年到海阳工作，1987年担任海阳县委书记，到1992年离开海阳时整整干了一届。我们这届县委、县政府，在上级党委、政府的正确领导下，同志们顾大局，识大体，团结一心，带领海阳人民，发扬革命老区精神，顽强拼搏，积极奋斗，抓改革，搞开放，艰苦创业，一心一意搞建设，齐心协力干事业，在历届海阳县委、县政府打下良好基础上，把海阳县的政治、经济、文化等社会各项事业，在原来的基础上又向前推进一大步，全县上下呈现出人人思上、人人思变、干事创业的良好局面。那一阶段，海阳上下进行了许多政治、经济、社会的改革工作。回忆起当年奋斗拼搏的场景仍历历在目，但我印象最深刻的还是1991年海阳进行的深化农村社会主义思想教育活动。

一、1991年海阳农村社教的背景与必要性

海阳县在1990年4月到9月其实已经进行过一次为期100多天的社会主义思想教育，很多人不理解为什么在1991年还要再开展一次。其实是由当时的形势和海阳实际需要、迫切要求决定的，而农村社会主义思想教育本身就是一项现实性、长远性、基础性和战略性都很强的政治任务。

---

* 孙庆传，1987年9月至1992年3月任中共海阳县委书记。

从上级要求来看，中央有指示，省市有部署，要求基层必须深化农村社会主义思想教育。国务院在 1990 年 12 月发布的《关于 1991 年农业和农村工作的通知》中指出，要从 1990 年冬开始，用两三年的时间，分期分批在农村普遍开展社教活动。1991 年 10 月，山东省委下达了《今冬明春集中一段时间深化农村社会主义思想教育的意见》。根据中央的指示和省委的部署，11 月中旬，烟台市委又召开了主题会议，对全市深化农村社教工作进行了全面部署，中央和省市委的指示精神完全符合海阳县的实际情况。虽然我们在 1990 年进行的社会主义教育活动取得了显著的成效，也给农村带来了很大的变化，但海阳的实际情况是，一些深层的思想问题还没有接触到，一些深层的问题接触到了但还没完全解决，一些即使当时解决了的问题也容易出现反复。比如，当时的农村仍有相当一部分党员干部和群众，不同程度地存在着宗旨观念淡薄、创业精神不牢、集体观念弱化、法制观念不强等思想认识问题，一些利己主义、小生产意识等腐朽思想及社会遗留下来的旧习惯和愚昧落后的东西仍然顽固地存在，蔓延腐蚀着人们的思想，影响农村的稳定。这些问题要彻底解决，需要经常地、坚持不懈地抓好思想教育这项基础工程。随着改革开放的不断深入和经济的不断发展，我预感到还会出现一些新的问题。因此，全县上下必须通过社会主义思想教育来统一党员干部和群众的意志，坚定走社会主义道路的信心。

从那时的国内国际形势来看，20 世纪 80 年代末期苏联、东欧的急剧变化，广大党员干部和群众不可避免地产生震惊、疑虑和误解，不同程度地影响到人们的政治信念和走有中国特色社会主义道路的信心。所以继续深化社会主义思想教育十分必要，通过教育，使广大党员干部群众弄清苏联、东欧演变的实质，正确看待国际共产主义运动的曲折，坚定对马克思主义的信仰和社会主义信念，增强反和平演变的决心，在思想上筑起反和平演变的钢铁长城。从国内来看，党的十一届三中全会指出，1991 年到 2000

年是我国社会主义现代化建设历史进程中非常关键的时期，能不能在这十年间大力促进经济和社会进步，直接关系到我国社会主义制度的兴衰成败，关系到中华民族的前途和命运，为此必须深化农村社教。1990 年的农村社教重点解决走社会主义道路的问题，1991 年的农村社教是对 1990 年社教的深化和提高，就是要在继续坚定信念的同时重点解决怎样走社会主义道路的问题。

从海阳县当时的经济实际来看，县委、县政府决定到 2000 年，全县国内生产总值要达到 45 亿元以上，其中“八五”末要达到 25 亿元，力争到 1997 年，提前三年达到小康水平。要实现这些目标，存在着一些有利条件，但也存在着实际的困难，海阳当时的集体经济实有资金 2.4 亿元，人均占有 363.7 元。其中，人均占有 200 元以下的 262 个村，占总村数的 35.8%；人均占有 200—500 元的 71 个村，占总村数的 9.6%；人均占有 1000—2000 元以上的有 24 个村，占总村数的 3.3%；全县有 108 个村集体基本上没有生产性固定资产和集体统一收入；206 个村集体入不敷出。所以经济建设时间紧，任务重，困难多。要想完成目标，要靠政策、靠科技、靠投入，靠各种经济手段，但更重要的一条是要靠社会主义的优势，要充分调动起广大农村干部群众的社会主义积极性和创造性。这就需要用社会主义思想去宣传、教育和发动干部群众，统一思想认识，通过加强精神文明建设和社会主义思想教育，提高人们的思想道德素质，最终实现经济和社会全面进步。总之，深化农村社教，提高农村干部群众的社会主义思想觉悟，是完成经济建设任务、实现小康目标的客观需要和现实要求。

从基层党组织的地位来看，农村基层党组织是党在农村的战斗堡垒，是领导村级各项事业的坚强核心。实践证明，哪个村的村党组织坚强有力，哪个村的经济就发展得好。但是海阳那时的农村基层党组织和党员队伍与当时的发展形势、任务要求还有较大差距。比如说部分农村的基层党组织软弱涣散，一些党员干部思想作风上存在不同程度的问题，有的对党对社会主义的观念不坚定，对党的政策认识模糊；有的缺乏集体意识，个人主义严重；有的奉献精神和创业精神不强，守摊子，混日子，畏难发愁，无所作为，缺乏服务意识；等等。基层党组织所处的重要地位与现实情况形成的反差迫切需要我们开展思想教育。基于这一认识，这次农村社教，县委把党员干部作为重点教育对象，结合 1991 年农村党支部换届选举，切实解决基层党组织和党员队伍在思想作风和组织上存在的问题，进一步提高农村基层党组织的凝聚力和战斗力，使基层党组织成为带领群众建设社会主义新农村的坚强核心。

二、1991 年农村社教的探索与实施

根据上级指示精神和海阳县实际，县委决定 1991 年农村社会主义思想教育的指导思想是：以党的基本路线和党的十三届七中全会精神以及江泽民总书记的“七一”讲话为指针，深化农村改革，以发展壮大集体经济实力，实现小康目标为主线，以加强农村基层党组织建设为重点，深入开展社会主义思想教育，促进农村经济迅速发展，推进农村社会的全面进步。通过教育，用江泽民总书记“七一”讲话精神统一全县农村干部群众的思想，提高建设中国特色社会主义的自觉性，为海阳提前三年实现小康目标奠定坚实的思想基础；教育广大农村党员认清肩负的庄严使命，加强基层党组织建设，增强党的战斗力和凝聚力，为海阳提前三年实现小康目标提供可靠的组织保证；增强民主法制观念，抵制各种资产阶级思想侵蚀，弘扬社会主义新风，为海阳提前三年实现小康目标创造良好的社会环境。

目标明确后，海阳县这次农村社会主义思想教育前后分四个阶段来进行。

准备阶段。从 1991 年 10 月上旬到 11 月下旬，分三步来展开：第一步是从 10 月开始进行调查摸底。为做好这次调查研究，组织下派了 27 个调

查组深入农村进行广泛深刻的实际调查，通过调查摸清底子，找准存在的问题，初步确定了解决问题的对策和方法，为有效开展农村社教做好充分准备。第二步是从 10 月中旬开始，在村镇进行试点工作。在摸清党员队伍思想底子、找准存在问题的基础上，确定了教育内容、方法步骤和目的要求。同时结合农村党支部班子换届选举，对农村党员干部开展教育，使党员干部明确当代共产党员的庄严使命，明确中国特色社会主义的经济、政治以及文化的基本要求，明确十年规划和“八五计划”以及近期的经济工作目标和任务，进一步坚定社会主义信念，增强农村党员干部发展壮大集体经济实力的紧迫感和责任感。第三步是进行骨干培训。1991 年 10 月 25 日，省委专门开了会。11 月 11 日，市里又开了会。11 月 14 日，海阳针对这几次会议内容进行学习和研究，开展讨论。会后从县直机关抽调了 300 名政治觉悟较高、理论素质较好的干部同志组成这次农村社教的骨干力量。为了进一步加深认识，提高农村社教自觉性，县委从 11 月 20 日开始通过以会代训的形式，对县乡两级社教骨干进行培训，使大家进一步明确这次农村社教的重大意义、指导思想、目的要求和方法步骤。这次会议既是一次培训，也是一次动员。11 月 22 日，县委又召开了一个大范围的动员会。23 日，工作队开始深入农村开展社教活动。

农村党员群众教育阶段。时间从 1991 年 11 月下旬到 1992 年 1 月底。教育对象是农村党员干部群众。这个阶段分两步进行：第一步是党内教育。从 11 月下旬到 12 月下旬，利用 30 多天的时间，围绕江泽民同志“七一”讲话精神，开展了五个方面的教育，即建设中国特色社会主义经济教育、中国特色社会主义政治教育、中国特色社会主义文化教育、反和平演变教育、加强党的建设和党的领导教育。通过教育把全体党员的思想认识统一到一心一意跟党走、步调一致干社会主义奔小康上来。通过教育，全县 2600 多名农村党员成为了宣传队员、教育队员、工作队员，宣传群众，教育群众，发动群众，组织起千千万万民众的力量，调动起浩浩荡荡的生产经济大军，同心协力奔小康。第二步是全民教育。从 1992 年 1 月初到 1 月底，对全县广大农村群众进行齐心协力奔小康教育，教育群众充分认识奔小康的重大意义，明确海阳奔小康的目标和意图，发扬集体主义精神，正确处理三者利益关系，妥善解决积分比例不合理的问题，为发展壮大集体经济实力、实现小康目标贡献聪明才智；开展民主法制和道德风尚教育，组织群众有选择地学习法律法规，进一步增强群众的民主意识和法制观念，自主破除陈规陋俗，发扬社会主义新风，优化社会环境，净化社会风气，建设高度文明、高度民主的社会主义新农村；开展艰苦奋斗教育，使群众真正明白要实现小康目标，就要发扬艰苦创业精神，切实搞好劳务积累，从实干入手，从拼搏起步，走向富裕，奔向小康；开展科技兴农教育，教育农民克服因循守旧思想，增强科技兴农意识，自觉接受和积极应用科技成果，依靠科技进步，推动农业发展，振兴乡村经济，实现小康目标。

乡镇干部职工教育阶段。从 1992 年 2 月中旬到下旬，共 10 天左右。教育对象主要是乡镇机关干部和企事业单位干部职工。这个阶段分三步进行的：第一步是学习教育。主要学习《中国共产党章程》、《准则》、省委《关于党组织工作的若干规定（试行）》、市委《乡镇党委会议及规则》等文件精神，认清加强乡镇机关建设的意义，自觉搞好思想作风建设。第二步是总结评议。要求乡镇机关干部和企事业单位干部职工都要从思想、工作、作风三个方面进行认真总结回顾，以部门为单位进行民主评议，开展批评和自我批评，肯定成绩，找出差距，指出问题。第三步是整理提高。针对在总结评议中发现的问题，由部门和个人结合实际，制定整改措施，落实整改责任，提高整改效果。

农村基层干部培训提高阶段。这个阶段的教育对象主要是农村党支部书记，充分发挥了县乡两级党校的作用，对党员干部分批分类进行培训。县委党校主要对农村党支部书记进行集中培训，先采取理论教育的方法，使农村党支部书记从理论上巩固提高，加深认识。然后走出去参观学习，拓宽工作思路，在理论与实践结合的基础上提高带领群众干小康、奔小康的工作能力。

三、1991 年农村社教的意义与成效

1991 年海阳县进行的这次深化农村社会主义思想教育的活动，在全县党员干部和群众的共同努力下，取得了不错的成效，大家都切实体会到社会主义思想教育所产生的实际影响。

1991 年是深化农村社会主义思想教育的一年，也是实施“八五”计划的第一年，在上级的正确领导下，全县上下团结奋进，努力工作，经济建设和社会各项事业都有了新的发展，十二届县人民代表大会第二次会议提出的主要经济指标全部完成或超额完成。1991 年全县的国内生产总值达到 13.7 亿元，比 1990 年增长 8%；国民总收入达到 12.8 亿元，增长 8.5%；工农业总产值达到 30.1 亿元，比 1990 年增长 18.4%；财政收入 6144 万元，增长 12.2%；农民人均收入 792 元，增加 67 元。各种经营生产也取得了丰硕的成果，1991 年全县各种经营总收入突破 15 亿元，比 1990 年增长 8.8%；全县农村经济总收入达到 17.3 亿元，增长 12.8%；农村集体积累 1.9 亿元，增长 16.1%。工业生产也呈现出良好的发展势头。1991 年，全年乡镇办以上工业完成产值 11.4 亿元，比 1990 年增长 17.3%，实现利润 3282 万元，增长 37.4%；村级以下工业完成产值 8.4 亿元，比 1990 年增长 25.9%。1991 年，县乡村三级工业投入总额达到 1.2 亿元，其中，乡村工业投入 5659 万元，为 1990 年的 3.3 倍，是前三年的总和。为配合农村社教更好地进行，县委、县政府同时开展了科教兴农教育，全县 85% 的村建立了农科队，科技示范户达到 1.8 万户，共推广科研成果 30 项，推广应用率达到 85%。

当然了，在进行农村社教的同时，县委、县政府也开展了针对城市的社会主义思想教育。在城乡社会主义思想教育的引领下，海阳县的依法治县、

社会治安综合治理、国家安全工作和国防建设也得到同步加强。双拥共建活动又上了一个新水平，被省委、省政府、省军区授予“双拥模范先进县”称号。文明单位、文明村创建活动也有了新的进展，全县受烟台市委、市政府表彰的市级文明单位达到47个。建成县级文明村（乡镇企业）34个，县级文明单位17个。

大眾日報

DAZHONG RIBAO

山东省民政厅公告

根据全省清理整顿社会团体工作的部署，全省性（含跨市、地性）社会团体的清理整顿，复查登记工作现已进入审批发证阶段，各社会团体应抓紧向社团管理机关报送申请登记材料。凡在1991年12月31日前不参加清理整顿、不提出登记申请的社会团体，一律视为自行解散，逾期不再受理。

特此公告

1991年12月10日

中共山东省委、省政府、省军区

隆重举行双拥模范城（县）命名表彰大会

姜春云、张万年、宋清渭、赵志浩、高昌礼、马忠才等为受命名表彰单位颁发奖牌

中共山东省委、省人民政府、省军区关于命名表彰双拥模范先进城（县市区）的决定

（一九九一年十二月十日）

社论 把双拥工作推向新阶段

莱州镇组建技术采购团

我省建工质量居全国之首

我省研制出第三代高效……

我省首批新兵昨日启运

依靠科技建设“海上烟台”

全省高校纪念“一二·九”

两项新闻奖在京揭晓

盐城市为中学生开设“任选课”

滕州完善自行车免费看管办法

1991 年 12 月 10 日，山东省委、省政府、省军区表彰海阳县为双拥模范先进县。12 月 11 日，《大众日报》刊载该新闻

我在海阳县委工作期间，同海阳人民结下了深厚感情，海阳人民质朴、热情、勤劳、拼搏、奉献的品格和精神，给我留下了深刻记忆，一直影响和激励着我。在离开海阳以后的日子，我也时刻关注海阳的发展变化，每当听到看到海阳取得成绩时，都由衷地感到高兴、受到鼓舞。我衷心祝愿海阳人民在以习近平同志为核心的党中央坚强领导下，沿着中国特色社会主义道路，坚定信心，保持定力，锐意进取，开拓创新，继续为中华民族伟大复兴，作出新的更大贡献。

采　访　人：李智林

撰稿整理人：李智林

以十大体系为桥梁促千家万户进市场

阎原田*

为了带领海阳县人民奔小康，1992 年我任职海阳县委书记后，提出了构建多种经营十大体系的工作思路。

1991 年 11 月，党的十三届八中全会提出，我国农业和农村工作的总目标是：在全面发展农村经济的基础上，使广大农民的生活从温饱达到小康水平。根据省委、市委要求，县委、县政府确定，海阳县要提前三年于 1997 年达到小康水平。从实际来看，海阳全县有 71 万人口，其中农业人口 65 万，优势在农村，潜力也在农村。全县奔小康，农村是关键；农村奔小康，多种经营是支柱。而要加速发展多种经营，无论从理论还是实践上看，都必须搞好体系建设。

党的十一届三中全会以来，海阳县的多种经营得到了迅速发展，到 1991 年底，全县多种经营收入达 14.1 亿元，占农村经济总收入的 82%，成为农村经济的支柱产业。在发展多种经营的过程中不难看出，凡是体系建设搞得好的，如工艺品和蚕茧两个系统，龙头企业实力强、带得动，产销一条龙，生产发展就快就好。相反，有些行业如果品、蔬菜、畜牧、建材等，本来资源丰富、优势明显，由于多头管理、关系不理顺、责任不明确、政出多门，严重影响和阻碍了生产的发展。 如果不切实加强体系建设、理顺关系、明确责任，海阳丰富的资源潜力就不可能在短时间内得到充分发

---

* 阎原田，1992 年 3 月至 1994 年 9 月任中共海阳县委书记。

掘和利用，多种经营生产就难以迈上一个新台阶。

一、加强领导与规划，十大体系建设初具规模

1992年3月5日，海阳县委、县政府召开了建立健全多种经营十大体系会议。当时规划的十大体系分别是果品、蔬菜、水产、畜牧、蚕茧、工艺品、乳制品、建材、建筑劳务和粮油生产加工，会议的议题是：围绕县委、县政府确定的发展农村经济的基本思路，以党的十三届八中全会精神为指针，以实施"六五"工程、发展高产高效农业提前三年达到小康水平为中心，以深化改革为动力，研究部署全县多种经营十大体系的目标、任务和措施。这次会议也是一次全县范围内的总动员。会后，各级各部门的广大干部群众，进一步树立大农业观念，以全面发展农村经济为己任，毫不动摇地把发展多种经营生产作为实现"八五"规划和小康目标的重要措施来抓，自觉投身到多种经营十大体系建设工作中去，齐心协力搞好农村商品经济的大发展，实现多种经营生产突破性发展。

1992年4月20日，县政府召开了全县多种经营十大体系建设第一次调度会议。会议对前一阶段十大体系建设工作给予充分肯定，同时指出了目前体系建设中存在的问题。会议指出，十大体系建设实际上是把多种经营生产纳入了系统化、规范化、完整化的轨道，高起点，大跨度，一步到位，这本身就是一种较高的标准要求。会后，各部门在实际操作中细致思考，对各村镇和企业严格要求、认真指导，坚决克服飘忽松垮、粗枝大叶等不良倾向，确保体系迈出新步子，做出新成绩，推动农村经济的迅速发展壮大。

1992年7月25日，县政府召开了全县多种经营生产十大体系建设第二次调度会，各体系汇报交流了第一次调度会以来体系建设的进展情况、存在的问题及下半年工作打算。自4月20日第一次调度会召开以来，体系建设有了较大进展，已有九大体系开始运转，多数体系完成了上半年的任

务和指标。会后，全县各体系、各有关部门团结协作，按照集科研、生产、加工、销售、服务于一体的体系建设模式，继续巩固和强化基地及龙头企业建设。通过开展扎实有效的工作，把海阳十大体系建设再推上一个新台阶。

经过近半年的尝试，按照产供销一条龙、贸工农一体化的原则，以国际国内市场为导向，以社会化服务为纽带，以骨干企业为龙头，以生产基地为依托，以千家万户为连接点，全县逐渐组建起果品、蔬菜、水产、畜牧、蚕茧、工艺品、乳制品、建材、建筑劳务和粮油生产加工十大多种经营体系。在每一个体系内，都设置一个县级分管领导、一个集团公司、一批龙头企业、一批生产基地、一批农户等五要素。

为加强组织领导，从县委、县政府、人大、政协班子中安排了 10 名县级领导，每人分管一个体系。其主要职责是：代表县委、县政府抓好分管体系的建设落实；对分管体系的重大生产经营活动进行决策；对本体系的综合工作进行组织协调。这 10 名县级领导定期对分管体系的建设情况进行调度，定期深入体系的主管集团、龙头企业、生产基地和农户检查指导工作，适时组织分管体系的全县工作会议，随时解决体系中遇到的问题，不断推动体系建设的发展。如在海上开发中，成立了由我担任组长的县级领导小组，重点抓发展规划、政策制定等方面工作，先后出台了《关于鼓励海上开发的实施意见》等一系列优惠政策。1992—1994 年间，全县的海上开发总投入达到 2 亿多元，其中 1993 年投入就达 1 亿多元。

组建每个体系的集团公司。这些集团公司的职责是：按照县委、县政府十大体系建设的总体规划，制定本体系的长短期发展规划，落实措施，检查考核，协调体系内的龙头企业、生产基地和农户共同完成体系建设任务。

强化龙头企业建设。县委从科学配备体系内部要素出发，将系统内原效益好、产品好，有发展潜能的企业重新归口确定为龙头企业和新建龙头企业，全力培植成龙头企业。如蚕茧体系为满足体系发展的需要，兴办了缫丝厂等一批龙头企业。这些龙头企业的职责是发挥自身信息灵通、消化能力强、技术力量雄厚的优势，为农户提供产前、产中、产后系列化服务。

生产基地建设。本着因地制宜、相对集中的原则，坚持布局区域化、经营集约化、产销合同化、生产专业化，每个体系都发展了一批生产基地。这些生产基地的职责是：按照龙头企业的要求和导向，发挥本地传统资源优势，扩大生产规模，建立各种类型的专业乡、专业村，带动千家万户发展生产。

十大体系所拥有的农户队伍，几乎包罗了全县所有农户。培植方式大体为：主管部门培养一批，如全县从事肉食兔生产的农户，全是畜牧肉类集团带着种兔技术深入乡村发动培养起来的。龙头企业带动一批，如县上建起乳品厂，在乡村带起了一批奶牛、奶羊养殖户。当地政府抓出一批，如沿海乡镇发动群众开发浅海、滩涂，抓出了一批水产养殖户。农民自我发展一批。这些农户的职责是：按照龙头企业的服务导向，努力扩大生产，提供足量初级农产品。

二、立足农业，面向市场，多举措积极探索尝试

1992 年 12 月 29 日，县委八届四次全委扩大会议通过了《中共海阳县委关于加快经济发展的意见》，意见提出海阳经济发展的基本思路是：以三大工程、多种经营十大体系、第三产业和个体私营经济为着力点，以改革开放为动力，以搞好党的建设和精神文明建设为保证，努力构筑全县经济高速、高效、协调发展的新格局。围绕实施“六五”工程和健全十大经济体系，抓好“4 个 20 万亩”的开发开放，突出五个重点建设，推动全县农业生产步入新的发展阶段。

在构建十大体系的过程中，通过科学引领、培育典型抓带头、以点带面促提升的方式，带动起全县广大农民挣脱传统观念束缚，解放思想求发展，进而形成强有力的农业发展带动效应。各级各部门及时认清形势、大胆发展，

坚持市场导向，立足本地优势，选准农业主攻方向，突破思维限制，大力发展农业产业。以日光温室大棚蔬菜生产为例，在调查研究的基础上，县委提出了“立足海阳、面向三市（青岛、烟台、威海），辐射全国，走向世界，奋斗三年，建成胶东最大的蔬菜生产基地县和山东省第三大‘菜篮子’基地县”。群众发展热情高涨，短时间内，一座座绿色工厂迅速出现在海阳大地上，开拓市场，形成产业优势。通过十大体系引路，各行业相继培育出一大批致富先进个人和先进集体，在规模、档次、效益上做出大文章。以果品生产为例，发城镇王家山后村立足山区优势发展果业生产，果品产量达到 150 万公斤，总收入 400 万元，人均 2800 多元，跨入全市小康村行列。在此基础上，县委及时总结推广该村经验，并以此为标准在全县树立了 3 个明星园和“百村万亩样板园”作示范，让全县果农干有标准、学有榜样，全县 732 个村有 712 个搞起了果业生产，1993 年果品总产量达到了 1.3 亿公斤，总收入 1.51 亿元，成为全县农村经济的一大支柱。

在十大体系带动下，那些基础差、底子薄的地区得到政策的重点倾斜和均衡发展；生产的多样性和充分性大大提升，逐渐形成全面发展优势。在农业开发中，注重大力培育优势产业，不断发现闪光点，积极培育小气候，引导农民打造出自己的特色，形成一乡一业、一村一品的新格局。比如，果品产业，积极发展优质高档果品，王家山后村红富士苹果在全国质量评

海阳白黄瓜　（秦帆 摄）

海阳西红柿　（秦帆 摄）

比中获得第一名，成为全国红富士第一村；蔬菜产业，推动“无公害”基地开发，芋仔、黄瓜、西红柿三个品种被国家农业部门认定为“绿色食品”；水产业，远海、浅海并重发展、全面开发，“滩涂贝类科技试验区海阳示范点开发项目”被列为山东省科技兴海重点项目，项目完成后，年可新增收入 1.5 亿元，十大多种经营体系潜力被充分挖掘。

在构建十大体系过程中，县委坚持因地制宜搞开发，坚持“四路并进”推动开发，形成了独具特色的农业开发格局。“靠山的走山路”，坚持宜林则林、宜果则果，发展果品生产，山区开发取得显著成效。“有土的走土路”，在稳定粮食总产 3.5 亿公斤、花生 4000 万公斤的前提下，与国内外大商社划片开发或联合开发，形成了“五区一基地”（粮菜轮作区、优质小麦区、粮食牧草轮作区、麦芋轮作区、药材生产基地）。“临海的走海路”，加快了耕海牧渔、“海上海阳”的建设步伐，海洋资源被有效开发。“设法走新路”，在充分挖掘地上农业资源的基础上，同步拓展地下矿产资源开发，组织引导具有石料等矿产资源的乡镇、村进行综合开发，形成了留格庄的石材、徐家店镇的石子、山西头乡的石料加工、里店乡的石刻石雕产业区等，产品销往美国、日本、韩国等十几个国家和地区。

通过十大体系建设，进一步引导了农民进市场、求发展。发展中县委、县政府始终坚持在发展层次和广度上用心用力，始终坚持在深入挖掘畅通农业发展，在带动农民致富的细节处做文章，实现更高质量和更大效益。十大体系的建立，促进了多层次开发、多梯次推进，丰富了全县经济发展形式，提升了经济发展活力，推动了农业产业向更高层次、更大规模、更高质量发展。进一步加大了农业开发深度，县委、县政府充分适应农村经济体制改革的需要，推动县乡机构改革，促进农村经济的进一步发展。如在蔬菜生产体系建设中，围绕“五个要素”模式，将农业局蔬菜站和商业局蔬菜公司划出，合并组建龙头企业，负责全县蔬菜生产的组织指导、规划落实以及生产经营、技术推广等工作，运用法律手段，把龙头企业、基地乡（镇）、村紧密联系成生产经营共同体，并出台了《加快全县蔬菜生产发展的意见》，完善奖补机制。通过一系列措施，全县农业产业发展有了更加灵活的体制运作和更加完善的机制保障。

进一步增强了服务效能。县委、县政府积极转变各级干部工作作风和工作方法，引导政府职能从行政管理为主转变到强化服务为主上来，放下“婆婆”架子，担起“媳妇”责任。比如，在1992年日光温室大棚建设中，仅新建大棚一项，就为菜农提供各类物资总值380万元，占全县需求量的85%以上；在技术指导上，镇村一级配备了3—8名技术员，举办培训班200多期、6万多人次，真正做到了服务到棚。一系列服务于民的举措，让群众感受到更加暖心的干群基础、更加良好的发展环境、更加坚定的发展信心。

三、富了农民，活了市场，十大体系建设成效明显

1993年2月20日政府工作报告中指出：1992年，海阳县理顺多种经营关系，建立健全多种经营的十大体系，有力地推动了“六五”工程的顺利实施。十大体系年为农民增加经济收入20亿元，占全县农村经济总收入的80%；年加工创产值、利润的35%和38%；年外贸出口收购额3亿元，出口创汇3360万美元，均占总数的80%。十大体系已成为海阳经济的十大支柱。

1993年8月30日，县委、县政府召开了乡镇党委书记会议，会议指出建设多种经营十大体系，是海阳经济工作的一个创造，是连接市场与开发的一个链条，是带动千家万户闯市场的一个创举，为农村经济的发展发挥了作用。

十大体系建设提高了广大农民的综合素质。十大体系在农户小生产与社会大市场之间架起了一道桥梁，使农村的农业开发直接与市场接轨，从

而有效地把农户带进了市场，加快了农村由计划经济向市场经济的转化。在这个过程中，农民的市场意识越来越强。在体系带动下，农村生产围着市场转，为把产品卖出去、卖上好价钱，农户们千方百计增强自己的产品竞争实力。比如广大果农面对果品市场日益激烈的竞争，在体系指导之下狠抓品种更新和技术应用，努力提高果品档次。几年中，海阳县先后引进了红富士、乔纳金、北斗、新红星、王林等十几个名优新品种，发展新品种果园 15 万亩。1993 年，又与荷兰苗木公司签订了合同，成立了海阳苗木果木有限公司，引进无毒苗木，在全县建起 1 万亩示范园。同时，果农们突出抓好精修细剪、配方施肥、果树病虫害防治等适用技术的推广应用，引进了覆草保水、无毒栽培、苹果套袋、铺反光膜等先进管理技术，果品产量和质量大幅度提高，打响了“皇家红富士”和“凤凰山”两个苹果品牌。

广大农民的开放观念越来越强。在十大体系建设的带动下，广大农民走出小农经济的封闭圈子，大步走向地方市场、国内市场和国际市场。如海上开发，沿海农民大胆从县外引进劳力、技术、资金，合作开发水产养殖，其中有 1000 多亩是引进县外单位合作养殖的。海阳农户生产的水产品，通过体系架起桥梁，先后出口到 40 多个国家和地区，实现了农户不出家门，产品走进国际市场。广大农民的自主观念越来越强，在体系带动下，广大农民按照市场导向，立足自身优势，实现了自主生产、自主经营。例如，计划经济时期，干部群众受“海阳浅海不能养扇贝”的束缚，行政指令群众开发海带、贻贝养殖，收效甚微。十大体系确立后，在龙头企业试养扇贝成功的带动下，沿海农民自主发展扇贝养殖，1992 年，试养了 400 亩栉孔扇贝，获得成功。随后，全县扇贝养殖面积迅速达到 8300 亩，年收入可达 8300 万元。

海阳山多、地多、矿多，海岸线长、海面阔、滩涂广，拥有很大的资源优势。但以前开发体制不理顺、责任不明确、市场无保障，资源优势迟迟未能很好地转化成商品优势。通过十大体系建设，开发体制得到理顺，开发责任进一步明确，开发市场有了保障，资源开发有了突飞猛进的发展。十大体系建设使开发的领域不断拓宽，农业开发的触角延伸到了全县所有的资源。例如，在水产资源开发上，以前开发领域仅限于滩涂，滩涂也主要限于港养虾，在体系建设的带动下，浅海养殖实现了零的突破，滩涂养殖实现了虾、贝并举；在劳务资源开发上，十大体系建设使全县的劳动力资源得到充分利用，仅建筑劳务体系从业人数就达 1.5 万人，比体系组建前翻了一番。十大体系建成后，使资源开发有管的、有抓的，有服务，有销路，农民有靠山，政府有抓手，因而大大加快了开发速度。以蔬菜开发为例，1992 年全县蔬菜共有 11.5 万亩，其中日光温室大棚发展到 5000 个，年蔬菜总产量达 10 亿斤，创经济收入 1.66 亿元，成为胶东最大的蔬菜生产基地和山东第三大“菜篮子”工程。十大体系建设中，县委、县政府从规划、政策、技术、销售等多个环节，为提高开发质量提供了保证。如果品体系通过狠抓“百村万亩优质样板园”建设，以点带面，有效地推动了全县果品质量的提高，1992 年全县果品优质率达 70%，新品种果发展到 90%。蔬菜体系，以“高科技、反季节、无公害、外向型”为发展方向，大力发展反季优质蔬菜。1992 年，反季菜占蔬菜总产量的 20.6%，出口菜达 16 万斤，培育出“全国温室黄瓜高产第一棚”。水产体系，滩贝养殖不断推广新品种，对虾养殖中推广了充气养虾高产技术；浅海养殖一上就是高科技优质贝，扇贝一举产出单产、出丁率最高的“全国第一贝”。

采　访　人：纪文宏

撰稿整理人：纪文宏

以承办亚沙会为契机，促进海阳全面发展

王玉波*

光阴似箭，岁月如梭。转眼间，离开海阳工作已经十年有余。在离开的这段日子里，海阳的每一个消息，我都会留意；海阳的每一步发展，我都会关注；海阳的每一点变化，我都会高兴；海阳的每一个进步，我都会受到鼓舞。每当“海阳”二字闪过脑海、映入眼帘，我在海阳工作近6年、2000多个日夜的点点滴滴，海阳的山山水水、一街一巷、一草一木，海阳的父老乡亲、广大干部和一起奋斗的事业，就会像泛滥的洪水冲破记忆的闸门，时刻萦绕在我的心头，清晰浮现在我的眼前。其中最令人难以忘怀的，当属第三届亚洲沙滩运动会在海阳那片金色沙滩上成功举办，精彩演绎。亚沙会之于海阳、之于我，不只是一个梦想的实现，更是一段发展征程的镌刻。

一、临危受命，勇于“亮剑”

2006年12月2日，经亚洲奥林匹克理事会代表大会表决，海阳市获得2012年第三届亚洲沙滩运动会的举办权。亚沙会成功申办一个月后，根据组织安排，我从东营市交流到海阳工作，担任海阳市委书记。这是一种巧合，更是一种缘分。海阳作为一座县级城市举办洲际体育赛事，在国内

* 王玉波，2006年12月至2012年9月任中共海阳市委书记。

尚属首次，而且这也是代表山东省首次举办洲际综合性体育赛事。面对一缺资金、二缺人才、三缺经验的困难和实际，上任伊始，我感觉压力很大，担子很重。但面对挑战总是瞻前顾后是打不开局面的，一味地畏难发愁更解决不了什么实际问题。只有拿出“明知山有虎，偏向虎山行”的胆气和豪气，敢于向亚沙会筹办“亮剑”，高起点规划，高标准建设，高质量推进，才不会辜负组织的信任、人民的期盼。因此，从我担起这份沉甸甸的责任开始，就将“举办一届有特色、高水平的亚沙会”当成一个目标、一种追求、一份承诺，把“全力以赴办亚沙、凝心聚力保亚沙、放长眼光借亚沙”作为所有工作的头等大事、重中之重，团结带领海阳市全体干部群众不气馁、不退缩，全市总动员，上下一条心，踏上了长达5年多的亚沙会筹备征程。

二、倾力筹办，兑现承诺

思路决定出路，在赛事筹办之初，我带领当时海阳市委一班人，坚持以务实的精神，树立科学的办赛理念，在多方论证、深入研究的基础上，提出了“举办盛会，打造品牌，培植产业，促进发展”的办赛思路，不就办赛而办赛，而是把赛会筹办过程变成科学发展的过程，将赛事与经济社会发展有机地融为一体。

首先建立起科学的筹办机制。亚沙会筹办工作涉及方方面面，必须广泛借助烟台、全省乃至国家的力量，对此，我和班子成员分工，以及相关部门领导积极开展向上对接和对上申请工作。经过不懈努力，国家层面成立了亚沙会组委会，省和烟台层面也相继成立了领导小组。国家体育总局、山东省、烟台市领导先后几十次到海阳调研指导工作，并在政策倾斜、资金扶持、组织机构等多方面给予海阳大力支持和帮助。同时，市委也随着筹备工作的进展需要，适时建立调整领导体制，从2007年1月抽调10名干部组成亚沙会综合办公室，搭建亚沙会筹备体制的初步框架，到后期相继成立亚沙会工作领导小组、赛事总指挥部等，由最初的领导小组体制、十几个人，到最后的指挥部体制，下设办公室、亚沙村和14个专项指挥中心，65个团队，1500多名工作人员。同时，招聘了国内外各类专家、赛事技术及管理人才150多名，招募赛会志愿者4700多名、城市志愿者2500多名，有力地保障了赛事的顺利筹备和成功举办。

2007年8月18日，海阳市第三届亚沙会筹备工作动员会议召开，标志着亚沙会各项筹办工作全面正式启动。

在筹办过程中，海阳面临的头号难题就是硬件设施的建设不足；尤其是场馆建设一片空白。对此，市委、市政府经过统筹，划拨出20平方公里的土地筹建亚沙城，同时解决从无到有的问题，统筹考虑场馆建设与城市规划发展及后期综合利用等方方面面的问题。本着因地制宜、着眼长远、突出特色的原则，请来专家和专业部门，高起点高规格对亚沙城展开规划设计，规划出以亚沙村，河清岛，鉴湖湿地公园和奥林匹克公园，沙滩、静水、滑翔、帆船帆板等4个项目为比赛区，以及国际会议中心、国际广播电视中心、安保指挥中心、抵离中心等“一村、一岛、两园、四区、四中心”为主框架的亚沙城，亚沙城既是一个竞赛项目的聚集区，又是一座多功能、综合性的新城区。亚沙会的规划设计在得到上级批复后，市委、市政府举全市之力进行建设。在亚沙场馆建设过程中，市委、市政府自始至终坚持节俭办赛的原则，除了部分比赛设施为临时设施、赛后予以拆除外，其余场馆可全部重新利用。承担开闭幕式的河清岛体育场，是一座全国罕见的投资少、开放式、生态式体育场，建设过程中就与有关公司签约，赛后成为承办体育赛事、文化旅游的综合性平台。开闭幕式节目编排几度瘦身，以独特的文化魅力成功组织了精彩纷呈的演出活动。亚沙展览馆，将永久性展示亚沙文化遗产，免费对公众开放。为了适应亚沙会交通需要，新建配套道路32条、248公里，特别是由海阳自筹资金5亿元建设的直通青岛的跨海大桥、由山东高速集团投资建设的全长80公里的烟台至海阳高

海阳至即墨的丁字湾跨海大桥

速公路，使海阳的交通体系更加便捷顺畅。为了给亚沙会打造更加清新优美的生态环境，市财政投资 2 亿多元对贯穿城区的东村河进行了综合性改造，对上下游的污染企业坚决予以关停；从 2008 年起，连续开展了两个“三年大造林”工程，造林面积达 12 万亩；成立了专门的蓝色生态整治办公室和海岸带控制办公室，对全市 230 公里的海岸线实施生态保护，保持了全市山清水秀、天蓝海碧的良好生态环境。

举办这样一届洲际体育赛事，海阳也面临着软件不足的困难，尤其是城市形象、人文环境代表着烟台、山东乃至国家形象。对此，市委、市政府坚持软硬件两手抓、两手都要硬，超前运筹，及早介入，掀起了一场软环境打造的攻坚战、持久战。为了提升城市形象，成立了专门的城镇化及城乡环境综合整治指挥部，从旧村改造到主干路两侧环境整治，从城区背街小巷的整治到城市秩序的维护，都制定了详细的工作计划，分步骤、有计划地加以实施，使城市面貌发生了巨大改观。为了提升人文环境，从 2008 年 8 月起，连续四年开展了“携手办亚沙、文明伴我行”主题教育活动，组织市民参加文明宣传、文明践行活动共 8 大类 110 多项近万次，参与群众 30 多万人次，占总人口的一半以上，讲文明、讲素质已深入人心，蔚成风气。

举办这样一届洲际体育赛事，筹办经验对海阳来说也是一片空白。不懂就要多学习、多请教、多探索、多实践。工作中，我们组织人员多次到北京、上海、广州、济南等举办过大型体育赛事的城市，以及前两届亚沙会举办地学习借鉴经验，积极探索适合海阳实际的办赛之路。在赛会的专项工作筹办过程中，海阳既遵循了亚奥理事会章程，又注重发挥好自己的特色，将海阳的特色文化、海洋文化融入办赛的各个环节。从 2009 年起，亚沙会领导小组相继发布的亚沙会理念、口号、会徽、吉祥物、火炬和奖牌等专用标识，到火种采集仪式、火炬传递、开闭幕式演出等重大活动，再到比赛项目的组织管理，都坚持一丝不苟、点滴不漏，确保了整个赛事组织顺畅有序。2012 年 1 月，在亚沙会筹备进入最后冲刺阶段之际，市里又组织召开了“和谐亚沙年”实施动员会议，进一步统一思想、振奋精神、鼓舞斗志，增强筹办工作的使命感、责任感、压力感。为了做好赛事保障工作，坚持未雨绸缪，提前加强了硬件及设施配备，并加强演练，建立了多套应急保障预案，确保了赛事需要。尤其在安保上毫不懈怠，自下而上、积极主动加强对接，争取上级重视与支持，协调山东省和烟台市及相关部队建立起上下贯通的军地协调指挥系统，确保了“万无一失”。在接待工作上细致入微，统筹安排接待资源，提前筛选确定亚沙会定点接待酒店，在软硬环境上有针对性地重点打造，保证了亚沙会接待服务圆满顺畅。在交通、通信、医疗及供水、供电、气象等方面，也都做到了反应灵敏、保障有力。同时，在具体筹办过程中，海阳还面临着许多其他承办城市从未遇到过、无法预料的困难，比如绿潮处置问题，绿潮来势汹汹，严重威胁到了亚沙会举办。在省、市两级党委政府的坚强领导下，海阳边一筹办赛事，一边协调各方，抽调精干力量，集中做好绿潮处置工作，成功将绿潮围挡在亚沙会比赛海域之外，确保了整个赛事的圆满成功。

2012 年 6 月 16 日，第三届亚洲沙滩运动会在海阳市河清岛体育场开幕（初阳 摄）

一分耕耘，一分收获。5 年多的艰苦努力经受住了检验，5 年多的热切期盼变成了现实。2012 年 6 月 16 日至 22 日，第三届亚洲沙滩运动会在海阳成功举办，开了县级城市举办洲际赛事的先河，创出了“零投诉、零刑事发案、零上访、零故障、零失误”的新纪录，赢得了亚奥理事会，国家体育总局，山东省委、省政府和社会各界的高度赞誉。亚奥理事会主席艾哈迈德亲王称赞“海阳亚沙会水平非常高，一切都很完美”。国家体育总局领导称赞“海阳亚沙会各个环节工作非常优秀，取得圆满成功”。省领导评价“海阳亚沙会取得圆满成功，完成了使命，尽到了责任，为全省发展做了贡献”。新华社记者认为，“作为首次在中国一个县级城市举办的综合性体育赛事，海阳创造了奇迹，给亚洲带来的惊喜，足以载入史册”。广大市民认为“成功举办亚沙会，让海阳这座城市更美、更大、更强了，打心底体会到了作为海阳人的荣誉感、自豪感”。我的体会是，海阳亚沙会的成功举办，得益于上级党委政府的坚强领导，得益于国家体育总局等相关部门的高度重视，得益于海阳全体干部群众的共同努力，得益于社会各界的关心支持，是一场群策群力、同心同德的伟大胜利。

三、借势而为，加速发展

大型体育赛事是体育的盛会，也是经济发展的舞台。赛事举办权就是发展权。5 年多的亚沙会筹备历程，也是海阳实现大跨越、大发展的历程，经济社会有了翻天覆地的变化，城市知名度有了历史性飞跃，人民群众的幸福度有了显著提升。这种变化主要表现在五个方面：

城市综合实力变得更强了。2007 年以来，亚沙会对经济发展的整体拉动作用逐步显现，通过场馆和配套设施建设以及赛事筹办，拉动包括建筑、流通、餐饮等在内的第二、第三产业 10 多个行业增收，聚集起强大发展能量，主要经济指标呈跳跃式发展：海阳的 GDP、地方财政收入、固定资产投资年均分别增长 14.8%、23% 和 23.5%，2011 年分别是 2006 年的 2.3 倍、3.1 倍和 2.8 倍，综合实力由过去烟台倒数跃升到中上游水平，有四年获得“烟台市科学发展综合考核先进县市区”荣誉称号。

城市变得更大、更美、更舒适了。着眼亚沙会筹备和城市长远发展，海阳实施了城市规划区旧村改造 37 个、安置楼建设面积近百万平方米；城乡垃圾全面实行一体化处理，全市绿化总面积达 1500 万平方米，人均公共绿地面积 17 平方米，城乡面貌焕然一新；投资 20 亿元，实施了总长近 1400 公里的城乡路网建设工程，一举打破了交通瓶颈；实施了总投资 10 亿元、80 项市政重点工程，供热、供气、供水、供电及排水、排污“四供两排”公用设施全面加强，新铺设供水管网 50 公里、污水管网 100 公里，城市日供水、污水处理能力分别达到 4 万立方米、5 万立方米。借助亚沙会筹备这只力臂，海阳撬起的是城市规模的大膨胀、城市要素的大聚集、城市品质的大提升，城区面积由 2006 年的 17 平方公里扩大到 40 平方公里，人口由 15 万人增至 25 万人。

市民生活变得更富裕、更多彩了。2007 年以来，海阳城市居民人均可支配收入、农民人均现金收入年均分别增长 15.2% 和 14.5%，均居烟台各县市区前三位，2011 年分别达到 23884 元和 11064 元，均比 2006 年翻了一番。借赛事筹办，市里新改建纪念馆、图书馆等公益文化设施近万平方米，新配套市民健身休闲的文体器材 5000 余套，规划建设的 3 万平方米的体育会展中心、5 万平方米的综合文化中心，成为全市新的公共文化载体和平台；举办全民健身、文化展示等活动 50 余种、千余场次，特别是沙滩体育运动风靡海阳，被越来越多的市民所接受并喜爱。

社会变得更和谐、更稳定了。借助赛事筹办，在全市开展了听民声、察民情、重民意、帮民富、促民和、保民安的“六民”活动，并以“六民”活动为抓手，每年都实施一批惠民利民举措。2007 年以来，共集中为群众办实事 146 件、年均投资 5 亿元以上，截至 2012 年，海阳城镇居民基本医疗保险覆盖率达到 100%，新型农民养老保险参保率达到 98% 以上，新型农村合作医疗参合率达到 100%，城乡低保标准分别提高到 340 元 / 月和 1900 元 / 年，群众真切地感受到了生活在亚沙会举办城市的幸福。海阳先后被评为“中国公众心目中‘和谐之城’”“平安山东建设先进县”。

城市影响力变得更大、更广了。亚沙会给海阳市注入了强大的“亚沙概念”，带来了显著的品牌效应。据第三届亚沙会组委会统计，共有亚奥理事会 45 个成员国和地区的运动员、体育官员、媒体记者 6000 多人，以及赛事保障人员 1.3 万人参加，更有数以亿计的观众通过电视、网络等媒介关注亚沙会、关注海阳。通过亚沙会，海阳实现了一次在全国、全亚洲，乃至全世界的惊艳亮相、全面展示，极大地提升了城市知名度和美誉度。借赛事筹办和影响，海阳先后荣获中国优秀旅游城市、国家园林城市、中国毛衫名城、中国最佳文化生态旅游城市等“国字号”招牌 10 多个，山东省人居环境奖、山东省文明城市等“省字号”招牌 8 个，城市影响力和知名度显著提升。

亚沙会胜利闭幕后，市委、市政府不把赛事举办当作昙花一现，于2012年8月2日研究通过了《关于扎实做好“后亚沙阶段”工作加快推动县域科学发展的意见》，继续借亚沙名，打亚沙牌，充分利用亚沙遗产，擦亮亚沙品牌，推动海阳经济社会发展及各个方面实现新突破。

在目标定位上有了新突破。亚沙会的成功举办给了广大干部群众很大的发展信心，也为海阳提供了更广阔的发展空间。亚沙会结束后的一个时期，市委、市政府提出了“综合实力进入烟台‘第一方阵’”这一奋斗目标，目标的提出，不是要挤掉谁，而是要顺势而为，更进一步，向第一方阵看齐、靠拢，努力实现综合实力新的跨越。

在发展载体的打造上有了新突破。借助亚沙会，借助山东半岛蓝色经济区建设国家级战略的实施，市委、市政府整合了度假区、亚沙城、丁字湾新区，规划建设亚沙文化旅游产业聚集区，将其打造成为蓝色经济区建设先行先试区、高端服务业引领区、国际旅游休闲度假区和海洋生态文明示范区。借助胶东半岛高端产业聚集区建设的影响带动，重点打造海阳核电装备制造工业园区板块，以海阳核电站、海阳港为龙头，围绕打造设计、研发、制造、安装、检测、环保、服务一体化产业体系，形成全市新型工业项目的聚集区和隆起带，打造成海阳又一个强势板块。

在产业结构调整上有了新突破。借亚沙会成功举办的后续带动影响力，加快发展新兴产业，着力招大引强，突破性发展新能源、机械装备制造、海洋工程、生物科技、电子信息和高端服务业六大战略性新兴产业；改造提升传统产业，加快推进毛衫、机械等传统产业走挂大靠强、兼并联合、创树品牌、技术升级之路；突破发展现代服务业，培强做大旅游业、现代物流业、房地产业、商贸餐饮业、金融业、总部经济和文体会展业“六大产业板块”。同时，在传承用活亚沙遗产和城市形象打造等各个方面都有了新突破。

在海阳任职的5年多时间，是我人生中最难忘的一段岁月，是我成长中最宝贵的一段时光，是我工作中最充实的一段经历。亚沙会筹备的5年多时间，我与海阳的全体干部群众一起担负责任、承受压力，一起殚精竭虑、拼搏努力，一起加班熬夜、通宵达旦，终于取得了亚沙会举办的圆满成功，向组织、向人民交上了一份合格的答卷。可以说，在海阳那块充满生机、充满活力、充满希望的土地上，倾注了我的心血，融入了我的苦乐。虽然我早已不在海阳工作生活，但我的心与海阳始终紧密相连。今后，我仍将不遗余力地支持海阳的工作，只要有利于推动海阳发展、有利于造福海阳人民，我都将义不容辞、全力以赴。

最后，千言万语化作“两个感谢、两个祝愿”：感谢海阳，感谢海阳人民！衷心祝愿海阳的明天更加美好，衷心祝愿海阳人民永远幸福安康！

采　访　人：马鹏程

撰稿整理人：马鹏程

海阳市棚户区改造工作回顾

李　波*

海阳是革命老区、“地雷战”的故乡。近年来，海阳市经济和社会事业迅猛发展，城乡面貌大幅改观，但在民生建设上由于起步晚、底子薄，群众的居住环境急需改善。我上任之际，正值国家和省里大力推广棚户区改造。在调研中，群众的居住环境较差，我是看在眼里，记在心里。于是，立足市情、顺应民意，于2015年11月积极争取到“山东省棚户区改造政府购买服务、货币化安置模式试点城市”，并高效稳妥推进。在我任职海阳市委书记的两年里，作为这项工作的推动者和参与者，这段经历让我难以忘怀。

一、海阳开展棚户区改造的背景

棚户区改造，是党中央、国务院“稳增长、调结构、促改革、惠民生”的重要举措。2015年6月25日，国务院发布了《关于进一步做好城镇棚户区和城乡危房改造及配套基础设施建设有关工作的意见》，制定了城镇棚户区和城乡危房改造及配套基础设施建设三年计划（2015—2017年）。要求各地区抓紧编制2015—2017年城镇棚户区改造实施方案、棚改配套基础设施建设计划和农村危房改造实施方案，并抓好组织落实。山东省委、

* 李波，2015年8月至2017年12月任中共海阳市委书记。

省政府和烟台市委、市政府也都提出了具体的棚户区改造套数和占比数据。上级下达了政策，为发展指明了方向，接下来的工作便是统一思想，推进工作，取得成效。

2015年前后，从海阳当时的实际情况来看，全市经济下行压力持续增大，房地产市场低迷、投资者信心不足，再加上城市建设起步晚、底子薄，导致城乡居民的居住水平不高，45平方公里的主城区仍有84个城区村、2个公房片区，群众对改善居住条件、住上安全住房的诉求十分强烈。我敏锐地感觉到，如果能够抓住棚改这个机会，不仅能够有效改善市民群众的住房条件，也能够带动大众消费，促进社会和谐稳定发展。

但真正实施起来，困难重重，风险性也比较大。棚户区改造牵动千家万户，在住房分配安置、居民养老保障等环节存在着社会矛盾风险，操作不当不公易引发群体性矛盾，需要在各个方面超前调查研究，做出系列的缜密方案。棚户区改造涉及的资金量大而且环节众多，在房产采购、分配安置等诸多方面存在着较大的廉政风险，极易产生腐败，需要从各个环节健全完善公开、公正、透明的资金及工作监管机制。棚户区改造融资规模大，产生的贷款利息也相应较多，在短期内会给财政带来一定压力。这些问题的存在，或多或少给各级领导干部的思想上套了枷锁，行动上绑了链条。因此，许多干部对棚改工作的前景产生了畏难情绪，这对全市棚改工作的推进带来了不利影响。

为了推动棚改工作早日在海阳落地落实，经过反复调研和论证，我给党员干部们讲了棚改的五个需要，以此来坚定信心，提振决心。棚改是转换新动能、培育经济增长点的需要。在当时的经济新常态下，新旧动能的转换问题、内生动力问题、经济增长点培育等问题，是制约发展的最大瓶颈，市场没有增长点怎么办？作为政府就要搭建载体，创造新的增长点，因此需要把棚户区改造作为一个政府搭建平台、创造经济增长点的重要途径，在改善居民生产生活条件的同时，撬动经济发展。棚改是拓展发展空间、促进产城一体发展的需要。海阳市主城区由北部老城区、南部新城区构成，经济开发区位于新老城区之间，存在着工业要素较多、住宅商贸元素较少、“上班一片忙碌、下班一片冷清”的问题，并且开发区内存有大量城中村，严重影响了新老城区的融合发展。通过实施棚户区改造，不仅能够提升城市整体形象和群众生活质量，还能够加快海阳老城区、经济开发区、南部新城区的相互衔接与融合发展，为海阳未来城市发展、产业培育提供更为广阔的空间。棚改是有效解决去库存、促进房地产业健康发展的需要。棚改货币化安置政策能够在去库存中发挥重要作用，能够有效解决存量房产的问题，我给干部们算了一笔账，海阳实施棚改货币化安置政策后，存量房去化周期将由 2015 年的 28 个月降至 2016 年底的 13 个月，能够推动房地产市场健康高效地发展。棚改是改善民生造福于民、促进城市有序建设的需要。通过棚改对安置小区实施供热、供水、燃气以及硬化、绿化、美化等基础设施配套，能够使棚改居民共享城市公共便利资源，实现由居民向市民的转变，提高群众的幸福感、自豪感、满意度。通过开展整村成方连片拆迁改造，能够有效避免“零打碎敲”式开发带来建设上的“各自为战”“参差不齐”以及配套设施“马路拉链”现象等诸多弊端，实现城市规划与建设整齐划一、协调发展。棚改是以时间换空间、促进长远发展的需要。棚户区改造融资规模大，产生的贷款利息也相应较多，在短期内会给财政带来一定压力，但从长远看，还是利大于弊，特别是通过重大交通工程对土地价值的拉动，再加上相关税费及城市建设配套等其他方面的社会效益，棚改的综合效益将远远超过总投资，短期债务压力最终能够被抵消。通过宣讲和解读，同时针对各类风险制定了相应的防范措施，最终在全市上下统一了思想，为前期准备工作奠定了坚实的思想基础。

二、及时高效，严谨推进前期准备工作

前期准备工作可谓纷繁复杂，在具体操作过程中，市委、市政府尽力做到分析研究和实践论证相结合，共同谋划。2015 年 4 月，组织相关部门和镇街区到泰安、潍坊寿光、菏泽曹县等棚改先进县市观摩学习，同时，及时到省住建厅、发改委等部门进行了工作汇报，把海阳实施棚改的必要性、现实条件以及决心、信心，全方位向上级部门汇报，为争取棚改试点做足功夫。

棚改工作涉及方方面面，牵一发而动全身，靠市场、靠开发商自身的推动力难以解决一系列问题，坚持政府主导，以战略的眼光、统筹的谋划，以及环环相扣而又完善的联动机制，才能顺利有效地推动棚改工作。为此，海阳一方面参照先进县市的先进经验，一方面结合自身实际，成立了两支队伍，先是 2015 年 9 月 8 日成立了由市长担任指挥长的棚改指挥部，集中优势资源，下设征迁安置、规划设计、融资协调、综合协调 4 个工作组，在全市抽调 43 名经验丰富、能力强的干部，集中办公，为棚改工作顺利推进提供了重要的组织保证。2015 年 10 月，成立了昊海置业有限公司，将其作为全市棚户区改造的主体，承担棚改拆迁补偿、安置房建设、政府购买服务、融资等具体工作。全市上下形成了组织有力、分工明确的棚改工作体系。

组织和人员有了，一套完善的运行机制才能支撑组织的正常运行。建立了周例会机制。所有工作计划全部倒排工期、挂图上墙，由专业的项目管理团队组织实施，并在每周一上午 10 点由我和市长主持召开棚改工作例会，对棚改工作各个阶段的节点工作、重点事项进行调度部署，对工作推进中遇到的困难和问题进行现场拍板解决，对工期滞后、推进缓慢的事项及时分析原因、研究解决措施。建立督导落实机制。市委办、政府办督查

局每月对棚改工作进展情况进行一次督查通报，对没有达到进度要求的，对责任部门进行全市通报批评。建立工作考核机制。将棚改工作列入全市岗位目标责任制考核，根据工作督查情况进行奖扣分处理，把考核结果与部门单位评先评优、干部职务晋升挂钩，形成了奖勤罚懒、奖优罚劣的工作导向。科学完善的工作机制，充分调动起各级各部门推进棚改工作的积极性。

棚户区改造工程投资巨大，仅2016年就计划总投资约31.65亿元。对于县域财政来说，这是一大难题。为有效解决棚改资金瓶颈难题，市委、市政府抢抓机遇，积极争取棚改政策性资金，最终在全市上下的共同努力下，在山东省、烟台市的大力支持下，海阳于2015年11月被确定为“山东省棚户区改造政府购买服务、货币化安置模式试点城市”，全省只有寿光和海阳两家，这是十分难能可贵的。大家不等不靠、迅速行动，相继完成了项目可研、发改立项、环评批复、土地预审、财政承诺、政府采购目录等近30项项目所需要件，并获得了省农发行23.3亿元贷款批复，还积极争取到2016年国家重点项目建设基金2.3亿元，国家、省各类无偿补助资金1.5亿元，省财经公司棚改流动资金贷款0.5亿元。一系列有效举措，为海阳棚改工作提供了充足的资金保障。

棚改工作，事关群众利益、涉及资金较多。为了更有效、科学、廉洁地推动棚改，市委、市政府坚守正确方向，不断加强队伍建设，完善长效机制，为全市棚改工作持续推进奠定了坚实基础。在这一方面，市里组织成立了由审计、监察、财政等部门联合组成的棚改工作监管组，相继出台了《海阳市政府购买棚户区改造服务实施办法》《海阳市棚户区改造货币化安置实施办法》，严把政策执行关、工程质量关、资金使用关、安置房分配关等关键环节，对棚改工作的操作流程、政策支持、工作时限等方面作出明确规定，确保各项工作依法依规、公开透明，确保棚改全过程阳光操作。

三、坚持为民情怀，扎实推进棚改工作

由政府主导，利用国家棚改政策性贷款进行棚户区改造，对于海阳市委、市政府是第一次，对于全市群众也是第一次。为确保国家政策稳妥落地、棚改红利全面释放，我带领市委、市政府一班人科学研究制订了棚改工作实施计划，从衔接海阳新老城区的经济开发区入手，从中筛选出 5 个干群参与意愿强、没有投资商参与过旧村改造的村庄，作为海阳棚改工作的试点，先行先试，积累经验。在此基础上，本着“科学规划、分步实施”的原则，根据城市发展需要，又科学制定了 2016 年至 2020 年的棚改计划，计划再利用 4 年时间，全面完成全市棚改工作。同时，针对 2016 年新建安置小区小而散、综合功能不完善的问题，2017 年，市里采取了大社区集中安置模式，既完整保留原有村庄建制，又能完善幼儿园、商超、娱乐健身设施等综合功能配套，并实施统一规范的物业管理，让棚改群众过上更有品质、更具幸福感的生活。群众对棚改既期待又观望，对棚改政策有的也是一知半解。针对这一问题，市里充分发挥了舆论宣传功效，在海阳电视台、《今日海阳》上开辟棚改专栏，将镜头聚焦棚改一线，话筒对准棚改难点，阐释政策，推广典型，追踪热点，弘扬正气。通过多层次、广覆盖的宣传造势，形成了良好的舆论氛围。

棚改征迁是公认的“老大难”。这些实际工作中的复杂与艰巨，以及对群众思想的牵动，都使我深刻感受到，既要推动棚户区改造，又要坚持以人为本，统筹多方考虑棚改村和棚改村民的利益，不让棚改增加群众负担、损害群众利益，为征迁工作积极稳妥推进创造良好条件。一方面，要充分保障村级集体的收入。市里规划拿出拆除房屋建筑面积的 10% 建成商业网点房及部分生产经营用房，产权全部无偿转让给村集体，并规定村集体仅可租赁、不准出售，对外租赁费用作为村集体收入，充分保障村集

体长远收益。拿出“真金白银”重奖异地安置。在安置的产权和面积上，市里按土地使用证载明土地面积的80%给予群众大产权安置，放心于民。安置楼建设全部选在交通便利、具有较高商业价值的临路临街区块，方便于民。在拆迁奖励中，凡是在规定期限内签订了异地房屋安置协议的，每户给予8.2万元奖励，比海阳市以往旧村改造相关标准提高了20%以上，激发了群众异地安置的积极性。全面保障棚改群众的利益。海阳市是中国毛衫名城，毛衫产业是不少城郊村的支柱产业。为此，市里不仅对拥有毛衫横机的棚改户给予一定的搬迁补助，又结合海阳毛衫创新园项目建设，引导个体加工户进入产业园发展，享受产业园便捷的物流、信息、品牌推广和市场开发等服务。通过这些措施，凝聚了干部群众的共识，获得了群众的理解支持。

创新安置工作，是群众关注的重点，是棚改成功的关键，更是借力棚改拉动经济发展的关键环节。因此，海阳在研究制定棚户区改造安置方案

2017年12月20日，海阳市民在汇景湾小区参加棚户区改造集中选房现场

之前，对棚改群众进行了细致调研，在充分尊重群众意愿的基础上，先后出台了《海阳市棚户区改造拆迁安置补偿方案》《海阳经济开发区棚户区改造安置补偿管理暂行办法》《海阳经济开发区棚户区改造拆迁奖励办法》等7项政策，尤其兼顾群众“故土难离”情怀和“消化房产库存”两方面因素，打破了以往“就地拆建再安置”和“单一货币补偿”的传统安置做法，实行了就地安置与异地货币化安置相结合的“两房两地”安置方式。通过该安置方式，不仅延续了城市历史文脉，避免了城市摊大饼式扩张，而且消化了城市新区的存量商品房，优化了城市资源配置，解决了城市新区人气不足的问题。

为了能更贴近群众、方便群众，海阳创新实施了异地货币化安置房票制度。“房票”，也就是俗话讲的在棚改过程中，棚改群众选择异地货币化安置方式后，政府给棚改群众的支付凭证，但不能兑现、转让、出售。棚改群众在房源库中选出心仪的住房后用“房票”抵顶现款，若所选商品房价值大于“房票”价值，超出部分可按政府采购价自行将房款交付开发企业；若“房票”价值大于所选商品房价值，剩余价值则可继续选房。任何改革在推进过程中都会存在很多阻力。在棚改推进过程中，难免出现一些舆论事件。我们坚持正面宣传和反面教育相结合，把好舆情监控关口，对贴吧、论坛、微信上的不实不良信息，及时反映，稳妥处置。对在棚改过程中组织、煽动、操纵群众上访闹事、恶意散播不实不良言论、无理阻挠棚改工作的，以及各种“沙霸”“土霸”的强买强卖行为，坚决从快从严打击，为棚改顺利实施营造良好的环境。

2016年的工作探索和经验积累，为2017年的工作创新提供了坚实基础。2017年，市里创新推出了“预采购”模式，将一些在建工程形象暂未达到标准、配套设施尚不完善，但已取得预售许可、工程进度与企业信誉良好的开发项目纳入采购范围，不仅极大地充实了房源数量，也为棚改居民选房增加了更多选择空间，满足棚改居民的个性化需求。预采购房源选房采用“预订”的模式，既能缓解房源不足的压力，又能让棚改居民提前选取心仪的房子。另外，积极推进工作流程简化。2017 年 3 月之后，棚改征迁组派出工作人员到每个区街进行政策宣讲和培训，共计 10 余次，培训镇村棚改干部 300 余人，切实摸清了区街存在的问题和实际困难，将问题尽量解决在棚改工作正式开始之前。2017 年棚改协议由 2016 年的 5 份合并为 1 份，简化了工作流程，提高了工作效率，同时各街区加强政策引导，广泛发动群众，最大化打消群众疑虑，为棚改工作开端做好铺垫，实现了 2017 年棚改工作发轫之初井喷式推进的良好局面。

四、棚户区改造工作效果较为显著

应当说，经过全市干群的共同努力，到 2017 年 12 月我离任时，棚户区改造工作取得了较为可观的效果，初步实现了改善群众居住环境、提升城市整体形象、促进经济稳健增长的多赢。在 2016 年、2017 年两年时间里，

2017 年 9 月，海阳市棚户区改造鲁古埠安置小区建成交付

海阳市共计新建安置楼 190 栋，住宅 6359 套，建筑面积 79.78 万平方米；全市共采购异地安置房源 13939 套，发放房票 8077 张，选定房源 10645 套，去库存约 97 万平方米。在就地安置中，不打破原有村的建制，和村民协商确定安置楼选址和户型，安置楼建在哪里，水电气暖、道路、绿化、亮化等市政设施就配套到哪里，既保留“村”的乡愁，又让群众享受到“城”的便利，得到了群众的充分认可。其间省领导对海阳市棚改工作作出批示，省住建厅在全省范围内推广海阳“两地两房”安置经验，海阳典型经验在《烟台通讯》等上级党报党刊予以刊发，这说明海阳的棚户区改造工作得到了上级的高度认可。尽管我之后离开了海阳，但棚户区改造工作仍在继续扎实推进，我仍然关心和牵挂海阳的各项事业发展。

采　访　人：谢一梁

撰稿整理人：谢一梁

东方航天港建设历程

刘宏涛*

2019年6月5日，长征十一号固体运载火箭以海阳港为母港，成功实现我国首次海上航天发射，将7颗运载卫星送入预定轨道。2020年9月15日，长征十一号固体运载火箭在海阳海域成功实施我国首次海上商业应用发射，首次实现火箭总装、测试、发射一体化，初步实现海上发射常态化。虽然早在20世纪中叶，不少国家已经开始着手研究海上卫星发射技术，90年代中期，美国、俄罗斯、乌克兰还联合建立了世界上第一个海上发射平台，但在中国之前，还没有一个国家能够具备独立建设海上卫星发射平台的能力。我国这次破天荒的伟大壮举，填补了中国航天运载火箭海上发射的空白，堪称中国航天事业的又一重要里程碑，同时也给海阳带来了千载难逢的发展机遇，海阳由此按下了东方航天港建设的“启动键”和“快进键”。

一、抢抓机遇，点亮航天产业蓄势待发的“启明星”

2019年4月，在接到保障我国首次运载火箭海上发射卫星的任务通知后，海阳市委、市政府马上组织召开了项目专题会议，着手安排部署固体运载火箭海上发射任务的保障工作。同时，我们敏锐地意识到，海上发射是未来航天发射的重要方向，海阳作为海上发射“出海口”，在地理位置、

* 刘宏涛，2017年12月至2021年12月任中共海阳市委书记。

气候环境、工业基础和旅游资源等方面独具优势，具备发展航空航天产业广阔的前景和空间。2019 年 5 月，市委、市政府密集举行了一系列的会议和活动：5 日，召开项目专题调度会议；6 日，陪同烟台市领导海上查看项目部署情况；15 日，省领导来海阳召开座谈会，听取项目保障工作情况汇报；21 日，省工业和信息化厅相关领导来海阳指导项目的公路运输等工作；27 日，海阳召开项目座谈会，与航天一院、中集集团围绕保障发射、产业布局等方面进一步开展座谈；5 月底，与航天某生物科技公司签订了合作框架协议。一切工作的出发点和落脚点只有一个：举全市之力，切实保障好此次海上卫星发射任务。

2019 年 6 月 5 日，从海阳港出发的长征十一号运载火箭在预定海域点火升空，成功将 7 颗卫星顺利送入预定轨道，中国首次海上运载火箭发射技术试验取得巨大成功。海阳港作为海上发射出海母港，完美地为我国首次固体运载火箭成功实现海上发射提供了坚强和重要的保障。随即，海阳

2019 年 6 月 5 日，海阳港、烟台船助力长征十一号固体运载火箭首次海上发射成功

市委、市政府顺势开始谋划在海阳建设一座“东方航天港”。在我看来，建设东方航天港，既高度契合我国建设航天强国的战略，又高度契合山东省新旧动能转换重大工程的要求，可以带动海阳、烟台乃至全省航天产业实现高质量跨越式发展。为此，在前期开展保障工作的过程中，市领导以及相关部门负责人积极与火箭发射团队及各方专家进行了深入沟通，对建设东方航天港的可行性进行了反复论证。随后，海阳市委、市政府第一时间向烟台市委、市政府和省委、省政府汇报了关于建设东方航天港的初步想法，并且很快得到了各级领导的充分肯定和大力支持。

6 月 6 日，省领导在《关于在山东省打造星箭研发制造基地的汇报》中批示，要抢抓机遇，力争在山东打造“一港四基地”，建设“中国东方航天港”，为我国航天事业做贡献的同时，带动山东省相关产业的高质量发展。6 月 9 日，省委书记正式批示，同意开展东方航天港重大工程论证工作。由此，拉开了东方航天港建设的序幕。

7 月，为深入落实省政府与中国航天科技集团战略合作协议，推动海上发射高频化、常态化、系统化，力争在海阳打造中国首个海上发射母港，带动烟台市乃至全省航天产业高质量发展，省领导亲自带队赴国家国防科工局、中国航天科技集团进行拜访洽谈，与各方领导进行深入交流，就推动实现海上常态化发射、建设航天海上发射母港、争取国家政策支持等工作，达成了广泛共识。又与相关部门开展座谈交流。其间，由省领导见证，烟台市政府、航天一院、中集集团三方领导正式签订了战略合作框架协议，拟定共同打造以海上发射为牵引的中国东方航天港，东方航天港建设迈出了坚实的一步。

8 月 13 日，全省推进航天产业发展座谈会召开，航天科技集团航天一院领导专家，济南市、青岛市、烟台市分管市领导，省工信厅和各市工信局负责同志，航天产业相关企业、院所负责同志等，共计 100 余人参加会议。通过此次会议，进一步推动了省内外航天优势企业对东方航天港建设的大力支持。此次会议规模之大、覆盖面之广，充分体现出省委、省政府对东方航天港建设工作的高度重视和殷切期望，对此我和班子成员倍感荣幸，深受鼓舞。一张绘就海阳航天产业梦想的“蓝图”正徐徐展开。

二、科学布局，绘就航天产业强势崛起的“新蓝图”

2019年8月16日，烟台市委书记来海阳调研，进车间厂房，察看发射平台，提出整体谋划、顶层设计，高起点、高水平规划建设的原则，加快打造出与火箭、卫星相配套的产业集群。10月，海阳专程对接并聘请了航天专家为海阳开展航天港产业园区的规划编制工作，最终确定了面积18.6平方公里的园区总规划，按“一港三区”的空间规划布局，计划用5年的时间，打造集研发、制造、发射、应用、配套、文旅于一体，低成本、高附加值、全产业链的商业航天高科技产业集群。

“一港三区”的建设是：海阳规划出1550亩面积的地块，按照“一港两用”的思路谋划，用于海上发射技术服务港建设，这样既能满足发射保障，又能兼顾通商通航能力。在未来，计划联合中集集团，打造与火箭技术相关的功能模块，使服务港具备“冷热兼顾、固液兼容、军民商共建共用”的常态化、规模化保障发射能力，致力建设成为我国首个、世界一流的海上发射母港。航天产业制造园区，规划面积12000亩，分东西两部分功能区，按照“专业协同共建、功能趋同共用、创新成果共享”的思路，统一规划、分区建设，压缩产业链条，整合空间资源，努力打造流程优化、要素齐全的智能化星箭中心。航天产业配套园区，规划面积1300亩，规划至海阳经济技术开发区内，建设汇集数字化机械加工、新材料研发、电子产品集成、配套设备集成等航天高端配套产业，刚性制造与柔性业态融合，打造星、箭、发射支持等全产业高端配套中心。联合鲁东大学成立了海上航天技术创新中心，发挥创新中心平台优势，聚集行业龙头和高端人才，逐步形成商业航天配套产业新业态。航天应用文旅园区，规划面积2150亩，以旭宝地块为主，与海上发射技术服务港功能互动、区域联动，建设商业航天产业资源交易平台，致力于打造集卫星数据、卫星应用于一体的航天+创新中心，以及集发射观礼、航天科普、文化娱乐、休闲运动、健康疗养、航天育种产业化于一体的中国首个航天文旅休闲城市。

2019年11月10日，航天一院相关领导来海阳调研中国东方航天港产业园项目情况。12月6日，内蒙古某航天所领导一行6人来海阳考察东方航天港项目及相关投资事宜。同月，海阳市先行启动了海阳港区技术厂房的建设工作。2020年1月，成立了由我和市长任双组长、分管副市长任副组长，市发改局、工信局、科技局等13个部门（单位）组成的航天产业发展领导小组，领导小组下设海阳市航天产业发展办公室，抽调全市精干力量，具体负责中国东方航天港产业园项目筹建工作。1月13日，省领导亲自带队，专程赴京就推动海上常态化发射、建设中国东方航天港重大工程，与相关的上级领导进行座谈交流，争取了支持，为加快推进中国东方航天港重大工程奠定了坚实基础。烟台市也制定了推动中国东方航天港重大工程建设的若干政策。2月15日，烟台市政府主要负责同志主持召开专题会议，研究部署中国东方航天港重大工程推进工作，会议确定全力以赴争取将东方航天港建设列入国家“十四五”规划；高标准做好常态化发射安全保障工作；加快规划编制和运营平台建设。3月4日，由烟台市最大的国有投资平台国丰公司控股，组建了东方航天港（海阳）产业园开发有限公司，作为东方航天港产业园的平台运营主体，承担土地收储、基础设施建设、产业导入等任务，全力做好东方航天港产业园园区建设、园区运营、园区金融服务三大板块工作，以优质国资背景，汇聚多方力量，共同建设航天产业园区，推动东方航天港项目做大做强。

2020年4月22日，在省、市两级领导见证下，海阳市成功举办了东方航天港产业项目开工暨重大合作项目签约仪式，集中签约了长征火箭海阳总装基地项目、青岛高分中心国家高分专项海阳卫星科技园项目、海上发射保障平台项目等10个投资规模大、科技含量高的重大合作项目，先后举行了国家高分专项卫星科技园项目现场开工、国家高分专项县域综合应用示范城市启动、东方航天港（海阳）产业园开发有限公司揭牌、签约项目推介等活动。本次活动采用视频云签约与现场签约相结合的方式进行，设北京、西安分会场，相关部门主要领导在分会场线上出席活动。省领导在济南通过视频连线形式参加活动并致辞，并指出，东方航天港在园区建设、政策配套、产业合作等方面取得了重要进展，未来要逐步形成以海上发射带动商业航天集聚发展的独特优势，不断提升园区品质，推动东方航天港实现又好又快发展，打造成全省商业航天产业领域的示范工程，为全省新旧动能转换和航天产业高质量发展提供动力。烟台市相关领导也作了讲话和指示。10个项目的集中签约，标志着东方航天港进入项目落地的实质性建设阶段，这是各方精诚合作的丰硕成果，是东方航天港扬帆起航的光辉时刻。受此鼓舞，我带领班子成员投入到更加积极务实的工作中，举全市之力，积极打造商业航天产业集群，努力将海阳建设成为商业航天的新高地、新旧动能转换的创新园。

2020年5月，中国科学院空天信息创新研究院领导一行三人，来海阳调研东方航天港重大工程，探讨相关事宜；航天一院产业部孙处长、尚主任，以及中国火箭公司相关领导与专家来到海阳推动项目落地，商谈建设细节；中集海工院与融通海洋发展有限公司一行8人，来海阳调研东方航天港重大工程，交流讨论合作事宜。7月7日，由中集集团牵头组建了烟台宇航工程技术有限公司，作为我国唯一的海上发射服务公司，与国内优势航天企业积极开展业务合作，集中承揽海上发射业务，开展新型海上发射及回收平台研制工作，不断提升平台的通用性、共用性，满足不同类型火箭高频次、常态化的海上发射需求。7月20日，海阳港区技术厂房交付使用。7月29日，“海射遥二”总体协调会议在海阳召开，对海阳前期筹划保障工作给予充分肯定。

2020 年 8 月，东方航天港重大工程一期工程全面开工建设。25 日，航天科技集团领导在烟台与省领导会晤，就如何建好东方航天港达成共识。26 日，中国运载火箭技术研究院院长一行人来海阳考察调研东方航天港项目，先后调研了固体火箭总装基地，观看东方航天港宣传片，了解基地规划建设情况，参观人员对海阳的工作表示满意，并纷纷提出很好的建议与希冀。我在会上表了态，将严格按照规范和技术参数，以良好的基础设施和优质的保障能力，周密做好海上发射保障准备工作；将抓好服务配套，做大航天产业，高标准推进园区建设，就近、就地、就便为海上发射提供保障；将积极主动做好申报“十四五”重大专项工作，为东方航天港建设争取国家政策层面上的有力支持。

三、扬帆起航，开启航天产业跨越发展的“新征程”

2020 年 9 月 13 日，海阳举办了长征十一号运载火箭海上发射队出征仪式。航天一院、省工信厅、烟台市等相关领导出席仪式。本次海上遥二

2020 年 9 月 15 日，长征十一号遥二固体运载火箭成功实施中国首次海上商业应用发射

任务是长征十一号固体运载火箭的第二次海上发射任务，本次发射任务是“长十一”向装备化、商业化、国际化目标迈进的又一次出征。

9 月 15 日，从海阳港运输至预定海域的长征十一号海射遥二运载火箭成功实施发射任务。此次发射采取“一箭九星”方式将 9 颗卫星送入预定轨道，发射获得圆满成功。9 月 16 日，长征十一号海射遥二运载火箭发射队在圆满完成发射任务后胜利凯旋。在海阳港靠岸时，市里在海阳港为其举办了欢迎仪式。11 月 22 日，长征十一号遥九火箭首次在海阳固体运载火箭生产基地完成总装测试，从海阳港出厂，奔赴西昌卫星发射中心执行任务，并于 12 月 10 日成功发射。此次任务的成功，打通了固体运载火箭在海阳生产，在陆地发射场发射的流程，正式拉开了在山东生产火箭的序幕，标志着东方航天港产业化发展取得阶段性成果，进一步印证了火箭院“龙”系列固体火箭整体转产海阳的可行性，为航天一院固体运载火箭全面转产海阳打下坚实基础。12 月 2 日，在海阳东方航天港产业园内，举行了中国长征火箭公司商业固体火箭海阳产业基地项目签约仪式，东方航天港固体火箭总装测试基地揭牌奠基仪式，这是东方航天港建设的又一具有里程碑意义的大事，标志着火箭制造产业在海阳正式拉开序幕，标志着东方航天港固体火箭将实现规模化生产，标志着东方航天港重大工程的建设进入产业化、集群化的崭新阶段，黄海之滨航空航天之城

2020 年 11 月 22 日，长征十一号遥九火箭首次在海阳固体运载火箭生产基地完成总装测试，从海阳港出厂
（聂东磊 摄）

的加速崛起将为期不远，指日可待。

2020 年 12 月 9 日，中国科学院空天信息创新研究院齐鲁研究院海阳分院项目在北京签约，中国科学院空天信息创新研究院与海阳市发挥各自资源优势，建立产学研深度融合的科技创新研究体系，为东方航天港重大工程建设提供“原动力”。东方航天港向打造集海上发射、星箭研制、卫星应用、配套集成于一体的全产业链商业航天高科技产业集群战略目标迈出一大步。今后，海阳人民会继续以航天报国初心，牢记航天强国使命，只争朝夕、担当作为，为助力祖国的航天事业而努力奋斗！

采　访　人：韩　冰

撰稿整理人：韩　冰

“我爱我村”干部驻村强基工程助推“三农”发展

刘　森*

我在济宁市生活工作了多年，2011 年 11 月调任烟台市莱阳市委书记。莱阳是一个农业大市，总人口 88 万，其中农业人口 65 万，占比超过 70%，相对沿海各县来说比例确实很高。因而，抓好莱阳的农村工作就变得尤为重要。为此，在经过了一番广泛而深入的进村入户调研与思考后，我提出在莱阳开展“我爱我村”干部驻村强基工程。该工程是针对当时莱阳农村基础设施建设相对落后、人口基数较大、财政基础薄弱的状况想出的一个对策。实践证明，这是夯实基层基础工作、破解“三农”难题，推动农村科学发展的有效举措，成为莱阳新农村建设的强大动力。

一、明确“我爱我村”干部驻村强基工程主题，创新农村工作新思路

初到莱阳，认识到农村工作重要性的同时，我就开始对莱阳农村进行全面了解与深入调研，在走街入户的过程中发现存在着许多亟待解决的问题：农村基础设施建设相对落后，部分村庄主街道破损严重，白色污染、“三大堆”随处可见，“路不平、道难走、形象差”已成为群众反映强烈的民

* 刘森，2011 年 11 月至 2014 年 11 月任中共莱阳市委书记。

生问题之一；乡村集体经济薄弱，部分农业产业项目不突出，缺乏优势和潜能；基层党组织建设不牢固，部分村庄管理松懈，积累了许多久拖未决的矛盾，长此以往将影响农村的稳定；同时，一些干部尤其是机关干部群众观念淡化，思想上不相信群众，工作上不依靠群众，生活上不关心群众，群众诉求得不到有效解决，损害了党群干群关系，长此以往将严重影响农村的进一步发展。

在经过近两个月的调研与探讨后，结合上级创先争优、基层组织建设年活动部署和选派机关事业单位党员干部到农村担任“第一书记”的要求，2012 年 2 月，经市委班子成员研究确定：以“我爱我村”为主题，大力实施机关干部驻村强基工程，以此作为加强“三农”工作的总抓手。为将该工程尽快落实落细，一方面，市里安排机关干部进农村、进农户、进现场，在深入基层中为群众办实事、解难题，在服务群众中锻炼能力、密切党群干群关系，努力提升农村工作水平；另一方面，以群众眼睛看得见的实打实的工程为突破口，拉开为民办实事的序幕，市委、市政府规划了“村村通、村内通”、环境整治、送医下乡、天网工程等，考虑到莱阳财政比较紧张的现状，量力而行，每年办一事、大事或急事，集中精力打歼灭战。

2012 年为农村道路建设年。2 月 27 日，召开了全市“我爱我村”干部驻村强基工程暨“农村道路建设年”动员大会，我作了动员讲话。明确了“我爱我村”干部驻村强基工程的要求：突出“一个主题”，开展“五大活动”，当好新形势下的“六大员”，实现农村基层基础工作“七个好”目标。突出“一个主题”，就是“我爱我村”。开展“五大活动”，就是开展好“察民情大走访”活动、“生态环境提升”活动、“调结构促增收”活动、“抓班子促规范”活动、“正村风促文明”活动。当好新形势下的“六大员”，就是当好政策法律的宣传员、村情民意的信息员、兴办实事的服务员、整治环境的指导员、矛盾纠纷的调解员、组织建设的督导员。实现农村基层基础工作“七个好”，就是建设一个好班子，带出一支好队伍，建立一套好机制，制定一个好规划，培植一个好产业，打造一个好环境，培育一个好村风。全市 784 个村庄全覆盖，每个村庄派驻 1 个工作队，队长由 1 名副科级以上干部担任，配备 1 名市直单位干部和 1 名镇街机关干部，队长同时兼任所驻村庄“第一书记”。会后，经过严格选调和培训的 2300 多名机关干部分赴 784 个村庄。

村村通、村内通工程同期进入实施阶段。为了解决首要的资金问题，一方面，市委、市政府从紧张的市财政里挤一块；另一方面积极争取上级的资金与政策扶持，经过大家的共同努力，莱阳成功获批为全省首批“村级公路网化工程示范县”，并以此为契机，在全市启动“农村道路建设年”活动，并将此列入 2012 年承诺为群众办 20 件实事的头等大事。

二、畅通民心畅通道路，实现城乡连通

“我爱我村”主题活动培训后，2300 多名机关干部带着爱心奔赴农村一线，开启了畅通民心的“心连心”工程。同步启动乡村道路畅通工程，开启了“村村通”工程。

广大党员干部以察民情大走访活动的形式，走街入户，访谈群众，摸清吃透村情民意，急群众之所急，想群众之所想，提高服务的针对性。察民情大走访活动分集中走访阶段和走访工作常态化阶段，在启动阶段的一个月集中大走访里，驻村干部深入村庄、农户和田间地头，与农民零距离接触、面对面沟通、心与心交流。共发放干群联系卡 10 万余张，公开信 40 万份，征求意见表 15.9 万余份，组织走访群众 13 万户、基层党员 2.5 万名；征集关于道路建设、环境整治、壮大集体经济、带领群众致富、惠农政策落实等方面的意见建议 1.1 万条，建立村情民意台账 784 个，固定联系服务农户 2.4 万户，帮扶困难家庭、贫困学生 4500 余人，帮扶资金、生活用品合计 40 多万元。

为使走访工作常态化，市里要求每名驻村干部确定10户村民作为固定联系服务对象，每月至少电话联系1次；每名干部要帮扶2户困难群众或2名贫困学生；向每个农户发放一张“干群联系卡”，公开驻村干部的手机和监督电话，随时接访群众的电话。明确了“六个一”大走访活动机制。即每月组织一个社情民意恳谈日，工作队成员会同村“两委”成员、镇街包片领导和驻村干部，公开接待、处理群众来访，通报群众反映的问题和解决情况、贯彻执行上级重大政策与决策情况、村务和财务情况、重大工作推进落实情况、重大矛盾纠纷调处情况，组织村“两委”成员和党员、村民代表围绕恳谈问题发表意见；每个季度安排一个驻村调研周，分层面走访群众，围绕村庄存在的突出问题深入调查研究，撰写一篇调研报告；年末送出一封征求意见信，通报全市当年经济社会发展情况和为民办实事情况，由驻村工作队、镇村干部采取当日送、次日收的方式，征求群众对市镇村三级组织的意见建议；走访过程，驻村干部每人记好一本民情笔记；走访结束后，每村要建立一本村情民意信息台账，对群众的意见和建议实行销号管理，逐项落实。通过这些有效的途径，党员干部能够第一时间掌握农村的基本情况，将民怨及时化解在萌芽状态，将民意及时层层上报，及时进行汇集和妥善处理，建立起与广大农民兄弟的联心桥。

村村通公路建设推进顺畅。为彻底改变农村道路“路不平、道难走、形象差”的现状，破解农民“出行难”问题，莱阳市委、市政府把2012年确定为“农村道路建设年”，围绕“解决断头路，每村建成一条以上主街道和连村路”这一目标，重点实施村级公路“网化工程”，把农村公路建设作为惠民工程和全市重点工程，按照“大建设、大发展、大提升”的思路，坚持全面规划、村道优先、多方筹资、建养并重，创新机制，深入推进村级公路网化建设。在市委层面，开展积极的政策争取，充分利用政策优势，进行统筹安排和资金筹措。各部门积极探索企业帮扶、外出能人支持等筹资方式，为道路建设提供充分的资金保障。据统计，除国家政策性补贴外，全市共筹集到硬化道路资金、物资折合计4076.7万元，其中驻村工作队无偿提供351万元、协调有关单位捐赠291.2万元、群众自筹990.6万元、社会能人捐助700万元，总投资8.5亿元。施工中，各驻村工作队全力指导协调，深入一线施工现场，帮扶村级道路“网化工程”建设。此次农村道路建设涵盖国省道、县乡路、连村路和村内道路，共计63.6公里国省道、37.1公里县乡道、630公里“网化工程”道路和102.3公里其他农村道路，总里程833公里。这一年全市农村道路投资数额之巨、工程量之大，在莱阳前所未有。经过近一年的施工，实现了全市所有784个行政村“村村通、村内通”的全覆盖。到年底，全市村级公路硬化总里程达到1800公里，镇村通达率、公路列养率均达到100%。2013年5月23日至27日，省交通运输厅网化工程示范县综合验收专家组首先在莱阳召开会议，对烟台市网化工程进行综合验收，对莱阳的工作表示了肯定。其他如饮水、亮化、沼气等基础设施建设，也在同期同步进行了改善提升。

三、生态环境提升活动，让农村靓起来

随着“村村通”工程的胜利完工，农村道路工程也转向了维护保养，这和市委、市政府规划的“五大活动”之一的环境整治不谋而合。2013年，市委、市政府突出以“生态环境提升”为抓手，从环境整治、绿化美化等方面入手，整体改善农村群众的生活环境，加快推进农村基础设施建设。

以“环境综合整治，建设美丽家园”为主题，以“处处干干净净，村村山清水秀”为目标，全面启动环境整治活动。市里动员组织广大党员干部把大走访过程中发现的脏、乱、差等生态环境问题，集中归纳为道路泥泞、排水不畅、垃圾乱扔、人畜混居和“三大堆”五个重点问题，列出条目，整合力量，分工细化，集中突击，实施综合整治行动。不仅是驻村干部亲力亲为，其所在单位也全体上阵。如建设局驻村工作队利用休息时间集中

组织干部职工300余人，出动各类机械20余台次，深入叶家泊、后照旺庄、南庄、万柳、东野后等5个村庄开展了“环境整治日”义务活动。农村人居环境得到迅速改观。为长期保持干净整洁的人居环境，驻村机构从“队伍、设施、制度”入手，建立健全农村环境管理长效机制，配备了卫生保洁人员，建成垃圾池3200多个。在城厢、古柳、龙旺庄、冯格庄和柏林庄等街道推行城乡垃圾一体化处理试点，按照“户保洁、村收集、镇转运、市处理”的办法，建立和完善垃圾一体化处理体系。每季度组织开展一次“卫生整治周”，全面清理村庄陈年生活垃圾、建筑垃圾。2013年里，全市各镇街累计投入资金419.8万元，开展整治日353次，出动1.25万人次，出动机械设备800多台次，清理“三大堆”2500余处，封闭“野垃圾场”460个，清理河溪池塘50余处，清理“吐舌头”经营和集市占道经营395户。新增沼气池444个，建设垃圾填埋场124处，排污管道108.5公里。507个村实现了垃圾定点倾倒、定期清运。

同时，多方筹措资金，组织相关人员，大力推进农村绿化美化。全市累计投入资金915.8万元，绿化道路229.9公里，绿化荒山、荒沟、荒丘、

焕然一新的濯村全貌　　　　（赵恒波 摄）

荒滩 3626.5 亩，栽植各类苗木 49.25 万株。积极推进林权制度改革，以水系绿化、山体绿化、村镇绿化和路域绿化为重点，与村庄规划、环境整治、道路交通、农田林网和经济发展等有机结合，努力提高水系、山体、村镇和路域的绿化、美化水平。实施过程中，注重突出村庄特色，合理进行规划，引导鼓励农户房前屋后栽植树木，建立小果园、小花园，营造各具特色的立体网络化的绿色居住环境，推进生态文明乡村建设。

四、“送医下乡”让身体好起来，“调结构”让家庭富起来

随着“村村通、村内通”和“生态环境提升”工程的顺利实施，按照一年启动解决一个民生难题的规划思路，市委、市政府确定把“送医下乡”作为 2014 年的突破重点。同时，到了 2014 年，“调结构促增收”活动在经历 2 年的努力后，也开始成果显现。

在此前开展的“我爱我村”活动基础上，2014 年 3 月，莱阳市再出新牌，建立以驻村工作队为主体、医务人员参与的“3+1”驻村强基新模式，将城市医生纳入驻村队伍中，实行“送医下乡”“一村一医”。莱阳市共有大大小小 784 个村庄，按照“一村一医”的要求，共有 784 名医生被选调出来。与常见的“卫生下乡”不同，“送医下乡”是一种长期化的工作机制，被选中的医生主要来自市区大医院，将与驻村村庄保持长期的密切联系，和驻村干部的性质有些接近，一年之内至少驻村 6 次。每次进村的时候，都携带必要的医疗设备和常用药品，解决村民的身体疾患问题；同时向村民发放健康联系卡，进行健康知识普及。村里的标准化卫生室成为城市医生与农民之间的联系点，乡村医生则发挥自身熟悉村民身体状况的优势，在城市医生和村民之间建立起良好的信息交流，起到了“中间人”的作用。除了每村驻点之外，10 多名大夫组成专家团联合巡诊也是一种模式。“送

医下乡”并非单纯卫生部门的职责，莱阳市成立了专门的活动领导小组，财政、民政、食药监等多个职能部门都参与其中，各尽其能，多方位提升农村医疗水平。与送医下乡相配套，财政局筹措资金为 18 个镇街卫生院统一配备了救护车，为村卫生室统一配发电动车，保障送医下乡的配套设施齐全；编办、人社、卫生等部门积极研究制定优惠政策，建立乡村医生考录新办法，进一步提高乡村医生待遇，吸引卫生专业人才扎根农村。这种长期化“送医下乡”工作机制的建立，实际上是对全市城乡医疗资源分布不平衡现状的一种统筹互补，推动城市优势医疗资源向乡村倾斜，达到均衡发展，更广泛惠及广大农民。

“我爱我村”干部驻村强基工程启动的同时，2012 年春天，市委、市政府也开始紧锣密鼓地大力推动农村产业经济发展，实施“调结构促增收”工程。因为只有农民真正富起来了，才是“我爱我村”活动的最终目标。在大走访汇总的信息基础上，市委、市政府确定把发展现代农业作为结构调整的主攻方向，以“优质、高效、生态、安全”为目标，科学规划，分类指导，实施一村一策，宜工则工、宜商则商、宜游则游、宜农则农的产业培育方式，千方百计培育镇村主导产业。创业过程中，主打科技牌，积极邀请专家教授开展技术培训，举办经常性的种植、养殖、高效农业发展等培训班，帮助老百姓找到致富路子。围绕“效益、规模、特色、品牌”搞调整，大力推广新品种、新技术，

龙大食品集团有限公司食品生产线

打造区域优势品牌，先后创新培育出“埠前黄瓜”“东柳行芋头”“万第地瓜”等农产品品牌25个，培植扶持了种植、养殖、加工等方面的规模化专业户127个，新增标准化蔬菜基地1万亩，新建养殖场（区）75个，创建国家级示范场3个、省级示范场7个。大力提升农业产业化经营水平，鼓励和引导农户在依法自愿、有偿基础上流转土地承包经营权，发展多种形式的适度规模经营。充分利用龙大、春雪等骨干农产品加工企业的优势，下联乡村农户，创新农业产业化经营的组织体系和经营体制，到2014年，许多乡村实现了“龙头企业+基地农场+标准化+品牌+市场”的产业链优化升级。其中，龙大肉食2014年6月26日在中小板挂牌上市，进一步提升了带动乡村规模养殖的作用。

同时，“五大活动”中的“抓班子促规范”和“正村风促文明”活动也开展得丰富多彩。通过“亮身份、比贡献、树形象”主题活动，“农村好青年、好村民”“好婆婆、好媳妇、孝心好儿女”评选活动，“创业先锋、带富先锋、文明先锋”农村党员争创活动，民风乡俗的文明程度有了很大的提高。按照“有好带头人、有集体收入、有活动场所、有管用制度、有满意服务”的标准，村级班子实行了规范化、制度化和科学化管理。这期间，共整治后进村66个，转化升级村级班子116个；筹资1763万元，补贴村庄建设标准化活动场所168个；升级改造农村文化大院320个，新上健身设施111套，建设农家书屋30个。

按照规划，2015年实施“天网工程”，2014年下半年相关部门已经开始制定“天网工程”实施方案，遗憾的是我于11月调离莱阳市，没有亲自参与到这项工程的推动中，但后来我听说，莱阳还是开展了天网工程。上任伊始我曾有意识地在莱阳推广电商这个新事物，大力发展农产品电商经营，让广大农村的产品上网直销。其中，鲁花集团于2012年即成立了电商部，2014年被评为“省级电子商务示范企业”。在我任期三年里，莱阳市委、市政府先后投资9亿多元，建设改造农村道路833公里，新建农村垃圾池

4500多个，配备保洁员2400多名，清理“三大堆”3600多处，145个村庄实现了垃圾集中处理，120个村庄新上了自来水，为群众解决具体问题9000多个。引导村庄通过资源开发、招商引资、产业带动等壮大集体经济，培植主导产业96个，141个村办起了工业企业，24个村庄实现了集体收入零的突破，有效推动了农村经济社会发展。

最让我高兴的是，通过“我爱我村”活动的开展，基层党建工作得到了进一步的加强，成功打造了一支重视群众工作、擅长群众工作、懂得群众语言的党员干部队伍，矛盾遗留问题得到及时化解，干群关系进一步融洽。广大驻村干部以“我是村里一员而不是管理者”的理念，与群众打成一片，以村为家，以村为荣，把老百姓当亲戚，把村庄的事情当作自己的事情来办，扑下身子扎扎实实为群众办实事、解难题。后来听说，2015年村级换届时上访量大减，顺利完成了新一届村“两委”的换届选举。活动开展的三年，驻村工作队共排查各类隐患280起，调解矛盾纠纷613起，有效化解信访积案30余起。

采　访　人：杨海峰　宋继林

撰稿整理人：姜俊英　杨海峰　宋继林

“两大引擎”助推新旧动能转换

李胜刚 *

我是2013年5月调任莱阳市的，2016年11月任职莱阳市委书记，经济工作一直是我主抓的一项重要工作。2018年1月10日，国务院正式批复《山东新旧动能转换综合试验区建设总体方案》。作为连接青岛、烟台两大核心城市的重要节点，莱阳市率先加快新旧动能转换义不容辞。我们在充分调研、科学论证的基础上，最终明确了以培育先进制造业和现代服务业“两大引擎”为突破口，加快动力机制转换，推动产业转型升级，实现进位赶超的工作思路。这次采访，我就重点谈一下这个思路的形成与落实过程。

一、科学谋划精准定位，明确动能转换实现路径

山东新旧动能转换综合试验区是党的十九大后获批的首个区域性国家发展战略，也是中国第一个以新旧动能转换为主题的区域发展战略。试验区涵盖济南、青岛、烟台三大核心城市。咱们莱阳地处青岛、烟台“两核”中间，无论是从地域上，还是从政治任务上，以及莱阳未来的经济社会发展上，落实好新旧动能转换重大工程可谓意义重大，责无旁贷。莱阳市委、市政府高度重视这次战略机遇，紧跟省委、省政府，烟台市委、市政府的

---

* 李胜刚，2016年11月至2021年12月任中共莱阳市委书记。

安排部署，加强学习，认真研究，确保上级的要求不跑偏、不走样。2018年2月22日，春节后上班的第一天，省委、省政府在济南召开山东省全面展开新旧动能转换重大工程动员大会。市委办、政府办组织市级领导班子成员及各级各部门的主要负责人收看了大会实况。第二天，即2月23日，十四届莱阳市委全面深化改革领导小组即召开第十次会议，会上专门学习了山东省全面展开新旧动能转换重大工程动员大会精神。我主持会议并讲了话，要求全市广大干部群众要认清形势，紧跟上级指示精神，解放思想、锐意进取，努力打好新旧动能转换这场关键性的大仗。

为深入实施好新旧动能转换重大工程，有针对性地制定各项工作措施，探索出符合莱阳实际的新旧动能转换路径，莱阳市委、市政府积极组织各级干部参加烟台市委、市政府组织的系列活动，并从2018年7月份起先后参观考察了青岛、济南和周边的兄弟县市区，看别人如何领会贯彻中央、省委的会议精神和上级的安排部署，快速吸收，借鉴他们好的经验做法。其间，又结合“大学习、大调研、大改进”“全面提升年”和“攻坚突破年”主题活动，以及“不忘初心、牢记使命”主题教育等，组织了一系列的专家座谈和专题讨论。同时，深入企业工厂，走进田间地头，全面开展调查研究，比较分析莱阳在新旧动能转换中的优势与不足。通过这一系列卓有成效的工作，我和班子成员一致认为：必须立足自身产业基础和资源禀赋，放大比较优势，做到“扬长避短”。这期间，2018年9月，《烟台市新旧动能转换重大工程实施规划》和《中共烟台市委、烟台市人民政府关于推进新旧动能转换重大工程的实施意见》出台。这为莱阳市出台自己的相关规划和方案指引了方向，提供了发展思路。

通过这一系列的外出参观学习、实地走访调研、座谈会研讨等多种形式，我和班子成员在各层面基本统一了思想，最终明确，以先进制造业和现代服务业“两大引擎”培育为突破口，抢抓机遇，发挥优势，加快动力机制转换和产业转型升级，推动全市蓄势崛起、进位赶超的工作思路。11

月 29 日和 30 日，市委、市政府接连印发了《莱阳市新旧动能转换重大工程实施规划》和《中共莱阳市委、莱阳市人民政府关于推进新旧动能转换重大工程的实施意见》，莱阳新旧动能转换重大工程全面展开。

二、优化“两区一带”布局，夯实动能转换载体平台

莱阳要想在新旧动能转换中赢得先机、求得实效，必须学会应势借力，优化城市布局，完善承载功能，不断提高城市对产业、项目、人才的吸引力和集聚力。比如，在制造业端，莱阳是老工业基地，产业门类齐全、工业基础良好，经过多年发展沉淀，形成了绿色食品、汽车机械、装备制造、化工等主导产业集群，截至 2018 年培育起规模以上工业企业 167 家、上市（挂牌）公司 6 家、中国驰名商标 5 个、省著名商标 23 个、马德里国际商标注册 10 个。在服务业端，莱阳也拥有人口比较优势、深厚的人文积淀和丰富的生态资源，在发展文化旅游业、健康养老产业、电子商务业和现代物流业等方面，优势得天独厚。这些产业的培育和提升，都离不开产业载

莱阳舒驰客车新能源客车产业园

体的打造，特别是2018年莱阳与山东重工、海尔集团等全面开展合作，启动了山东汽车产业园项目一期、海尔市场创新产业园等项目建设，又获批了省级化工园区。产业平台建设的提升就更加急迫了。

对此，市委、市政府统筹考量，把主城区、丁字湾滨海新区、五龙河滨河产业带“两区一带”作为加快新旧动能转换的主载体，围绕“两大引擎”，强化规划引领，建立产业园和发展基地，完善基础设施配套建设，改善城市形象，增强城市承载能力。围绕提质扩容主城区，市里开展了城市更新行动，全面铺开高铁片区、白龙河片区等功能区建设，大力实施城区道路畅通工程，打通丁字路、断头路，畅通城区“微循环”，积极推进图书馆、体育馆和行政审批中心“两馆一中心”建设，稳步实施城区棚改工程，加快推进老旧小区改造，着力提升城市整体形象。结合开发区基础设施提升工程，市里加快了开发区、化工产业园、食品工业园等园区的基础设施配套与完善。坚持市场化改革和去行政化改革的方向，加快建设更加精简高效的管理体制、更加激励竞争的干部人事管理制度，激发园区发展活力。同时，市里逐步将先进制造企业、项目向园区集中布局，实现产业集约集聚发展，不断提升园区发展能级。围绕突破发展丁字湾滨海新区，市委、市政府主动顺应胶东经济圈一体化发展大势，充分发挥丁字湾滨海新区毗邻青岛的“桥头堡”区位优势，借力青岛自贸区、上合组织地方经贸合作示范区建设机遇，主动做好功能一体化、制度一体化融合文章，在发展规划、体制机制、交通路网、水源供给等方面强化区域衔接，加速推进青岛滨海大道连接线、水资源综合利用等工程，全面提升两市的基础设施互联互通水平。以恒大、绿地等项目为引领，积极培育发展金融服务、文化娱乐、休闲度假、健康养生等高端服务业态，同步强化教育、医疗、住房等公共资源配置，以产业的融合互补打破行政区划限制，着力建设青岛区域中心城市的配套功能区，构建人口集中、产业联接、资源共享、经济互助的环丁字湾一体发展大格局。在提速打造五龙河滨河产业带的过程中，市委、市政府坚持生态优先，全面实施了五龙河生态治理和景观长廊打造工程，改善了五龙河中下游水质和周边生态；充分发挥五龙河产业带通山达海、连接两城、联动全域的作用，加大康养休闲、文化创意等新兴产业的植入，打通沿河产业发展主动脉，实现水清、岸绿、路通、业兴、人聚的先期目标，全力打造成绿色新型经济和智慧创新经济隆起带。同时，市里强化了“以路定城、以路定产”的推进路径，加快推进文莱高速及连接线、G308 大中修、莱高线大修等工程建设，超前谋划 G308 莱阳段绕城改建、莱荣高铁等工程，加速构建更加便捷的现代交通路网，进一步密切主城区、丁字湾滨海新区、五龙河滨河产业带三大板块间的相互联系，提升互通互联水平，全面拓展了发展空间。平台发展和载体培育的推进，为“两大引擎”的落地实施和发展壮大提供了更好的发展空间和基础设施。

三、培强壮大“两大引擎”，构筑动能转换产业支撑

全省新旧动能转换重大工程明确提出，重点突破高端装备、新能源新材料、医养健康、精品旅游、现代金融服务等十大产业，并对青烟“两核”产业发展进行了精准定位。培育“两大引擎”的发展思路，无论是产业定位还是发展目标都与上级新旧动能转换的要求高度吻合，与省、烟重点突破产业紧密衔接，到 2018 年底，莱阳市委、市政府通过广泛调研、科学论证，确定了莱阳市级重点项目 46 个，总投资 3047 亿元，年度计划投资 334 亿元，并经多方努力，其中入选 2019 年烟台市级重点项目 12 个。这一切努力给“两大引擎”的产业培育增添了更多的基础力量和很好的发展空间，为成功把莱阳打造为青烟两大核心城市的重要战略节点城市，增添了更大的机率和信心。

在先进制造业方面，市委、市政府先从存量变革入手，注重做好“腾笼换鸟”文章。因为新旧动能长期并存是经济新常态的一个重要特征，旧动能在相当长的一段时间内仍将是经济增长的重要动力源，传统产业也将

是产业转型升级的主战场，在改造提升、“挖潜开荒”中推动传统产业“老树发新芽”也是决策的一部分。尤其是莱阳作为老工业基地，拥有相当一部分老企业、传统产业，如何将其改造提升为新动能是一项重要课题。对此，市里通过鼓励、扶持老企业进行技术改造，扩大对外合作，加大新技术、新业态等“四新”元素植入，促进产业智慧化、智慧产业化、跨界融合化、品牌高端化，推动经济发展由要素驱动向创新驱动转变，加快打造绿色食品1个千亿级和新能源汽车、高端装备制造、高端化工3个三百亿级产业集群，推动先进制造业快速膨胀。绿色食品产业，是莱阳经济的主要支撑。作为中国绿色食品城和全国食品工业强县，我们叫响了绿色食品“莱阳标准就是国家标准”的口号，以标准化、安全化、品牌化、追溯化为导向，依托全市300余家食品企业产业基础优势，加快推动食品行业向定制化、平台化、功能化发展；鼓励扶持鲁花、龙大、春雪等龙头企业加强技术革新，加大新产品研发力度，提高产品附加值。抓好国际绿色食品城、龙大高端肉食、鲁花香味油、春雪调理食品等项目建设，推动产业由食品加工向食品制造转型，打造国际知名的食品生产供给基地。2019年鲁花、龙大分别实现营收339亿元和206.1亿元。新能源汽车产业，突出智能化、节能化、高端化发展方向，以完善产业链为重点，扎实做好建链、补链、延链、强链文章，重点依托山汽、舒驰等整车生产企业优势，推动传统燃油客车、卡车生产向新能源客车、新能源物流车转型。同步配套完善电池、电机、电控系统等新能源汽车产业链条，推动产业裂变升级，打造胶东重要的新能源商用车生产基地。2019年，山东汽车产业园项目一期顺利完工，“莱阳造”轻卡实现规模量产，按照计划整个项目达产后年可生产中轻卡5万辆、新能源厢式货车15万辆，产值将达到200亿元左右。高端装备制造产业，以智能化、信息化为导向，加快推进海尔智慧厨电、富耐克智能散热装备、海尔零部件产业园等项目建设，完善上下游产业链条，建设集智慧厨电、智能家居、配套零部件于一体的创新产业集群，打造胶东高端装备制造业生产基地。2019年海尔市场创新产业园实现投产，配备世界领先的COSMO互联网管理平台，是海尔厨电产业智能互联水平最高的工厂。高端化工产业，用好省级化工产业园金字招牌，以高端为转调方向，以技术革新为着力点，深入开展化工产业安全生产转型升级，引导支持巨力精化、盛华科技等企业膨胀壮大。2018年底还专门举办了莱阳化工产业园启动推介会。到2019年底已相继引进建设了上海医工院——盛华科技联合研发中心、华霖医药、朗亿新材料等一批项目，在精细化工、新材料、医药等方向攻坚突破的步伐明显加快。

在现代服务业方面，莱阳市重点聚焦增量崛起，全力做好“无中生有”文章。第三产业作为推动新动能膨胀壮大的强大动力，也是县一级在新旧动能转换中的“短板项”，县域要在服务业新动能集聚上实现突破，就必须积极引进和培育新业态、新产业、新模式。对此，莱阳立足全市交通区位、人口大市优势，积极顺应服务业需求旺盛的新趋势，补齐莱阳现代服务业

莱阳市龙大工业园鸟瞰

产业空缺和发展短板，拓宽领域，丰富业态，扩大规模，提升品质，推动现代服务业增量提质。文化旅游业，以全域旅游总体规划为引领，深度挖掘要素资源潜力，加快推进恒大文化旅游城、恒大世纪文化城、白垩纪恐龙博物馆和二号遗址馆、濯村樱花小镇等重点文旅项目建设，办好梨花节、樱花节、梨文化节等系列活动，打造国内外知名的文旅产业高地，逐步将文旅产业培育成引领莱阳服务业乃至整个产业发展的“主引擎”。健康养老产业，以省级医养结合示范先行市建设为契机，扎实推进威德健康小镇、建大高端康养、亲和源康养小镇等项目建设，鼓励社会资本以多种形式投资养老医疗服务业，持续完善“医疗 + 健康 + 养老”服务体系，打造健康养老产业链条，着力建设青烟威地区医养健康产业先行区。电子商务业，充分发挥京东惠民小站示范县引领作用，以农村淘宝和京东智惠三农服务站为抓手，健全镇、村两级电商服务体系，深入推进“互联网 + 生态农业 + 农旅”一体化示范工程试点建设，积极开展农产品上网，推动电商产

莱阳市白垩纪国家地质公园博物馆

业与农业深度融合。现代物流业，突出智慧物流、冷链物流等专业物流方向，放大莱荣高铁、青荣城际铁路、文莱高速等重大交通设施带动效应，全力推进胶东智慧物流产业园等现代物流项目建设，加快建设跨行业、跨区域的物流信息服务平台和智能仓储体系，打造胶东半岛区域性现代物流中心。2020 年共确定莱阳市级重点项目 37 个，总投资 2204 亿元，其中入选烟台市级重点项目 12 个，为新旧动能加速转换提供了强有力的项目支撑。

四、提速融入胶东经济圈一体化发展，为新旧动能转换开辟更广阔发展空间

2019 年 9 月，习近平总书记在黄河流域生态保护和高质量发展座谈会上强调，要“推动黄河流域高质量发展”。2020 年 1 月，在中央财经委员会第六次会议上，习近平总书记再次强调，“发挥山东半岛城市群龙头作用，

推动沿黄地区中心城市及城市群高质量发展”。2020年上半年，省委、省政府印发《贯彻落实〈中共中央、国务院关于建立更加有效的区域协调发展新机制的意见〉的实施方案》，提出构建“一群两心三圈”的区域发展格局。同期配套出台了《加快胶东经济圈一体化发展的指导意见》等文件，胶东经济圈一体化发展的大幕全面拉开。这是莱阳加快发展的又一个难得机遇，为了深度融入胶东经济圈一体化发展，为了全市新旧动能转换开辟更加广阔的空间和舞台，为了“两大引擎”的膨胀发展奠定更加坚实的平台，我于2020年7月带队专题到长三角的青浦、松江、桐乡、嘉善等地参观考察，认真借鉴长三角生态绿色一体化发展示范区、嘉湖一体化发展、G60科创走廊建设等先进经验，研究制定了《关于推动莱阳与莱西、即墨一体化发展的构想建议》，提出打造莱阳莱西“双莱”一体化发展示范区、丁字湾鳌山湾“两湾”融合发展核心区的战略构想。8月，我又带队分别到莱西、即墨签订了一体化发展合作备忘录。随后，“双莱”一体化发展示范区总体方案、各专项规划编制等工作全面展开。成功创建省内首个跨区域一体化平台运营公司，统筹莱阳、莱西两市开发区的土地开发、产业布局。融合山东重工、国机、北汽产业链的优势，与莱西共建15平方公里的新能源汽车产业园，打造国内领先的新能源汽车产业基地。

经过全市上下齐心协力、共同努力，到2020年底，绿色食品1个千亿级和新能源汽车、高端装备制造、高端化工3个三百亿级产业集群不断壮大，文化旅游、健康养老、现代物流等产业实现了新的突破，“两大引擎”支撑作用进一步显现，莱阳市新旧动能转换工作取得了阶段性成效。即使在新冠疫情的强烈冲击下，莱阳市经济社会依然延续了稳中向好的发展势头，2020年实际使用内资100亿元、外资4238万美元，分别增长25%和28.7%；引进三类500强项目9个、10亿元以上项目13个，储备总投资4320亿元的“四个一批”项目209个，其中不乏新鸥鹏教育城、国药医药产业园、多维制药产业园等投资体量在百亿元以上的大项目。先进制造业方面，规上工业增加值增长 13.4%，鲁花集团、龙大集团营收分别达到 390 亿元、292 亿元，同比增长 15%、41.7%，双双创历史新高；春雪集团完成上市申报，新上省内首条卡奥斯食品生产线，纳税突破亿元大关；山汽轻卡下线 1.3 万辆，入选省两化融合管理体系贯标试点企业；舒驰客车与中机集团合作，重启新能源汽车项目；海尔智慧厨电产能达到 130 万台套，吸引 8 家配套企业落户；恒润食品等 12 家企业上榜全省专精特新中小企业名单，润蚨祥获评省瞪羚企业，盛华液晶新材料获批省重大创新工程项目。现代服务业方面，恒大世纪文化城全面复工，胶东智慧物流产业园一期工程实现当年签约、当年建成运营，全市医养结合机构达到 12 家，年末金融机构贷款余额 291 亿元、增长 23.9%，增幅居烟台首位。我相信，随着“双莱”“两湾”等一体化发展示范区的提速建设，“两大引擎”产业体系不断培强壮大，莱阳的发展会迎来全新的机遇，新旧动能转换必将带动起高质量发展的新莱阳。

采　访　人：杨海峰　祁大鹏

撰稿整理人：姜俊英　杨海峰　祁大鹏

我所经历的栖霞城市建设

王大海*

我是 1983 年 3 月任职栖霞县委副书记、县长，1984 年 11 月至 1987 年 2 月任职县委书记。任职期间经历了栖霞城改革开放的历史转折期。其实，这是我人生第二次走进栖霞城。1955 年至 1961 年，我相继在栖霞二中、栖霞一中上过三年初中和三年高中，栖霞就是我的第二故乡。是栖霞的人民、栖霞的山水养育了我。

栖霞城古老而美丽，1131 年置县，1134 年建城，依山而建，城区地域狭小，城垣周长不足 3 里。历经明清两朝多次修建，扩大规模。至新中国成立初期，栖霞城仍“城大如斗”，户“数百家”。又历经几十年的整治，城区面貌发生了改变，最大的改变来自改革开放。

我有幸在这关键的几年里为我的第二故乡贡献了绵薄之力。

一、从环境整治入手，拉开城市建设、管理的序幕

县级工作，千头万绪；改革任务，繁重急迫。在百忙之中我还是没有忘记城市建设，并极力主张加快城市建设的步伐。

城市建设起因，一是改革开放的需要。党的十一届三中全会提出了“关于城市人民政府应集中力量抓好城市建设”，以及根据党的十二届三中全

* 王大海，1984 年 11 月至 1987 年 2 月任中共栖霞县委书记。

会指示精神，国务院印发了《关于城市规划条例的规定》。这是形势发展的需要，也是全县人民的夙愿。二是驻华使节访问团来烟台访问的刺激。1983 年 5 月，66 个国家的驻华使节及夫人共 112 人，到烟台地区各县参观访问，但因当时栖霞城市面貌差而没被安排到。这对我来说，是一个莫大的刺激和震动。心想，栖霞县是革命根据地，人民群众政治觉悟高，思想淳朴，勇敢勤劳，又有青山绿水，特别是英灵山还有胶东最大的革命烈士陵园，怎么就引不起外界的注意、重视呢？看来，栖霞旧城改造、城市建设到了非抓不可的地步了。1983 年 7 月，我和张仁家书记做了专题汇报，经过讨论，领导班子成员达成共识，加快栖霞城的城市改造与建设。

1983 年 9 月 1 日，栖霞县人大常委会第十九次会议，通过了《栖霞县城建设管理条例》，制定出台了有关城市管理的 5 条措施，要求各部门各负其责，通力协作把县城建设好、管理好。9 月 28 日上午，县政府召开全县贯彻《栖霞县城建设管理条例》，治理整顿县城脏、乱、差的誓师大会。会后，县领导带头，全民行动，掀起拔钉子、扫障碍的综合治理热潮。治理整顿先后用了 3 天时间，每天都上阵 1.2 万人，出动各种机动车辆 100 余台，手推车 1000 余辆，全城所有单位的室内室外都进行清除，达到室内净、室外平，县城全部达到路平、沟通、杂物清。经过整治，整个县城容貌发生了巨大变化。这次治理整顿声势之大、行动之快、效果之好，在栖霞县城建设的历史上前所未有，自此，拉开了县城建设的序幕。

二、抓住城市建设的动脉，重点推进道路建设与改造

经过几年的经济体制改革，以及 1984 年党的十二届三中全会的召开，栖霞县委、县政府认识到：要想富，先修路。栖霞县城建设已远远不适应现代生活生产需求，县城只有 7 条街道，且弯曲、短距、不平、狭窄，甚至宽不盈米。县城四面环山，沟壑纵横。由于过去缺乏长远规划，不仅建设速度

慢，施工质量差，还经常建了拆、拆了建，造成巨大的人力财力浪费。镇村建设更是如此，严重影响了栖霞经济的发展。在统一认识的基础上，县委、县政府把建设现代化小城镇作为一件大事，列入重要议事日程。县委正副书记、政府正副县长与建委的同志一起，十几次对两个集镇（栖霞镇、桃村镇）实地测量，反复讨论修改规划方案，分别报经山东省政府和烟台市政府批准。

与此同时，县委、县政府决定利用冬闲季节，来一个大会战，启动县城驻地和桃村镇的道路建设。俗话说：城镇建设，道路先行。1984 年 10 月 27 日，县里成立了城建修路指挥部，由我任总指挥，有关领导和部门负责人任副指挥，内设安全保卫组、施工技术组、宣传组、物资供应组，办公地点设在县招待所二部，县五大班子领导成员任修建街道的指挥。说干就干，雷厉风行。11 月 1 日，城建修路指挥部印发《城建修路工程实施方案》。2 日下发了《通知》。3 日，县里召开动员大会。4 日，各乡镇开始组织发动。5 日，全县 23 处乡镇 2 万余劳力上阵，在县城（20 个乡镇，14000 人）、桃村（3 个乡镇、6000 人）设两个战场，奋战 40 天，大打城镇道路建设总体战、突击战。

在修路过程中，全县广大人民群众积极响应，热情支持，继承和发扬了老区人民的光荣传统，顶风冒雪，大干苦干，硬是靠一镢一镐、一车一锨，砸平乱石堆，轰开座座山，修出了平坦大道。为了整体的利益，在修路规划与个人利益发生矛盾的时候，广大群众舍己为公，毫不犹豫，需要拆房就拆房，需要占地就占地，顾全大局，无私服从整体利益的精神深深感动着我。在修路过程中，某驻军部队充分发挥了英勇善战、敢拼敢打的革命英雄主义精神，承担了工程最艰巨的部分，出动各种车辆机械 74 部，大干 37 天，填挖土石方 56000 多立方米。此次会战，新开大街 10 条（占地 240 亩，搬迁公私房屋 700 余间），总长 12.5 公里，共跨越大小山头 10 余座、河流山沟 10 余条，开辟山丘 20 余处，全长 8800 米。在道路的修建过程中，县城内的桥涵也得到配套建设。如，城区白洋河上的振兴桥，扩建为九孔石拱桥，全长 102 米、宽 12 米，左右人行道各 1.4 米；山城七路东端王格庄斜面桥，改建为三孔石拱桥，长 48.38 米，宽 38.6 米。原来几百年形成的沟沟坎坎，丘陵洼地，经过修路、架桥、整治，连成一片，变为通途。这次城建修路，县城区和桃村镇初步拉开了现代化城镇建设的框架，开创了城镇建设新局面。烟台市委书记王济夫赞扬说："这是 80 年代一大壮举。"

1985 年 1 月 1 日上午 9 时，县委、县政府在一中体育场召开隆重的庆祝大会。会上对道路修建中的先进单位和个人进行了表彰，我作了报告，县人大常委会姜主任宣读了城区街道的命名。我和驻栖部队等领导为新修建的道路剪彩。会后，各级领导乘车参观视察了城区的道路。此次县城新路的建设，为此后的城建打下了基础，搭起了骨架，对贯彻对外开放、对内搞活的方针，促进全县物质文明和精神文明建设，都具有重大的现实意义和深远的历史意义。

烟青公路是连接胶东半岛的主动脉，对于栖霞的经济发展至关重要。

1985 年 2 月 16 日，为庆祝道路建设大会战，各公社秧歌队进城表演

该路段是1953年建成，北起南岩子口村，南至南三里店村，全长5.17公里，宽8.5米，公路面窄多弯路。随着时代的变迁，已无法满足栖霞经济、人口的发展需求。1985年4月15日，烟青公路栖霞城区段改线拓宽工程开工。这次改线拓宽，进行裁弯取直，废除旧路，新路改建在白洋河西岸沿河南北通过。原白洋河西堤系20世纪50年代末修筑，这次一并拆除，以整方花岗岩石砌筑，水泥灌浆，新河堤全长5170米，平均高度7.3米，路面由原来的8.5米拓宽至30米，原路的8个弯减至3个小弯。拓宽改建过程中，搬迁了食品公司、燃料公司、布鞋厂等21个单位的70余户家属房。6000余个劳力上阵，奋战35天，白洋河新西堤于6月20日竣工，用工21万个。其间，有4处较大的开山劈石工程，全长2780米，路基挖填土石269331立方米；修筑大小桥涵14座，长422米。1985年10月，烟青公路栖霞段全段竣工，成为境内第一条一级路。10月5日，山东省公路计划工作会议在栖霞县城召开，省及地市公路交通运输部门负责人参加会议，对这条公路的改造与建设给予了表扬。10月8日，县城万名群众隆重集会，举行通车典礼，庆祝城区文明路段沥青路面建成通车。省交通厅及13个地市公路、交通运输部门负责人、解放军代表和县委领导等出席。我和省市领导为大会剪彩并讲话。该工程既加固了河堤，保证了烟青公路车辆行驶安全，同时也美化改善了城区面貌。烟青公路的改线，使物畅其流、人畅其行，繁荣了城乡经济，促进了城市建设。

三、改善城市面貌，不断提升城市的功能与品质

几年的改革开放实践，让我和县委班子成员越来越深切地感受到：要迅速提升城市功能与品质，必须加强城市建设，改善城乡面貌，这是为经济的后续发展提供源源不断的发展动力。现在大家都知道城市建设与第三产业发展息息相关，但当时还没有提出发展第三产业的要求。但以我个人

栖霞牟氏庄园

的工作经历，敏锐地发现城市建设与旅游事业、文化建设有很大的关联性，当然好的城市建设直接影响着群众的生活质量。

根据 1983 年 9 月 1 日通过的《栖霞县城建设管理条例》五项措施，结合栖霞的历史优势，我和班子成员决定从做好牟二黑子庄园这篇文章入手，拉动起全县的城市建设。1983 年 11 月 14 日，县政府印发《关于加强“牟二黑子地主庄园”保护管理工作的规定》。《规定》指出，庄园的建筑物及附属物统一由县文化局负责管理，占用庄园房子的单位应于 1984 年内迁出；建委应将庄园的保护纳入城建规划，附近不准兴建楼房和妨碍庄园保护的基建项目；文化局应积极征集有关牟二黑子地主家族的资料和实物，对群众主动献出存世的实物，应给予适当的补贴和奖励。《规定》出台后，在实施的过程中遇到了一些阻力，许多人不配合，许多人不愿意，还有些老朋友亲自找到我，要求放宽规定，或是增加额外补贴。但我和班子成员以坚定的一致的态度，排除了任何因素的干扰，顺利在规定的时间内完成了搬迁和整治工作。经过这几十年的实践证明，当时县委的决策是正确与及时的。现在牟氏庄园成了栖霞甚至是烟台市的一张亮丽名片。当然，后续工作还有不少。1984 年和 1985 年，县委、县政府先后两次发文收集庄园散失的文物，成效也很明显。

与此同时，我还解决了机关办公大楼的问题。当时，在改革开放初期，机关大楼就是外商眼中的一张名片，破烂不堪的办公条件直接影响着对外开放的形象。在和班子成员讨论后，我也是犹豫了很长时间，认为在当时状况下，改善机关办公条件利大于弊，且宜早不宜晚。栖霞县委、县政府于 1956 年搬入跃进路东端路北的两个大院。随着形势的发展，办公拥挤状况愈加凸显，且 60 多户双职工租住民房，40 多名单职工住在招待所，若原地改造，因众多建筑和部队营房环围，无处发展。经讨论，将县委、县政府新办公地址选在县医院西、霞光三路东侧。1984 年 5 月动工，1985 年 10 月建成。整个建筑群包括两座大型办公楼、4 座小型办公楼、1 座档案馆楼，另有餐厅、车库、锅炉房及 2 座大型门坊等，占地面积 5.79 万平方米，建筑面积 1.8 万平方米。整个大院布局科学合理，端庄典雅。与之相随，县城里其他重点工程也相继动工、拓展和实施。

栖霞县城不仅要美起来，还要绿起来。我留意到历代先人为栖霞县城留下了大量古树名木这样的宝贵遗产，启动了栖霞县城的高品质绿化工作。为此，栖霞县委、县政府于 1984 年 8 月 22 日印发了《关于抢救保护古树的通知》，责成相关部门进行普查登记，落实权属和维保责任单位。同年 9 月，又印发《关于保护自然资源，建设好县城到桃村百里公园的通知》，制定了六个方面的具体措施，在全县掀起了一场植树热，并持续多年。这对绿化、美化栖霞大地，维持生态平衡，改善人民的生活环境，发展栖霞的旅游业，有着重大的意义。

在一系列城市建设项目的带动下，栖霞县城的面貌焕然一新，人民群众穿梭于崭新的楼宇间，行走在宽阔的街巷里，感受着干净整洁的城市环境，不仅达到了生活品质的提升，更是繁荣了经济，提升了人气，活跃了市场，进一步畅通了物流。为继续加强城市建设功能，1985 年 4 月 17 日，栖霞县委、县政府研究制定了《关于鼓励农民进城务工经商的八条规定》，成立了由相关部门组成的经商办公室，负责农民进城的一切事宜，为他们提供场地，简化手续，并将城里集日由过去的四、九改为三、六、九。

不断提升城市管理职能，让管理与建设同步前进，两条腿走路。为明确职责，县里将原有的城区进行了科学划定，进一步规范了城区管理范围，实施了“村改居”工作，成立了8个居民委员会、106个居民小组，使城区的管理走向正规化。1985年10月14日，县政府印发《加强企业字号匾额和广告书写管理的通知》，进一步规范营商环境，改善城市面貌，提升市容市貌和文化素养，树立对内对外良好形象。

在城市建设的过程中，我紧紧抓住重点工程这个关键，不断推动城市建设向高品质发展。1986年1月16日、3月25日，我主持召开了两次县城重点基建工程联席会议，经县委常委、政府县长及有关部门负责人研究，确立了城区7项重点工程。这7项重点工程都事关民生，包括霞光一、四路和山城六路的沥青路面铺筑；为解决城区居民洗澡问题，兴建人民浴池；为解决机关干部子女入托问题，新建幼儿中心；为解决干部住房问题，建设5000平方米的职工宿舍；为解决学生体育活动场所，兴建东山体育场；为解决进城经商的商贸场所，修建农贸市场；为解决病人住院难的问题，扩建县医院病房楼。这七项工程，均按要求如期完工。针对县城居民用水困难的现实问题，1986年11月，我在县委常委会上提出由龙门口水库向县城调水，县委先后讨论了3次，县政府讨论了4次。经过广泛深入的讨论，制定了科学详尽的实施方案。西水东调工程于1987年3月5日开工，集资59.4万元，总投资611.5万元，投工8万个，完成龙门口一级泵站、小庄水场和二级泵站、东山水塔等工程，挖填土石7万立方米，砌石体2970立方米，铺设水泥管道19.37公里。施工中，宋谷雨等水利技术员大胆实践，采用“真空聚浆”新工艺，用钢筋混凝土管道代替铁管道，不仅保证了水质，延长了管道使用寿命，而且节约资金200余万元，5000余个管道接头无一处渗漏。1987年11月25日一次试水成功，使城区月供水量增加2万立方米。

栖霞自1949年至1983年的33年间，县城建筑面积81676平方米，超出自置县到新中国成立 800 多年总和的数倍。我任职的这 4 年间，县城即建起 140 余栋新楼房，总面积达 374660 平方米，是栖霞县 1949 年至 1983 年 33 年间建筑面积总和的 4.92 倍，这个惊人的数字反映了栖霞城建新的迅速发展情况。同时，乡镇、村庄的基础设施建设也在有序推进。在我任职期间，23 个乡镇驻地都完成了规划建设，新开和拓宽道路 31 条，全长 44 公里；建筑竣工面积 18.3 万平方米。广大农村新开和拓宽道路 119 条、594 公里，路旁植树 2 万棵，新建和翻新房屋 29620 栋，面积 178 万平方米。全县城乡面貌发生了巨大变化。

为官一任，造福一方。栖霞县委、县政府历任领导也曾想大兴土木搞城镇建设，改变人民群众的生产生活环境，但囿于当时社会环境和生产力的限制，人民群众只能致力于生存温饱，身上无寒衣，不期着裘锦；灶内缺炊米，不思食山珍。我到栖霞任职，适逢改革开放、打开禁锢飞跃发展的时期。从 1982 年开始连续六年中央下发关于“三农”问题的文件，借着这个东风，通过班子成员的相互支持和扎实工作，1983 年，栖霞在农业上取得了 10 个历史最高水平；1984 年，全县经济实现了 10 个突破；1985 年，虽遭百年不遇暴风雨袭击，粮油大幅度减产，但农业总收入达 53557 万元，创历史最高水平；1986 年，再上台阶，其中，柞蚕产量达 68 万公斤，居全省首位，森林覆盖率 26.5%，被评为全省水土保持先进单位。一系列骄人的成绩，为城市建设提供了雄厚的财力支持。

栖霞城市建设，经过历届市委、市政府的努力，呈现现代化景象，人民宜业、宜居，环境设施日趋完备完善。我相信现任市委、市政府通过正确领导，一定能带领全体栖霞人民，进一步解放思想、高点定位，砥砺奋进、干事创业，把“苹果之都”甜美山城建设得更加秀美、更加繁荣、更加文明。

采　访　人：谢志成　王守志

撰稿整理人：谢志成　王守志　姜俊英

大力发展三级工业　推进城乡工业一体化

韩向利*

我刚刚履职栖霞县委书记之时，是省市部署以城市为重点实施经济体制改革的关键时刻，我有幸成为栖霞县城市经济体制改革的启动者。当时的栖霞作为烟台唯一不靠海的内陆县，是个名副其实的农业县，工农业之间的发展比例很不协调。1986 年全县工农业总产值 88528 万元，三级工业① 总产值仅占工农业总产值的 57.9%。为改变现状，跟上改革步伐，1987 年 4 月 22 日，在中国共产党栖霞县第七次代表大会上的报告中，我提出：坚持四项基本原则，经济上坚持以改革为动力，坚定不移搞好粮食生产，坚定不移振兴三级工业，坚定不移发展多种经营，大力开展“双增双节”② 运动；提出的口号是，深化改革，强化工业，发展农业，强盛栖霞，要求全县各级党组织和广大党员干部，团结、奋斗、求实、改革、拼搏、开拓，为强盛栖霞贡献力量。下面我谈谈这 4 年里栖霞的工业改革发展历程。

---

* 韩向利，1987 年 2 月至 1991 年 3 月任中共栖霞县委书记。

① 三级工业：县级工业、乡镇工业、村办工业。

② “双增双节”：增产节约，增收节支。

一、解放思想，更新观念，在全县营造大办三级工业的“大气候”

我担任县委书记时，改革开放已历时8年，我深刻认识到改革、开放、搞活的重要性。但是社会上还有很多人对改革持观望态度，尤其是部分领导干部还存在着改革意识不浓、搞活企业不积极，商品意识不浓、缺乏企业第一的观念。甚至有不少干部仍然是抓农业顺手，抓工业害愁，缺乏市场、效益、时间、信息和人才观念，甚至宁愿受穷，也要紧紧抱着一亩三分地。

带着如何增强栖霞人民的改革意识的思考，我参加了上任书记后的第一场座谈会——山东省经济体制改革座谈会。会议期间的2月28日，省委书记梁步庭同志给与会同志写了一封信，再次强调“坚持四项基本原则、坚持改革和开放，两者缺一不可”。座谈会的召开以及梁书记的书信，进一步坚定了我推进改革开放的决心、发展工业经济的决心，决心通过改革构建起栖霞城乡工业一体化发展新格局，大力推动县、乡、村三级工业同步发展。

回到栖霞，我做了一些调研与走访。3月26日，组织召开了全县乡镇党委书记会议。接着带领县直相关部门领导走出去，一边学习外地经验，接受新思想、新观念，一边尝试着也搞点经济横向联合，也就是现在所说的招商引资吧。没想到效果出奇地好，在较短时间内，先后与全国146个大专院校、科研机构和企业开展了横向经济联合，签订各种经济协作项目212份，引进资金1888.4万元，引进科技人才107人。有34处乡镇办企业、19处村办企业，通过联合找到了发展的靠山。这趟学习与横向联合引发了县直领导干部和广大企业者极大的思想震动，他们纷纷开启了思想转变和观念更新，以实际行动加入到改革开放的大潮中。

为将改革写入地方经济发展的决策里，1987 年 4 月 22 日，中国共产党栖霞县第七次代表大会召开。我代表中共栖霞县委向大会作报告，在“今后的奋斗目标和任务”中第一条就指出：“必须把改革贯穿各项工作的始终，靠改革克服困难，靠改革打开新局面，靠改革兴旺我们的事业。……绝不许不改革，更不许打击诬陷改革者。对那些制造事端、诬陷打击改革者的，要严肃查处，以伸张正义，打击邪气。”在会议的筹备和召开期间，县委以调研、座谈等多种方式，与领导干部展开讨论与学习，开启解放思想、更新观念的集中模式，会议的召开迅速在全县掀起了思想解放的热潮。5 月，带领相关人员参观学习了掖县（今莱州市）、招远等乡镇企业的经验。5 月 20 日，召开了全县经济工作会议，我在会议上对全县经济工作的现状、问题和对策进行了科学分析。接着，在传达烟台市体改工作会议精神的大会上，我让乡镇和县直部门的同志交流了经济工作会议以来的运行情况，通过大讨论、大对比，找差距、找对策。又先后组织了两次外出参观学习，三次参观人员累计达到 1300 多人次。通过这些举措改革开放的意识逐渐深入人心，“乡镇企业也大有作为”冲击着领导干部的改革意识。参观结束后全县分管工业的领导干部由原来的 39 人增加到 90 多人，由过去的一般干部或副职抓工业，改成了党政主要负责同志抓工业。

解放思想离不开长期的宣传引导，1987 年 10 月下旬开始，县广播电视站举办“看变化，颂改革”系列专题节目；宣传部编写出版了《改革前进的 8 年》宣传提纲，印发到全县 23 个乡镇、130 多个县直单位，同时将积累的电视片资料剪辑成电视录像，从 11 月开始在城乡巡回播放；县文化馆、各乡镇文化站普遍办起了宣传改革成就的专栏和橱窗，全县形成了一个“回顾改革成就，坚定改革信心，全面领会党的十三大精神”的学习热潮。之后的三年里，县委每年都会强化不同主题，将解放思想、更新观念的宣传持续下去，为改革的持续发力提供不竭的思想动力。

二、加强领导与人才培养，启动改革，乡村工业被纳入城乡工业一体化发展格局

农村改革的实施，让社队企业出人意料地迅速崛起，这就是乡村企业的前身。经过 1982 年至 1986 年第一轮较大规模的发展后，栖霞乡村工业发展较快，到 1986 年，乡村两级工业总产值 21956 万元，占全县工业总产值的 41.2%。与栖霞建立友好关系的天津市武清县，1986 年工农业总产值 13 亿元，仅乡镇办工业就占了 9 亿元。县委、县政府及时认识到栖霞乡村工业与县办工业之间发展比例不协调，与其他县市差距很大。经过酝酿，1987 年，《关于推进城乡一体化的决定》以 1 号文件下发全县，同时发布的还有 7 个实施细则，把大办乡镇企业作为发展农村经济的战略重点。“三步并作两步走，两步并作一步行”，确立了从思想上转轨变型、从领导上调整充实，“咬定工业不放松，层层念好企业经”的指导思想。

在加强领导方面，县委、县政府注重加强乡村两级领导干部队伍建设，一边加大对领导干部的培训力度，一边大胆起用思想好、作风正、懂技术、会管理、善谋生计的人才担任乡镇领导和乡村企业领导。1987 年 5 月，县委责成经委编写教材，组织讲师团，在大柳家乡举办了第一期乡镇工业管理干部培训班。6 月开始，在县委的统一部署下，各乡镇由农工部牵头举办乡村工业会计、基础管理等培训班，组织乡镇企业局、财政局、计委、农行等单位搞好相关业务辅导、统一考试，颁发证书，择优录用。之后，县委将培训工作制度化、长期化，每期 10 天左右，长年坚持下去，此举使乡村企业的劳动管理、财务管理和质量管理等都得到不断加强，干部队伍、技术队伍和供销队伍建设得到提升。上半年又开展了村办企业建工业账试点工作，下半年将试点全面推广，此举很好地处理了发展中积累与分配的关系、当前与长远的关系、投入与产出的关系，企业利润的 60% 可以用于

扩大再生产。同时重点办好专业技工学校，设置了 18 种现代化管理专业班。

大力培训与学习之余，县委、县政府注重人才挖掘，从企业职工中选拔会管理、懂经营的人才，调任或兼职乡镇领导和乡村企业领导，在决策论证、技术咨询、经营管理、新产品开发和创优活动等方面，对乡村企业进行具体的指导和协调；引入人才激励机制，对那些改革开放意识强、有商品观念的领导干部进行提拔使用，对从县属企业到乡镇村企任职的同志，成效显著的给予物质奖励。在激励机制下，许多善于务工经商、懂管理的“小能人”担任了乡村企业领导。1987 年 12 月在全县农村基层党组织领导班子换届改选中，组织部门通过“内选”“外返”“上派”“外聘”四项举措，从本村专业户和村办企业中选拔，从本村外出打工中选拔，从本村在外的干部和工人中招聘，从商品经济发达的先进单位招聘到优秀人才进入农村基层党组织领导班子里，带领基层群众发展经济，发家致富。

同时，县委、县政府大胆启动政治体制改革，将乡村企业与县直企业统一管理，走工业城乡一体化发展道路。1987 年，县企政部、县经委、县乡镇企业局三个部门合署办公，对外挂三个牌子，对内统属经委管辖，由一名副县长兼经委主任，企政部部长、乡镇企业局局长兼任副主任。县经委是县乡村三级工业的主管部门，负责统一筹划调度、检查指导全县的工业生产。各乡镇党政主要负责同志直接主管乡村工业，加强对乡村企业的宏观指导；各乡镇都成立经济委员会，由一名副乡镇长兼任经委主任，下设两科一公司（乡镇办工业科、村办工业科、劳动服务公司），将乡、村工业统一管起来，乡镇经委既接受乡镇党委、政府的领导，又对县经委负责。全县迅速出现了各级党组织和各级政府的主要负责同志都亲自动手大抓、大办乡村工业的现象。经此改革，打破了城乡工业分离、条块分割的旧格局，加大了对乡村两级工业的管理力度，增加了三级工业之间的经济发展联系。这种县乡村三位一体的企业领导体制改革，为推行改革措施、调整工业布局奠定了良好的政治体制基础。

1986年12月，国务院发布《关于深化企业改革增强企业活力的若干规定》。县委、县政府大胆启动工业企业经济体制改革。1987年5月，县委、县政府在39个县以上企业试行了厂长负责制和厂长任期目标责任制，县锅炉厂进行了资产经营责任制试点，第三饭店进行了租赁制试点，县服装厂和大柳家乡经编厂进行了股份制试点。下半年，成立由九部门组成的"县企业承包经营领导小组"，具体负责改革相关事宜。9月出台《关于企业承包经营若干问题的试行意见》。11月在县针织厂开始进行试点改革，承包经营一个月即实现了扭亏为盈。同时，县委、县政府把县属企业实行厂长负责制的经验移植到乡镇企业中，提倡乡镇企业厂长、书记一人兼，给厂长以充分的生产经营自主权、副职干部提名权和中层干部的任免权、劳动管理权、政策范围内的奖金分配权、技术人才的招聘权。重点抓好承包责任制，主要推行了"两保一挂"[①]（或双保一挂）、上交利润递增包干、上交利润基数包干、微利制、资产经营责任制、租赁制、股份制等多种形式。实施了供销社体制改革，围绕搞好全县果品市场，成立果品协会，把城乡果品生产的各个环节有效地协调起来，简政放权，给基层以充分的经营自主权和其他应该下放的权力。1987年，乡村工业初步形成了迅猛发展的态势。全县落实乡镇办工业新上项目投资1856万元，落实技改、扩建项目投资942万元，两项合计2798万元，比1986年增加一倍多。

三、实施横向联合与技术攻关，积极探索县级工业经济改革新路子

1988年，社会上出现了物价猛涨、银根紧缩、原料供应奇缺、市场竞争日趋激烈等现象，栖霞工业生产经受着前所未有的考验。但此时我和班

---

①"两保一挂"：保上交利润，保技术改造，工资总额同上交利润挂钩。

子成员已经有了改革的经验和底气，不退缩、不畏难，以横向联合和技术提升为动力，抓改革增活力，抓投入添后劲。1988年成为企业改革推动最快、改革幅度最大的一年。

县委、县政府以强化横向经济联合推动改革加快深入。1987年底开始，县里相继在上海、北京、广州、天津等大中城市建立了28个驻外办事处，作为经济发展的联合窗口。在区域上，奔赴沿海地区、经济特区、大工业城市，借水行舟联合开发项目；在行业上，联合大专院校、科研单位，借鸡下蛋攻克技术难题；在产品上，选择高精尖、名优特，借梯上楼开拓新市场；在企业中，选择大企业集团和军工单位，借树乘凉搞合作。在对外联合的同时，县乡企业都提倡对下联合，做到上挂下联、以县带乡、以乡带村。逐步建立起以批量期货为主的稳定的直购直销关系，在省内建立了一批固定的商品批发经营机构。同时加强对原有企业的技术改造，既抓重点行业、重点产品的技术改造，又抓资源浪费大、环境污染重、产品质量低企业的技术改造和设备更新。1988年，乡村两级企业新上项目94个，技术改造项目48个，投入资金1264万元。乡村两级投入不低于1亿元，新上100处乡镇办企业、300处村办企业。

继续探索企业改革新路子。在承包经营方面，到1988年3月，全县75家县属工业企业已有72家实行承包经营责任制，改革率达到96%。在此基础上，探索转换企业运行机制，通过建立在宏观控制下的企业自主经营、自负盈亏、自我约束的机制，提升经济效益。继续探索、巩固和完善厂长负责制，承包经营责任制及激励企业内部活力的一系列改革措施，增强企业对物价、工资改革的承受能力和消化能力。通过制定股份制企业管理办法，进一步抓好股份制企业试点，并在更大的范围内推广落实，以吸收闲散资金，压缩社会需求，缓解消费基金膨胀，调动企业职工的生产积极性，促进生产发展。继续抓好市场企业兼并与组建，搞好企业集团的试点发展，对一些长期亏损企业和微利企业，通过兼并、租赁或拍卖，扩大企业生产规模，实现资源合理配置，促进生产力总量的较快增长。搞好“特区企业”试点，选择一批优势企业、骨干企业进行重点培育，对影响企业放开经营的问题逐一清理，作出明确规定，真正使企业实现自主经营、自负盈亏。截至1988年底，全县涌现出8个较为规范的股份制企业，有18个产品销路好、经济效益高、生产规模较大的优势企业兼并了22家亏损、微利企业，被兼并企业绝处逢生，生产经营出现转机。在管理制度改革方面，县里大力推广“厂内银行”“满负荷工作法”等先进管理方法，加速了企业由粗放经营向集约经营的转变。县委、县政府还先后颁发了《关于明星企业、企业家的评选条件及奖励规定》《鼓励县属企业建立农副产品基地的暂行办法》《关于选派国家干部、职工到农村任职的暂行规定》《关于鼓励发展私营经济的暂行办法》和《关于发展外向型经济若干试行意见》等十几个政策性文件，激励超前拔尖，收到了较好的效果，其中有210名干部职工争相报名到农村任职。

在乡村工业改革方面，县委、县政府先是在铁口乡、中桥镇水泥厂进行试点，开展以完善承包合同、建章立制、强化财务管理的乡村企业整顿。改革整顿后的铁口乡注重多元化发展，全年新上项目15个，扩建改造项目6个。试点经验推广遍及全县后，全县乡镇企业的经营管理

1990年的中桥镇宝桥水泥厂

体制进一步得到完善和提高。到1988年底，全县乡镇办建材行业基本实行了厂长（经理）目标管理责任制。同时，县委、县政府以县财政出资、联合出资、招商引资等方式方法，加大对乡村企业的资金投入和技改投入。1988年，县属工业完成46885万元，增长46.3%；乡镇办工业完成11886万元，增长46.9%；村办工业完成28798万元，增长79.5%。纺织公司率先闯过亿元大关，达到10156万元，比1987年增长28.4%。整个工业生产呈现出一种热气腾腾、蓬勃向上的崭新局面。

四、坚定信念，于困顿之中带领三级工业持续改革不动摇

1989年开年，经济形势急转直下，针对生产经营中出现的流动资金紧缺、能源供应不足、原材料涨价、增支因素增多等不利因素，县委、县政府及时发现问题，及时进行解决，1月18日召开了全县干部会议，提出"在治理整顿中发展，在改革开放中前进，为夺取全县各项工作的新胜利而奋斗！"会后，县委、县政府积极贯彻国家治理整顿相关要求，狠抓双增双节活动。其中，聘请了专业技术人员，排查工艺技术问题，选准主攻环节，进行技术革新，提高产品质量，降低物资消耗。如松山水泥厂，以推进科技进步为突破口，加强工艺改造，实行氟合矿化剂煅烧，使每吨水泥耗煤下降20%, 全年可节煤500多吨，节支10万多元。1月至5月资金周转天数比1988年同期加快了80天，实现利税比1988年同期增长了64.3%。双增双节活动使许多企业因此焕发出新的生机和活力。

不久，由于受1989年政治风波，以及国内外大环境的影响，中国改革来到了十字路口。针对改革中出现的一些问题，部分干部群众出现了信念动摇、发展意志衰退、精神不振的现状。6月8日，县里当即召开了乡镇企业经济分析会议。我在会议上讲话，鼓励大家坚定对党的信仰，坚定改

革决心，排除杂音，继续前进。县里先后又组织了两次外出参观和四次工业生产大检查。通过学习县内外的先进典型，坚定了各级干部发展三级工业的信心，做到了生产滑坡、思想不滑坡，市场疲软、士气不疲软，从而为发展三级工业奠定了牢固的思想基础。全县上下再次投入到改革的大潮中，在坚持承包制的基础上，积极引导企业进一步完善企业内部配套改革，及时把竞争机制、商品交换和工效挂钩的改革引进企业内部，使承包制的作用进一步发挥出来。打破旧的观念，允许先进企业、县属企业、外地大企业承包、兼并乡村企业或中小企业，以促进企业组织结构和产品结构的优化，实现生产要素的合理流动。

紧紧抓住国家产业政策的调整，大刀阔斧实施栖霞产业结构调整，一些新兴产业有了突飞猛进的发展机遇。如随着汽车配件的国产化，汽车配件加工形势越来越好，栖霞紧紧抓住发展机遇，通过开展横向联合，加强与大企业、大专院校和科研机构的联系，引进资金、技术和人才，发展集团企业，发展新兴产业。1989 年 12 月，县委、县政府研究提出了“三三一”系统工程，即抓住 30 个县属骨干企业、30 个乡镇办骨干企业、100 个村办骨干企业，通过横向联合发展，攻关新技术，开发新产品，引进新的产业项目与生产线。全县企业开始向开放型、网络式的方向发展。

1990 年，改革持续推动，根据国家产业政策和企业经营管理状况，栖霞先后对 10 个“四无”企业进行了转产，对 26 个自我发展能力差的企业进行了兼并，并按照分类指导的原则，制定了保压政策，重点保证 95 个产品营销、经济效益好的企业；帮助 47 个企业加强管理，提高效益；对 33 个效益低、产品滞销的企业限制生产。除此之外，注重加强内部管理与完善承包责任制相结合，实行了由抓外部承包为主向强化内部管理为主的转变，在不断完善企业承包责任制的同时，全面推行了质量管理、生产管理、财务管理等一系列先进的管理办法，广泛开展了企业升级和资金管理升级赛活动，组织企业按照要求，制定了定额指标，落实了规章制度，并从外地请来专家教授，举办了企业管理培训班，有效地促进了企业规范化管理。经过一系列的改革与整顿，优质产品渐多。到1990年5月，已有14个企业升为省级以上先进企业，2种产品创国优，25种产品创部优，55种产品创省优。通过加强企业管理和开展升级活动，产品质量进一步提高。

与此同时，在烟台市委、市政府的号召下，栖霞县把乡镇企业作为经济发展的战略要点，提出发展“高、精、尖”产品，构筑“大、高、外”格局的指导方针。在全县乡镇企业中确定130个乡村企业给予重点扶持，实施“高字突破、二次创业”战略，开展产品创优、科技进步、发展高新技术企业、组建企业集团等一系列活动。城关村组建的山东大通集团公司成为山东省高新技术密集区。全县有6家企业成为省级高新技术企业。也是从这一年开始，栖霞乡镇企业进入了第二轮加快发展阶段。经过三年的改革与实践，1990年，全县乡镇企业数量达到1525户，从业人员44990人，总产值达到86508万元，占全县社会总产值的51.3%，成为全县经济的“半壁江山”。到1990年，全县三级工业总产值达到158114万元，全县工农业总产值226241万元，前者占后者的比值为69.9%，比1986年增加了12个百分点。

1991年3月，我离开栖霞的时候，国家治理整顿已经实施了两年，这两年期间，栖霞的改革没有停顿，在工业经济发展中还取得了一些突破，为1992年的加快改革奠定了良好的经济基础。对此，我深有感悟，幸运自己赶上了改革开放的历史机遇，成为吹响栖霞城市经济改革号角的人，感谢党给予的机会，能够让我在历史机遇面前，不辱党的使命，顺利完成自己的职能职责。

采　访　人：赵　丹　侯方旭

撰稿整理人：毛春雨　姜俊英　赵　丹　侯方旭

有钱的出钱，十八般武艺一齐上，多年无人问津的荒地现如今成了香饽饽。县里也提前准备了一些资金和农具，解决了大干快上的需要。1993 年我们加大发展力度，提出“一年 10 万亩，三年 30 万亩”的发展目标，之后几年栖霞果园面积开始增加，苹果生产进入膨胀期。在广大农民热情高涨的同时，县里也没闲着，专门成立了工作队和技术队，提前下手研究落实果苗问题。

春来万木复苏，一场大规模的品种升级改造在苹果园中全面展开。20 世纪 80 年代中期，栖霞苹果已具盛名，一些优良品种纷纷被全国各地或购买或嫁接，迅速遍及全国各地，逐渐失去了品种领先优势。同时，国际市场上因日本红富士独揽天下，烟台苹果出口逐渐下滑。为重振栖霞苹果的雄风，重新引领苹果生产新潮流，1992 年，县委、县政府加快了新品种的开发步伐，一方面先后引进了红富士、北斗、乔纳金、北海道等 60 多个新品种，进行种植；另一方面通过自己培育、嫁接改造等多种途径，开发适应栖霞气候和土壤特点的新一代果品。其中，针对美国蛇果果型大、色泽好、无农药残留、无公害，但口感不如栖霞苹果好的特点，进行技术攻关，开发新品种。同时，全域老果树开始实施砍枝换“头”，即本土的国光、金帅、印度青等逐渐由日本红富士全面接管、取而代之。

果实好，全靠养，苹果树的养护技术与管理十分重要。经过调研，班子成员一致认为以栖霞苹果目前的果品品质和技术含量无法再现出口辉煌。当时国内已经开始引进日本套袋技术，栖霞也关注到了这项新技术，经过专家访谈和技术实验发现，套袋技术能减少苹果污染，减少病虫害，结出的果实个头大、颜色美观。1992 年，县里开始大力推广应用果实套袋新技术，各乡镇纷纷采取经济手段和行政手段相结合的办法，下决心把这项技术推广好，实现苹果的“脱胎换骨”。在大家的共同努力下，当年栖霞即实现果实套袋 1 亿个，苹果产量和质量有明显提高，苹果套袋技术的应用范围也逐年扩大，套袋栽培技术也日臻成熟。同时，县里先后对配方施肥、疏花疏果等技术进行了改善与推广。

为贯彻执行邓小平南方谈话精神，县委、县政府在果业经营体制和流通体制上也进行了尝试性改革，为“山上栖霞”发展增添了活力。1992 年组建起以公司为依托，以 42 个果品生产基地村为股东，以商品果为股金的“山东栖霞果品集团股份有限公司”，成为全县果品经营龙头企业，形成利益共沾、风险共担的经济共同体，减少了不必要的流通环节，解决了生产经营“两张皮”的现象，为农民提供了稳定的产品销售渠道，为产业扩张建立了可靠的货源基地。这种以国营商业为主渠道的多成分、多形式、多渠道、少环节的流通体制，为后续栖霞苹果走向世界构建起良好的生产经营体制。

二、推进产业结构调整，开展百村万亩苹果示范园工程，打造果业支柱产业

1992 年 10 月，党的十四大胜利召开。实施社会主义市场经济体制改革成为我们这一届班子的使命。经过一段时间的政策研究、外出参观学习和广泛研讨，1993 年 2 月 18 日，全县农村工作三级干部会议召开。会议为之后几年栖霞农业农村经济确立了走市场经济的发展思路：即农、林、牧、副、渔全面发展，科、贸、工、农相互结合，多种经济成分并驾齐驱的大农业、大流通、大市场的农村经济新格局；实施产业结构调整，大力发展果品生产，走以果致富的路子，努力把果业建成栖霞农村经济的支柱产业。

会议之后，县委、县政府大力推进农业产业结构调整步伐，在确保粮田稳定的基础上，合理调配粮果栽种比例，突出新品种开发、新技术开发和深加工开发，逐渐由追求果园数量转向提高苹果质量。在新品种开发上，县里目标始终要保持全国领先地位，指导各村镇走上规模、上档次、创名

优、多元化道路。1993 年，全县统一申办了红富士苹果绿色食品标志，积极创建栖霞苹果在国内外市场上的品牌。这对于提高栖霞苹果的声誉、拓展国际国内两个市场意义重大。在新技术开发上，通过算账对比，让群众明白，集约经营、科学管理一亩果园所取得的经济效益，并不低于粗放管理的两亩果园，引导群众走以果补粮、以粮兴畜、以畜促果的良性循环之路，以此激发群众更新技术，加强果树综合管理的积极性，大力推广低残毒高效农药、单果套袋、摘叶等技术，生产无公害苹果，努力提高果品档次，从质量上保证和强化果业支柱。在深加工开发上，坚持高起点、高标准、高质量，集中开发，规模经营，各村镇因地制宜，突出特色，鲜果、干杂果全面发展，形成多元化的果品生产格局和竞争优势。1993 年，通过引进新品种、推广新技术、加强管理等多种举措，全县果园素质得到全面提高，果品产量和质量大幅度提高，果品总产达 3.1 亿公斤，其中苹果总产达 2.5 亿公斤，分别比上年增长 65.6%、85.2%。全县果品收入达到 5 亿多元，人均 800 多元，农民收入 70% 来自果品生产。

为进一步加大支柱产业发展力度，1994 年 1 月 10 日，中共栖霞县八届六次全委扩大会议召开。会议提出实施三项示范工程，其中包括果业的百村万亩优质果品示范园工程。即重点抓好 100 个村，建成 5 万亩高产优质示范园，带动 30 万亩果园管理上水平、上档次。示范园实行领导挂靠制，按县、乡、村分级建立苹果示范园，县委书记、县长每人至少负责 100 公顷的示范园建设，乡镇党委书记、乡镇长每人至少负责 10 公顷的示范园建设，凡是新品种首先在示范园试种，新技术首先在示范园中应用，以点带面，发挥示范作用。

以百村万亩优质果品示范园工程为抓手，县委、县政府进一步抓好新品种开发和新技术开发。在新品种引进推广上，一方面，继续抓好红富士系列苹果的引进推广，搞好果树品种优良品系、优良株系的选育，建立优良品种档案，对引进和培育的品种逐个筛选，确保在全县实现果树品种良种化。按照“引进一代，培育一代，储备一代，生产一代”的原则，到1994年底，全县已储备跨世纪苹果新品种10余个，发展1万公顷；另一方面，加快老残果园的更新改造，同期更新改造老果园1万公顷。为确保新品种的推广应用，1994年，栖霞统筹规划建立起一处苹果优质苗木繁育基地，在全县实行统一繁育、统一供种。在新技术推广方面，加快了推广普及苹果套袋、铺设反光膜、摘叶转果以及喷施微肥、果型剂等高新技术，全县果园技术与管理不断提高。同年，栖霞成立了果树技术研究推广中心，从组织机构上保证了苹果新品种、新技术的推广应用。为提高苹果档次，增强竞争能力，积极组织实施绿色食品工程，搞好苹果绿色证书的申办工作。在全县大力推广无公害生产管理技术，实施无公害病虫防治措施，2万公顷红富士果园都达到无污染、安全、优质、营养的绿色食品标准。1994年至1996年，栖霞承担了山东省科委下达的“10万亩苹果幼树早期丰产配套技术开发”项目，这代表着省科委对栖霞果树新技术研发能力的极大认可。

经过努力，栖霞苹果质量得到诸多认可，取得了一系列荣誉。1994年7月，全国果品流通工作会议在栖霞召开，中国果品流通协会组织专家对全县果品生产进行实地考察，一致认为，栖霞县苹果种植面积、综合服务、果园管理、品种质量、总产单产和企业效益均居全国第一位置，栖霞县由此获得“中国苹果第一县”称号。这为苹果出口基地建设打下一个良好的基础，为栖霞苹果走向世界拉开了大幕。

三、加强龙头企业和基地建设，积极招商引资，打开通往国际市场的大门

随着对外开放的深入，由国家大包大揽的统供统销形式已经被淘汰，要进入国际市场全凭自己本事。1994年2月28日，山东省外贸局授予栖

霞县外贸进出口经营权，这对于栖霞苹果打入国际市场，在国际上叫响“中国苹果第一县”，是一个重要的良机。面对百舸争流的果业发展现状，为抓住这千载难逢的机遇期，县委、县政府经过调研决定，以建立出口基地和龙头企业为抓手，撑起栖霞苹果走向世界的脊梁，以招商引资助推步入国际市场步伐。

为发挥龙头企业的带动作用，1994 年初，县委、县政府组建了县果品集团公司，这是栖霞实施龙头带动战略的重要一步。该公司实行股份制，凡自愿入股者以果品作为股金，公司按照“保价返利，利益共沾，销售后付款”的原则，对股东实行保本经营，利润实行四六分红，经营亏损时风险由公司独担。经过县委、县政府的大力宣传与推进运作，以及各村镇的积极响应，该公司拥有股权基地村 150 个，股份 4.8 万个，果园面积 0.8 万公顷。公司还加入了中国果品流通协会和联合国计划开发署国际信息网，为栖霞苹果走向世界提供信息服务。

1995 年，臧家庄镇苹果栽培技术培训现场

在苹果基地建设方面。经多方调研，1994年，县里选择在蛇窝泊、臧家庄、寺口、官道等乡镇建设苹果优质果园，作为苹果出口主要基地。县里选调专业技术人员定期走访各基地，进行技术指导，从使用无公害农药、有机肥到铺设反光膜、单果套袋等都采用国际先进技术。各基地也拿出专人进行管理，开展技术与管理的突破，以此带动全县苹果生产上档次、上规模、上水平，全面建成苹果出口基地县，为苹果出口创造条件。其中，连家庄乡在积极开辟国际果品市场中积极作为，凭借其优良产品当年出口泰国、新加坡、韩国等国家优质苹果300多吨，创汇35万美元，为把栖霞果品推向国际市场带了个好头。为扶持龙头企业和苹果基地的发展，县委、县政府经多方资金筹措，在全县建设4处果品冷风库，年吞吐量达2万吨，为苹果出口和生产加工增值搭建起良好的平台。1994年，栖霞被国家科技委员会确定为全国苹果出口基地县。

经过几年的实践使我和班子成员体会到，栖霞苹果要走向世界，还必须积极扩大对外招商引资，引进国外先进的生产技术和管理经验，通过嫁接改造提高水平，让栖霞苹果“借船出海”。1994年，由我带队领导班子组团到韩国、日本、新加坡、中国香港等国家和地区，实施农业招商引资，积极扩大栖霞苹果对外宣传力度，提高栖霞苹果知名度，多渠道寻找经销客商和合作伙伴。为扩大农业领域包括苹果生产的对外开放，让外商在更广阔的领域、更大的范围有选择的余地，县里拿出2000平方公里的土地实施全面招商引资，包括独资、合资、合作经营等多种方式，涵盖种植、加工、经销等多个领域，适宜什么就搞什么。在果品生产方面，某台商在蛇窝泊镇租赁了100公顷果园，经过一年时间的国外先进生产管理技术的应用，1994年果品全部外销，而且还带动了周围果园管理水平的提高。在果品深加工方面，大通集团公司与美国西瑞姆物产公司合资经营烟台西瑞姆食品有限公司，合同总投资额600万美元，其中外方投资168万美元，主要生产果粉，产品全部外销。同时，为畅通营销国外的渠道，1994年，县里通过设立代办处、分公司或者联络点的形式，重点开发日本、新加坡、韩国、俄罗斯、中国香港等国家和地区，全方位开辟国际市场。这期间，伴随着栖霞苹果在国内外市场上的畅销，在利益的驱使下，许多村民私自将自家粮田改种果园，粮果争地的矛盾日益突出。对此，我们坚定不移地严格落实国家基本粮田保护政策，坚决守住粮食生产的红线，妥善解决了果与粮的发展问题。

在龙头企业、苹果基地的带领下，以及招商引资的助推下，国内外市场都能看到栖霞苹果的品牌，这也引起了省里的高度重视。同时，县委、县政府也积极向上级争取以会招商，进一步提高栖霞苹果的知名度。1995年4月26日至28日，全省优质果品生产技术现场研讨会在栖霞县召开，与会人员观摩全县12处乡镇的果业春季管理现场。7月28日，北方果树发展战略研讨会在栖霞县召开，与会人员不仅带来了新技术，也把栖霞苹果的口碑宣传出去。9月24日，山东省早中熟苹果评优活动在济南举行，全省早中熟名优果品评比样品94个，栖霞县选送的18个样品有7个获特优，9个获优质产品。

四、探索实施果业产业化，打造知名品牌，为苹果走向世界奠定基础

随着与国内国际市场的不断接轨，不仅我和班子成员，连普通老百姓也逐渐认识到，市场激烈竞争下，单靠一家一户的果园种植，无法让栖霞苹果真正走向世界，必须按“九五”计划中的要求，走果业产业化道路，走品牌化道路。

探索果业产业化，首先从发展村集体经济入手，从培植龙头企业入手。1996年以后，栖霞市委、市政府（1995年栖霞撤县设市）提出发展集体经济“118”规划，要求20%的村发展工副业，80%的村发展集体果园、创

建绿色企业。经过一年时间的努力，全市发展集体果园170多处，近2万亩。为进一步夯实栖霞果业产业化发展基础，1997年，市委、市政府提出实施“双十”工程，即抓好10万亩老劣果园的更新改造，抓好10万亩果品科技园的建设提高。为了延伸产业链，经招商引资，在臧家庄投资640万美元建设果汁厂，成为当时亚洲规模最大、设备最先进的果汁生产线，1997年1月28日一次试产成功，产品全部返销欧洲。该厂年加工果品8万吨，约占当年果品总量的十分之一。产业经销环节，市委、市政府也下足了功夫，在注重发挥果品销售集团公司和果品销售合作社多年来的经销作用的同时，积极发展各种形式的经销组织，大力开拓果品市场，全市集体、个体、联合体等不同形式的果品销售组织发展到1000处以上，其中发展较大的果品销售公司10处，发展具有一定规模的果品销售合作社150处，使栖霞苹果销售达到“能出国、能进城、能下乡”的要求。1997年3月12日至13日，栖霞市政府组团赴北京与三峡综合市场网络指挥部成立三峡栖霞果品综合市场，全国50多个城市加入该网络，栖霞市是仅有的2个县级市之一。到1997年，栖霞发展各类果品销售组织900多处，在国内外大中城市设立销售网点350多处，在北京、天津、上海、广州、哈尔滨等大城市设立了栖霞苹果一条街，果品的产供销体系逐步健全和完善，栖霞苹果的面积、产量、质量、效益、市场占有率均居全国县级之首。

1995年的栖霞苹果装车外运现场

完整的产业链离不开品牌建设。多年来，栖霞一方面从提高果品质量做起，加大科技投入，按照“人有我优、人优我特”的生产原则，确保果品质量，保持果品在国内的领先水平；另一方面加大栖霞苹果品牌的宣传力度，凭借优良的果品质量和良好的宣传效果，打出叫得响的国内国际品牌。1996 年举办的山东省果品鉴评会上，栖霞选送的苹果等果品获得 77 枚金牌（红富士苹果 52 枚）、62 枚银牌、26 枚铜牌，获奖牌数遥居全省县级单位之首。同年，栖霞市果品集团公司旗下的“宇冠”牌苹果被中国果品流通协会授予“中华名果”称号，栖霞市被中国特产之乡命名组委会命名为“中国苹果之乡”称号。

经过近 8 年的不懈奋斗，栖霞苹果园面积由 1991 年的 24 万亩发展到 1997 年的 64 万亩，果品总产、苹果总产分别由 1991 年的 1.5 亿公斤、1.09 亿公斤发展到 1997 年的 7 亿公斤、6.27 亿公斤，成为栖霞农村经济的骨干支柱产业。1996 年时实现了全市农业人口人均 1 亩果园的目标，完成了“八五”计划。也正是这几年的全面品种升级，成就了烟台苹果之后 30 年的辉煌。这期间，我们坚持农业立市，强化农业的基础地位，集中力量抓好果品生产，实现了小康市的目标。我对栖霞这片奋斗过的热土，对栖霞勤劳、朴实的老百姓有着深厚的感情，离开栖霞后的多年里，我无时无刻不在关心、关注着栖霞的发展。作为一名在栖霞奋斗过的老同志，我衷心地希望“苹果之都”栖霞的发展越来越好，老百姓生活越来越富裕，让栖霞成为日新月异、人民安居乐业的美好城市。

采　访　人：赵　丹　侯方旭

撰稿整理人：毛春雨　韩兆蕾　赵　丹　侯方旭

龙口市城市新区建设回顾

于爱军*

我于2000年12月任中共龙口市委副书记、市长，2001年11月任中共龙口市委书记，2004年11月任中共烟台市委常委、龙口市委书记，2006年12月离开龙口到烟台市委工作。在龙口工作，我度过了一段非常愉快的时光，得到了全市广大干部群众的大力支持，感触很深，收获很大。今天应约对龙口城市建设特别是新区建设情况进行一下介绍。

一、顺势而为，精心谋划，确立跳出旧城建新区的发展思路

21世纪之初，龙口的经济发展驶入快车道，经济和社会发展各项指标快速提升，综合实力在全国百强县中排名第25位，在山东省排名第3位。但随着经济社会的快速发展，龙口城市建设相对滞后的矛盾越来越突出。龙口市东、西两城区的城市空间地域狭小、基础设施薄弱、城市功能落后，且全市党政机关布局分散，群众办事很不方便。城市建设越来越成为制约龙口经济社会发展的瓶颈因素。2000年，上级对龙口市提出了5年内跨入中等城市行列的要求。围绕贯彻上级指示精神，如何打破老城区发展空间的桎梏、推动龙口市向更高层次发展，成为市委、市政府领导班子面临的

* 于爱军，2001年11月至2006年12月任中共龙口市委书记。

一个重要课题。

为了完成好这一关系龙口长远发展大局的重要课题，经过深入调查研究，2001 年下半年，龙口市委、市政府出台了《关于加快城市化进程的意见》，明确提出，要立足龙口实际，集中力量加快推进城市化进程，努力把龙口建设成为经济繁荣、设施配套、环境优美、特色鲜明的现代化中等港口城市。突出把握好三个原则：一是规划建设必须高起点。必须以对历史、对人民负责的态度，高起点规划、高标准建设、高水平管理，大力实施城市化带动战略，城市规划和主要建筑物要突出海滨特色、港口特色、文化特色和生态特色，充分体现 21 世纪的现代化气息，做到近中远相结合，继承与发展相结合，保证 50 年不落后。二是规划要一次性制定，分期组织实施。加大总体规划、分区规划、专业规划和控制性详细规划的编制覆盖力度，充分发挥规划对城市建设的指导作用，增强城市载体功能。规划由专家制定好后，要多方征求意见，经过领导审议、市民评议，最后提交人大常委会审定。三是要注重“四区”之间衔接。推进城市化要注重将东城区、西城区、南山工业园区及北部海滨经济园区衔接起来，统一规划、协调管理，使之成为优势互补、协调发展的有机统一整体。

《意见》出台后，龙口市委、市政府秉持城市发展“规划先行，依规建设”的理念，于 2001 年底通过招标的形式，聘请同济大学建筑设计研究院匡晓明教授团队对龙口市城市总体布局进行了规划。在充分调研论证的基础上，该团队提出了《龙口市新区总体规划及核心区详细规划方案》。该方案提出将龙口市行政中心西移，在东城和西城之间建设新区的构想。针对这一方案，市里多次召开书记办公会议、市委常委（扩大）会议、老干部及人大代表和政协委员座谈会，并通过公示的形式向社会广泛征求了各方面的意见。经过反复修改完善，由匡晓明教授团队提出的《龙口市新区总体规划及核心区详细规划方案》最终通过了市委常委会的讨论研究和市人大常委会审议。由此，龙口市委、市政府确定了“跳出旧城建新区，建好新区促旧城”的城市发展思路，决定将龙口市行政中心进行西移，在东城和西城之间开发建设新区，着力构建“东城西城相融、南山北海呼应、新区居中、组团式发展”的城市发展新格局。

二、着眼长远，高点定位，科学制定新区发展规划

《龙口市新区总体规划及核心区详细规划方案》，既充分体现了高层次规划设计专家的先进理念，具有很强的前瞻性和科学性，又广泛吸收了龙口各阶层人士的智慧，充分考虑了龙口的区域特色，完全符合龙口实际。该方案的指导思想为，以可持续发展思想为指针，以建设现代化生态型山水城市为规划理念，以现有城市格局为依据，以构建现代化大中城市框架为目标，完善与强化城市中心区功能与布局，有机组织城市各项用地布局，促进龙口在其经济圈内中心职能的提升，疏解旧城，注重生态环境，促成生态、文化与效益三者的有机统一，带动城市建设的发展。同时，城市新区的建设，应在自身功能强化的同时，注重与其他城区的关系，统一规划、协调管理，使之成为相互促进、有机互补、协调发展的有机统一整体。城市发展战略为：建构中等城市发展框架；提升中心城区的核心力与吸引力；促进城市的扩张与经济的发展，积极纳入环渤海经济圈的经济体系；积极接纳区域经济辐射；通过“相互促进、有机互补、叠加辐射、协调发展”的思路，使五区成为一个强有力的统一整体，促进高新技术产业的发展，建立起具有特定市场优势的支柱型产业，向规模型、群体型、科技型、外向型经济转变，以提高可持续发展能力，扶持高层次物流市场的发育，逐步形成专项大宗商品流通市场；积极发展科技与教育事业；注重城市生态，积极发展旅游。新区功能定位及人口规模为，城市新区规划面积 26.69 平方公里，是构建龙口市大城市框架的重要组成部分，是以行政办公、商贸金融、文化体育、生活居住四大功能为主导，具有完备配套设施的多功能、

复合型、现代化、生态型的城市新区。规划近期新区人口规模 8 万人，中期 12 万人，远期 18 万人。城市发展模式及新区空间结构为：根据城市建设用地适用性条件及城市土地集约开发使用的原则，按照“五区互动、山海呼应、轴线推进、发展新区”的规划思路，建构横向推进、互动互补、多点多层的系统化、开放式发展模式。城市新区规划的结构为“一个核心、两条轴线、五大片区、城绿相映”：“一个核心”，即在城市新区用地中心部位，沿中心大道两侧，在 1 号路和 2 号路之间形成城市核心区，包括行政办事中心、商业中心、金融中心、文化中心、体育中心五大功能；“两条轴线”，即城市新区建设发展轴和生态景观轴；“五大片区”，即一个城市核心区和居住生活区、科技研发区、自然景观区、发展备用区五大功能区；“城绿相映”，即结合用地自然景观风貌和城市格局，形成“一环、双轴”的绿地景观系统，城市景观与绿化自然景观相映生辉。2002 年 1 月，山东省建设厅批准龙口市在东、西两城区之间设立城市新区，同时，省民政厅区划地名处批复，龙口市行政中心是在市建成区内迁移，不需按行政区划的程序办理迁移审批手续。

三、多措并举，攻坚克难，全力加快新区开发建设

为了加强对新区建设的组织领导，2002 年 3 月，市里成立了新区建设领导小组。领导小组下设办公室，作为新区建设的牵头单位，为市委、市政府的正式办事机构，全面负责新区规划建设组织协调管理工作。在新区建设领导小组办公室统一协调管理下，相关部门单位各司其职，各负其责，以规划为龙头，集中精力、集中财力，通过大力宣传推介新区规划建设方案，展现新区未来规划远景，积极招商引资吸引社会资本参与新区建设，加快推进征地拆迁等措施，努力克服面临的各种困难，全面推进新区开发建设。

征地拆迁和筹措建设资金是新区建设起步阶段的重中之重。征地拆迁

工作与群众的切身利益密切相关，是群众关心的热点，操作不当容易导致矛盾，直接影响下步工作的顺利进行。为了做好这项工作，根据上级有关政策，市里相继出台了《龙口市新区“三路”建设工程房屋拆迁方案意见》《龙口市新区开发建设土地征用补偿管理暂行办法》和《龙口市新区开发建设实施意见》。相关镇街、新区开发办、规划建设管理局等部门单位配齐、配强了拆迁队伍，一方面积极把新区建设的意义、相关政策向群众讲清楚讲明白，全力做好群众思想工作；另一方面又严格执行拆迁的有关政策、法规和具体操作程序，坚持依法办事，切实做到无震荡拆迁，确保新区开发建设有序进行。同时，规划建设管理局组织有关企业抓紧建设回迁小区。2003 年底完成了近 700 户群众的回迁工作，被拆迁群众由低矮平房搬进了楼房，实现了居住环境质的飞跃。新区建设资金主要来源于财政挖潜、土地储备经营和原有部分机关办公设施处置后资金回收三个渠道。在承建过程中，市里一方面重视“节流”，强化成本意识，尽量减少新区规划、建设过程中不必要的开支，确保了整个建设工程成本低、速度快、效果好；

龙口新区面貌

另一方面重视“开源”，坚持投资主体多元化，充分调动外商、有关村及个人投资开发的积极性，积极运用经营城市理念，通过处置闲置办公场所、土地储备、财政投入等手段，广泛筹措资金。此外，市委、市政府决定进一步规范国有土地使用权出让行为，全市经营性土地必须“一个口子进，一个口子出”，全部实行招标、拍卖、挂牌出让等公开透明方式，不再实行“双轨”制。按照新区规划的建设思路，2002 年 9 月，新区中心大道、1 号路、2 号路三条道路相继开工建设，2003 年底，这三条道路一期工程建成通车，拉起了新区主干道路框架。

在加快推进新区开发建设的同时，市委、市政府开始同步实施行政中心西移工作。对此，市委、市政府高度重视，多次专题调度，对党政机关躲迁方案和行政中心规划设计、建造等工作进行了研究部署，及时解决推进过程中出现的各种难题。首先，有序实施党政机关躲迁。2002 年 9 月，按照节俭搬迁、服从大局、安全有序原则，有关部门机关分批开始躲迁。市委、市政府、市人大、市政协、市纪委机关躲迁至市检察院办公大楼，并于 10 月 1 日正式挂牌办公。在此基础上，经过市委常委会研究，将市委、市政府机关躲迁腾出的土地挂牌出让，最终由香港金都集团摘牌，启动了龙鼎广场开发建设项目。其次，加快新行政中心大楼规划建设。2002 年 10 月，经市委常委会讨论研究和人大审议，通过了由同济大学建筑设计研究院设计的新行政中心办公楼 1（A）方案。龙口市新行政中心位于新区核心区的中心位置，其中办公楼区域分为主楼、会议中心、后勤服务中心、档案馆 4 个功能区，总建筑面积 9.54 万平方米，其南侧规划建设一处占地约 260 亩的人民公园。新行政中心建设任务分为土建工程、幕墙工程、安装工程、内部装修工程、室外配套工程、绿化工程六部分。2002 年 11 月，举行了新行政中心大楼奠基仪式。2003 年 12 月 25 日，新行政中心主楼与附楼主体工程顺利封顶。2005 年 6 月底，新行政中心大楼建设基本完成。人民公园于 2003 年 10 月开工建设，至 2005 年 6 月完成绿化面积 17 万平方米，

黄县林苑

栽植苗木55万多株。

经过两年多的努力，2005年9月19日，新行政中心正式揭牌，市委、市政府、市人大、市政协等各大班子和市直53个部门单位1800多名工作人员顺利实现了搬迁入驻。这期间，上级纪委曾派人对新区及新行政中心的资金运作使用、工程招投标、建设工程等环节进行了全面审查。经审查，各项工作全部符合有关规定，真正做到了依法办事、依规办事、依程序办事，经得起历史和人民的检验。

新行政中心的投入使用及新区主干道路、人民公园的建成，意味着新区建设已具雏形。新区的开发建设，将龙口市原本分散发展的东城区、西城区、南山工业园区和海滨经济园区有机地联系到一起，全市城市规划控制面积扩大到137平方公里，形成了"东城西城相融、南山北海呼应、新区居中、组团式发展"的城市发展新格局，一座现代化中等港口城市框架基本建成。在新区开发建设带动下，龙口市城市化步伐进一步加快，城市空间布局不断优化，城市功能迅速提升，城市人居环境大大改善，城市面貌发生新的巨大变化，有力地促进了全市经济社会快速发展。

2006 年 6 月 6 日至 7 日，全省县域经济现场会在龙口召开，龙口市被授予“全省县域经济发展先进单位”称号。会议期间，与会人员参观了龙口经济社会发展现场，会上我介绍了龙口近几年来的经济社会发展经验。2006 年底，全市完成地区生产总值 400.8 亿元，同比增长 18.1%；实现境内财政总收入 56.7 亿元，其中国地税收入 39.6 亿元，地方财政收入 16 亿元，分别增长 36.8%、46% 和 33.4%；工业企业实现销售收入 1020 亿元，利润 90 亿元，分别增长 27.5% 和 20%，规模以上工业企业发展到 324 户，其中销售收入过亿元的 90 户、利税过千万的 133 户，分别增加 15 户和 25 户；完成高新技术产业产值 262 亿元，占规模以上工业总产值的比重达到 26%；服务业更趋繁荣活跃，全市社会消费品零售总额达到 79.6 亿元，增长 16.8%。龙口市综合实力位居全国百强县第 16 位，全省县域经济第 1 位，在烟台市经济工作考核中，连续五年位居第一。

采　访　人：王鹏胜

撰稿整理人：王鹏胜

对龙口市高标定位《“十二五”规划》的回顾

刘炳国*

我于2010年8月至2011年12月任职龙口市委书记。在此之前，先后在莱阳、莱山、海阳、蓬莱，以及市直部门工作过，对县域经济的发展有一定的了解。虽然我在龙口只有短短一年多的时间，但这一时间节点承着“十一五”的最后一年，接着“十二五”的开局之年。根据我多年的基层工作实践，一个地区的良性发展有多种因素，但毫无疑问的是“五年规划”起到了重要的布局与规划作用。今天，我就聊一下龙口“十二五”规划如何在编制过程中实现高标定位的。

一、理清思路，明确《规划》高标定位的编制主题

2010年8月，我履职龙口市委书记，当时工作千头万绪，虽然之前也了解一些龙口的发展情况，但作为带头人，要尽快进入角色，拿出符合时代要求和当地实际的发展思路，带领龙口市广大党员干部和人民群众投入到全市、全省甚至是全国的竞争发展中，是一件很慎重的事情。经过一番考量，我决定以《龙口“十二五”规划》的编制为抓手，全面深入地掌握龙口社会经济发展的各个情况；以“十二五”规划实施为契机，带领龙口市广大党员干部和人民群众再奋斗五年，开拓出一个新局面。

---

* 刘炳国，2010年8月至2011年12月任中共龙口市委书记。

带着这样的思考，上任伊始，在与龙口市委、市政府班子成员，以及部门负责人的交流中，在进社区、乡镇、企业的走访中，我认真听取各方面的情况介绍，并提出问题，寻求答案。龙口自古就是人杰地灵、物华天宝的好地方，在历届市委、市政府班子的带领下，龙口当时的经济和社会事业都发生了巨大的变化，在全国、全省的位次不断前移，在烟台市多年保持了第一的位置，这些成绩有目共睹，凝聚着龙口干部群众的心血和付出的努力。特别是龙口党员干部这种干事创业、奋发向上的良好精神风貌，龙口企业家这种永不满足、永不懈怠、做大做强的气魄和胆识，龙口人民这种勤劳、热情、友善、智慧的优秀品格，给我留下了深刻的印象。尤其是2010年，龙口市委在烟台市委的正确领导下，团结带领全市广大干部群众，始终紧扣科学发展主旋律，全面打响“积极转方式、精心调结构”的攻坚战，重力实施“项目突破年、绿化升级年、平安建设年、民生推进年、环保行动年、城乡统筹年、企业服务年、基层基础年”“八个年”活动，注重做到速度与效益同步提升、内力与外力双轮驱动、发展与民生协调并进、“增”与“降”有机统一、当前与长远兼顾，推动着全市经济和社会各项事业加快发展。

经过一段时间的调研，我对龙口的情况越来越明了，对龙口未来的发展重点越来越清晰，同时，底气与信心也越来越足。大家普遍认为，龙口具备加快发展的基础，龙口应当具有更高的发展定位，龙口干部群众能够担负起走在前列的历史重任。我们龙口市的“十二五”规划就要突出一个“高”字和一个“优”字。所谓“高”就是龙口的发展要高标定位，要高出以往的发展质量与速度，要高出其他县市区的发展，要高出周边先进地市的发展，要向南方先进城市看齐；所谓“优”就是龙口的发展要突出质量和效益，把“全面协调可持续”的要求落到实处。

二、统筹宏观与微观两个层面，将高标定位落实到具体的规划布局中

如何编制出高标定位、高质量发展的龙口市“十二五”规划来，在自己深思熟虑和班子成员们的集思广益中，我们决定深刻理解和把握好宏观和微观两个层面，把上级的精神、本地的实际有机结合，用统筹思维、辩证的方法来推进。一方面，宏观层面上，切实吃透上级的精神，提升思想意识。思想的高度决定发展的思路。2010 年 10 月召开的党的十七届五中全会，是在我国全面建设小康社会进入关键阶段召开的一次非常重要的会议，对于各级谋划“十二五”发展具有很强的思想性和指导性，会议提出了许多新思想、新观点，作出了许多新决策、新要求。省委九届十一次全会和烟台市委十一届十一次全会，就深入学习贯彻五中全会精神进行了全面部署。作为政策的执行者、实践者，我们要把这些新思想、新观点、新决策、新要求贯彻到“十二五”规划当中。首先我和班子成员要全面深入地领悟其精神实质，找到落实的最佳路径。为此，那一时期，在紧张的工作之余，我和班子成员加大了学习力量，积极开展集中学习和自学，密集开展理论中心组的学习，以及专家授课、党校老师辅导等。同时，自己阅读了大量相关的专业书籍和网络课件，力求把头脑丰富起来，在最短时间里成为这一领域的专家。

另一方面，微观层面上，紧密结合本地的实际，确立“十二五”规划编制思路。没有调查研究就没有发言权。自己过去对龙口有一定的了解，但还不够深入，要精准把握好龙口的实际，还需从多个层面，运用多种方法来解剖、分析龙口的经济社会发展现状，明确坚持和发扬的经验，寻找突破的方向与重点。为此，我们从全市各部门、各领域寻找合适的人才，组成专门的调研编制班子，开展了密集的调研，并把 2010 年 11 月确立为“调

研月”。11月8日召开了部分重点企业座谈会，10日召开群众座谈会，12日召开部分市人大代表、政协委员座谈会。在召开一系列座谈会的同时，一方面，听取相关市级领导、各相关部门、镇街区的工作汇报；另一方面，深入重点企业、有代表性的镇村走访，并通过发放征求意见函等多种方式听取基层的意见、建议。

经过综合分析，我和编制团队对龙口的实际有了进一步把握。总的来讲，“十一五”期间龙口经济社会保持了持续快速健康发展势头，综合经济实力连续3年位居全省第一。城乡建设统筹推进，融合发展进程明显加快，获得“中国优秀旅游城市”“国家卫生城市”和“全国绿化模范市”称号。“十一五”期间取得的巨大成就，是全市各级齐心协力、干事创业的结果，主要得益于以下基本经验：一是坚持保增长、促发展不动摇；二是坚持调整优化经济结构不动摇；三是坚持集约发展和生态立市不动摇；四是坚持扩大开放和自主创新不动摇；五是坚持统筹发展和改善民生不动摇。所有这些都将是“十二五”时期发展的宝贵经验。在肯定成绩的同时，也清醒地看到，全市的经济和社会发展还存在一些不容忽视的矛盾和问题，突出表现在：一是转方式、调结构的压力较大。经济结构还不够优化、科技含量不高、发展方式粗放、质量效益偏低等深层次矛盾较为突出。二是资源、环境、就业对经济发展提出了更高要求，生态建设、节能减排任重道远。三是统筹发展、构建和谐社会任务艰巨。城乡之间、产业之间、镇区街之间的差距短期难以弥合；城市核心区有待突破，新型城镇化亟须加速推进、重力推动；社会保障、教育医疗、社会治安、安全生产等方面还存在一些不平衡，维护社会和谐稳定任务依然很重。

在全面把握国际国内形势，结合龙口市经济社会发展的实际需求和水平，综合研判后，于2010年11月初召开了市委常委会，2011年1月分别召开了市人代会、市政协会、机关作风评议大会。通过一系列会议，全市上下进一步统一思想，逐步明确了“十二五”发展基本思路。2011年2月上旬召开的全市十一届九次全委会议研究确立了“十二五”期间全市经济社会发展总的指导思想，即深入贯彻落实党的十七大和十七届五中全会精神，坚持“发展第一要务、民生第一追求、稳定第一责任、党建第一保障”，以科学发展为主题，以转方式、调结构、增效益为主线，以科技进步和创新为强力支撑，以新型工业化和新型城镇化为重要着力点，以保障和改善民生为根本出发点和落脚点，进一步提高经济发展质量、社会发展水平和人民富裕文明程度，全面建设“美丽富庶和谐幸福新龙口”，提前建成更高水平的全面小康社会，率先基本实现现代化。

有了明确的指导思想，编制团队加班加点，挑灯熬夜，加快推动编写进程。编制过程中，遇到阻点和难点时，及时深入相关领域进行调研与考察，咨询相关专家或当事人。我和班子成员也保持密切联系，除了专题会议讨论和专题调研外，在召开其他会议时，也会时不时地讨论一下“十二五”规划的具体细节问题。经过大家的齐心协力、共同努力，《规划》细心打磨、多次易稿，不断丰富与提升。经过广泛征求意见，2011 年 5 月 16 日，《龙口市国民经济和社会发展第十二个五年规划纲要》向全市公布。

三、高标定位，全力推进“十二五”开局之年实现新突破

有了《龙口市国民经济和社会发展第十二个五年规划纲要》的正确规划，全市广大党员干部有了新的目标、新的思路、新的奋斗力量，全市经济与社会发展有了新的布局新的动力，全市上下面貌焕然一新。2011 年上半年，完成 GDP390.6 亿元、地方财政收入 26.8 亿元，同比分别增长 13.7% 和 31.6%，继续领跑全省；完成全社会固定资产投资 268.6 亿元，增长 28%。全市开复工项目 316 个，过 10 亿元的 28 个大项目完成投资 121.85 亿元；引进外资项目 12 个，到账外资 4979 万美元，同比增长 22%。

面对新成绩和时间过半，如何把握好下半年时间，实现“十二五”开局之年的新突破，我开始酝酿新举措。恰在此时，2011 年 7 月，烟台市委、市政府在全市开展新一轮思想大解放活动。我紧紧抓住这个大好机遇，在龙口开展了思想大解放的活动。通过活动凝聚人心，高标定位，加快进度，高质量推动“十二五”规划的实施开好局，起好头。

为此，7 月下旬，我带领班子成员和相关部门负责人、所有乡镇党政主要负责人，专门安排时间观摩了周边县市、龙口部分镇街区的项目建设情况以及江浙先进地区的发展情况。经过几天的走一走、看一看，相互比一比，用心想一想，我们的成绩有哪些，差距在哪里，如何取长补短、查漏补缺，进而动员全市上下提升境界、高标定位、激情奋斗、争创一流，推动全市工作在新起点上实现新突破，在更高的层次上实现更大的跨越。参观后，市委要求各部门、乡镇针对这次外出参观展开思想解放大讨论，市委、市政府也相继召开了相关会议，深化大讨论。在此基础上，龙口市

2011 年 1 月 14 日，龙口南山旅游景区获评国家 AAAAA 级旅游景区

委、市政府集中大家的意见，以“烟台站排头、全省争先进、全国上位次”为定位，研究确立了“一个率先、两个走在前列、三个高于”的工作目标。“一个率先”，即坚持率先发展，在烟台县市区勇站排头，在全省各县市争当先进，在全国百强县中位次不断前移。“两个走在前列”，即通过加快做大总量、提高质量，不断提升龙口在烟台经济中的比重，努力在增加经济份额上走在前列；通过积极抢抓蓝色经济区、半岛高端产业聚集区建设的重大机遇，不断推动龙口经济调高、调优、调新，努力在转方式、调结构上走在前列。“三个高于”，即主要经济指标增幅高于“十二五”规划目标，高于烟台县市区平均水平，高于全省30强平均水平。年内确保地方财政收入增幅达到30%以上，绝对额达到48亿元；力争到“十二五”末，地方财政收入突破100亿元。

2011年7月29日，召开了全市半年工作总结暨科学发展观摩会议。首先让16个镇街区和部分部门的负责人在会议上发言，从发言中可以看出，大家的思想境界进一步提升，坐标定位进一步提升，工作干劲进一步提升，照此下去，必然带来的是工作成效的进一步提升。然后，我在会议上围绕市委、市政府提出的“一个率先、两个走在前列、三个高于”的工作目标，在大会上做了时间挺长的讲话，在“提升境界、高标定位、激情奋斗、争创一流”四个方面向广大党员干部提出实现发展新突破的要求。

会后，各级各部门纷纷按会议精神迅速行动起来，按照“十二五”规划要求投入到新一轮的跨越发展当中。在具体工作中，各级各部门通过强化危机意识，逐渐破除了自满自恋的思想倾向；通过强化进取意识，逐渐破除了安逸倦怠的思想倾向；通过强化大局意识，逐渐破除了本位主义的思想倾向，确定了奋发有为、大胆作为、亲力亲为的精神。在目标高标定位上，通过反思自身查，在超越自我上定坐标；通过立足全省比，在高于追兵上定坐标；通过放眼全国看，在快于标兵上定坐标。全市上下团结一心，心往一处想，劲往一处使，围绕着产业培育、项目建设、招商引资、企业上市、科技创新、统筹发展六个方面进行加快提速，全面提升发展质量；围绕教育、卫生、社会保障等加大民生投入，不断加快社会事业发展。

在大家的共同努力下，2011 年，全市着力推进了总投资 65 亿元的丛林铝合金高端装备产业园、26 亿元的龙泵高科等一批高端产业和产业高端项目，9000 万美元的香港新型纳米颜料等一批新兴产业项目，总投资 12 亿元的省级煤炭储备配送基地以及利群购物广场、博商北扩等一批现代服务业项目。全市累计开复工项目达到 333 个，其中亿元以上的项目 109 个。按照"壮大龙头企业、集聚集约发展、做强产业品牌"的思路，铝及铝制品、汽车及零部件、港口及临港、战略性新兴、食品加工及存储、旅游及度假六大主导产业主营业务收入，可占到全市规模经济总量的 60% 以上，成为全市发展的重要支撑。全市民生投入约 30 亿元，承诺的惠民利群 10 大类 35 件实事进展顺利。2011 年，龙口市先后荣膺中国优秀旅游城市、国家卫生城市、全国文化先进市、全国科技进步先进市、全国绿化模范市、国家节水型城市等称号。全市完成 GDP 775 亿元、地方财政收入 47.95 亿元、固定资产投资 503 亿元，同比分别增长 14%、30.7% 和 22%。

虽然，我在年底离开了龙口市，履职龙口市委书记时间不长，但在我

龙泵高科车间

的职业生涯中留下了深刻印象，可以说是龙口这块宝地给了我干事创业的舞台，龙口的广大干部群众教育培养了我。回望“十二五”规划，其基本思路较好把握了龙口市的市情特点，提出的“十二五”时期的总体思路、基本原则和发展目标符合时代发展要求，明确了这个时期的主攻方向、目标定位、工作重点，比较切合发展实际。后来经过63万龙口人民5年的共同努力，攻坚克难，奋发进取，全市经济社会得到了更好更快的发展，“十二五”规划的各项任务顺利完成。

采　访　人：邹方敏

撰稿整理人：姜俊英

推进基层民主管理　完善村民自治

刘长锁*

开展基层民主管理，实行村民自治，是基层民主政治的巨大变革，是新形势下农村最直接、涉及面最广的一项基本民主制度，是事关农村和谐、社会稳定的重大问题。招远的村民自治经历了探索、发展、提高三个阶段。每个阶段的工作都通过探索、试点和经验推广、典型引领的方式扎实开展。尤其通过层层试点，在探索中求创新，在创新中求发展，在发展中求提升，全县的基层民主政治改革由点到面、由村到镇广泛开展起来。基层民主管理的大力推行有力地促进了全县的经济发展和社会稳定，得到了国家、省、市各级党委政府的充分肯定与推广。我在招远工作 8 年，经历了招远探索基层民主政治改革的关键时期，尤其是 1989 年至 1992 年，在国家三年治理整顿时期里，由我主政带领常委班子，积极探索基层民主管理，推行村民自治，强化民主政治建设新路子，取得了尤为关键的成果。现将其情况回顾如下。

一、首创村民代表会议事制度，探索村民自治道路

我是乡里的娃，从小在农村长大，参加工作后又一直和农业农村打交道，其中自 1976 年 5 月至 1983 年 12 月，近 8 年的时间在蓬莱崮寺店公社

* 刘长锁，1989 年 5 月至 1992 年 11 月任中共招远县委书记。

和北沟公社担任党委书记一职，深知“农村稳则天下安”的道理。1984年1月，组织安排我到招远县任县委常委，兼任农村工作部部长。1985年3月当选招远县县长。农业农村工作一直是我心之所系的重点。初到招远，当时的招远农村也像全国各地一样，面临着如粮油征购难、提留税收难、计划生育难，政气不通，集体或个人上访告状，党政干部关系紧张等问题。在走街串巷的工作中，我了解到玲珑镇的石棚村于20世纪80年代初已经自发产生了村民代表组织，以代表投票的方式解决大队不敢解决或不能、不好解决的棘手事件，初步具备了村民代表会议的雏形，发挥了村民代表会议基本的功能和作用。这为我履职县委书记后，在全县广大农村积极推进基层民主管理、完善村民自治奠定了良好的实践基础。

农村改革转型所带来的种种社会问题累积到1988年时，矛盾更加突出。集中体现在干群关系上的是，干部的菜园被铲、青苗被拔、树木被砍伐，房屋被炸毁的现象时有发生。据不完全统计，仅1988年，招远群众殴打干部，给干部家里扔炸药包等案件就有18起。在改革开放的时代命题里，如何更好地完成党在农村的社会管理？这是一份招远答卷，也是国家答卷。1988年6月，《中华人民共和国村民委员会组织法（试行）》开始试行。村民自治作为一项新型的群众自治组织制度和直接民主制度，在法律上正式确立起来，这给我们改革农村基层管理提供了法律依据。

1989年5月，我担任了招远县委书记，也是从这一年开始，招远从贯彻落实《村民委员会组织法》入手，积极探索基层民主管理的新路子。基于之前招远的金岭镇实行过党员、村民两会议事制度，石棚村建立了村民代表会等，在我的主政下，开始就如何加强基层民主管理展开调研。发现造成干群关系紧张最主要的原因是，在农村经济体制改革的同时，政治体制改革滞后，农村仍然沿袭着多年来的传统习惯，家有千口，主事一人，以行政命令为主要手段的传统管理方式，很难适应新的经济发展下民主意识相对增强的农民群众的要求，导致了农村的各种矛盾和问题。调研队伍多次前往金岭镇和石棚村等进行调研，尤其是石棚村推选村民代表进行民主议事的做法，得到了当时招远县人大常委会的高度重视。经过调研，大家认为，这些做法虽然形式不同，但都体现了民主建设的主题，应和了群众当家作主的要求，得到了群众的拥护，如果加以总结完善，就可能形成一种新的管理体制。建立村民代表会议事制度的做法极具推广价值，十分适合群众参政议政、当家作主的管理体制。

于是，我们请人大常委会牵头，组成专门工作班子，一边总结本县经验，一边赴外地参观学习。在做好充足的准备工作后，1989 年 7 月，县人大常委会首先在招城镇，分别选择了经济条件、群众基础、领导水平比较好的十里铺村和各种条件较差的王家庄子村，试点村民代表会议事制度；又在玲珑镇鲁格庄、欧家夼同时进行试点。之后，在总结吸取县内外先进经验和做法的基础上，草拟了《招远县村民代表议事办法（草案）》。村民代表会按照《招远县村民代表议事办法（草案）》开展工作，是村一级权力机关，在村党支部领导和村委会主持下，代表村民行使权力，讨论决定涉及全村村民利益的问题，监督村委会工作。草案拟定后，县委没有急于出台，而是下发全县各乡镇广泛征求意见，介绍试点经验，要求各乡镇先搞两个村的试点，根据各村的实际情况，分别找出试点中的成功之处与不足，在试点成功的基础上，再把范围扩大到工作片区。很快，在试点成功经验带动下，全县各村普遍建立起村民代表议事制度。之前，由于家庭经营的分散性和工副业生产的连续性，很难召开村民大会，致使党的方针政策落实不到位。建立村民代表会议事制度后，再召开村民代表会时，一方面好召集，另一方面由于议事会决定的事情直接关系到每个村民的利益，使得党的方针政策能够通过村民代表顺利传达到群众中去。实践证明，村民代表会议事制度促进了党的方针政策的贯彻落实，激活了群众的生产积极性。

在征求意见反复修改和层层试点积累经验的基础上，我们认为发展村民自治的时机已经成熟，1990 年 3 月，县第十二届人民代表大会第一次会议，审议通过了《招远县村民代表议事办法》。这标志着村民代表会议事制度在招远正式建立并实施。村民代表会议事制度在招远搞得反响很好，省民政厅闻知此事后，对招远的做法给予了肯定，并在《基层政权建设工作简报》上全文刊载了《招远县村民代表议事办法》，引起了强烈的社会反响，许多省、市工作人员前来招远参观学习。这给予了我们继续坚持改革的信心。

与此同时，招远县委组织部遵照《村民委员会组织法》有关规定，开始筹备首届民主选举，县委以此为突破口，通过村委会民主选举，实施基层政权和村民自治组织的建设与夯实。县委、县政府把首届民主选举列为当年工作的头等大事，组建了民主选举工作班子，制定了《村委会换届选举实施意见》，实施了民主选举骨干的培训，明确方针政策、方法步骤和注意事项，广泛在镇村街口广场开展了多种形式的宣传发动。按照实施意见，工作人员深入基层具体指导，开展工作。在组织民主选举的过程中，县、乡（镇）人民政府和有关职能部门，密切配合、精心指导、全力实施。广大基层群众大力支持，踊跃参选。依据《民主操作手册》，实行不提名民主选举村委领导班子，候选人由选民直接投票选出，也称“海选”，彻底屏蔽了原来那套“我定人、你画圈”的所谓民主选举。实践证明，由村民依法选举的村委会干部，文化程度、年龄结构、业务素质、工作能力和政治条件等都十分适应农村工作的新形势，加强了村级自治组织领导，村委会的整体素质有明显提高，也充分反映了农民群众较强的辨识能力。首届民主选举工作平稳有序，快速推进，为后来的换届选举工作积累了经验。

二、加强党的领导，提升村民素质，推动基层民主政治改革健康发展

随着首届民主选举的成功实施，县委没有丝毫松懈，马上对新当选的村委会干部进行培训，主要侧重于党的方针政策、法律常识、管理和工作

技巧等方面的培训教育，积极引导新当选的村委会正确行使权力，担当起基层民主管理的重任。村委会按照“民主决策—村委会执行—代表监督”的程序实施村民自治和基层民主管理，有效避免和减少了工作失误。在推进的过程中，县委和相关部门及时总结经验，及时发现村民自治中出现的问题，及时加以果断解决，避免矛盾积累，避免造成群体性事件，避免好事办坏。实践证明，党的领导与村民素质的提升与基层民主建设息息相关。为此，县委将其作为推广与建设中的关键环节抓好抓实。

加强党的领导，保证基层民主政治改革的正确方向。在推行村民自治的过程中，不论党员干部，还是群众村民都会有人提问，党在基层民主管理当中的位置与作用如何？这不仅是群众之问，也是我们县委首先考虑的重点。为此，县委专题召开了会议，明确了村民自治与村党支部的关系。根据党章规定，村党支部是农村各种组织和各项工作的领导核心。推进基层民主管理，实行村民自治的根本目的，就是维护和保障农民群众的民主权利，强化党在农村执政的基础。这就决定了在民主管理、村民自治中，必须充分发挥村党组织的领导核心作用。为此，县委在换届的村委会里加强了党的基层组织建设，明确要把群众利益放在第一位。同时强调，村党支部要按照国家的法律和政策，支持村委会依法开展村民自治工作，保障农民群众依法行使民主权利，切实加强自身建设，不断增强村党组织的凝聚力和战斗力。在县委一系列有效举措下，招远的村民自治是在党支部领导下的村民自治，能够自觉接受党支部的支持和监督，村民自治的重大事情也主动向党支部汇报，征得党支部支持。村委会在党支部的领导下，依法行使职权和组织村民开展自治活动，切实保障和落实了村民的民主权利。在实际工作中，县委还要求各村党支部做到，合理领导不包揽，依法监督不越位，正确领导少干预。要求村委会做到，坚持党支部领导不动摇，坚持发扬民主不动摇，坚持接受监督不动摇。这样，党支部在农村基层的领导核心地位突出了，村委会的态度摆正了，村里各项工作开展和谐有序了，基层民主政治建设和农村社会经济发展有了大幅提升。

大力支持与鼓励农民参政，实施自我管理自我决策，真正实现群众当家作主。随着《招远县村民代表议事办法》的发布，各乡镇开始建立和制定村民自治章程，实施村民代表会议事制度，规范村民代表条件、议事范围、权利义务等，并迅速在全县农村分期分批组织实施。在实施过程中，议事内容和村务公开是村民自治的关键环节，为了保证村民代表会议工作不流于形式，县委对公开议事内容提出了明确的要求，要求各乡镇政府和职能部门密切配合，坚持做到“四不准”：上、扩、改项目不经村民代表会议讨论决定，乡镇党委政府不批，金融部门不予贷款；计划生育指标的分配，不经村民代表会议讨论决定，乡镇计生办不批；宅基地的安排，不经村民代表议事会讨论决定，乡镇土地管理所不批；救济款物的发放，不经村民代表议事会讨论决定，乡镇民政办不批。这是对农民参政的最大支持。广大农民实施自我管理与自我决策后，基层村务管理水平明显提升。东庄乡下东庄村有一水塘，被淤死后，一直不能用。村两委几次研究清淤抗旱，因无力支付15000元投资，始终干不成。有了村民代表议事会后，代表一致要求挖塘清淤，并决定用义务工办法解决资金不足的困难。就这样，村民每天上工170多人，三天就解决了问题，扩大改善水浇地面积250多亩，集体投资仅1000多元。

与此同时，村民们在开展自我管理、实施参政议政、满足民主意愿的过程中，逐渐不再安于现状：一方面，他们要求获得更多的民主权利，参与村务管理；另一方面，他们也逐渐认识到自己的水平有限和知识匮乏，于是主动去学习相关法律法规，不断提高自身素质、政治认知能力和参政意识，实现了自我教育、自我服务和自我监督。在1990年的蚕庄镇人代会上，代表们听取了工商所、税务所等10个与群众密切联系的部门口头工作汇报，并对其进行打分评议，会后进行通报，受到广大代表和人民群众的普遍欢迎。

随着改革的顺利进行，村委会也开始着手建立健全各类群众自治组织，如人民调解、治安保卫、公共卫生等。在层层指导下，各村镇按照村民自治程序进行了完善，各群众自治组织也按照分工充分发挥其职能作用。随着形势的发展，一些新型基层社会组织，如农民专业合作组织、各种类型的民间协会组织纷纷出现，进一步夯实了城乡基层政权和村民自治的组织基础，在经济建设和社会管理中发挥着重要的作用。

在推动基层民主政治改革的过程中，我们党政班子深有感悟，之前喊了好多年，要让群众当家作主，却始终没有找到一种行之有效的形式。现在通过村民自治，推行民主管理，让群众通过村民代表直接参与管理和决定本村大事，这才真正坐到了主人的位置上。通过此举，群众消除了失落感，增强了自豪感和责任感，也使权力运作方式由原来的“自上而下”变为“自下而上”。处理村务时，村干部必须征得村民同意后，才能做出决定。村干部依靠群众、服务群众，这在以往的农村前所未有。县委一系列的有效举措，赢得了民心，巩固了党在基层的引领作用，村民自治开始在全县得到全面推广。1990 年 10 月 29 日，《人民日报》头版头条报道招远县建立村民代表议事制度、举办两大服务体系、重振农村合作医疗三大举措。截至 1990 年底，全县除了 15 个小村不用选代表外，709 个村实行了村民代表议事制度，占全县村庄总数的 96.5%，招远县掀起了争创村民自治模范村（镇）的热潮。

20 世纪 90 年代，招远县玲珑镇欧家夼村村民代表议事场面

三、深入开展创建示范活动，不断推动基层民主管理、村民自治纵深发展

1991年初，民政部要求在全国农村开展村民自治示范活动。这给招远基层民主管理水平的提高带来了很好的契机。县委、县政府高度重视，紧紧抓住机会，大力推动村委会建设，不断完善村民自治制度，推动基层民主管理和村民自治向纵深发展。

5月，烟台市政府下发《关于开展村民自治示范活动的实施意见和通知》，在全市部署开展村民自治示范活动，加强村委会建设，加快农村民主政治建设步伐，并在我们招远进行试点，试点村庄为玲珑镇的鲁格庄、欧家夼两个村子。同时，招远市还是山东省村民自治示范县（市），也是民政部的村民自治联系点。为切实加强对全县村民自治活动的领导，5月7日，招远县委发布《关于公布县村民自治示范领导小组的通知》，成立了由一名副市长任组长，民政、司法、农委、宣传等7个部门的负责人为成员的领导小组。与之同步的是，5月24日，招远县委召开了全县农村党的基层组织建设工作会议，研究如何进一步加强全县农村党的基层组织建设。实施两条腿走路，确保基层民主政治建设健康发展。活动全面开展前，领导小组组织相关人员对全市的村民自治现状，进行了广泛调研与动员，为全面推进村民自治示范活动做好准备。

为增强全民自治意识，招远开展了广泛而深入的宣传发动。在全市范围内广造舆论，以村民自治、加强基层民主政治建设为主题，开展多种形式的宣传活动，先后举办了广播电视讲座7期，印发宣传材料1.2万份，出动宣传车70多辆次，利用电影宣传180多场次，建立专栏1100多个，由民政局开办《村民自治简讯》刊物，宣传村民自治活动，种种形式使得村民自治的意义家喻户晓，人人皆知。为提高活动目标性，县委积极做好

典型引路。重点把欧家夼村树立为自治典型，组织乡镇长、部分村委主任和村民代表，在该村召开全市现场会，全面推广该村的经验和做法，在烟台引起较大反响。从调研情况来看，开展好村民自治活动，村委会成员是关键，为打通关键节点，县里抓住村委会成员这个关键，用近2个月的时间，对招远600名村委主任进行了轮训。在广泛动员和大力培训期间，省市领导多次亲临招远，对示范点活动进行亲自指导。6月9日，烟台市村镇建设工作会议在招远召开，相关领导视察了招远部分村镇的村民自治情况。6月20日，民政部部长崔乃夫到招远视察村民代表会议事制度情况，在视察中说："招远实行村民代表会议事制度，是一个好的经验，是一个创举，意义十分深远。经济越发展，越呼唤更多的民主政治，而且首先要加强基层民主建设，让更多的群众参政议政。"他回去后向彭真、宋平同志汇报，同时也请负责和熟悉这项工作的一些领导、专家及外省市的同志来参观，把招远村民代表会议事制度和章丘依法建制的经验配套结合起来，就从民主决策和民主管理两个方面，解决如何具体贯彻好《村民委员会组织法》的问题，走出一条新时期村级管理的新路子来。这为全面开展村民自治活动增添了动力与压力。

1991年7月，县委、县政府召开了全县村民自治活动动员大会，县长亲自作报告，分管的县长部署了实施方案，试点村干部介绍了经验，镇、村代表作了表态发言。全县范围内的村民自治示范活动全面启动。为确保活动开展顺利，县政府向各乡镇和村下发了《村民自治指导意见》，对推进村民自治活动开展的指导思想、原则、步骤和措施，作出明确规定，指导全县的工作健康有序开展。9月，县委批转了县民政局《关于在农村实行村民自治的实施意见》，要求各乡镇、县直各部门高度重视村民自治工作，按照要求，认真抓好落实，并对各级各部门在村民自治活动中的分工和承担的责任提出了明确的要求；要求分工负责，通力合作，密切配合，确保完成。10月，全国农村基层组织建设工作会议在北京召开，招远在会上进行了典型交流，《人民日报》在头版头条发表了题为《招远县建立村民代表会议事制度》的文章。

在全面推进的过程中，相关部门进行了精心组织实施，确保每个环节合法合规，重点从村民自治活动的核心内容民主选举、民主决策、民主管理和民主监督入手，始终坚持四个方面一起抓，“四个轮子”一齐转。严格依法办事，搞好民主选举。招远始终坚持依法民主选举的程序，让村民按自己的意愿选举村委会成员。同时，为了切实保障选举的合法性，选举结束后，市里组织专门班子，按照法律规定，逐乡镇、逐村进行验收。进一步完善村民代表会议制度，实行好民主决策。创建示范活动中，我们进一步在全县统一规定了村民代表会议的职责。采取以会代训的形式，培训村民代表，提高村民代表素质。进一步规范了村民代表会议事程序，要求各级抓好会议记录和代表会议的档案工作，并为此培训了村民代表会议专职记录员，对会议记录的格式、内容和档案的建立提出了统一的要求，为民主决策提供了可靠的资料和科学依据。这些扎实有效的举措迅速让招远在村民自治示范活动脱颖而出。1991 年 12 月 16 日，烟台市政府在毓璜顶宾馆召开新闻发布会，对市级模范乡镇政府和模范村（居）委员会进行表彰，招远玲珑镇、金岭镇、蚕庄镇、泉山街道和欧家夼村、林家村等 9 个村分别被评为烟台市模范乡镇（街道）政府和烟台市模范村（居）委员会。1992 年 3 月，招远被省民政厅确定为“省级村民自治示范县”。

加强制度建设，实施好民主管理。招远大力推广了以村为单位、以户为依托的自我管理制度和激励约束机制，我们根据民政部、司法部召开的“依法建制、以制治村”会议精神，在总结本地经验、组织到外地参观考察的基础上，召开了依法建制、以制治村三级干部动员大会，对制定自治章程作出了部署。会后，各乡镇、村建立工作班子，认真组织起草，广泛征求意见，经村民代表会议审议，召开村民大会通过，形成了比较规范的村民自治章程。全市（1991 年 12 月招远撤县改市）共印制章程 15.8 万份，发到每家每户。同时，根据实际情况，我们多次对《村民会议和村民代表会议制度》《村委会工作制度》《村务公开制度》等各项制度进行修改完善，规范村民议事、村务管理、村民监督、村务公开等村民自治的重要环节。在全市农村形成了大有国法可依、小有章程可循的村民自我民主管理机制。同年，开始在全市范围内开展了“创建十星级文明户活动”。半年进行一次初评，年底进行一次总评，经村民代表会审议后，由村委会张榜公布，进一步激发广大村民实施自我管理的积极性。

健全监督机制，强化民主监督。我们突出抓好村级财务监督和干部政绩民主考核，规定村委会的财务管理情况必须按季张榜公布，500 元以上的非生产性开支和 3000 元以上的生产性开支，必须经过村民代表会审议。对于村委会成员及其下属委员会的成员，半年由村民代表评议一次，按德、绩、勤、能四个方面评议打分，评议情况和本人的工资报酬挂钩，和是否胜任挂钩。实施这项制度之后，全市陆续有 8 名村委会主任、36 名村委会成员、18 名村委会下属工作委员会成员在换届选举或日常工作中被依法撤换。

1992 年 11 月，由于上级党组织的安排，我离开了工作了 8 年的招远，但村民自治这项工作依然开展得如火如荼。几年的时间里，招远共召开代表会议 2400 多次，建立会议记录 2000 多本，民主决策农村重大事项 1800 多项，解决各种难点、热点问题 2800 多件次，共培训村民代表 3 万多人次。20 世纪 90 年代初，全国先后有 20 多个省市的 3000 多人次前来招远观摩村民代表会议事制度的实施，这不仅促进了招远经验在全国的推广，也反过来督促招远更好地推进村民代表会议事制度建设。招远的基层民主管理和村民自治工作，适应时代变革潮流，积极探索创新，勇于开拓进取，走出了一条新时代具有中国特色社会主义的农村工作路子，收到了明显的社会效果。

采　访　人：于旭光

撰稿整理人：姜俊英

招远与国家黄金总公司实现直接承包的回顾

王德元*

我在招远前前后后工作了10年，1992年11月任职招远市委书记，1996年8月离开招远到2024年已有28年时间了，许多事情已经记不住了，但有一件事情记忆深刻。那就是：我和班子成员团结一心，充分发挥招远黄金资源优势，克服阻力，抓住机遇，通过完成与国家黄金总公司的直接承包，实现了招远市黄金生产跨越式发展。我在招远的10年，其黄金产量迈上两个大台阶：从1985年10万两到1990年达到20万两；从1990年20万两到1995年达到32万两。地质储量及黄金基建均同步扩增。

一、攻艰克难，开展黄金生产秩序集中整治活动

凡是有黄金资源的地方，都存在着矿山秩序混乱、社会治安难管的问题。招远的黄金生产秩序管理一直是老大难问题。1987年2月，上任伊始的我分管经济工作。在基层走访中，发现招远的突出问题是“两土一淘”（土选矿、土氰化和无证淘沙金）泛滥成灾。顺着罗山河、栾家河两条河流一看，到处是土氰化废渣堆，散发着一股股刺鼻的怪味，河水像铅灰色的泥汤。据统计，那时全县有土选场、土机磨750多盘，土氰化池570多处，仅张星镇石对头村就有土氰化池67处。而且有不断蔓延之势，由隐蔽到公开，

* 王德元，1992年11月至1996年8月任中共招远市委书记。

由野外到村里，由固定到流动，由产金村转移到非产金村。这些经营土氰化、土选场，以及倒卖走私黄金等违法活动，破坏了资源，污染了环境，扰乱了社会治安，成为全县一大公害，引起群众强烈不满。新班子决定在全县进行一次全面清理“两土一淘”的集中整治活动，并由我来具体负责这项工作。随后即成立了指挥部，由我担任总指挥，政法委、公安局、工商局、黄金局、法院、电业局、交通局等部门负责人及重点产金乡镇党委书记参加，并调集上述各部门 100 多人组成工作队。

1987 年 6 月 4 日上午召开动员大会，晚上召开全县广播大会。第二天上午重点产金镇召开全体党员干部会，宣传车巡回到各个镇村宣传，村村张贴清理通告，形成了强大、广泛的舆论声势。县委强调指出，县直机关干部、镇村干部都要带头响应，如果自家或亲属有“两土一淘”的都必须先行清理。工作队分成各个小组，全部进村蹲点，开展具体的整治铲除工作。当然我也带头入村进山跨河，一个渣堆一个渣堆地检查验收。在治理整顿的过程中，我和大家都遇到了前所未有的阻力，各种找关系说人情的，各种找理由诉苦的，甚至耍赖恐吓的……但我们班子成员团结一心，咬紧牙关，无论是上级领导还是至亲好友，一律坚持原则不松口，对待危险人员我们以党纪法规为盾牌，积极做好说服教育工作，化解矛盾和心结。虽然我和相关人员吃了不少苦，受了不少委屈，但收效颇丰。经过这次集中清理活动，全县共查处黄金走私案 8 起，拆除土选场、土金磨 1385 盘，流板 999 副，砸毁氰化池 493 个、氰化罐 253 个，没收剧毒氰化钠 4795 克，没收黄金 1560 克，基本刹住了“两土一淘”的混乱局面。努力工作总有回报。最让我们感到意外的是，这次治理整顿直接促成了招远与国家黄金公司签订黄金生产承包协议。

二、抓住机遇，顺利与国家黄金公司签订第一轮黄金生产承包协议

20世纪80年代末正值我国改革开放如火如荼之际，国家需要大量外汇，十分重视黄金生产发展，国务院特别重视招远的黄金发展。

1988年春节，我留在县委值班。正月初一（2月17日）下午5点左右接到国务院办公厅电话，告知国务院副秘书长白美清，以及国家冶金工业部、中国黄金总公司等相关领导一行6人，马上要到招远调研黄金生产。第二天，班子成员立即返回招远，召集黄金、人民银行招远支行等有关部门领导参加会议，研究汇报意见及视察路线等事宜。由于事出突然，留给我们的准备时间很有限，好在刚刚完成了“两土一淘”的集中整顿，全县的黄金开采已经井然有序，对于领导的突然来访，我们心里还是有底气的。正月初三（2月19日）晚上，白美清等一行到达招远。第二天，领导们视察了7个金矿后，充分肯定了招远的黄金发展，并对招远黄金发展提出了意见和建议。按照白美清秘书长的要求，县委、县政府不失时机地立即开会研究，提出了《招远县人民政府与国家黄金总公司“七五”后三年实现黄金生产建设投入产出直接承包的方案》，以及实施措施。之后，我和班子成员多次进京汇报申请，锲而不舍，最终使这个方案变成了现实。具体承包协议内容是：为了加速招远县黄金生产的发展，根据国务院关于“招远县作为黄金生产重点县，要实行单独承包试点”的意见，双方特拟定承包协议。在承包期内，招远县共生产黄金49万两，其中1988年13.5万两，1989年15.5万两，1990年20万两。

背靠大树好乘凉。这次签约给招远县委、县政府吃下了一颗定心丸，黄金生产有了国家的参与和支持，不仅给招远财政带来稳定收入，还可以通过承包，使招远的黄金生产从采、选、冶和地质探矿等各个方面都上一

个大台阶。当时，大家都很兴奋，似乎可以一劳永逸，坐在合约上就可以实现现代化。但我在激动喜悦几日后，清醒认识到：以此为良机，抓住合同实施的过程，继续整顿招远的黄金生产秩序。

在履行与国家签订的第一轮承包合同期间，招远县委、县政府继续加大黄金矿山秩序的有效管理与综合治理，确保与国家黄金公司签订的承包合同顺利进行。为此，1988 年 9 月，招远县设立矿产资源管理局。1989 年 7 月，县委、县政府成立了黄金生产领导小组，我兼任组长，领导小组负责清理整顿黄金生产秩序，组织指导职能部门查处资源纠纷，为县委、县政府当好黄金生产管理的参谋。同时，县政府还组建了一支由公安人员组成的黄金缉查大队，选调了 50 名公安干警，实行双层领导，由黄金生产领导小组统一调度指挥。各乡镇也相继成立了黄金管理站所，使全县上下形成了一套系统的矿产资源和生产秩序治理整顿队伍，有效保障了与国家黄金开采合同的顺利实施。

三、主动作为，通过征收黄金发展基金，为招远全面发展提供财政支持

合约一签，来自黄金生产的财政来源就成了一个固定的数字。留给县委、县政府的空间就很少了。这也是我在兴奋之余的忧虑。1988 年初，曾任烟台地区黄金管理局局长、招远县委副书记，时任招远市政协主席的姬中玉跟我交谈说：招远应该走“以金养金，以金兴工”的路子，集中黄金矿山的资金优势，办几个大的工业项目。姬主席的一席话如醍醐灌顶，使我茅塞顿开。我认为这条建议应当作为振兴招远的大政策认真研究：招远是产金大县，黄金产业属资源型产业，资源不可再生，只会越挖越少，终有一天黄金资源也会枯竭。真到那一步，山被挖空了，植被被破坏了，水被污染了，工人得矽肺病了，剩下的是什么呢？剩下的就是一堆破铜烂铁、

一堆堆的尾矿渣，所以，要为招远人民谋福祉，必须从长计议，利用黄金生产的高效益，办一些非黄金企业，办一些社会公益事业。之后，我分别到财政、税务、黄金、矿山等相关部门做了些调研，与县政府的领导一起探讨研究。基本思路是：县、乡、村三级金矿，按黄金产量上缴县政府一定基数，上缴钱数随黄金价格变化而变化。形成意见后，1988 年 5 月，召开县委常委扩大会议，让大家讨论。大多数领导成员都同意这个意见。最后形成集体决议，从 1988 年下半年开始征收黄金发展基金。

刚开始征收黄金发展基金期间，县属金矿阻力少一些，乡镇、村阻力很大。有些乡镇党委书记、乡镇长和村党支部书记采取抗、磨、拖的对策，迟迟不交黄金发展基金。有一次我到一个镇去催办，党委书记磨磨唧唧，不肯正面回答，直到吃午饭，拉着我去吃午饭。我说你不表态什么时间上缴发展基金，午饭就不吃了！后来党委书记终于表态马上上缴。遇到阻力时就是这样一个镇一个镇地做工作。后来，县委、县政府研究让中国人民银行招远支行在收购黄金时代扣，给了人民银行一点提成的优惠政策，这个办法把收缴难题解决了。从此招远县财政预算外资金快速积累，最多时一年征收到 1.7 亿元，要知道那时预算内资金也只有 1.3 亿多元。手中有钱，心里不慌，大力发展工业产业，市政建设、教育投资、公益事业、农业补贴等各项工作都搞活了。对这项政策，也有人偷偷向省、国家黄金主管部门反映不合理。这些上级主管部门也曾找过我，让我取消这种做法，我的态度十分坚定，就是为官一任、造福一方，造福不能光看眼前，还要谋长远，不能把挖金造成的环境污染、植被破坏等祸患遗留给子孙后代，而让采金企业大手大脚乱花钱。这个办法，河南灵宝、内蒙古赤峰、黑龙江一些产金县都到招远来取过经，特别在 1992 年、1993 年、1994 年三个年度，国家正在探索把黄金推向市场之路，金价大幅上升，周围一些产金县市什么动作也没有，财政依然紧紧巴巴，而招远却集中黄金资金办了许多大事。到 1996 年 8 月我离开招远时，这块资金在市财政手里还有 7 个多亿。

四、克服阻力，保住黄金矿山资源，继续承接第二轮黄金生产承包协议

到 1990 年 11 月底，招远黄金年产量已经突破 20 万两大关，提前一个多月完成了与中国黄金总公司的承包合同。承包 3 年来，招远县信守“言必信、行必果”的诺言，全县累计向国家交售黄金 50 万两，比原承包合同多交售 1 万两，比“六五”期间黄金总产多 10 万两。完成黄金基建技改投资约 2.46 亿元，新增采矿能力 1375 吨，选矿能力 1425 吨，新增地质储量 80 多吨，保有地质储量 250 吨。

1990 年 12 月 5 日，招远县隆重召开庆祝年产黄金突破 20 万两大会。国家部委，以及省市相关领导人参加了庆祝大会。本来是一件特别高兴的事情，却因为一件惊心动魄的大事，让招远差点失去几乎所有的黄金资源。庆祝大会结束后，与会的国家、省、市各级各部门领导在招远坐下来，研究下一步如何加快黄金生产发展。借这个机会，招远县委、县政府又提出了第二轮承包的请求。但是，由于第一轮承包招远获益匪浅，上下各级也同时看到了招远与国家直接承包获得的好处，所以山东省黄金局和烟台市政府都提出要和国家直接承包。其中，省局想把玲珑矿田统一划归省管，罗山、岭南、阜山、大秦家 4 处金矿随即上划，统一一个

20 世纪 90 年代，招远黄金矿山的井下电机车运输矿石

头对国家实施直接承包。烟台市则要求把省属招远金矿下放到烟台市，玲珑矿田及周围所属县乡办金矿都由烟台统一管起来，一个头直接由国家承包。听到省、市领导的提议，我和班子成员差点把魂都吓没了。

为此，会上发生了激烈争论。会内会外各方都在私下做了不少工作。利益之争吵得很激烈，我和刘长锁书记两人也讲了些火药味甚浓的话。本来不该与上级争利益，但是为了招远人民的利益，我俩顾不了那么多了，据理力争，寸步不让，顶住压力，克服重重阻力，会中会后想办法找到国家黄金局、地矿部和省政府的领导协商。最后是国务院张克智副秘书长和省政府李春亭省长定了调子，李省长讲了三点意见，原则上保持招远县与国家直接承包不变；国家给招远的优惠政策不要摊到全省身上；招远黄金和各项事业发展都很快，二者是一体的。李省长拍板定案，还是由招远县与国家黄金局直接承包。从此多年后，再也没有人在矿山资源方面打招远的主意了。

在履行与国家签订的第二轮黄金开采合同期间，招远县委、县政府以及后来的市委、市政府进一步加大矿区整治力度，确保黄金生产顺利进行。1991 年，矿产资源管理局对 92 个非法进入他人矿区的矿点进行取缔，对《中华人民共和国矿产资源法》颁布前进入县乡矿区的 40 个矿点进行了划界发证。1992 年，按照山东省政府的要求，对 195 个矿法颁布前进入的矿点进行了划界，依法办理采矿许可证 155 个。1993 年对矿山秩序混乱的几个矿区进行了重点治理，封闭无证矿山 249 个。1994 年，炸毁封闭无证矿山 172 个，拆除作业棚 190 间，清理越界矿点 15 个，封闭了 2 处对市属金矿构成威胁的矿点。矿山秩序不断好转。

在承包期间，为了保护招远的黄金资源，我和班子成员可谓用尽心思。1994 年 5 月底 6 月初，省政府准备在全省每个金矿，包括乡（镇）办、村办征收黄金开发基金，每克黄金每年上缴省黄金公司 3 元钱，而且文件已起草好，省财政厅、人民银行、省经委、省黄金局、省地矿厅、省计委等七部门正在会签。按当时招远的黄金产量，我粗略算了一下，每年招远要白白缴出 3000 万元。那时招远预算内年财政收入也就是 1.34 亿元，3000 万相当于招远财政收入的四分之一。听闻消息的第一时间，我和仇善强市长立即召集相关部门负责人连夜召开会议，统一思想，商量对策。会后，各单位一把手连夜赶赴济南，到上级主管部门领导的家中拜访。得到具体信息后，大家匆匆返回招远，先由市政府向省政府汇报。1994 年 6 月 3 日，省政府责成省经委王副主任带队，省财政厅、省黄金局、省地矿厅等有关部门的领导参加，到招远协调解决意见。省工作组听取了金翅岭、北截、岭南等几个金矿的意见。经过一番工作，省工作组的态度发生了一定变化，有了不同意收取基金的倾向性意见，他们答复说回去向省领导汇报，听取省领导的意见。为了争取主动，6 日上午，我与市长带领有关同志再次到济南向省经委孙主任汇报，下午向陈建国副省长汇报。8 日返回招远后，下午到烟台向杨金镜市长汇报，并请杨金镜市长向赵志浩省长打电话。因王树建书记在济南开会，杨市长又请树建书记当面向赵志浩省长、陈建国副省长汇报烟台的意见。经过艰苦复杂的思想工作，最后没有收取黄金开发基金，每年为招远保住了 3000 多万元的黄金收入。

1995 年、1996 年两年，市里重点加强了对热点区域清理整顿和取缔承包，查处违法采矿行为 21 起，查处无证矿点 125 个，越界矿点 21 个，调处资源纠纷 33 起，查处出租、转让、买卖资源案件 6 起，清理矿山驻地村擅自安排矿点 19 处，取消无效合同 19 份，招远矿山秩序整顿顺利通过了国家地矿部验收。对招远而言，黄金生产秩序整顿，永远在路上，一天也松懈不得，稍有麻痹，就会发生前清后乱、重蹈覆辙的混乱局面。由于坚持不懈、持续不断地抓整顿，有效保证了招远黄金生产秩序的基本稳定。用一句话概括：就是大局稳定，小乱不断。这比外省一些重点产金县要好很多。

第二轮承包到 1995 年底结束，招远市黄金年产量突破 30 万两大关，

1996 年 1 月 28 日，招远市黄金年产三十万两庆祝大会

超过 10 吨黄金，地质储量、采、选、冶等各种能力都随之大幅提升。1996 年 1 月 28 日，招远市召开了实现 30 万两黄金庆祝大会，国家和省市等许多领导都参加了大会。但这次承包的后期，正处在国家推进黄金体制改革之时，虽然招远的各项承包指标都完成了，但国家黄金局一些资金并未全部拨付到位，尚欠 1413 万元。为此，我和当时的招远市黄金工业集团宋总经理专程跑到北京向国家冶金部的领导汇报，结果又要回了 500 万元。

总之，通过这两次承包，招远争取到国家直拨发展基金、地探费等 2 亿多元，比不直接承包多得 1.7 亿多元。更重要的是，两次承包使招远黄金生产的基础设施、生产规模、企业管理以及技术含量、地探能力等各个方面都上了一个大的档次，为后期的大发展奠定了重要基础，同时也大大促进了招远非黄金产业的发展，进一步提高了招远在全国全省的知名度。

采　访　人：于旭光　郭　彬　王灵臣

撰稿整理人：于旭光　郭　彬　王灵臣　姜俊英

关于招远市进一步深化素质教育改革的回顾

仇善强 *

我是1992年10月到招远市的，先后任职副书记、代市长、市长等职。1996年8月任职招远市委书记。在大力推动招远经济社会建设加快发展的同时，我尤其关注招远的教育工作，见证并参与了招远素质教育改革中最关键的一个环节。

改革开放之后，广大人民群众在解决吃饭问题的同时也开始广泛关注孩子的教育问题。中国自古就有“教化者，国家之根本”之说。1987年，党的十三大首次提出了“百年大计，教育为本”。但在大力推行应试教育的体制下，片面追求升学率导致了全国初中生辍学率逐年上升，加剧了城乡教育的“两极分化”，久而久之，足以对学生、学校和国家未来的发展产生不良影响。也是从这一年开始，招远开始了中考招生制度改革，探索“一评二挂”的教育改革实验。1989年，开始探索初中教学由应试教育向素质教育改革，突出学校管理和素质教育，这远远早于1999年6月中共中央、国务院发布的《关于深化教育改革、全面推进素质教育的决定》。但招远的素质教育改革真正有突破性进展，还是进入20世纪90年代。1991—1995年，对中考招生制度进行深化改革，实行全市统一招生考试，以评制考、考评结合，把过去单纯以分录生变成考评结合，对乡镇、学校教育教学工作进行全面评估量化，评估成绩与招生名额挂钩，择优录取，录完所分名

* 仇善强，1996年8月至2001年1月任中共招远市委书记。

额为止。这一改革实验先后在烟台市、山东省乃至全国推广。

在我任职市委书记后，更是把加快素质教育改革作为任期内头等大事来抓，大刀阔斧、坚持不懈地把素质教育改革推入深水区，把招远经验推广到全国全面素质教育实施中。

一、盛誉之中攻坚克难，啃下中考这个硬骨头，推动改革进入深水区

1996年9月，我任职招远市委书记。招远的素质教育改革已经展露出明显的成效。上任不到两个月，教育部基础教育司领导专程到招远市考察中考招生制度改革工作，并把招远市的具体做法和取得的成绩向当时主管教育的国务院副总理李岚清进行汇报。当时（1996年），招远市小学普遍开展对学生学业成绩评价的改革研究，全市小学取消期中考试，每学期只保留一次期末考试；期末考试取消百分制，实行等级制；学生学业成绩以等级加特长加评语的形式予以认定，以此淡化教师与学生的分数观念，减轻学生心理压力，促进素质教育深入开展，促进学生全面进步。

与教育部领导的会谈与聊天，进一步加深了我之前的认识：教育改革的路很长，必须不断地发现问题、研究问题和解决问题，才能把素质教育改革不断推向深入，推向新的高度。作为改革的参与者与推动者，我十分了解每一步改革所引发的系列反应。在招远素质教育改革成效显现的同时，相应地一些矛盾也逐渐暴露出来。改革初期，为减少阻力，高中招生指标不是100%分下去，而是画最低线，大约有80%指标被分到各个初中。正因为留了20%的“小尾巴”，导致改革基本流于形式，没有从根本上扭转片面追求升学率的社会风气。我看到了问题症结所在，但素质教育是一项复杂的工程，每一项制度的改革都涉及千家万户，都会带来相应的阵痛。这也使我陷入了短暂的犹豫。

1997年3月，国家教委、省教委有关领导到招远市考察素质教育情况，《人民日报》《中国教育报》等新闻单位到招远市采访素质教育经验。同年4月4日，时任中共中央政治局委员、国务院副总理李岚清在省领导的陪同下，到招远市视察素质教育工作，实地考察了泉山学校、北关完小，深入课堂，与师生交流，对招远市素质教育工作给予了很高评价，称招远为素质教育的“源头”。这是改革开放以来，招远市教育工作的一件大事。这么多年来，我们班子成员和教育工作者顶着重重压力摸索着尝试着各种素质教育改革模式，也并没想着得利益求荣耀，突然而至的国家领导人的肯定与国家级别的荣誉，让我们在惊喜之余，也感受到了巨大的压力；除却荣誉不说，招远的素质教育改革已走到深水区，进入了关键时期，是面对问题披荆斩棘？还是享受盛誉停滞原地？盛誉面前，我必须作出果断的选择：斩断眼前利益，实施彻底改革。“逆水行舟，不进则退”，既然对学生有好处，对教育事业有好处，对招远的长期发展也有好处的事情，必须坚持下去。

经与班子成员反复沟通，经与专家、教育工作者严密规划、科学部署，在取得一致意见，有了相关应对预案后，决定：在当年的中考中将招生指标100%分下去，取消20分的录取分数差距控制线，完全按评估成绩和初中合格毕业生人数分配招生人数，改分招生指标到乡镇为直接分指标到初中学校，彻底解决乡镇之间和同一个乡镇的初中之间为争“吃”名额而产生的“片追”现象。为了防止节外生枝，在文件制发过程中，我下了严格的保密守则。当文件正式公布下发后，一时间，各种非议扑面而来。过去80%的指标，校际最小分差为30多分，已经有人不满意了；现在100%的指标，校际分差拉大到150分。各种批评、不满甚至责骂声不绝于耳。家长上访，托关系说情，连人大代表议案也明确反对，甚至有的领导质问我，为什么这么大的事情不征求大家的意见？在围堵面前，我和班子成员，以及教育局领导没有被吓退，而是向人大代表和上访群众进行逐一的、反复的耐心解释，摆事实、讲道理，承诺后续将大力提高教育质量。主动深入各个学校，为基层干部和教师们解疑释惑，征求提高素质教育的良招，互相加油鼓劲儿。

由于大家齐心协力顶住了来自各方面的巨大压力，由于提前做好了详尽的预案，中考改革在争议中顺利完成了每个环节。并在改革过程中，团结并发掘出一大批真心热衷于教育事业的教师、家长和社会精英，为后续的素质教育改革提供了可贵的人才支撑。例如，在招远市中考改革和素质教育推进最困难的时候，烟台市教育局的领导和工作人员给予了坚定的支持与帮助，他们多次来招远考察指导，深入学校、课堂，走到教师和学生中去，认真听取师生意见，提出问题和建议，探讨有效的解决方案，在充分肯定招远中考改革和素质教育成绩的同时，对外大力宣传推介招远的经验。1997 年 9 月，在烟台市召开的全国中小学素质教育经验交流会议上，招远围绕教育制度综合改革工作作了典型发言，受到李岚清等多位领导的肯定。“招远模式”被进一步推向全国。

1997 年 9 月 2 日至 5 日，全国中小学素质教育经验交流会在烟台市召开

二、夯实基础，拉长链条，不断完善素质教育的底层改革和长远规划建设

中考改革仅仅是个开始，是整个素质教育改革链条上一个关键突破点，对于改革的推动者来说，重要的是以此为推动力，迅速开启改革的快阀门，实实在在兑现对学生、对家长关于全面提高教育质量的承诺。做好与中考改革相关联的一系列规划与设计，做好素质教育的底层改革和长远规划，才能为广大教育工作者打造出一片大施拳脚的新天地，才能长久地有益于每个孩子的健康成长，为家长们做好基层保障与长远规划。

在底层改革方面，我们开启了中小学学校布局的调整与改革，全力为素质教育改革打好基础，做好基层保障。在广大教师与学生们忙着备考之时，市委组建起专门的中小学教育改革领导小组和专家小组，开始对全市中小学校布局进行研究，从地域特点、交通便利、人文习俗、教育资源匹配等多种元素进行科学考量和规划设计。为了保证校际之间教育资源的公平，实地跑遍了招远大大小小的中小学校，验证数据，预判实效。派出工作组去外地学习，学习外面好的经验与做法。与此同时，市财政拨付了充足的建设资金，方案一经落实，立马启动施工建设，边布局边施工，确保规范化学校的建设步伐，确保改制的学校在开学之际能够启动教学。到年底，顺利将全市 598 所中小学合并为 307 所，解决了原来校际之间较大的差异，均衡优化了区域间的教育资源，学校布局日趋合理。全市 100 多所中小学开设了计算机、语音等现代化课程，共有微机室 87 间，语音室 15 间，有 4 所学校达到省级规范化学校标准，有 35 所学校成为烟台市级规范化学校。

与此同时，中考争吃名额的现象被卡死，让各乡镇、各初中学校放下包袱与纷争，放开手脚全力开展素质教育；学校布局的调整，给从前劣势的学校带来了新的希望与机遇。每所学校都纷纷拿出自己的方案与措施，

突出自己的特色与专长。教育的事情交给教育工作者自己去做，我相信招远的广大教育工作者能够把教育的事干好；大力支持他们，放手让他们自己去发挥，去创新，去实践，个别学校彻底改变了应试教育思想指导下盲目追求升学率的理念与做法，及时转变育人观念，端正办学思想，面向全体学生，积极开展多种形式的素质教育。1997 年夏天开学时，全市初中学校全部消除了快慢班。其中，南院镇第一初中、玲珑镇第一初中、张星镇第一初中等 6 所初中率先进行了“成功教育”改革实验，确定了以遏制辍学为突破口、全面提高教育质量的主题，取得了较好成绩。这些学校的初一、初二学生巩固率都达到 100%，初三学生巩固率也达到 99% 以上。全市初中段在校生巩固率达到 97.8%。在具体的教学改革上，市委成立了爱国主义教育领导小组，组织各学校把这项工作放在重要议事日程，加强学校德育工作，普遍健全德育工作队伍，开辟德育室、家长学校、“三结合”教育网络等德育教育渠道，形成德育工作人人有责、齐抓共管的局面。1998 年 8 月，教育部“九五”重点课题——中华传统美德教育实验与研究研讨会在招远市召开，中央教科所、北京青年政治学院、中央电视台等高等院校和新闻部门的专家、教授参加会议。听取了招远市中华传统美德教育实验与研究课题组和实验学校的课题研究报告，考察了泉山学校、实验小学、北关完小等承担实验任务的学校现场，对招远市实施素质教育、加强德育工作取得的经验和显著成效给予了高度评价，认为有广泛的推广价值。同时，教育科研、音体美劳课程刚性化管理、“两基”等工作在短时间内均得到了较好提升。

为给学生家长们做长久之计，在素质教育长远规划建设方面，招远加快了高职建设步伐，努力将素质教育改革的链条延展拉长。由于招远市素质教育开展得好，初中生入学率由 1987 年的 89% 上升到 1997 年的 100%，毕业合格率由 55% 提高到 96.3%，初中非正常因素辍学率严格控制在 0.5% 以下，用当时省领导的话说，“招远解决了世界性辍学难题”。但初中教育只是教育的一个环节，而高中的录取率是有限的，那么多的初中生出路何在？为初中制学生搭建再教育平台，该是一名改革者应尽的职责；把问题考虑在先，把解决方案设计在先，也是我的一贯工作作风。为此，推动招远的职业技能教育早在多年前就已布局。1997 年 4 月，市委、市政府决定撤销招远电大、招远第二职业中专、招远职工中专、招远成人中专，四校合一成立招远市高级职业学校（驻大秦家，原招远二职专校址），定格为副处级事业单位。1997 年下半年，市委加快了推动力度，我亲自带队跑省和烟台市，一方面积极向上级部门争取政策支持和资金支持，另一方面请教有经验的专家、学者，着眼未来经济发展趋势进行布局，经过与相关部门的反复沟通、商谈，以及广泛征求意见，在密切结合招远县域经济的发展特点与未来发展趋势的基础上，学校科学设置了教学科目和专业，开办了职业中专班、电大普通班、综合高中班等学历教育班，还开办了师训班、干训班、职工培训班和大中专函授班；开设工民建、经管财会、服装、法律、外贸、微机、机械、外语等 18 个专业，专业结构进一步优化，拥有校建筑公司、装饰公司、服装厂等多处教学实习基地。1999 年上半年，市教师进修学校又并入高级职业学校，成为一所教育培养功能齐全的综合性学校。

为了使新筹建的学校早日让广大学生、家长受益，市里组建了由多个部门共同参与的建设小组，督导相关部门跑土地、跑规划、跑资金、跑工程项目。1997 年 7 月开始，在原招远二职专的基础上施工扩建，到 1998 年底，已完成征地面积 121.85 亩，先后建成 6 层教学楼、4 层学生公寓、伙房、餐厅、招待所，建成一座国家一级标准的体育场。校园占地面积由原二职专的 5.3 公顷增加到 13.3 公顷，建筑面积由 17440 平方米增加到 41800 平方米。1998 年基本完成土木建设。1999 年装备微机教室 3 个，财会模拟室、语音室和家电实验室各 1 个，建成现代化多媒体电教中心。高级职业学校的建立为承载素质教育增添了一个高质量的载体，为学生们的成长增添了新赛道，也给焦虑的家长们吃下一颗定心丸：人生成长与成才的道路并不只是中考一条独木桥。

三、全方位加强素质教育的制度建设，大力提供人才支撑与资金支持

1999 年 1 月，中共中央、国务院批转了教育部制定的《面向 21 世纪教育振兴行动计划》，明确提出了“跨世纪素质教育工程”。国家关于素质教育的改革，给予了我们很好的政策支持，给招远继续素质教育改革提供了方向、指引和巨大的推动力。

首先围绕“减负增效”，不断加强和完善素质教育的制度建设。1999 年重新修订了中小学《教学管理规定》，重申《关于进一步明确素质教育的有关要求，规范义务教育学段教育教学行为的意见》，分别从师德建设、课堂教学、家庭教育、心理教育、督导评估各方面入手，推出“增效治本”的措施，压实到每个学校，贯穿到教学的每个细节。尤其在教学课程上不断拓宽和丰富素质教育的内容，如爱国主义教育、传统美德教育、科技兴趣培养等。国家方针与规划的出台，使各学校严格开齐学科，开足课时，音、体、美、劳专职教师配备率由 1987 年的 10% 提高到 1999 年的 100%，音、体、美、劳等学科的开设率也达到 100%，各学校普遍按照新课改要求因地制宜开设了丰富多彩的活动课，注重培养学生们的实践能力、创新能力和思维模式。所有学校都建立了校外劳动教育基地。初中生的全面素质得到显著提高。在 1999 年的全国物理和化学竞赛中，招远市共有 27 人获奖，获奖人数居全烟台市前茅。同时，我们也加大了检查督导与考核体系的建立与落实。进一步加大了宣传力度，利用广播、电视台等宣传媒体及家长学校、家长会等多种形式，多渠道向全社会进行宣讲，组织本地“科技土状元”“致富带头人”等举办事迹报告会，宣传各行各业的成才典型，使人们树立正

确的人才观，不断改善社会大环境，解决社会、家庭对全面教育、素质教育的思想认识问题。初中学生综合素质的提升，为普通高中、普通中专和职业高中、职业中专教育的发展提供了优质生源，使大多数学生具备良好的发展潜力，优秀学生的数量逐年增加。其中，1999—2000年，招远市高考成绩突出，连续两年创造全市高考历史最高纪录，高考录取万人比和高分数段学生数均列烟台市榜首，烟台市教委专门在招远市召开高考总结表彰大会，推广招远市高中教学工作经验。

素质教育改革不仅提高了学生们的综合素质，也推动了全市教育体制的不断提升与完善。1999年，招远在烟台市率先制定出台了《招远市关于进一步实施素质教育的意见》。全市中小学在贯彻落实素质教育有关规范要求的过程中，逐步形成一套有效的教育工作机制，提升了学校管理的规范化与科学化。在管理思想上力求改革创新，在管理方法上讲究规范科学，在管理模式上做到正规加特色。为了提高学校领导的管理水平，从1999年开始，招远市推行了校长持证上岗制度，对校长实行岗位合格培训和提高培训，对所有中层干部定期进行轮训，进一步提高学校领导干部的管理素质，加快了由经验型管理向科学化管理的转变过程。各学校根据评价制度改革推行的目标管理总要求，结合本校的实际情况，探索、形成了各具特色的教育管理模式。同时，我们还开展了管理达标和创建活动，探索实施素质教育的

1998年，招远一中举行“相约春天 携手同心”艺术生汇报演出

有效途径，不断完善有效的运行机制，面向全体学生，保护、尊重学生的自尊和个性，塑造学生生动、活泼、主动发展的意识和发展环境。1999 年和 2000 年两年里，先后有来自全国各地的 100 多个素质教育考察团共计 4000 余人到招远市考察取经。

任职招远市委书记期间，我为了招远素质教育改革不断提供人才支持与资金支持。高水平的校长队伍、教师队伍是素质教育最重要的引领者和实施者，加大教师人才队伍建设也是市委的关注点，我们招远市能够在素质教育改革中率先走在全国的前面，最主要的就是拥有一批率先觉醒、率先觉悟的教育工作者，如我们组织部门大胆起用像王茂太这样一批有担当有决心没私心的教育工作者，他们兢兢业业坚守在教育一线，不畏人情、不畏艰辛，是素质教育的改革者、开拓者。多年来，我们市委、市政府不断调整政策与方案，改善公办教师与民办教师的比例，努力将优秀的民办教师转为公办教师。放手、放权，全力支持教育部门不断加大教师和校长培训力度，全面提升教师和校长专业化水平，建设了一支有事业心、责任感，懂教学、会管理的校长教师队伍。其中，从 1999 年开始实施了“名师”工程，出台相关政策，鼓励广大教师积极争创市级名师、省级名师和全国名师；开展了“爱事业、爱学校、爱学生”的三爱教育活动；实施了评、聘分开制度，把职称评定与实际聘用分离开来，打破“一评定终身”的职称评聘制度，不断优化教师队伍，激发教师活力，使全市教师队伍整体素质得到了显著提升，为教育质量提升提供了可靠保证。多年来，市委、市政府持续不断地改善和提高教师的政治待遇和经济条件，使教师工资不低于公务员。

同时，加大投入、强化保障也是教育稳步改革的重要保障。良好的办学条件是实现教育公平、提升教育质量的基本支撑条件，招远市全面推进教育现代化，积极落实教育优先发展战略，保障教育经费足额、及时拨付，不断加大财政性教育投入，大力加强教师队伍建设，建立起素质教育实施保障机制。无论在教育经费投入、校舍建设、解决大班额、教育信息化方面，还是学校布局调整、发展学前教育和职业教育方面，我们都给予全面的财政支持，全市各级各类学校办学条件得到持续改善。市委、市政府每年给予的教育经费财政拨款逐年增加，1988年突破千万元后，到2000年已达到9100万元。

2001年1月，我离开工作了8年多的招远市，我的后继者们依然在这块土地上兢兢业业地耕耘着。招远的素质改革促进并实现了全市校际的全面公平、均衡发展，实现了初中学生零辍学，实现了教育教学面向全体学生全面发展，保障了城乡教育均衡，避免了学校间恶性竞争。作为招远素质教育改革的先行者之一，我和当时的班子成员，和广大教育工作者经历了其中的曲折和坎坷，但“前人栽树，后人乘凉”，无论后人是否记得前人的艰辛付出，我都为自己能够给予后人的便利与福祉而感到骄傲。

采　访　人：于旭光　郭　彬　王灵臣

撰稿整理人：姜俊英

倾力打造中国金都

刘为群*

2001年1月，我到招远担任市委书记，在招远工作了接近四整年的时间。如果用一条中心线索，把主政四年的工作串起来，那无论如何都离不开与黄金有关的话题。我曾经说过这样一句话：招远的社会，治也黄金乱也黄金；招远的经济，富也黄金穷也黄金；招远的干部，成也黄金败也黄金。在这里，我只能凭着不太精确的记忆，说说那些年的那些工作片段。

一、整顿产金秩序

在巨大利益的诱惑下，招远的黄金资源一度成为众多不法分子滥采乱掘、哄抢掠夺的目标，涉黑、涉枪、涉暴等犯罪现象极为严重。在20世纪90年代，烟台市人民法院判处的涉暴犯罪的死刑犯中，招远市每年所占的比重都在四分之一左右，远远高于烟台市其他的十几个县市区。2001年春，公安部在掌握大量线索的情况下，将招远列为全国扫黑除恶的42个重点地区之一，最高检、最高法也同时挂牌督办。这是我到招远任职的一个极为特殊的背景。

这个特殊的背景，从两个方面对我的主政工作提出了要求。一方面，是从组织的角度。赴任之前，烟台市委、市政府主要领导同志明确要求我，

---

* 刘为群，2001年1月至2004年12月任中共招远市委书记。

把经济工作放到第二位，而把矿业和社会治安秩序的整顿放到第一位，只要做到了这一点，那就算是圆满完成了组织交代的任职目标。另一方面，是从民意的角度。在我到任后召开的第一次人代会上，有 98% 的人大代表向新一届市委、市政府提出了整顿矿业和治安秩序的建议案。这两方面的要求，既给我的工作造成了巨大的压力，也给我的工作找到了破题的切入点。

2001 年 5 月，我主持召开了市委常委会，作出了借全国“严打”的大势，组织开展依法整治黄金矿业秩序专项活动的决定。

为夺取这场斗争全面胜利，招远市委、市政府经过反复调查酝酿，研究制定了全市黄金矿业秩序整顿实施方案，并成立了专门的矿业整顿指挥部。指挥部下设 6 个工作班子，分别由一名市级领导牵头，从有关单位抽调得力人员组成。由政法委书记牵头，从市直有关部门抽调人员成立矿业秩序整顿指挥部办公室，负责排查取证、清理取缔、规范完善、达标复产等工作；由宣传部部长牵头，抽调人员成立宣传法制组，负责组织开展舆论宣传和有关法律法规的整理编发；由市政府一名副市长牵头，从有关部门抽调有关人员组成政策研究组，负责相关变更经营管理方式、理顺经济利益关系的政策研究；由市纪委书记牵头，从 7 个部门抽调人员组成审计工作组，对重点产金村的财务收支情况进行审计；由组织部部长牵头，抽调 45 名副科级以上干部和 33 名工作人员成立工作队，派驻产金村和矿山企业，协助开展整顿工作。与此同时，由人大、政协领导带队，抽调一部分市级领导组成 4 个督导组，协调、监督有关乡镇和部门落实市里的各项部署。各镇（办、区）、有关市直部门和矿山企业也都成立专门的领导机构和工作班子，负责各自属地范围内的整顿工作。上述安排，既有统一指挥，又有分工负责，形成了强大的合力，为矿业秩序整顿提供了可靠的组织保障。

5 月 23 日，市委、市政府在影剧院召开 3000 余人参加的全市“严打”整治斗争第二阶段动员会议，安排部署在全市开展依法整顿黄金矿业秩序专项活动，中央和省、市政法委、省公安厅及烟台市公检法司等各有关部门领导参加了大会，我作了动员报告。会后，市里先后出动宣传车 15 辆，深入镇（办、区）矿区、产金村连续巡回宣传 3 个周，张贴标语 1.1 万条、布告 5000 多份，挂过街幕 670 道，散发宣传单 4 万多份，在广播电视开辟专栏，播放整顿新闻 102 条，发表电视讲话 15 次。

6 月 1 日，为了强化对违法犯罪分子的高压态势，市里召集了 860 名政法干警、民兵预备役、行政执法人员，并从烟台市公安局借调了 200 多名武警官兵，在府前广场进行了大规模的防暴演练活动。此后，又召开了公拘、公捕、公判大会，对 31 名违法犯罪分子进行公开严惩，对 4 名罪犯判处死刑，极大地震慑了犯罪行为，为矿业秩序的整顿营造了强大的舆论氛围。

在各方面条件具备之后，6 月下旬，矿业秩序的整顿工作进入攻坚阶段，开始对非法矿山进行专项清理。这次清理整顿工作，与以往不同之处主要表现为以下几点：一是法律手段不同。过去的整顿手段主要是行政法规，先对非法矿山下达停采通知，不服的可以申请行政复议，再不服还可以向法院提起行政诉讼，在这些繁杂冗长的法律程序中，整顿的力度大部

2001 年 6 月 1 日，招远市“严打”整治斗争防暴演练观摩大会在府前广场召开

分都被消解掉了。这次整顿的依据主要是《刑法》，市委责成公安部门在秘密调查、搜集证据的基础上，把非法采矿业主涉黑、涉枪、涉税、涉暴等方面的违法犯罪事实先行锁定，凡是对抗整顿的直接抓人。二是政策策略不同。在宣传群众、营造舆论氛围的同时，市里也对非法采矿的业主们进行了政策宣传，明确提出，只要主动撤出矿山，对他们过往的行为一律既往不咎。这条策略被实践证明是有效的。在此后的矿区清理过程中，300多个非法矿井的设备全部主动撤出，没有发生一起暴力对抗事件。三是整顿标准不同。以往的整顿标准主要是停止开采，而这次整顿的标准则是彻底摧毁，是"扫荡式"的清理。矿区整顿达标的要求是：井架全部推倒，房屋全部拆除，设备全部撤离，矿井永久封堵，人员全部遣散。据后来的统计，整顿期间，市里共永久性封堵各类非法矿井300多座，没收了一批私人武装，收缴各种枪支5000多支，炸药2058公斤，推倒房屋3000多间，遣散非法用工8000多人。四是后续措施不同。过去的矿山秩序整顿往往缺乏后续整理措施，结果是前清后乱，整顿的成果很快就清零了。但这次矿区清理告一段落后，市委当即决定，将矿区秩序整顿工作转入后期整理阶段。先是批准成立了专门的矿区公安分局，定编46人，投入200多万元，装备车辆8部，配备先进防暴器材，还成立了专业警犬分队驻扎矿区，昼夜巡逻，以便始终保持对非法采矿、盗矿犯罪行为的高压态势。接着对村办黄金生产体制进行了改革，全部变成由镇（办、区）政府控股的黄金有限责任公司，4处重点产金乡镇成立了黄金企业管理中心，堵住了非法采金者再次进入矿山的渠道。同时，我大力争取到省国土厅的支持，对保留下来的村办矿山给予合法审批，补办证照，并通过了安全监督管理部门的检查验收，实现了正规有序的生产经营。

2001年的矿山秩序整顿，是招远历史上规模最大的一次整顿，取得了立竿见影的效果，在全国影响很大。这次整顿，使招远的黄金生产实现了大幅度增长。整顿前的2000年招远黄金年产量42.58万两，而整顿的2001

年当年就达到45万两。2002年，国家安全生产监督管理局在南京召开非煤矿山安全整顿座谈会，邀请我到会作了经验介绍。2003年9月23日，国土资源部组织的全国推进矿产资源管理全面到位工作座谈会在招远召开，我们又介绍了黄金矿业秩序整顿的经验。国土资源部和山东省政府的领导出席座谈会，并对招远市矿产资源管理工作取得的成绩，给予了充分肯定和高度评价。

二、创设金都品牌

我总认为，一个成功的城市必定是一个有特色的城市。特色是城市的灵魂，是个性和核心竞争力之所在。如何定位招远的城市特色，成为我到任之后着重思考的问题。

招远历史悠久。其作为一个县的治所并得名“招远”则是在1131年（金天会九年），当时金人入主北方，为召集流民恢复生产，安定社会，在今天罗峰镇所在地设置招远县治，其名含义为“招携怀远”。岁月更迭，如何清晰定义改革开放以来的招远，彰显其特色？经过深思熟虑，我萌生出要为这个城市选一个“别名”的想法。

2001年6月，在北京举办了首届中国国际黄金展览会。在招金集团公司布置的招远展台上，第一次打出了“中国金都”品牌。当时，我看了以后感觉眼前一亮，觉得这个提法对城市特色的定位极为准确，正是我心中苦苦思索的城市“别名”的最佳方案。此前，招远也有过“金城天府”“金都”之类的说法，作为一个城市的美称自然是无可非议的。但要把这些说法作为一个城市的品牌，则无论是产业定位还是地理定位都显得不够清晰。而“中国金都”则不然，不仅鲜明地道出了城市的个性与特色，而且准确定位了招远作为中国黄金产业龙头老大的城市地位。

不久，在市长等同志的建议下，市委、市政府组成专门班子，将“中国金都”作为一个地理品牌正式上报国家有关部门进行审批和备案。

2001年12月20日，中国黄金协会作出了《关于授予中国黄金行业特色区域荣誉称号的规定（试行）》。根据这个规定，招远市人民政府于12月28日向中国黄金协会提交了《关于命名招远市为中国金都的请示》。随后，中国黄金协会向招远派出专门小组进行考察。2002年1月25日，中国黄金协会召开会长联席会议，一致同意授予山东省招远市“中国金都”称号的决定。1月28日，“中国金都——山东招远”授名仪式在北京饭店隆重举行。中国黄金协会会长向招远市人民政府授牌并讲话。我和周市长代表招远市委、市政府接受了中国黄金协会的授牌。

2002年1月28日，“中国金都”授名仪式

“中国金都”命名后，招远市委、市政府在全国范围内开展了“中国金都”标识系统设计方案的征集工作。9月6日，招远市第十四届人大常委会第36次会议，做出《关于批准“中国金都——山东招远”标识设计方案的决定》。方案中“中国金都——山东招远”市标的寓意为：上半部分大、中、小三个金球分别代表世界、中国、招远的黄金产业；金球中心部分外观似太极眼，象征着招远人民放眼世界，世界关注金都招远。下半部分是“招远”首字母“Z”与“Y”的抽象结合，寓意招远人民托起了金色的太阳，敞开胸怀拥抱世界，大踏步地奔向未来。天蓝底色象征着环保的理念，表明了招远作为一个矿业城市对可持续发展目标的追求。为使“中国金都”形象更加深入人心，市里不失时机地开展了“中国金都”品牌系列推广活动。9

月 17 日，在深圳第三届国际珠宝展览会上，招金集团将特意采集的 3 块重约 1 吨的高品位金矿石，分别以 45000 元、75000 元、99999 元的高价进行拍卖，被誉为“天下金石第一拍”。10 月，将 1 块重约 1 吨的金石捐赠给上海黄金交易所，安放在交易所大厅。12 月，将 1 块重约 1 吨的金石赠与北京市政府，安放在北京新整修的王府井步行街工美大厦门前。2003 年 4 月，招金集团成为中国体育史上第一个黄金大奖的“出金人”，赞助了“招金杯 2003 全国竞走锦标赛——黄金大奖赛”。同月，招远协同国家黄金协会策划和组织了“中国金都杯”首届全国黄金首饰设计大赛。8 月 28 日，招远市成功举办了为期 3 天的首届中国金都黄金珠宝首饰展销会。展销会吸引了来自国内外的 700 多名嘉宾参加，展销会期间成交总额达 8328 万元。此后，招远市每年 8 月 28 日至 30 日举办中国金都国际黄金珠宝首饰展销会，交易额均在 9 亿元以上。9 月 28 日 22 时 26 分，首趟“中国金都号”列车由烟台发往首都北京，这是国内第一列以县级城市冠名进行城市整体宣传的列车。2004 年 11 月 26 日，为庆祝澳门回归 5 周年，我代表招远市委、市政府向澳门特区政府赠送了一块 8 吨多的“招金石”，至今仍安放在金莲花广场对面千禧园内的黑色大理石基台上。

2003 年 4 月举办的“中国金都杯”首届全国黄金首饰设计大赛

总之，“中国金都”的命名，是招远向世界亮出的金字招牌和城市品牌，对提高招远在海内外的知名度、推动招远经济发展产生了巨大作用，也揭开了招远特色城市发展的新篇章。

三、做大黄金产业

尽管招远有着自己的特殊市情，社会稳定的压力偏大，但经济发展仍然是主政一方必须始终关注的主题。做好这篇大文章的着眼点还是在黄金上。当时主要走了四步棋：

第一步棋是体制改革。在整顿黄金矿业生产秩序的同时，市委、市政府就开始着手研究市属企业的体制改革问题。招远的市属企业基础不错，但在体制改革上相对滞后，因而显得活力不足。2001 年 6 月，市委常委会决定对市属企业进行全面改制。改制的总体思路是，将现有市属企业分成两部分，对那些效益好、前景好、班子好的企业，动员高管和员工参股持股，以民营化的改革推向市场；而对那些效益差、产品老、换代难、高污染的企业，以及那些计划经济时期产生的商粮物供企业，则保留原体制不变，由市财政每年拿出 3000 万元，用两年的时间把现有的职工消化完毕。实践证明，上述改制的思路是正确的。我在任的 4 年间，从未发生过困难企业职工集体上访事件。而那些好企业改制后也都焕发出新的生机与活力。如玲珑轮胎，改制前年销售收入只有 10 亿元，改制后销售收入连年翻番，到现在已经变成了年销售收入超过 200 亿元的大企业。

第二步棋是资本运作。黄金企业的改制，有自身的特殊性，不能像其他地面工业企业一样，实行简单的民营化。我当时的思路是以股份制改造的方式运作上市，将其变成公众公司，以另一种方式实现体制和机制的变革。落实这个思路的难度在于战略投资人的选择。当时，世界第三大黄金公司金田公司曾有意与招金合作，但按照当时的法律，贵金属生产领域不允许外资进入，我们不得不中断了与金田公司的谈判；另外，中国黄金、山东黄金等大型国企也有意向成为招远的战略投资人。但我觉得国企与国企的结合，虽然可以解决资金问题，但对于体制机制的转变却没有实质性的意义。

因此，最后确定了在国内选择优秀的民企进行战略合作的思路。2003年8月，我到上海与复星集团的CEO梁信军先生谈判，一直到凌晨两点才将合作意向最终敲定。在这个基础上，市委、市政府召开了专题会议，决定由山东招金集团有限公司作为主发起人，以金翅岭等有关矿山资产作为出资，引进上海复星集团、上海豫园旅游商城股份有限公司等4家单位，发起设立股份公司。2004年4月18日，招金矿业股份有限公司正式挂牌。到2006年招金股份在香港上市时，首发融资高达24亿多。到后来这个初始估值只有11亿的公司，市值高点的时候达到了600多亿，既实现了体制改革，也实现了国有资产大幅增值，至今对地方财政仍然发挥着举足轻重的作用。

第三步棋是拓展空间。资源型城市的发展，往往会出现矿竭而城死的情况。因此，作为资源型城市的当家人，都会面临相同的抉择悖论：一方面，经济要快速发展，那就要有水快流，加快资源的消耗；另一方面，要延长城市的寿命，给子孙后代留一点生存资源，那就要减少资源的消耗，放缓经济发展速度。为此，市委决定以授权经营方式重组招金集团，以它为主体实施走出去的发展战略，大规模地开拓境外资源。这项战略实施不久，招金集团就对境内外23座矿山进行了考察论证，当时在谈项目3个，开工建设2个，其中，安徽五河县150吨/日选厂建成投产。

第四步棋是产业延伸。首先，做好黄金深加工的文章。2001年下半年，占地面积53.3公顷的黄金工业园在招远市经济开发区开始建设，这是实施“中国金都”发展战略、拓展黄金深加工业、拓展黄金市场的重要举措，旨在吸引国内外众多厂家、客户入园，融黄金深加工、珠宝首饰加工与交易为一体，形成中国北方最大的黄金珠宝加工与销售基地。2002年6月，黄金工业园内首个项目——山东招金金银精炼有限公司建成投产。此后，第一个黄金深加工招商引资项目——山东安盛华珠宝有限公司，以及山东卢金匠珠宝有限公司、山东金润珠宝首饰有限公司等一批珠宝首饰加工厂家陆续建成投产。投资2000万元的氰化亚金钾项目于年底投产，在不到一个月的时间里完成销售收入600多万元。其次，做好黄金市场的文章。招金以综合类会员身份进入了上海黄金交易所，列入外经贸部白银出口指定企业，出口白银42吨，创汇568万美元；上海黄金交易所招远黄金交割库建成。2003年8月28日，招远黄金珠宝首饰城在黄金工业园内隆重开业，到年底，入驻客户30多家。最后，做好黄金旅游的文章。聘请深圳社科院旅游产业研究中心，完成了“中国金都——黄金之旅”项目创意设计，并通过了国家旅游总局评审。根据这个总体规划，以“中国金都，神秘之旅”为主题，围绕黄金、温泉、生态、滨海等特色旅游产业，开发了一个黄金购物主题街区和神秘欢乐组团、加工交易组团、沿海商业组团、温泉度假组团、黄金博览组团、环湖景观组团等六大旅游组团，推动中国金都旅游事业的发展迈出了坚实的一步。

总之，在稳定社会的同时，招远的经济也获得了长足的发展。2001年，招远在中国百强县的排名为第42位，到我2004年底离任时进位到了第38位。

采　访　人：于旭光　郭　彬　王灵臣

撰稿整理人：于旭光　郭　彬　王灵臣　姜俊英

国家级开发区推动招远市经济跨越发展

张 伟*

我是2004年8月任招远市委副书记，2011年任职市委书记。前后在招远工作的时间长达12年。悠悠万事，民生为大。在任职市委书记期间，我抓住招远经济技术开发区晋升国家级开发区这一契机，拉长黄金开发产业链，多业并举，推动了当地经济的可持续发展，为老百姓增加了就业，为当地经济可持续发展打下了坚实基础。

一、升级为国家级招远经济技术开发区

招远经济技术开发区成立于1992年，时称“招远外向型工业加工区”，位于招远市城区东北部，规划面积3.63平方公里，起步区面积1平方公里。辖区内仅有8个行政村。1993年2月13日，烟台市人民政府行文批准设立招远市外向型工业加工区工作委员会。当年8月，成立中共招远市委外向型工业加工区工作委员会和招远外向型工业加工区管理委员会。2002年2月改称“招远经济开发区”。

2006年是招远经济开发区加快发展的一年。招远市委、市政府制定出台了《关于进一步加快经济开发区发展的意见》。按照新一轮城市总体规划，开发区北区规划建设国大工业园、轮胎工业园、机械工业园、食品工业园

---

* 张伟，2011年11月至2016年11月任中共招远市委书记。

和民营经济工业园；南区规划建设招金工业园、黄金工业园和中矿工业园，形成了比较完善、合理的规划布局，构筑出“经济产业化、产业集群化”的发展格局。同时，市里要求树立全市共同办开发区的指导思想，合力推进开发区快速发展，各镇（街道）引进资金、兴办项目原则上都要办在开发区里。

2008 年，招远把建设国家级开发区提上议事日程。市委、市政府提出：为迅速提升开发区综合经济实力，坚持以工业项目为主、吸引外资为主、出口创汇为主，致力于发展“大、高、外”企业，营造资金、技术、人才、信息、政策、城市资源的园区聚集效应，培育具有区域特色的产业群体。

2009 年底，省商务厅批复设立招远经济开发区滨海临港高科技产业园。该产业园地处招远市北部沿海，占地面积 5 平方公里，拥有大莱龙铁路、龙口港、威乌高速等交通优势，是招远市唯一靠海的产业园区，也是招远市境内发展潜力最大的区域。招金、玲珑轮胎、国大、金宝电子、鲁鑫贵金属等企业进区后，由于物理空间的打开，迸发出惊人的发展潜力。“十一五”

2012 年 1 月 9 日，国家级·招远经济技术开发区揭牌仪式

期间，招远开发区生产总值和财政收入分别保持35.11%、41.23%的高速度增长，在全省位次逐年上升，自2005年起连续6年跻身山东省省级经济开发区综合考评前十强，2010年跃居全省首位。2011年9月，国务院正式批准招远经济开发区晋升为国家级经济开发区。2012年1月，招远经济技术开发区正式挂牌国家级开发区运行。

二、国家级开发区的龙头带动作用助推招远经济发展

开发区升级后，我思考要充分利用现行国家级经济开发区的相关优惠政策，把开发区的发展放在全省、全国发展的大格局中去定位、去谋划、去落实；要把经济开发区打造成“区域经济发展的核心区、优势产业的聚集区、进出口贸易加工区、高端商贸服务业新城区、蓝色经济科学发展示范区”。

经过招远市委、市政府一段时间的布局与争取，2012年12月25日，烟台市出台《关于推动招远经济技术开发区跨越发展打造县域开发区新样板的意见》。2013年春节刚过，我就召集全市四大班子领导，深入企业进行调研，召开企业家、服务对象等各类座谈会，自上而下、自下而上反复征求意见，广泛听取社会各方面的建议。调研本身就是统一思想、求同存异的过程。3月4日，招远市委、市政府出台《关于进一步加快推进经济技术开发区发展的意见》，围绕“奋战5年翻两番，冲刺全国50强”的总体目标和创建县域国家级开发区新样板的要求，在抓好核心区建设的同时，将经济发展的主战场放在东城新区，坚持地面道路与地上建筑同步建设，公共服务项目与经济项目同步建设，打造招远城市建设和经济发展新亮点。

树立园区开发基础先行的理念，坚持规划先行，以基础完善强支撑、提功能，提升园区对项目集聚的吸引力、产业集群的支撑力和区域发展的带动力。围绕“工业园区化，园区城市化”的目标，高起点规划，提升园

区科学发展水平。2013年，招远市委、市政府聘请同济大学和天津大学专家编制了开发区总体规划和中心地段的详细规划，东城新区形成“一轴、三心、三区、四带”的组团式布局形态，完善城市载体功能，加快基础设施建设步伐。按照服务项目建设、服务城市发展、服务旧城改造的“三个服务”要求，不断完善基础建设配套。市里先后投资30多亿元进行基础设施建设，拓修主干道路80多公里，对区内9条35公里的河道进行了整治，核心区形成了“六纵九横”的主干道路框架，水、电、暖、气等各项配套设施逐步完善，承载力和吸引力明显提升。结合城镇化建设对城市提质扩容，将生产区与生活区合理搭配，持续推进旧城旧村改造工作，对辖区村实施办公场所建设，道路硬化、绿化、亮化、美化等项目建设，全区生态文明示范村覆盖率超过50%。

作为国家级开发区，我提出了以深化行政审批制度改革为突破口，大力推动政府职能转变，打造服务政府、效率政府、阳光政府，建设开放的开发区。通过大力宣传引导，在市直机关树立起“服务是宗旨、执法是手段、发展是目的”的理念，为企业发展让路，为企业发展开绿灯。政府职能部门减少对微观经济的直接干预，当好各类经济活动的裁判员、监督员，用政府权力的“减法”换取市场活力的“乘法”。强化“诚信招商、诚信待商、诚信留商”理念，做到言必行、诺必践。推行企业信用分类监管制度，对于信用记录良好、信誉度高的市场主体，在行政监管、金融信贷、政府项目上给予倾斜。营造尊商亲商的社会人文环境，以开放包容、海纳百川的宽广心胸，以“你投资我服务、你创业我帮助”的亲和姿态，为项目搭建优势平台，实现了政府搭台、企业唱戏，让投资者当主角的营商渠道，全力为项目服务，力促项目落地，落地后持续跟踪服务，营造安商硬环境。通过不断的优化营商环境，为进区企业保驾护航，免除企业后顾之忧，让企业集中精力搞发展，让企业和群众能快办事、好办事、办成事。

栽得梧桐树，引来金凤凰，完善的基础设施和良好的营商环境为“招大引强促转型”增添了后劲。通过引领与奖励机制，在全市树立起招商引资是开发区生命线的意识，坚定信念，锲而不舍促招商。我与市委、市政府的领导改变原来“漫天撒网”的粗放式招商方式，进一步调整领导分工，充实招商力量，成立专业工作组，围绕培育特色产业优势，瞄准与全区主导产业对接性强和符合未来发展方向的国内外大企业、大的投资基金、产业园区开发商和运营商，实施有针对性的精准化招商。对重点项目，实行“一个项目、一名领导、一个联络员、一抓到底”的工作制度和项目包抓制、限时办结制和跟踪服务责任制，全程协助企业办理所有审批手续，解决项目推进和运营中的困难和问题，以最优质的服务为招商引资保驾护航，打造了亲商、安商、富商的良好招商环境，千方百计促进项目落地。

2013 年，开发区开工建设市级重点项目 20 个，鲁鑫、鸿福、佳恒等一批骨干企业在新区加快建设，完成投资 52.3 亿元。中国供销（招远）产业园、欧尚广场等项目成功签约。两大新区（东城新区和滨海新区）加快崛起，东城新区累计完成各项投入 24 亿元，滨海科技产业园累计完成基础

招远经济技术开发区鸟瞰

设施投入 16 亿元，滨海广场、滨海景观带等基础工程扎实推进，春雨码头水域工程完工，人工岛成功签约中港建设集团，欧洲工业园入驻 3 个项目，其中奥特姆新能源汽车实现小批量生产。依托重点园区的协调带动，招远市被评为“山东省蓝色经济区建设先进市”。

2014 年 4 月 5 日，市委、市政府制定出台《关于招远经济技术开发区管理体制调整的意见》，将大秦家街道划归招远经济技术开发区，开发区管辖面积达到 109 平方公里。推进开发区在“提升开放层次、增强发展后劲、提升园区承载力、促进社会和谐”上实现新突破。与此同时，市里推动实施“两区一带”发展战略，重点打造东城新区和滨海科技产业园，争创国家生态工业示范园区，引领产业结构升级换代。何为“两区一带”呢？是指国家级招远经济技术开发区、滨海科技产业园区以及连接两区的招辛快速路两侧北部经济隆起带。4 月 30 日，《北部经济隆起带发展意见》出台，招辛快速路、国大路两侧土地调整、特色园区规划等基础性工作启动，华希广场、中国供销产业园等项目进展顺利，文化创业孵化示范基地和金

都缘、东城创业基地入驻中小企业及商户96家。这一年，东城新区加快崛起，完成基础设施投入1.2亿元，五纵五横路网框架拉开，为民服务中心、科技孵化中心等工程主体完工，区内工业、物流和商业服务等实体经济项目启动建设。滨海科技产业园提速发展，开工建设中亚轮胎试验场、康桥旅游帐篷等蓝色项目14个，滨海广场、自驾游营地、滨海景观带基本完工，供水供气、污水处理等基础设施加快完善。当年进出口总额11996万美元，合同利用外资7310万美元，实际利用外资10210万美元。

2015年，是“十二五”规划的收官之年。7月9日，市委、市政府制定出台了《关于加快推动经济技术开发区二次创业赶超发展的意见》，推动开发区“二次创业、赶超发展”。开发区以项目建设为支撑，以招商引资为主线，加快国家生态工业示范园区建设步伐。10月1日，电子商务产业园正式开业，建筑面积1.36万平方米，深圳网邦、杭州泽雅、北京源网等40余家电商企业和创业团队相继入驻，入驻率达90%。全区共规划实施中国供销集团招远产业园、金潮电池工业园、贺利氏（鲁鑫）高科技产业园、皮革加工进出口贸易区等市级重点项目31个，总投资220亿元，全年完成投资51.8亿元。形成了以黄金、轮胎及汽车零部件、机械制造、新型电子材料、食品等五大产业为主导的发展格局。金盐、金丝国内市场占有率均达到60%，轮胎制造业产量和出口额位居全国前三名，拥有在全国有一定影响力的黄金深加工基地、轮胎制造业基地、电子信息材料基地和北方最大的黄金珠宝首饰城、金都皮革城等大型专业市场。全年实际利用外资13160万美元，同比增长65.4%；进出口完成20.45亿美元，同比增长15.5%；固定资产投资完成83亿元，同比增长34.8%。

2016年3月11日，皮革加工进出口贸易区二期项目作为全市“项目开工月”主会场正式开工。温家社区项目被列入烟台民生观摩项目，高性能铜合金管材生产、中国供销集团招远产业园、金潮特种塑料管材生产3个项目被列入烟台市重点考核项目。到2016年底，招远经济开发区下辖温泉街道、大秦家街道和滨海科技产业园，73 个行政村、6 个社区居委会，全区规划控制面积扩展到 220 平方公里，总人口 15 万人。在全省 15 个国家级开发区考核中前进 2 个位次。在 2017 年全国 219 家国家级开发区综合发展水平考核评价中，招远开发区排第 143 位。同年，招远市实现地区生产总值 687.26 亿元，比 2011 年 502.79 亿元增长 36.69%。招远市在全国县域经济基本竞争力和中小城市科学发展百强榜中均列第 34 位，分别比 2011 年前进 5 位和 10 位。

三、做大做强可持续发展的优势产业

招远作为一个以黄金立市的资源型城市，如何着眼长远、实现可持续发展，为这个城市留下绵绵不断的活力是我思考的问题。我觉得在这方面，招远还是有自己的特色与实力。作为山东省仅有的 4 家位于县域的国家级经济开发区之一，招远经济技术开发区在产业发展中，突出以发展技术含量高、规模较大的外向型加工工业和地方资源型产业为主导，重点发展以黄金、轮胎及汽车零部件、电子信息材料为代表的高端制造业，逐步提高高新技术产业、服务业和装备制造产业在开发区经济结构中所占比重，不断优化产业内部结构，推动产业转型升级。全区形成以黄金、轮胎及汽车零部件、机械制造、新型电子材料、食品五大产业为主导的发展格局。

招远市是全国第一产金大市（县），黄金储量约占全国的 1/9，产量约占全国的 1/7，均居全国县级市之首。2012 年，黄金产量突破 100 万两，12 月 23 日召开了“年产黄金超百万两发布暨黄金事业再创辉煌”大会。黄金产业也是招远经济技术开发区的主导产业，经过多年发展，形成了集黄金机械、地质勘探、设计、氰冶、精炼、黄金深加工、黄金旅游等于一体的完整的产业链条，成为全国最大的黄金生产冶炼加工中心。开发区拥有金银饰品加工销售经营企业近 60 家，主要产品有金丝、金银靶材、金锭、银锭、金银饰品、金银合金材料、金盐、银盐、硝酸银等。招远开发区已成为国家级金银鉴定中心、中国北方最大的黄金交易中心和全国最大的金银生产基地，培育出“招金”“招金银楼”“卢金匠”“鲁鑫”等国内知名金饰品牌，拥有黄金精炼、金盐、金丝及固废多元素回收等一批居于全国领先水平的核心技术企业。

轮胎及汽车零部件产业。开发区规模以上汽配企业20多家，主要产品有轮胎、汽车齿轮、变速箱、缸体、缸盖、汽车座椅、驱动桥、轿车悬架系列的副车架、控制臂和后桥、刹车片、刹车盘等。山东玲珑轮胎股份有限公司是世界轮胎16强、国内行业前三强、中国企业500强。区内康泰集团与韩国车西斯公司合资的康泰车西斯汽车零部件有限公司主要生产汽车车桥、控制臂等产品，为通用汽车等整车企业配套。

新型电子材料产业。开发区电子信息产业以电子工业的基础材料生产为主，已有电子信息材料生产企业10余家。招远金宝电子有限公司是专业生产电解铜箔、覆铜板和印刷线路板的全国大型电子信息材料生产企业，公司铜箔产品在国内市场的占有率达到35%，锂电池用铜箔占到国内市场的60%。贺利氏招远贵金属材料有限公司是山东鲁鑫贵金属有限公司与世界500强企业之一的德国贺利氏集团共同创建的中德合资企业，其产品几乎覆盖中国大陆所有的封装企业。

机械制造产业。全区已有机械装备制造企业60多家，其中矿山机械制造企业近30家。产品包括智能按摩椅、橡胶机械、变压器、新能源设备、水处理设备和矿山机械。主要企业有山东康泰实业有限公司、山东招金膜天有限责任公司、招远黄金机械总厂有限公司、烟台市富林矿山机械有限公司等。

食品及皮草产业。食品是传统的支柱产业，主要产品有粉丝、果品、粮油、肉食、蔬菜等。皮草产业逐步兴起，中国金都皮革城二期建筑面积32万平方米，销售网络已辐射到全国及北方主要大中城市。中国金都皮革城定位全国，成功吸引浙江温州、海宁等国内外主要皮革生产基地的600余家知名品牌厂商一起“抱团”进驻。

生态环保与建设齐头并进，确保可持续发展。按照ISO14001的要求建立园区环境管理体系，将发展生态工业与发挥区域优势、提高市场竞争力相结合，与引进高新技术、提高经济增长质量相结合，与区域改造和产业结构调整相结合，与生态保护和区域环境综合整治相结合，确保环保与建设同步发展。开展辖区企业清洁生产审核工作，实行雨污分流的排水体系，工业废水由企业进行预处理，达到排放标准后，再由污水处理厂进行处理。行政村和园区主干道全部纳入城乡环卫一体化处理，生活垃圾做到日产日清、集中处理，无害化垃圾处理率达到99%。

招远经济开发区已走过30多年历程，其中我在招远工作12年，任职市委书记5年，经历了开发区从不起眼的县域一角，发展成为占据招远市三分之二经济总量的龙头带动区域，在强者如林的胶东半岛县域中，率先晋升国家级经济技术开发区，规模以上工业总产值突破千亿元。荣获“环渤海省级开发区投资环境、科技创新、循环经济竞争力百强”“全省对外开放先进园区”“省级科学发展示范园区”“全国最适宜人居新城区”等荣誉称号。招远的国家级开发区建设取得了比较大的成绩，为招远经济的持续发展打下了坚实的基础。

采　访　人：于旭光　郭　彬　刘玉玫

撰稿整理人：于旭光　郭　彬　刘玉玫

打造“品质城市”的探索与实践

贺业增*

2016年12月，组织决定由我担任招远这个全国百强县的市委书记，是重托，更是信任。一个市的工作千头万绪，怎样把方方面面布局好、协调好、发展好，不辜负组织的信任和重托？我认为“万变不离其宗”，这个“宗”就是共产党人全心全意为人民服务的宗旨，就是“以人民为中心”的发展理念，抓手就是民生。

为此，2017年1月22日，在中国共产党招远市第十四次代表大会上，我提出，未来5年招远要“以‘人的城市化’为核心，提升城市品质”。之所以这样讲，主要有三方面的考虑，一是“小康不小康，关键看老乡”，“人的城市化”不是全市724个村全部建成高楼大厦，也不是招远1433平方公里全部建成城市、所有人住进楼房，而是在于政府职能和公共服务下沉，在做大做强做美中心城区的同时，集中更多的人力、财力、物力投向农村，让农民享有与市民同等的公共服务、文明生活。后来证明，这一思路完全符合习近平总书记提出的乡村振兴战略。二是招远作为全国百强县和“中国金都”，经过历届市委、市政府的接续奋斗，招远城乡已经走过相对独立、竞相发展，相互融合、联动发展两个阶段，形成了相依共建、一体发展的局面，产业、财税等基础条件已经具备，各相关职能部门正在积极开拓以城乡统筹、城乡均衡、城乡一体发展为重点的业务职能，在更高层次上提升城市品质、

---

* 贺业增，2016年11月至2021年12月任中共招远市委书记。

增进民生福祉的时机已经成熟。三是通过深入镇村企调研，在“两代表一委员”中广泛开展人民群众最关心事项，对市委、市政府工作意见建议“一最一建议”活动，了解到广大人民群众盼望着享有更优美的人居环境、更便捷的出行方式、更好的医疗卫生服务、更优质的教育资源。提升城市品质，本质是解决民生问题，彰显的是“人”的价值，回应的是群众的期盼。

一、一座有品质的城市应当有“四通八达”的道路，畅行无阻通向每一个角落

2016 年底，刚到招远时，招远没有客运火车，想要坐火车需要先到烟台或者莱阳；途经招远的高速只有一条荣乌高速，境内仅有 2 个高速收费站，且位置偏远，出行十分不便利。群众天天盼望着在家门口能坐上火车，能直接上高速。

2017 年起，市里谋划了以“两铁三路”和城乡交通改善为重点的交通基础设施建设“大会战”。

“两铁”即大莱龙铁路和潍烟高铁。2017 年，得知省级层面要规划大莱龙铁路和潍烟高铁，考虑到招远的人口基数、区位、全国百强县定位和未来发展需求，结合上级铁路网布局规划，市里立即组织开展了全市地方铁路规划研究，在部门单位间展开“对上争取竞赛”，经过多次与省、烟台市主管部门及建设单位沟通，千方百计争取大莱龙铁路在招远设站，争取潍烟高铁项目招远段由 2 台 4 线增加到 2 台 6 线，站房面积由 3500 平方米增加到 1 万平方米，几十年不落伍。在项目推进过程中，我多次跟相关市级领导和部门单位负责同志讲，“一定要快马加鞭往前赶，让群众早日坐上火车出行”，又先后十几次到工地开展调研，现场办公，多次召开市委常委会会议，听取项目进展情况。这两个项目全部成立了由市级领导担任组长的项目推进专班，集中力量破解难题，并实行“顶格推进”机制，

凡是重大事项一律授权市级领导负责协调，切实解决拆迁、土地、资金等方面的“卡脖子”问题，确保各项工作走在前列。其中，招远是大莱龙铁路全线第一家完成全部征迁协议签订工作的县级市。2022年大莱龙铁路客运通车，潍烟高铁于2024年通车运营，“两铁”运营彻底结束了招远不通客运火车的历史，圆了招远人几十年的“火车梦”。

如果说“两铁”圆了招远人民的“火车梦”，那么“三路”则让群众出行驶入了“快车道”。“三路”即龙青高速、“文三线”改扩建和“高高连接”工程。其中，龙青高速于2018年9月28日全线通车，打通了招远南北向的交通大动脉，将招远到青岛的路程由之前的4个小时缩短到1.5小时，而且龙青高速招远段规划设计时，突出“以人为本”，共设置了3个收费站，沿途近10个镇街的群众在家门口就能上高速。龙青高速的3个收费站中，客流量最大的是招远东收费站，与“文三线”相接，龙青高速

2018年9月28日，龙青高速招远段全线通车

通车后，“文三线”的车流量明显增多，尤其是市区段经常拥堵。市里综合考虑物力财力和建设时序，从高处着眼、从实处用力，谋划实施了“文三线”改扩建项目。其中，扩建项目将市区段由双向双车道拓宽为双向四车道，并且设置了招远第一条可变车道。该公路于2019年上半年通车，在极大地缓解了交通堵塞的同时，成为横亘市区的东西要道，城市空间布局得到进一步优化。而改建项目则是在原有的“文三线”市区段以南2公里左右，新建一条“文三线”，建成后城市向南发展的空间会进一步打开，是招远加快南部城郊融合、加速工商资本下乡的关键落子。该项目已正式纳入省“十四五”规划。“高高连接”工程，东起栖霞市上紫现头村东北的沈海高速，中部连接招远市龙青高速，西至莱州市上坡村东与荣乌高速相接，该项目也已纳入省“十四五”规划，纳入牟莱高速规划合并推进，将来招远到烟台可以直接走高速，不需要再到30多公里外的栖霞入口高速。

以“两铁三路”和城乡交通改善为重点的交通基础设施建设大会战，打通了城际交通大通道，畅通了区域交通微循环。如今的招远，龙青高速、潍烟高铁通车了，城区断头路打通了，公交车可以直达全市724个村，群众出行越来越方便。

除了区域间“大交通”的谋篇布局，区域内的“小交通”改善也十分重要。2017年到2020年，招远新建改造400余条城区主干道路和县乡公路，打通了九州路、魁星路等多条断头路，修补破损路面8万多平方米，在烟台首家完成城乡公交一体化改造，新增公交站点500个，区域交通“微循环”得到极大的改善，入选“四好农村路”全国示范县，“欧邱线”获评全国“十大最美农村路”，是山东唯一一条。

有些工作现在回忆起来，仍然满怀感慨。比如，招远首创的“加班公交”，一般县级城市晚上7点左右公交车就停运了，但在招远，晚上10点的时候还会看到30多辆公交车穿梭在学校和居民小区之间，把学生安全送到家，这是我们招远的“加班公交”，是1400多名高中阶段走读学生的“专车”。招远市政府办公楼距招远一中一街之隔，不到500米，有时晚上下班后，老远就看到旁边一中门口接送孩子放学的车辆堵得水泄不通，我从工作人员那里了解到，甚至有家长为了接送孩子，要提前两个小时到学校门口“抢”车位。为此，我安排交通局联合教体局、交运局等单位，对社会车辆、学生通勤等情况进行了摸底调查，经过多方论证，于2018年9月2日开通了“加班公交”，每天早上5：50、晚上9：30接送学生上下学，票价仅1元钱。当时“金都招远”等市内主流媒体公众号报道“加班公交”之后，瞬间收获了“这才是真正为民办实事、办好事”“为政府惠民利民工程落到实处点赞”等上百条留言，其中一条“人民政府为人民，人民心中爱政府”的留言，我至今仍然深记心中。

二、一座有品质的城市应当有“学有优教”的教育，公平公正温暖每一名孩子

教育关系到千家万户的未来和希望，抓住了教育就抓住了民生工作的“根”。大力发展教育不仅仅是一句承诺，更是实实在在的投入和行动。任职书记期间，我始终把教育作为最重要、最长远的民生来抓，大力实施教育优先发展战略，努力办好有情怀、有温度，群众满意的教育，通过教育这个窗口把党的温暖传递到千家万户。

谈到招远的教育事业，就不得不提新二中整体搬迁进城。招远二中成立于 1952 年，坐落在招远最东南角的毕郭镇三村，60 多年来培养了大批优秀人才，但是随着时代的发展，校舍陈旧、硬件设施落后、校园面积不足、交通不便等问题日益凸显。

2017 年 4 月，市里按照打造全省乃至全国一流百年名校的标准，启动了总投资 4.2 亿元的新二中建设工程，经过公开招投标，由国内顶尖水平的中国建筑设计院承担规划设计，由山东建设建工和烟建集团两家特级资质企业施工，我参与了对规划方案的审核把关，并多次召开常委会安排部署相关事项，按照一流的建设标准规划打造。建成后的新二中位于招远城区西外环路以西，占地 213.8 亩，教学楼、礼堂、电教楼、艺体楼、宿舍楼、田径场、篮球场、足球场等一应俱全，交通便利，靠山面水，宜教宜学；同时在师资力量方面，为了推动区域教育均衡发展，2019 年开始连续三年，市里把部分一中的优秀教师抽调补充到二中，经过扩招，到 2020 年学校已有 52 个教学班、2500 多名学生，与一中一东一西、齐头并进，成为招远教育领域的又一标杆。2020 年教师节期间，我到二中走访，教师们纷纷表

整体搬迁进城的招远第二中学于 2019 年投入使用

示，搬到新二中后，用的设备都是最新的、最好的，教学效率提高了不少，上下班回家也方便多了。新二中建设效果怎么样，数字最有说服力，2020年，二中本科上线率78.67%，比2019年提高2.88%，比县、市、省分别高出8.34、10.53和27.26个百分点，获得“烟台市普通高中教学工作先进学校”荣誉称号。

新二中只是我任职招远期间教育领域民生改善的一个缩影，“十三五”期间，聚焦教育资源优化配置，全市累计投入资金在10亿元左右，新建改建51所中小学和幼儿园，全部实现了集体供暖全覆盖，全部消除了56人以上大班额，并规划建设东部、西部2所九年一贯制学校及5所城区幼儿园，逐步缩小区域、城乡、校际差距，让招远的孩子们公平享受到越来越好、越来越有质量的教育。

2017年至2020年，招远的教育工作不断取得新进展、新突破。特别是2020年，对招远来说，是一个“教育丰收年”，全市高考成绩680分以上11人，其中2人进入全省前50名，7人进入全省前280名，4人被清华、北大录取，是近16年来的最好成绩，在烟台市普通高中教学工作总评中位列各县市区第一，交出了一张让群众满意、上级认可、师生自豪的“高考答卷”。

三、一座有品质的城市应当有“事半功倍”的公共服务，全面惠及城乡每一名群众

公共服务直接同老百姓见面、对账，服务好不好、办事方不方便，群众感受最直接，抓住了公共服务就抓住了民生工作的“魂”。我刚到任时，为了全面、真实、准确地了解全市的基本情况，2016年12月20日至29日，我马不停蹄地到全市14个镇街及部分农村调研，并与部分镇村干部和群众座谈。其中，在阜山镇迟家村座谈时，我问大家对党委政府的工作有没有

什么意见，一位40多岁的村民代表跟我说，“贺书记，村里别的都挺好，就是到镇上盖章不方便，前天我早晨8点从家走，将近9点到镇上，带的材料不齐全，10点多又回家补材料，下午3点才盖好，一天什么活也没干，就盖了一个章”，这件事令我感触很深。为什么路也修了、便民服务大厅也建了、操作流程也优化了，但是群众办事还是不方便？归根结底还是站在群众立场上、设身处地为群众着想做得还不够，服务群众的“最后一公里”还没有打通。

回来的路上，我一直在思考，村庄到镇驻地太远、时间太长，群众办事不方便、公共服务跟不上，该怎么解决？“村村修高速”从物力和财力上讲，肯定是不现实的，既然群众到镇上找我们办事不方便，那么我们为什么不能到村里为群众办事呢，“村村派专员”人手不够，是不是可以选几个中心村“以点带面”？脑海里慢慢产生了这种想法。调研回来后，我陆续有了解决问题的基本思路，就是把农村社区作为公共服务向农村延伸的重要平台，按照辐射2—3公里半径区域创建农村社区，建立社区服务中心，把群众日常办理量大的一些公共服务事项下沉到社区中，镇街机关干部、村干部常态化进驻办公，帮助群众办理各项业务。

2017年1月，经过一系列的谋划部署，市里正式提出“以党建为引领、以人民为中心”的农村社区建设思路，把全市724个行政村划分为85个农村社区。“以党建为引领”，顾名思义，就是要发挥党组织和党员干部在服务群众中的引领作用，社区的组织架构是由镇包区领导担任党委书记，区长担任副书记，辖区村党支部书记担任委员，全市526名镇街工作区包区干部全部下沉到社区，驻在当地办公。“以人民为中心”则解释了农村社区的工作定位，就是要全心全意为人民服务，具体工作中，市里把人社、民政、卫健等部门公共服务事项下沉，构建“1+N”公共服务下沉体系。“1”，即在党群服务中心设置“村级印章镇级代为存放点”，对所有仅涉及村级印章的服务事项，一体化全部实行现场即时办理；“N”，即对党组织关系转接、低保审核、养老保险、医疗保险等公共服务事项，逐项明确办理条件、申请材料、办理流程、办理期限等，实行全程代办服务，让群众“进一个门，办所有事”。

2018 年初，烟台市委组织部提出了“建设党建引领乡村振兴融合发展区”，招远在此基础上将 85 个农村社区与镇街工作区全面融合，重新规划出 59 个党建引领乡村振兴融合发展区，并整合 80 多个部门、200 多条热线为一条民生热线，打造党建引领城市治理民生全响应平台。截至 2020 年底，下沉的服务达到 305 项，累计办理服务事项 40.75 万余件，群众普遍反映不用跑远道，也不用多操心，“比城里人办事还要方便”。

融合发展区在党组织与群众之间架起了一座“连心桥”，老百姓有事就到融合发展区办，有困难就向民生热线反映，党组织的威信力在一桩桩为民服务的事件中树立了起来，在群众中的“主心骨”作用也越来越强。这时候，招远趁热打铁，按照“区域共建共兴”的发展思路，大力发展党组织领办合作社，把群众组织起来抱团发展，形成了“党建强起来、经济活起来、群众富起来”的整体效应。2019 年，招远跻身全国农民专业合作社质量提升整县推进试点。截至 2020 年底，全市共成立党支部领办合作社 275 个，涌现出了一批“立得住、叫得响”的过硬典型。比如，在大户陈家融合发展区，合作社流转周边 9 个村 1.25 万亩土地，打造了万亩成方连片的现代化农业园区，入选全省首批乡村振兴齐鲁样板示范区，并于 2020 年在烟台市乡村振兴现场会上作了典型发言。在地北头王家融合发展区，合作社从 2017 年开始，带领群众发展农村电商，带动周边 12 个村共同种植大樱桃 700 多亩，仅地北头王家一个村就实现群众增收 150 余万元的好成绩。

可以说，从 2017 年开始，招远市委、市政府按照“以党建为引领、以人民为中心”的发展思路创建农村社区，发展到 2020 年的党建引领乡村振兴融合发展区，把握住了新时代党建要求、群众诉求和现实需求的发展变化，打通了服务群众的“最后一公里”，得到了群众和上级的一致认可，荣获了“全国农村社区治理试验区”称号。在2020年烟台基层党建现场观摩评比中位列第一，并且承担了集中开会阶段任务。大户陈家、地北头王家等几个建设较早、基础较好的融合发展区，每个月都要接待好几批各地参观学习的团队。

4年来，招远的道路越来越畅通，教育质量越来越高，办事越来越方便，城市品质越来越高，群众生活也越来越好，2020年居民人均可支配收入较2016年增长33.4个百分点，群众满意度评价由烟台市第8名前进至第4名，交出了一份较为满意的“民生答卷”。

采　访　人：原浩政

撰稿整理人：原浩政

从打基础入手　全面筑牢莱州发展根基

刘延林*

在改革开放的前20多年里，莱州人民以拼搏奋斗、勇于创新的精神与实际行动，将莱州打造成烟台市县域经济发展的领头羊。但在快速发展的同时，由改革而沉淀出的问题也逐渐显露，直至“九五”期间，出现了经济增长回落、产业结构不合理等问题，发展进入瓶颈期。2001年1月，我履新莱州市委书记一职，正值新世纪的到来，国内国际环境发生变化，党中央和广大群众对发展提出了新要求。身处历史转折期，身为市委书记，如何引领莱州向更高层次发展，如何让老百姓过上更加富裕的生活？责任重大，使命担当！

2001年春天，新一届五大班子组建起来，面对巨大的工作压力，唯有实干才能破题，我和班子成员走遍了莱州的每一个乡镇，一边走访调研，一边彻夜召开常委会，问题层层反馈，压力逐级传导，班子成员、相关部门负责人结合自己分管的领域，积极建言献策。百丈高楼，必有磐石之基。想要引领莱州向高层次发展，还得从打好基础开始。经过领导班子集体决策，最终确定了一个总的发展思路：压实财政先堵民生缺口，突出基础设施建设，狠抓产业项目，全面筑牢莱州发展根基，重振莱州荣光。

---

* 刘延林，2001年1月至2005年12月任中共莱州市委书记。

一、从解决群众债务入手，稳定民心，筑牢发展的群众基础

上任伊始，我和班子成员在进行大调研的过程中，敏感地捕捉到一个现象，即大多数人在肯定生活改善、经济发展的同时，皆对改革有一定的微词。经思考总结发现，群众对改革成果惠及程度不满。莱州的实际也充分反映了这一问题。莱州是一个人口众多、企业离退休人员众多的县级市，社会保障压力巨大。2000 年时企业离退休人员达到 1.4 万多人，年征缴各项社会保险基金 3.1 亿元，总量居山东省首位，年支付基本养老金 1.2 亿多元，同时由于种种历史原因，至 2000 年底莱州市在农村基金会、重点建设基金、公路集资、建校集资等项目上共计拖欠群众 6.8 亿元债务，这既影响了广大人民群众的生活质量，又影响了莱州的持续发展。于是，在我的全力推动下，市委决定，再难不能难群众，再紧不能紧职工，一定要把群众放在最重要的位置，在一手解决债务一手加快发展的基础上，优先解决群众债务问题。

种类繁多、涵盖多个部门，数目庞大、时间拖延久远，原因错综复杂的群众债务问题，并非某一二个部门能够妥善处结的。我把这个问题拿到市委、市政府的年度目标工作中来，列入全市重点工作，举全市之力集中突破。改革中的问题还得改革来解决，当时莱州主要通过机构改革、农村税费改革和企业改革等来化解群众债务的。

大刀阔斧实施机构改革，压缩行政开支，减少财政负担与债务压力。早在 1998 年，国务院机构改革圆满成功，2000 年 12 月，烟台的全市机构改革工作会议召开，这是一场自上而下的改革开放以来机构变动较大、人员调整较多的一次机构改革。莱州的机构改革也会很快启动，这对于妥善解决 6.8 亿元群众债务是一个千载难逢的机遇。上任伊始，我即着手让组

织部门对莱州全市的行政事业机构、人员、财务进行普查，拿出改革预案；同时，开展市镇机构改革和1958年以来规模最大的镇街行政区划调整工作。很快，在最短时间以雷霆之势启动了市镇机构全面改革和镇街撤并改革，这也是前所未有之事。通过机构改革和人员调整，将全市财政与债务进行科学合理地调整、转移、偿付。到2001年底，在市镇机构全面改革中，减少市直工作部门7个；镇街所属财政拨款事业单位由355个减少到117个；精简行政和政法编制464名，减幅达18.1%；减少科级领导干部职数226名。在镇街撤并改革中，莱州市由31个镇街调整为16个，撤并率达48%，比全省和烟台市平均水平分别高出23.8和16.4个百分点。两项改革的落实，减轻了财政压力和农民负担，为更好地发挥小城镇的辐射带动作用、增强区域带动能力创造了条件。

借势农村税费改革削减群众债务。2000年3月，中共中央、国务院印发《关于进行农村税费改革试点工作的通知》，并进行了试点改革。同年，山东省选择莱州、肥城、茌平3个市县开展农村税费改革试点，逐户核定了农业税常年产量，以及土地计税面积等。2001年，莱州的农村税费改革试点工作全面实施，秉持着“规范、减轻、稳定、发展”的原则，积极做好上级政策精神与莱州实际的结合文章。市里成立了专门的领导小组，派驻相关工作人员，入村进镇，统一指导各村镇开展工作。一方面大力宣传改革的方针政策，另一方面一丝不苟科学运作，在前期核定计税土地面积和计税常年产量的基础上，合理确定农业税计税价格并调整农业税税率；取消了乡统筹费、教育集资等行政事业性收费和政府性基金、集资项目，进一步规范了农村税费秩序。推行了“一事一议”和“一事一批”的解决办法，建立健全了基层党组织建设，新一届村两委班子中书记、主任一人兼比例高达86.9%，党员村委会成员比例达到88.2%，村两委成员高中以上文化的占54%。由于筹划科学、组织得力、督导到位，这项继土地改革、联产承包责任制之后的农村第三次重大改革试点工作如期完成。同时，在试点改革中积极争取到上级给予的较大数额转移支付，莱州减负总额达到4706万元，减负率达29%。2002年4月8日，中共中央决定将山东确定为全面实行农村税费改革试点省份之一。莱州农村税费改革试点经验为全省的农村税费改革试点工作提供了很好的示范引领作用。2004年境内取消农业特产税。2005年全面取消了农业税。通过企业改制削减债务会在后面提到。

在解决群众债务的过程中，莱州做到了开源与节流同步进行。节流实施中，重点在财政方面实行资源整合，靶向施策，采取市级财政零基预算的办法，最大限度地压缩财政支出，把有限的资金用在偿还群众债务这个刀刃上。压缩财政支出，就是每年自上而下，领导干部率先垂范以身作则，全体机关工作人员都要贯彻落实。在实行市级领导包镇街、包园区、包企业、包项目一身四责制中，四、六、八、九无会月，每周一、二、三、日无会日，轻车简从，艰苦创业，四年时间里全市每年节减各类行政开支5000多万元。没有劳民伤财的形象工程，不搞标新立异的政绩工程，负重奋进，在不影响正常办公的情况下，尽可能节省开支，将一切闲置可利用资源调动起来，服务于市级财政。2001年到2005年，莱州市企业职工养老保险费实际征缴额、人均实缴额、计划完成率等主要考核指标均名列山东省各县市区前茅，不但保证了本市养老金发放的需要，还累计节余2.1亿元，全市职工退休养老金连续9年按时足额发放，没有一分钱的拖欠。这不仅稳定了民心，也为莱州的经济发展奠定了坚实的基础。民心齐泰山移，只有稳定住了民心，经济发展才有土可依、有根可扎。

二、推进基础设施建设，突出重点，筑牢城乡发展的承载基础

正如前文提到，上任之初与班子成员大走访大调研中发现，制约莱州发展的症结之二，即当时莱州的各类基础设施建设难以匹配莱州未来的发

展需求。基础设施就像是经济发展的“筋骨”和“血脉”，得建得扎实、通得顺畅，才能让地方经济这台大机器转得更加高效、更有后劲。为此，市委、市政府在全力解决好群众债务的同时，一边抓基础设施建设，一边抓重点项目推进，坚持把基础设施建设作为关系莱州眼前和长远发展的重要工程，始终抓在手上。在前期调研的基础上，市委、市政府统筹谋划出路、水、电、林、社会保障、教育卫生等八大民心工程，紧密结合莱州未来发展趋势，突出“路、水、港”重点基础设施建设，以此为莱州实施跨跃式发展奠定优质的发展资本和坚实平台。同时，市委、市政府并不单纯地以建设搞建设，而是把基础设施建设与城乡协调发展、城市建设、经济发展，以及人民生活水平的提高，统一规划，同步推进。

全力推动城乡协调发展，重点加强农村道路与水利建设。改革开放的成果不仅要惠及城市市民，更要惠及广大的农村群众。市委、市政府在谋划全市基础设施建设之时，充足考虑到了农村的发展所需、农民的生活所

云峰南路焕然一新

需。2001年，市委、市政府首先从村村通油路工程入手，启动农村基础设施建设，为水夏线柴棚至夏邱段37.1公里的改造硬化工程，向上级争取资金800万元；完成土山至金城108公里的环海公路全线测设工作，完成了云峰山、大基山、寒同山13.1公里的三山旅游连接线的沙土路建设工程，以及三城线市区至夏邱段22公里拓宽工程主线建成通车等。乡村道路的畅通，进一步改善了乡村的出行便利与群众的生活，活跃了乡村商贸流通和经济建设。水利方面，市里为留驾水库除险加固工程争取到上级无偿资金2300万元，开工了王河地下水库建设工程和防潮堤除险加固工程等。2002年，党的十六大明确提出统筹城乡经济社会发展。这进一步坚定了市委、市政府加大乡村基础设施建设的决心。到2003年底，完成农村公路改造项目173个，硬化改造县乡公路116公里、乡村道路227.1公里；投资1.7亿元，完成各类水利工程1450项，其中防潮堤除险加固、王河地下水库、留驾水库除险加固三大水利主体工程按时完工；投资5300万元的农村电网改造二期工程完工投运。2004年，以构建农村“八大网络”为总抓手，累计投入3.1亿元，对农村的路网、水网、电网、林网、通信网和教育、卫生、保障网络实施了系统改造与建设，全市有780个村庄实现了道通硬化，水系联网工程进入全面实施阶段，城乡电网进一步完善，每年可减少农民电费支出1800万元，等等。乡村基础设施建设为全市乡村经济的迅猛发展提供了有效的保障。

以基础设施建设拉动城市建设，突出人民便利与经济集约化发展的需要。城市是经济发展的载体。我和班子成员深知城市建设的重要性，将基础设施建设与城市建设、经济发展紧密结合，长远规划，科学统筹。2001年即坚持高质量、高标准、高起点，集中力量狠抓了“路、水、港”等重点基础设施建设。206高速公路莱州段开工建设，并为12公里的莱州连接线争取到无偿投资1.5亿元，为市区向东向北拓展拓宽了城市空间，城市建设开工面积达到40万平方米。2003年，市委、市政府坚持高起点规划、高标准建设、高效能管理的原则，按照“生态型滨海旅游城市”的定位，完成了城市总体规划和城镇体系规划高水平修编，大力实施城市新区“东进南扩”工程和老城区改造提升工程，并按产业发展特点规划了四大园区，规划了旅游发展带，为经济发展留下充足空间，当年全市城市建设投资达到6亿元。2004年投入11亿元，完成了老城区14条道路的路面改造；完成了全长14.1公里的新城区“两纵五横”7条道路的主干线建设，使莱州城区东进南扩了23平方公里，拉开了发展的新框架。同时，城市的天然气、污水处理、垃圾转运等方面配套设施也逐步完善；商品房住宅、旧村改造、绿化、美化、亮化工程等一一落实，城市品位进一步提高。城市建设的完善与提升，也为招商引资、商贸流通带来了机遇，为经济的发展打造了良好的发展平台。

三、实施经济改革与创新，注重产业结构调整，助推产业基础全面升级

说到底，经济才是解决一切问题的根本。莱州的持续繁荣与安宁来源于经济的持续增长，而产业基础又是经济持续发展的根基与动力。全面提升莱州产业基础是我到任时树立的重要目标之一。

我到任莱州之时，正值烟台市统筹推进建设半岛制造业基地和加快推进烟台沿海经济隆起带建设。这一部署，无论是从地理位置上，还是从产业发展上，莱州都有着明显优势。全市上下十分振奋。这是一个难得的发展机遇，抓住眼前的机遇，就可能带来不一样的发展。达成共识后，市委、市政府以及相关部门进一步细化目标，分批调研，盘点手头的资源，召开常委会，凝聚共识，提出三个发力方向：做强传统工业、做活服务产业、做强临港产业。具体做法是：通过改革创新重塑传统产业基础，千方百计构建新兴产业基础。

以工业立市为抓手，大力推行改革与创新，重塑传统产业基础。传统工业既是莱州多年来依据资源优势因地制宜发展起来的经济基础，也是社会稳定与发展的基本盘，不能放弃，必须使其焕发出新的生机与活力。市委、市政府大力推行企业改制、资产重组、清产核资等一系列改革方案。在实施改革的过程中，我和班子成员实地调研走访，进企业进工厂，与企业负责人面对面交流，全面了解企业的实际情况，询问难处，共商解决对策。在前期走访调研的基础上，我和班子成员又分头到访省、市相关部门，四处联系省内外大厂。结合企业与走访情况，我及时会同班子成员开会研讨，找对策，拿方案，探索试点改革。经过前两年的试点改革后，2004 年，金仓公司、金城金矿、盐业集团等 46 家工业企业和物资集团、百货大楼、外贸公司、食品公司等 23 家流通企业相继完成改制，妥善安置企业职工 1.6 万名，为职工补交了“三金”和劳动补偿等 2.38 亿元，盘活企业闲置资产 2 亿多元，核销呆账、死账 7 亿多元，一些历史遗留问题得到彻底解决，企业转换了经营机制，增强了发展活力。在这个过程中，我和班子成员制定出安置职工折扣资产抵押办法，即在改制企业尚未如约付清职工债务前，改制企业以优质资产作抵押，与国资部门办理资产抵押手续，通过这种办法进一步削减了部分群众债务。2004 年底全市已为 77 家改制企业的 6316 名职工办结了近 2 亿元债务的偿还手续，累计偿还各类群众债务 5.6 亿元。2005 年底我离任莱州市委书记时，上任前拖欠的 6.8 亿元群众债务全部结清。此举不仅稳定了民心，也为莱州的经济发展扫清了障碍，减轻了负重。

为焕发传统企业发展生机与活力，我到任莱州后提出工业立市战略，出台文件、拿出方案推动机电、石材、黄金及铁业、盐及盐化工、工艺品等五大支柱产业集中布局，培植产业集群，加快工业结构调整步伐，突出规模以上工业发展和高新技术企业壮大，重塑传统产业基础。2003 年，工业立市战略全面实施。市委、市政府重点突出抓大企业、立高新技术企业，加大对工业的投入力度，大力实施科技创新，积极推动招商引资。莱州大丰、新安达、日进等一批拥有自主知识产权的企业直接为一汽、二汽、本田、德国曼公司等国内外著名大企业配套，高新技术产业产值不断攀升。规模以上工业发展迅速，当年新增规模企业47家，总量达到241家，居烟台市首位；规模工业完成增加值40亿元，实现利税16.4亿元，分别增长40%和66%；高新技术产业产值增长81%，占规模工业总产值的比重提高了6个百分点。2004年，工业大项目建设取得较大突破，鲁达汽车配件、三力纺织机械、盛大铁矿、环球石材、天源盐业等21个总投资过亿项目建设进展顺利，天承金业、环日集团、华汽公司、鲁烟印务等骨干企业规模不断扩大。全年完成工业投入63亿元，增长49%；规模工业实现增加值62亿元、利税28.6亿元，分别增长55%和74%；高新技术产业产值增长74%。机电、石材、黄金及铁业、盐及盐化工、工艺品五大支柱产业支撑作用日趋明显，全年实现销售收入226亿元、利税25亿元，占全市工业经济的比重分别达到70%和68%。工业经济呈现出后劲充足、竞相发展的局面。

华电莱州电厂

与此同时，如前文所提经济建设与城市建设统筹发展，2001 年时市委、市政府就将 6 个经济园区的建设，放到了莱州的基础设施规划大盘子里，统一进行规划建设。一边建设一边招商引资，坚持“莱州以外都是外，内资外资一齐抓”的理念，同时注重了技术引进与创新，注重招商引资与强强联合，注重寻求政策支持等多种手段。当年即有 152 个项目在园区开工建设，完成投资 2.5 亿元。后续几年里，市委、市政府积极引导相关企业入驻园区，积极关联产业链，做好配套建设，突出集约发展优势。随着莱州基础设施建设的日趋完善，到 2005 年，经济开发区（以汽车产业为主）、三山岛辅城片区（以临港产业为主）、石材产业聚集区和盐及盐化工产业聚集区等四大重点经济区域迅速崛起，并各自形成独具鲜明特色。其中经济开发区新增企业 167 家，建成区面积增至 9 平方公里，销售收入过 5000 万元的企业增至 16 家；三山岛辅城片区在建投资过千万元项目达到 21 个，成为莱州发展的重要增长极；石产业聚集区，石材产业销售收入达 80 亿元；

盐及盐化工产业聚集区，原盐生产能力、深加工能力实现翻番，利税过亿元，莱州经济集约发展峥嵘初现。2001年到2005年，莱州市新增工业企业1400多家，全市规模以上工业企业由2000年的183家增加到2005年的326家。莱州新的工业基础盘不断夯实、筑牢、提升，成为经济发展强有力的骨干支撑力量。

大力培植新兴支柱产业。市委、市政府把培育新兴支柱产业作为莱州当时乃至“十一五”期间经济工作的重中之重，并依据地域特点和发展趋势，规划出现代物流、临港制造、滨海旅游、盐化工、海洋渔业五个新兴支柱产业的蓝图。这里，我重点说一下莱州是如何从打基础开始做强临港产业和做活服务产业的。

实施“以港兴市”战略，依托优良的港湾优势，建设区域性物流集散中心。莱州市海岸线长108千米，百里海岸沙滩连绵，拥有三山岛、石虎嘴、刁龙嘴、海庙后、虎头崖、太平湾等自然港湾，莱州湾浅海水域离岸6千米。长久以来，优越的海湾资源为莱州的地方经济发展做出了巨大贡献。2001年，新的领导班子提出“以港兴市”的战略目标，依托108公里的岸线资源，承接烟台北部沿海经济产业带建设，以三山岛辅城片区为龙头，将高标准打造一条新的经济隆起带，与沿城三线经济隆起带构成全市T字型的生产力新布局。其中重点发挥好港口一类开放口岸、陆路直通口岸作用，建设区域性物流集散中心。当年即以莱州港为龙头，争取中银集团6480万元，合资成立莱银港务有限公司，探索拓宽港湾扩容量，全面升级港内外基础设施建设，大力发展临港产业。2003年，“以港兴市”战略进入实际启动与建设，港口基础设施建设不断跟进，当年即完成了5万吨级泊位的前期规划，开工了部分重点工程。2004年，着手开发陆岛、海庙、朱旺等特色码头，投资3500万元的2个3000吨级泊位竣工投运，2万吨级液体石油化工码头完成立项，总投资5.6亿元的莱州港扩建工程已与中海港务集团签订合同。2005年，投资数亿元的莱州港3个5万吨级泊位、2个3万吨级泊位开工建设。大力发展临港产业，重点采用港区联动的运作模式，以莱州港、4×1000兆瓦电力设施建设为核心，吸引港口中转的货物就地加工，承接国内外的产业转移。紧紧抓住重化工、制造业向港口聚集的机遇，重点发展临港物流业和制造业，投资数亿元的东方油储、凯联化工、澳柯玛物流等项目顺利推进，投资1200万美元的大豆蛋白提取项目也开工建设。不断推进的港口基础设施建设与临港产业的发展，为后来莱州的港口吞吐量几年一翻番奠定了产业基础。

立足资源优势，将服务产业打造成莱州又一强大新兴产业。服务产业一直是地方经济的短板，但人民群众日益增长的物质文化需求对服务产业发展极其紧迫。莱州市交通便利、物产丰富、风景秀美，具有大力发展服务产业的优势与潜能。在旅游方面，境内拥有马山、云峰、天齐等多条山脉。上任之初，即与班子成员探索以买断经营权方式开发大基山旅游资源，进一步拓宽了莱州旅游业的发展内涵。取得明显成效之后，依据类似的运作方式，云峰山锦秀休闲中心、金海岸生态旅游等项目依次顺利开发

莱州市旅游胜地黄金海岸

建设。立足108公里的岸线资源，市里积极推进黄金海岸旅游度假区建设，打造现代滨海休闲度假胜地，形成集碧海、金滩、松林、海岛于一体的滨海风光带。市里每年的旅游业投入都在几千万元，其中2003年旅游业投入9300万元，较上年增长80%。加大商贸流通业的投入力度，2003年莱州投入5.9亿元，是上年的3倍；2004年利群集团莱州商厦、百货大楼等相继开工建成，城区新增大型超市面积3.6万平方米，总量达到12万平方米。传统服务业发展正兴之时，信息服务业、金融保险等新兴服务业也都有了较快发展。做大展会经济，2003年举办了首届中国（莱州）国际石材展览会，实现贸易额24.2亿元，并被中国石材工业协会命名为“中国石都”，莱州石展会已成为全国三大石展会之一。2004年举办了第六届国际果蔬博览会种苗分会暨2004年山东（莱州）种苗展示交易会。2005年先后举办了名特优食品展销会、医疗器械及药品展销会、汽车摩托车展销会等大型展会，5次会展交易额突破45亿元。我任职莱州市委书记的5年里，莱州经济保持了持续快速健康发展的良好态势，在烟台各县市区的经济考核排序中也由2001年的第九位，攀升至2005年的第四位，2004年在全国百强县（市）排名中前移6位。

回顾那段在莱州担任市委书记的经历，我深感自豪和欣慰。一系列影响深远的政治、经济改革措施顺利实施，一大批功在当今、利在长远的优势产业逐渐壮大，为莱州的未来发展奠定了坚实的基础。我相信，在莱州人民的共同努力下，莱州的明天一定会更加美好。

采 访 人：潘书民

撰稿整理人：潘书民　姜俊英

莱州市“三德工程”“四德工程”建设的实践

林建宁*

根据组织安排，我于2000年12月至2005年12月任莱州市委副书记、市长，2005年12月至2007年11月任莱州市委书记。

莱州历史悠久，民风淳朴，崇德向善，人杰地灵。2006年至2007年莱州市委、市政府以科学发展观为统领，以提高公民道德素质为主线，以建立共同理想信念推动经济社会和谐发展为目标，动员全市组织实施了“三德工程”：家庭美德以“孝”为切入点，组织实施“孝德工程”，突出生活保障、精神慰藉、敬业回报的主题；职业道德以“诚”为重点，组织实施“诚德工程”，突出忠诚事业、诚实劳动、诚信待人的主题；社会公德以“爱”为核心，组织实施“爱德工程”，突出关爱他人、爱护环境、奉献社会的主题。“三德工程”，受到莱州广大干部群众的热烈欢迎和积极响应，并迅速转化为推动经济社会发展的强大动力，对建设和谐莱州起到了极大的推动作用，并在社会各界产生了强烈反响。

2007年10月15日，党的十七大隆重召开，中共十七大报告明确指出：要加强社会公德、职业道德、家庭美德、个人品德建设，发挥道德模范榜样作用，引导人们自觉履行法定义务、社会责任、家庭责任。11月23日，山东省思想道德建设工作会议在莱州召开，总结推广莱州市“三德工程”经验，部署实施全省“四德工程”建设。莱州市委、市政府认真贯彻党的

---

* 林建宁，2005年12月至2007年11月任中共莱州市委书记。

十七大精神，落实全省思想道德建设工作会议部署，在“三德工程”的基础上，组织全市实施了“四德工程”建设，在“三德工程”的基础上增加个人品德以“仁”为目标，实施“仁德工程”，突出知荣辱、懂感恩、尽责任的主题。通过广大干部群众的共同努力，莱州市“四德工程”建设扎实推进，取得了许多在全国全省有影响的好经验，得到了中央宣传部、山东省委和烟台市委的充分肯定，为全国和全省的精神文明建设做出了积极的贡献。

一、2006 年莱州市实施“三德工程”动因

2005 年，莱州市人均 GDP 达到 3359 美元，进入了经济和社会发展新的转型期。许多发达国家和地区的发展历程表明，当人均 GDP 达到 3000 美元后，区域产业结构、城乡结构和就业结构将发生新的结构性转型，人们对道德、文化、生活方式等多方面都提出了更高的要求，精神生活的追求更加丰富。思想道德建设成为转型期协调各种社会矛盾和问题的关键，成为经济和社会更好更快发展的强大推动力。围绕如何推动新时期的公民道德建设，2006 年初，莱州市成立了专题调研组，深入机关、企业、学校、村居和家庭，进行了广泛深入的调查研究。

在家庭美德建设中，群众最关心的是一个“孝”字。2005 年，莱州市 60 岁以上的老年人达 15. 4 万人，占到全市人口的 17. 4%, 人口老龄化程度严重。养老问题成为一个社会问题，尤其在农村，子女赡养老人问题往往成为引发家庭矛盾的导火索。据莱州市人民法院统计，2005 年全市因家庭赡养问题引发的纠纷诉讼案件占各类民事纠纷案件的 9.97%，还有许多因赡养问题而引发的家庭矛盾，是靠老人的忍让来“消化”的，没有对簿公堂的难以统计。调查中发现 98% 的父母最渴望的事情是一生的辛劳能换来子女的孝心。

在职业道德建设中，最关键的是抓好一个“诚”字。三百六十行，行行有行规，但都是围绕着“诚”字展开的。调研中发现，干部说话不算数、少数经营者眼前利益至上，违法经营、假冒伪劣、污染环境等现象害人害己，都是由不遵守诚信，以致违规违法造成的。在市场经济建设中，没有信用就没有市场。诚信不仅是经济运行轨道的基础，也是一个区域发展的最好环境。在调研中有 80% 以上的人认为，职业道德建设最重要的是诚信建设。因此，诚信建设是职业道德建设的关键环节，也是道德建设的主战场。

在社会公德建设中，最凝聚人心的是一个“爱”字。如果说“孝”是家庭血缘和亲情关系的道德规范，“诚”则是职业活动中利益与信誉关系的道德规范，那么“爱”则是人们在社会活动中不一定具有血缘亲情和利益关系的道德规范。爱是人的善良本性的展现与升华，是宽泛的，也是具体的。家庭因爱而生，单位因爱而聚，社会因爱而成。调研中 82% 的人认为社会活动中最需要的是人与人之间无私的爱，哪怕是一个微笑、一声问候，都能融洽陌生人之间的关系。

群众呼唤孝、诚、爱。站在新起点、实现新发展、开创新局面，就必须以对莱州历史和群众高度负责的态度，从战略的高度上谋划凝聚精神力量提高区域软实力，并使之转化为推动莱州科学发展的强大动力。道德建设就是在人们的思想中实施灵魂塑造工程，群众最欢迎的是管用的、实实在在的思想道德建设。这就需要贴近群众生产生活实际，把思想道德建设的长远目标与解决眼前的具体问题结合起来，与群众在思想上产生共鸣、在行动上产生共振。孝德、诚德、爱德既是家庭美德、职业道德、社会公德建设的核心内容，也是实施思想道德工程的有效切入点。深入调研之后，莱州市委集思广益、充分论证、统一思想，先后于 2006 年 10 月 30 日九九重阳节、2007 年 2 月 25 日正月初八机关上班的第一天和 2007 年六一国际儿童节梯次启动了“孝德工程”“诚德工程”“爱德工程”。

二、“三德工程”的具体实践

第一步，深入宣传发动，营造以德为荣的浓厚社会氛围。市宣传部、教育局等有关部门根据《公民道德建设实施纲要》，组织编写了贯穿幼儿、小学、初中三个学段的地方德育教材——《德育与生活》，免费发放到10万名孩子手中。编印了12万册《感恩父母》《孝德歌谣》《诚信职业道德规范》《“爱心”教育读本》等宣传材料，发放到千家万户。在电台、电视台、政府网站等媒体，开设“三德赞”专栏，大密度滚动播发“三德”节目。举办文化艺术周、文化交流等大型主题活动，不间断地进行引导和灌输。城建部门和各镇街、村居新建和改造了城镇村中心广场、主题公园200多处，将“三德”文化固化为建筑艺术，在公共场所设置“三德”图文浮雕和大型公益广告，使市民在潜移默化中接受教育，在全社会营造了浓厚的道德文化氛围。广泛树立典型群体，让鲜活的典型成为人们学习的榜样。榜样的力量是无穷的，一个典型就是一面旗帜，千万面旗帜汇聚成社会的主流。每个村、企评树3—5名典型，每个镇街、系统评树80—100名典型，全市共树起8000多人的先进典型群体，再从中选出市级“百面旗帜”“现代二十四孝贤”“感动莱州十大爱心人物”。对评选出的典型，由所在单位敲锣打鼓送荣誉上门，并将他们的照片和事迹张贴在村庄和单位醒目位置，成为邻里和同事们学习的榜样。被评为市级先进典型的，由市委、市政府隆重表彰，组织报告团巡回演讲，把他们的事迹传遍千家万户。同时，坚持城镇村全面覆盖，使“三德”文化占领城乡群众思想主阵地。通过宣传教育、签状立约、张榜公示、评价监督、奖惩考核，建立无缝覆盖的“三德工程”推进网络：纵向上，由市到镇、由镇到村、由村到户；横向上，机关、企业、学校等同步行动。全市所有单位都是“三德工程”建设的主阵地，所有市民都是实践主体。“三德”文化渗透到城乡每一个角落，走进莱州 86 万人民心中，变成群众的自觉行动。

第二步，签状立约、张榜公示、建章立制，推动“三德”建设深入开展。签状立约是针对不同单位、不同群体的不同情况，分别制定了操作性强的“三德”责任状，引导有行为能力的市民逐人签署。“孝德”责任状对子女提出提高赡养标准、解决医疗费用、改善居住条件、给予精神慰藉和敬业回报五方面要求，同时对父母提出了教育好子女、支持子女的工作、孝敬自己的老人三方面要求。“诚德”责任状要求每个社会成员珍惜所从事的工作岗位；在劳动中出力实干，奉献真实的劳动果实，不掺杂使假，不揽功诿过；在与人交往中诚实守信，真诚地对待社会、组织。“爱德”责任状要求大家关爱邻里、同事和他人，爱护莱州的土地、山海、水系、空气和林地，用奉献社会的实际行动回报祖国和人民。到 2007 年底，全市共签订“三德”责任状 100 多万份，签状率达 95% 以上。张榜公示是多渠道的，最早的张榜公示起始于 1984 年的郭家店镇朱家村，当年该村村委会决定对全村各家赡养老人的情况进行张榜公示，一直坚持了 20 多年，村里没有发生一起赡养纠纷和刑事案件。市里推广了朱家村“赡养榜”的好经验，统一设计了“三德”公示栏，2007 年，全市共建立 1 万多个“三德”公示栏。同时在互联网上开通了莱州诚信网，建立了网上“红黑榜”，重点对有关单位、企业和个体工商业户的“金融诚信”“税收诚信”“政法诚信”信息进行公开披露。网上“红黑榜”，网下“公示栏”，全市“三德”责任状落实情况公示率达 95% 以上。人活一张脸，树要一张皮。一张“三德”公示栏就是一个“荣辱榜”，千万个“荣辱榜”立起来，形成了倡树正气的强大力量。建章立制集中体现在评价体系的建立与完善。评价体系的建立是依据“三德”责任状执行评议情况，建立以赡养老人、依法纳税、金融信誉、遵纪守法、文明奉献为主要内容的综合评价体系。在各单位成立道德评议委员会，对个人和集体的“三德”责任状履行情况定期进行评议。建立奖惩机制是把“三德工程”作为全市精神文明建设重点工作，纳入年终考核，作为文明单位、文明家庭、文明市民评选的重要依据。对做得好的大力表彰，对做得不好的公开曝光。

第三步，加大政府投入，为“三德工程”提供有力支撑。完善社会养老保障体系，健全养老、医保、低保和优抚、救济、救助等制度，使老年人享受到公共财政的阳光。2007 年，全市发放城乡低保、农村优抚、五保供养等救助资金 2857 万元，城镇养老保险覆盖率、农民养老保险参保率、新农合农民参保率各达到 98%、78%、90%；投资 2500 多万元，新建和改扩建 19 处镇敬老院，全市五保户集中供养率超过 80%。组织开展诚信建设活动，工商、技术监督等部门，严厉打击制假贩假行为；商贸流通企业深入开展“千城百店无假货”活动；工业企业组织“重合同、守信用企业”评选活动，倡导“以质量取胜、靠诚信兴业”理念。大张旗鼓表彰文明镇街、村庄、企业和文明信用户，重奖坚守职业道德的个人和诚信纳税企业。全面推进爱心事业，各级领导干部视群众为父母，富一方百姓，保一方平安，时刻关注解决好群众生产生活中的实际问题；企业厂长经理努力创造就业机会，提高职工工资待遇，按时足额发放工资、缴纳“三金”。把环境保护列入考核内容，实行“环保一票否决制”，设立环境保护有奖举报电话，把植树造林列入全市六项重点工程，高标准完成 6 条总长 300 公里的绿色长廊造林绿化工程，为莱州留下青山绿水，让居民呼吸上清新空气。开展志愿者助残、创建和谐劳动关系、爱心认领等“十大爱心行动”，引导市民讲美德、除陋习、树新风。

第四步，建立长效机制，使“三德”文化在莱州大地生根开花、代代相传。加强领导，健全组织体系，市镇村企成立由主要领导任组长的“三德工程”建设领导小组，依托宣传文化系统成立“三德工程”办公室。在纵向上，层层推进；在横向上，以党群部门为主力，文明委成员单位各司其职，协调基层抓落实。注重长远规划，分类分步实施。市委以“三德工程”为抓手，对全市精神文明建设作出长远规划。按照家庭、单位、社会三个不同活动空间，老、中、青、少、幼不同群体和机关事业、工厂企业、个体工商业、农业等不同行业，制定不同的标准要求。遵循由近及远、以点带面、梯次推进、逐步提升的原则，按计划、分期分步组织实施。党委、政府把思想道德建设作为精神文明建设工作的重要内容，纳入重要议程，在人财物上重点倾斜。大力培育骨干，激励全民参与。市镇村企领导干部以身作则，争当精神文明建设的表率和践行“三德”的骨干。宣传、文化、教育、民政等部门发挥骨干作用，带头组织实施“三德工程”。组织全市8个民间艺术协会、1200支业余文艺团队、3100个文化中心户深入宣传精神文明和典型事迹，形成了骨干带动、全民参与、共同推进的局面。

三、“三德工程”取得的成效

经过近两年的实践，莱州市“三德工程”取得初步成效。“三德工程”把思想道德建设做到了“家”中，扎稳了根基，老人们的养老金普遍提高，2007年全市每个子女平均缴纳赡养费比上年提高了20%，其中全市农村老年人赡养费增加4000多万元，老年人的赡养得到了有力保障。“三德工程”在家庭中树立了正气，2006年至2007年全市家庭赡养纠纷下降20%，婚姻纠纷下降26%，有力地促进了家庭和谐与社会稳定。“三德工程”优化了经济发展环境，“诚实守信为荣，见利忘义为耻”的观念深入人心，中国海外、中国化工、中国华电、中国粮油、中国大唐、山东黄金、鲁能等知名企业相继投资莱州，在山东省2006年度县域经济发展考核评价中，莱州市进入全省“十强县市”行列。2007年，全市过亿元投资项目达30多个，销售收入过亿元企业达65家；莱州市国税、地税增幅均超过50%，地方财政收入同比增长32%，“三德工程”促进了莱州经济又好又快发展。“三德工程”弘扬了社会正气，密切了干群关系。2007年全市“爱心捐助”和慈善捐款达1200万元，居山东县市区前茅。全市3000多个单位、个人与6200多个困难村庄、企业、家庭建立了“一对一”帮扶关系。在2007年初举行的市、镇党委换届选举中，市委领导班子、市纪委领导班子、市委委员，烟台市党代表及乡镇党委，五次选举，得票率实现了五个 100%。

四、乘势而上，莱州“四德工程”建设卓有成效

党的十七大、十八大、十九大报告中，均对“四德”建设做出重要部署，号召全党全国“深入实施公民道德建设工程，推进社会公德、职业道德、家庭美德、个人品德建设，激励人们向上向善、孝老爱亲，忠于祖国、忠于人民。”2013 年 11 月，习近平总书记视察山东时指出，“社会主义文化建设的一个基础性工作，就是加强社会公德、职业道德、家庭美德、个人品德教育”，“深入推进美德山东、文明山东、诚信山东建设，大力弘扬优秀齐鲁传统文化”。自 2006 年起，近 20 年来，历届莱州市委、市政府始终将“三德工程”“四德工程”建设作为全市精神文明和地方软实力建设的重要内容，一届接着一届干，一级带着一级干，持之以恒、久久为功。莱州市先后 7 次在中央宣传部、中央文明办主持召开的全国会议上介绍“四德工程”建设经验，多次受到中央宣传部、山东省委、烟台市委的表彰和肯定。2017 年 11 月，莱州市被评为全国文明城市，全市干部群众用智慧和汗水铸造出了“厚德莱州”的金色名片。

2011 年 12 月，根据组织安排，我由淄博市委到山东省委宣传部工作，分工负责组织推动全省“四德工程”建设。深情回望：2006 年至 2007 年，我有幸与莱州的干部群众一起组织实施了莱州“三德工程”，参与了全省“四德工程”建设的启动；2008 年至今，我见证了莱州市为全省“四德工程”建设做出的贡献，分享了莱州市获得全国县级文明城市的喜悦。我衷心祝愿莱州这片古老而神奇的土地，永远常青！衷心祝愿莱州的父老乡亲，幸福安宁！

采　访　人：张　涛　任浩然

撰稿整理人：张　涛　任浩然

"蓝黄战略"在莱州

杨洪旭*

我在莱州工作时间长达14年。1997年12月到莱州任职，2002年任市委副书记、市政府副市长，2006年任市长，2008年2月至2011年11月任市委书记。在一个地方工作时间这么长，这是我人生履历中的唯一。如今，回望莱州岁月，印象最深刻的是有幸与莱州人民一起见证了"蓝黄"战略上升为国家战略，一起昂扬奋发、一往无前地践行"蓝黄战略"在莱州落地落实。

一、立足区域优势，抢抓机遇，为莱州跻身"蓝黄战略"攒足底气

莱州有地理区位优势，莱州人民有大境界，抓住了好机遇，赶上了国家的大战略。任职莱州期间，多少次，我站在搜集到的各级各类最新地图面前，放宽视野解读研判莱州在全省、全国的新一轮发展定位，越看越是心潮澎湃，越看越感觉莱州发展地位的重要性，必定是国家省市经济发展的要略之一，我们要积极作为，加快发展，抢抓机遇，乘势而上，时刻准备融入国家和省最新发展战略。

莱州是一片天然宝地，拥有108公里海岸线，正处在黄河三角洲和山

---

* 杨洪旭，2008年2月至2011年11月任中共莱州市委书记。

东半岛的交接点上，具有双重地域优势，莱州湾以莱州为名，莱州港位于渤海莱州湾东岸（北纬 37° 24.7′，东经 119° 56.8′），是环渤海经济圈黄金地带和黄河三角洲唯一的深水港，是鲁中、鲁西地区通往深海的便捷通道，自古就以港口开展对外交流和贸易。改革开放以来，莱州人民吃苦耐劳、勤恳奋斗的精神得以释放，历届市委、市政府持续关注黄三角的发展，带领广大党员干部以莱州港为突破点，不断向海图强。中共中央和省委、省政府对包括莱州在内的黄河三角洲开发一直寄予厚望，先后将其列入了国家“十五”计划和“十一五”规划。2007 年 6 月 24 日，山东省第九次党代会进一步把“加强黄河三角洲高效生态经济区规划建设”写入工作报告。2008 年 11 月，莱州被确定为“黄河三角洲省级可持续发展实验区”，这是山东省率先在全国科技系统建立了跨行政区域的实验区，具有很强的创新性和示范性。莱州一直在为黄河三角洲的开发与建设贡献着自己的力量，不仅明显的地理优势为莱州奠定了发展的区位基础，拥有 88 万常住人口的莱州广大党员干部群众围绕发展实干争先，攒足了承接国家大战略、融入国家大战略的底气和锐气。

这其中，华电国际智能化电厂项目落户莱州，就是我们积极主动、拼抢大项目的最生动案例。2003 年，时任莱州市计划委的蒲主任在去省主管部门汇报工作时，偶然获知山东省正规划上新型节能火电项目。这个消息让我们如获至宝。时任市委副书记、常务副市长的我立即拉着蒲主任向书记、市长汇报，当即成立了一个专项工作小组，主动跑“省”进“京”，持续以战时状态跟踪项目进展。在省市各级的支持下，在大家的共同努力下，华电国际莱州电厂项目被山东省、中国华电集团公司、山东电网列为“十一五”规划建设的重点电源项目。该项目总投资 300 亿元，总规划装机容量 8×1000 兆瓦，一期建设两台 1000 兆瓦级超超临界燃煤机组，年发电量可达 110 亿千瓦时。项目具有节能、节水、节地、环保等特点，设计发电煤耗 268.5 克 / 千瓦时，低于全国火电平均水平近 70 克 / 千瓦时，是国内首家设计煤耗低于270克/千瓦时的发电企业。电厂建设在海边滩涂盐碱地，灰场利用废弃的露天金矿矿坑，不占用基本农田，并采用海水淡化技术供水，厂内污水和废水经处理回用，可实现污水“零排放”。

2008年8月，华电国际莱州电厂项目一期工程经山东省发改委核准上报至国家能源局。2009年5月11日，国家能源局下发了《关于同意山东华电莱州电厂“上大压小”新建工程项目开展前期工作的复函》，正式同意该项目开展前期工作，标志着华电国际莱州电厂一期2×1000兆瓦级机组项目获得国家发改委“路条”，进入项目核准程序。2010年3月20日，华电国际莱州电厂一期2×1000兆瓦级机组工程开工仪式隆重举行。这是莱州历史第一个单体投资过百亿的超大项目，一期工程投资即达100亿元！实在振奋人心！

机遇与挑战并存。从2003年捕捉到项目信息，到2010年项目开工建设，前后近8年的时间，我们打赢了这场“持久战”，我们战胜了其他地区的竞争对手，终于促成华电国际莱州电厂项目花落莱州，还真是有“十年磨一剑”的艰辛。华电国际莱州电厂项目正契合了不久后“蓝黄战略”入驻

2010年3月，华电国际莱州发电公司一期2×1000兆瓦级机组工程开工仪式

的高效生态项目要求。项目建成后，将为黄河三角洲高效生态经济区和环渤海经济圈的发展提供重要的电源支撑。有了华电项目的胜利入驻，莱州打起“蓝黄战略”信心倍增，全市上下豪情满怀，斗志高昂。

二、科学布局，上下齐心，争创“蓝黄战略”良好发展机制

2009 年 6 月 30 日，山东省出台了关于建设胶东半岛高端产业聚集区的意见，莱州成为省规划的县级市之一。11 月 23 日，国务院批复同意《黄河三角洲高效生态经济区发展规划》，旨在推动山东省黄河三角洲地区的可持续发展，打造环渤海区高效生态经济高地，形成西起乐陵东至莱州的环渤海南岸经济集聚带。其中涉及的地方区域，只有烟台的莱州是县级市。2010 年 3 月，国家科技部批复，山东省黄河三角洲被列为国家可持续发展试验区，这也是我国第一个跨行政区域的国家可持续发展实验区。同年 3 月 9 日，烟台市委常委会扩大会议在莱州召开，就推进黄河三角洲高效生态经济区莱州区域建设进行专题研究和部署。这给了莱州极大支持和鞭策，为今后莱州的发展指明了方向。3 月 11 日，莱州召开全市领导干部会议进行动员部署，决心以烟台市委常委会扩大会议精神为指导，珍惜机遇，勇于担当，瞄准“建设具有强大带动和联动效应的桥头堡”的功能定位，以跻身全省县域 30 强前八位、争当“黄三角”19 个县市“排头兵”为发展目标，迅速铺开各项工作，为建设文明富庶新烟台作出新贡献。

莱州市委、市政府精准把握莱州发展定位，一致认为：落实国家黄河三角洲高效生态经济区发展规划，莱州要走在前面，率先破题，打造山东半岛绿色能源基地、高效生态农业示范基地，争当黄三角建设的坚强桥头堡和出色排头兵。市里相继成立了争创黄河三角洲高效生态经济区领导小组和工作专班，绘制了发展蓝图，制定了实施方案和工作责任制。充分发

挥舆论宣传的强大作用，在全市营造加快发展、争当黄三角排头兵的发展氛围，形成了统筹有力、科学有效的发展机制。

2011 年 1 月 4 日，国务院批复《山东半岛蓝色经济区发展规划》，山东半岛蓝色经济区建设正式上升为国家战略。这是中国第一个以海洋经济为主题的区域发展战略，是中国区域发展从陆域经济延伸到海洋经济、积极推进陆海统筹的重大战略举措，发展区域覆盖山东省全部海域及青岛、东营、烟台、潍坊、威海、日照六市与滨州市二县陆域。莱州作为烟台市下辖的县级市，自然包含在这一战略规划之中。莱州成为烟台唯一同时跻身黄河三角洲高效生态经济区、山东半岛蓝色经济区两大国家战略和一个山东省战略的县市，三大战略叠加，并被确定为重点开发区域，为新一轮发展提供了千载难逢的重大机遇。

面对新一轮国家发展战略，莱州市委、市政府迅速作出部署，针对三大战略叠加合理调整发展布局，成立领导与工作机制。俗话说，手中有“粮”，心中不慌。针对 21 世纪是海洋的世纪，莱州在传统水产业发展的基础上，不断实现新的突破。2007 年时名优水产品养殖面积扩大到 8000 公顷，6 个品种的育苗产量占全国的 1/3 左右，被确定为“山东省增殖放流示范区”。面对莱州融入两大国家战略，我和市级领导班子有信心把国家大战略扛在肩上，扎根在莱州这片热土里长成参天大树，决心带领全市党员干部锚定争政策、争项目，扭住发展不放松，和广大人民群众一起埋头苦干、乘势而上，攻坚突破、赶超发展，在改革开放上不断出实招、放硬招，实现莱州跨跃式发展。

三、多业并举、率先发展，争当“蓝黄战略”的坚强桥头堡和出色排头兵

作为三大战略叠加的重要发展区域，莱州市委、市政府将陆海统筹发

展、可持续发展、创新发展作为新形势下全市加快发展的根本原则，大力推动改革开放，优化产业结构，加强基础设施建设，培植骨干大企业，整合海洋资源，发展海洋产业，在推动莱州经济、政治、文化、社会全面发展的同时，成为了黄河三角洲高效生态经济区建设的桥头堡和海洋经济建设的排头兵。

一是在临港产业区建设上实现新突破，建设特色鲜明、优质高效的桥头堡。坚持以转方式、调结构为主线，建立以高效生态农业为基础、环境友好型工业为主体、现代服务业为支撑的高效生态产业体系，加快推进规划面积500平方公里的临港产业区建设，形成“一港五区”的产业布局。“一港”即莱州港，推进投资22亿元的莱州港2个10万吨级泊位等二期扩建工程，至2011年底，新建5个5万吨级泊位全部投入运营，吞吐能力跃升至3000万吨，成为黄三角区域规模最大的港口；“五区”即三山岛临港产业区、机电和装备制造业聚集区、化工产业循环经济区、滨海旅游度假区、高效生态农业示范区。在“一港五区”中，着力做大做强“七大产业”：临港物流业，加快推进莱州—潍坊—淄博输油管道建设，莱州至昌邑输油管道全线贯通，临港液体化工品仓储能力由10万立方米增加到120万立

莱州风力发电

方米，建成区域性液体化工品物流中心、散杂货集散中心，临港物流园区成为省级重点服务业园区。电力工业，围绕打造山东半岛重要的新能源基地，2010年底华电国际莱州电厂一期建设两台1000兆瓦级机组主体工程完工，先后引入了总投资224亿元的大唐、华电、鲁能、东源等风电项目，至2011年底装机容量突破45万千瓦，居全省县级市首位。机电和装备制造业，加大对汽车零部件、园林机械、小型建筑机械等机电产业的科技投入，积极发展大中型工程机械等装备制造业，刹车盘产量约占全国的40%，出口量占北美市场的70%，液压提升器产量占全国的80%，小型工程机械产量占全国的90%，机电产业集群被评为“全省产业规模竞争力十大典范经济区”。黄金业，向综合利用方面拓展，建设中国黄金生产及深加工基地，2009年全市年产黄金即达50万两，年黄金交割量66吨，黄金储量、年加工能力和年产量三项指标均居全国县级第一。化工业，莱州成为国家级循环经济试点城市，银海工业园成为国家确定的循环经济示范园区，落户化工企业30多家，年产原盐200万吨，是中国北方盐化工生产基地。滨海旅游业，充分发挥莱州拥有黄河三角洲区域唯一的金沙滩、全省最大的沿海防护林、国内最大的海神庙遗址、魏碑书法艺术圣地云峰山、省级自然保护区大基山等独特资源优势，打响“长寿之乡·黄金海岸·月季花城”品牌，争取设立了省级滨海旅游度假区。首届亚洲大学生沙滩排球锦标赛2011年7月16日在莱州三山岛金沙滩开幕，这是继“全国大学生沙滩排球锦标赛”之后，莱州迎来的又一重大体育赛事。高效生态农业，以中国（莱州）种业硅谷、中国欧盟（莱州）种质资源国际合作基地、莱州湾海洋牧场、国家玉米工程技术研究中心（山东莱州）等项目建设为依托，积极打造高效生态农业示范区，承办了第四届中国农业植物新品种展示暨品种权交易会，为全国粮食主产区农业生产会议提供了观摩现场，登海种业成为首批国家级创新型企业，莱州被确定为“国家绿色农业示范区”。

二是在基础设施建设上实现新突破，建设设施先进、便捷畅通的桥头堡。将基础设施作为打造便捷高效桥头堡的前提和基础，加快推进港、路、水等保障体系建设。其中，按照莱州港功能规划，重点发展油品、液体化工品中转储运，积极发展散杂货和集装箱，锚定亿吨大港目标不放松，推动港口及港口配套设施向大型、深水、专业化目标迈进，莱州港成为海峡两岸海上直航港口，1 号港池 12 个泊位全部获准对外开放，巩固了黄三角龙头港的地位。疏港高速公路竣工通车，疏港铁路具备铺轨条件，新修改造国省道 217 公里、农村公路 742 公里，胶东引黄调水工程莱州段干渠全线贯通，完成“三河六库”联网、62 座中小型水库除险加固、260 个村庄饮水安全工程，新建 50 万伏、22 万伏变电站，新建扩建 15 个 11 万伏输变电站，年供电能力提高到 29 亿千瓦时，电气化建设水平位居全省前列。

三是在生态建设上实现新突破，建设环境友好、生态文明的桥头堡。完善林业生态体系，保护好长达 40 多公里的沿海防护林带，使之成为生态“绿肺”和天然氧吧。持续推进“全民绿化年”活动，抓好莱州湾湿地保护

莱州港

与可持续利用示范工程，新增造林面积11.5万亩，森林覆盖率由28%提高到33%，国家和省级生态镇达到9个。实施海洋生态保护，继续实施渔业资源修复工程，建好莱州湾海上牧场，高标准建设国家级渔业资源增殖放流示范基地，放流各类水产苗种6亿尾。新增烟台市级以上农业产业化龙头企业22家，农产品加工能力达到107万吨；新发展农业标准化生产基地7万亩、畜禽标准化养殖场457个、渔业标准化养殖大棚47万平方米，新认证无公害农产品和绿色、有机食品59个，新增国家地理标志证明商标7个。

四是在城乡统筹发展上实现新突破，建设城乡一体、和谐稳定的桥头堡。把改善民生、促进和谐作为一切工作的出发点和落脚点，城市建成区面积扩大到40平方公里，城区人口达到34万，成为省级园林城市，获得山东省适宜人居环境奖。小城镇和新农村建设协调推进，撤并行政村40个，建成农村社区256个，成为全国农村社区建设全覆盖示范市，沙河镇成为省级强镇扩权试点镇。启动实施了108个旧村改造项目，开工面积337万

平方米。推进城乡环卫一体化，完成了 17 处镇街垃圾处理场的升级改造，新建集镇垃圾处理场 16 处、垃圾压缩中转站 9 处、污水处理厂 2 处，完成了 317 个村庄的垃圾清运工作。社会保障体系进一步完善，累计投入 19 亿元，统筹城乡就业 10 万人，新农合人均财政补助标准由 30 元提高到 200 元，累计为农民报销医疗费 3.8 亿元，社会保险参保人员 57 万人，成为“全国新农保试点市”。

2008 年至 2011 年，莱州走过了很不平凡的发展历程，战胜了国际金融危机带来的种种困难和持续冲击，相继干成了一些大事要事，提升了整体发展层次，奠定了长远发展的坚实基础。全市地区生产总值由 2007 年的 304 亿元增加到 2011 年的 528 亿元，年均增长 13.6%；地方财政收入由 14 亿元增加到 30 亿元，年均增长 21.4%；金融机构存款余额由 211 亿元增加到 405 亿元，年均增加 49 亿元；在烟台各县市区科学发展综合考核中，连续四年保持前 2 位。

四、凝聚人心、优化环境，努力为推进“蓝黄战略”打造“软实力”

谋事在胸，成事在人。莱州的发展，关键在人，关键在干部群众，关键在人文环境。融入“蓝黄战略”，激情放歌莱州湾，必须凝聚人心、团结奋进，形成全市上下一条心、一个调、一股劲的澎湃热潮。

充分发挥党员干部主力军作用。莱州把树立强烈的发展、争先意识，作为每一年新春谋篇布局的“重头戏”，每年春节节后上班第一天，在此起彼伏的商铺“开门红”爆竹声中，全市机关先进事迹报告暨干部队伍建设会议一定准时召开，全体市级领导和市镇机关干部在主会场和视频会议分会场，一起听取上年度改革发展先进典型事迹报告。随后，市委、市政府主要领导对全市新一年干部队伍建设工作进行动员、部署。年年开好这新春第一会，就是要让全体市级领导叫响"跟我上、向我看齐"的响亮口号，就是要激励各级领导干部率先垂范，紧紧围绕发展主题，以更高标准、更严要求抓队伍，走在全市党员干部群众的前面；就是要让市镇机关干部学先进、赶先进、争先进，凝聚乘势而上、团结实干的最大合力。树典型敲起新春第一锣，讲实干擂响发展争先鼓，新一年争先创优谋发展的大幕就这样迅速拉开。

书记、市长带头参加镇街重点工作论证会，市级领导带头践行"一线工作法"，带头做到"部署工作到一线，攻坚破难上一线，赶超发展在一线"。围绕事关全市发展的重点项目，每年制定出台"三二〇"工程实施方案、包保清单，即针对20个重点工程、重点项目、重点企业，实行"一个项目、一名市级领导、一个牵头部门、一套专门班子、一抓到底"的推进机制，为重点项目、重点工程推进建立指挥部，项目每月进度看现场、入台账，着力营造"干部围着项目转、观摩盯着项目看、考核推着项目干"的干事创业浓厚氛围。

坚持将干部队伍建设作为推动莱州发展的关键，着力完善全过程考核激励机制，实施"定目标、实地看、大家评、跟踪考"的办法。"定目标"就是年初逐一研究确定市级领导、各个镇街和重点部门的目标任务。"实地看"就是每年组织4次镇街经济发展实地观摩。"大家评"就是组织包含各经济部门领导、人大代表、政协委员等社会各层面，对各镇街重点项目建设进行现场评议排序。"跟踪考"就是对全市重点工作逐项进行日常跟踪考核，年终累加考核结果。少听汇报多看现场，少讲过程多重结果，突出发展第一要务的鲜明导向激发了全市上下把工作干劲凝聚到干事创业上。

树立正确的用人导向。坚持以实绩论英雄、以发展论成败，进一步完善干部考核机制，推行镇街干部同职、同考、同排序和市直部门负责人评议排序办法，完善末位诫勉谈话和降职免职制度，打破领导干部的"铁交椅"，使敢干事、干成事的干部脱颖而出，不想事、不干事的干部没有位置，奖优罚懒的风向标引领干部队伍一心一意谋发展、攻坚破难到一线。

不断优化发展环境。2008 年 2 月 29 日，市委、市政府研究制定《关于进一步加强作风建设优化发展环境的实施意见》《全市优化发展环境工作实施方案》，进一步营造公开透明、优质快捷的效能环境，公正文明、依法行政的执法环境，廉洁守纪、严格自律的廉政环境，市镇机关、市直各部门、驻莱单位逐一自查自纠行政审批、执法服务存在的不规范、不作为和过度审批、效能不高等问题，热点部门、服务窗口单位主要领导围绕本单位查摆出来的问题，就下一步优化发展环境工作打算进行电视承诺表态，主动接受社会监督，首接责任制、一次告知制、限时办理制、超时默认制和 AB 角工作制在各级各层面推进实施，全市行政审批、核准、备案事项由 593 项压减到 204 项，减幅 65.5%。2008 年 5 月 21 日，市委、市政府研究制定《莱州市 2008 年度三条渠道听取群众意见和“万人评”活动实施方案》，通过面对面听取群众意见、广播热线听取群众意见、互联网上听取群众意见。深入开展“千户企业问卷调查”，按照企业纳税额数量和行业差异，以面向全市 1000 户各类企业发放一封公开信的形式，征求他们对“效能环境、执法环境、廉政环境”三个环境建设的意见和建议，问卷调查结果作为对督促各职能部门的整改提升的依据。每年年底开展“万人评机关”活动，集中开展优化发展环境政风行风评议，组织全市规模以上企业及执法服务对象对全市列入考核的职能部门和驻莱单位进行民主评议，公开评议结果，梳理反馈存在问题，跟进督导整改。驻莱单位服务发展、服务企业情况同步进行评议，考核评议结果向其上级主管部门通报。

营造良好的发展环境。我始终认为：发展环境是区域竞争的软实力；发展环境好不好，投资商最有发言权。2008 年 5 月，在烟台市西口高速路立交桥竖起了“投资就选莱州”的巨幅广告牌，惹得行人纷纷驻足评论。这里面蕴含着一个感人的小故事。2004 年，吕万光先生回乡与合作伙伴投资 1 亿多元，建起了云峰家世界的建材家俱市场，但几个月时间里只招进了二三十家经销商，老先生一夜白了头。闻听此事，我和市长多次实地调研，并召开了市工商局、国土局、国税局、地税局等十几个部门参加的联席会议，认真研究出台了支持市场发展的具体意见，云峰家世界由此走出低谷，引进的建材经销商近 180 多家。为此，吕万光先生不仅将公司总部移驻莱州，还出资竖起了这块巨幅广告牌。为表彰和激励为莱州发展做出贡献的企业家，每年全市召开总结表彰会，把优秀企业家请上领奖台授予“特别贡献奖”，让他们政治上有荣誉、社会上有地位，激发创新创造、再攀高峰的动力。

小胜靠智，大胜靠德。风正、气顺的社会环境，凝聚起心齐、劲足的发展合力。2008 年至 2011 年，莱州先后获得了全国科技进步示范市、中国优秀旅游城市、全国商标百强市、国家可持续发展实验区、国家绿色农业示范区、中国优秀旅游城市、中国最具幸福感城市等 19 个国家级、18 个省级荣誉称号，全方位彰显了莱州科学发展、和谐文明的良好形象。

百丈高楼，必有磐石之基。有千千万万党员干部群众为之奋斗，有社会文明和谐的人文基因作为软实力，这一切都吸引着外来投资者关注莱州。2008 年至 2011 年，全市四年累计完成固定资产投资 958 亿元，开工过亿元项目 140 个，过千万元项目 520 个，外向型经济和民营经济协调拉动，实现外贸进出口 54 亿美元，发展后劲持续增强。四年来，莱州在烟台各县市区综合考核中始终名列前茅，跻身全省 30 强县前十强，在全国百强县中实现位次前移。

现在回想，我在莱州工作多年，不负组织重托、不负人民期望，莱州干部群众人心思进、人心思上，竞相发展、不甘人后的风气成为主流。大美莱州，发展基础更加坚实，发展后劲更加充足，发展前景一定会更加美好。

采　访　人：潘书民

撰稿整理人：潘书民

让群众满意工作的“莱州实践”

李　明*

“民惟邦本，本固邦宁。”这句话道出了中国民本思想的渊源，启示我们要以人民为本、以民生为重。

回想我在莱州任职多年，历届市委、市政府都把群众满意作为第一标准，既把牢了抓发展、促和谐、惠民生“三驾马车”，又用心用情用力察民情、解民忧、办实事，联结了民心，凝聚了民气。在全国百强县群众满意度调查中，莱州居第二位，捧回“中国十大最具幸福感城市”奖牌；在全省文明城市测评中，莱州居 96 个文明县首位；在全省“蓝黄”两区建设群众满意度调查中，莱州居“黄区”19 个县市首位、“蓝区”51 个县市第二位；在烟台市群众满意度随机抽查中，莱州连续四年位居首位。

用心一者事必成。2013 年，我们以提升群众幸福指数为风向标，研究成立市委让群众满意工作办公室，积极构建让群众满意工作长效机制，走出了新形势下践行群众路线的新路径。以莱州实践为样板，人民日报社、人民论坛杂志社联合中央党校、国家行政学院、中央社会主义学院等有关专家赴莱专题调研，并形成《群众满意办：凝聚民心的莱州经验》主题调研报告。

---

* 李明，2011 年 11 月至 2016 年 11 月任中共莱州市委书记。

一、“让群众满意”缘于“为了谁”

我在莱州工作时间比较长，曾在莱州挂职两年多的副市长，多年后再次回到莱州，任职市委副书记、市长，2011 年 11 月至 2016 年 11 月，任职市委书记。前前后后，我在莱州工作了 10 多年，熟悉这里的一草一木，更对这里的干部群众怀有一份特殊的感情。

在莱州期间，我全身心投入工作，见证了莱州经济的快速发展，跻身全省 30 强县前十强，在全国百强县的位次不断前移。与此同时，如何让更多的发展成果惠及莱州 88 万群众，让人民群众享有更多获得感，成为我面前一个绕不过去的重要实践课题。

2011 年 12 月 28 日，市委十三届一次全会召开，我当选为新一届市委书记。在代表新当选的全体常委向与会同志致辞时，我这样讲：在党代会上，群众关注我们想什么、说什么；党代会之后，群众关注我们干什么，怎么干，要从现在开始，从市委班子做起，从每个委员做起，走基层，转作风，暖民心。我的想法只有一个，就是把富民、惠民、乐民、安民作为履行职责的出发点和落脚点，多做一些为群众遮风挡雨、雪中送炭的事情，使城乡群众得到更多实惠，真正造福于民、取信于民。

不管通信手段多么发达，不管有多少掌握情况的其他渠道，都不能代替亲自深入群众。无论是任职市长，还是担任市委书记，我都把很大一部分时间和精力放在一线工作调研上，随便到了哪个镇街，和村居的党员干部群众见见面，总是能听到一些爽快话、真心话。这些对我想问题、作决策、办事情有很大的帮助。

到文昌路街道走访时，我和社区居民拉家常，有好几位居民向我反映，市区出租车存在不打表“一口价”和无营运手续开“黑出租”的现象，即使只有那么几辆，可是让谁遇到了，都会惹上一肚子气，还特别影响莱州的城市形象，市民意见很大。这些实在话，让我深以为然。

其实，群众反映的是一个老问题。以前，我从市长热线电话、网上“阳光对话”中就接听接收到这些问题。市交通运输部门为此开展专项整治，暂时虽有了效果，但时间一长老问题又死灰复燃，原因就是这些非法营运的车辆有很大的隐蔽性，要想彻底整治必须抓到根子上。我再次督促解决这一治理难题。交通运输部门执法人员针对非法营运车辆的隐蔽性和潜在多发性，打破工作常规，坚持早上班、晚下班，根据群众第一时间投诉和举报线索，坚持快速精准出击，严查严管，对非法营运车辆露头即打，并坚持了好长一段时间。市民从此有了一个舒心有序的出行环境。同时，在市文明办和交通、交警等部门的大力规范倡导和共同努力下，莱州出租车司机积极参与文明城市创建，人人践行不拒载、不绕道、不宰客，干净出行、礼貌待客等文明出行公约，一辆辆出租车成为流动的宣传车，成为文明城市一道道流动的风景线，一个又一个出租车司机成为拾金不昧、见义勇为的文明市民、道德榜样。

在永安路街道和开发区走访时，群众反映的“一河一库”问题，坚定了我迅速改造提升城市生态的决心。“一河”说的是南阳河，自市区东南始，是莱州的护城河。“一库”说的是河套水库，位于市区以西 8 公里。过去，市区生活污水和雨水未经分离，一起经南阳河汇入河套水库，“一河一库”成了莱州的污水池，刺鼻气味就是顶风也能臭到三里外。

经市委、市政府研究后，南阳河改造被确定为莱州城市建设的一号工程。沿南阳河两岸，砌以污水专用暗渠，实现直通污水处理厂，经连年清淤、疏浚和景观绿化，南阳河逐渐变成了河水清澈见底、两岸垂柳依依的河滨公园。河套水库也展开清淤、截污等保护性修复建设，至 2012 年底建成控制面积 248 公顷的湿地公园，并建有观鸟塔、白水桥、海草屋、环湖绿道等景点，水草丰茂、鱼儿浅游、百鸟翔集，成为市内外“网红”打卡地。

举一反三，市里在生态文明建设上狠下功夫，全市高标准建成 68 个精品示范片、600个生态文明示范村，城乡环卫一体化在全省率先实现全覆盖，水生态系统保护与修复试点工作首批通过国家验收。

一件件看似不起眼的“小事”，其实是关系到群众切身利益的“大事”。这些民生问题就发生在领导的眼皮底下，如果心里没有老百姓，这些“灯下黑”的问题就会长期存在。强烈的问题意识引发了我的深入思考：我们当干部是为了谁？我们千方百计发展经济又是为了谁？做好群众工作，不能只是头痛医头、脚痛医脚，必须有一个好的工作机制与群众面对面。

2013年初，我和市委一班人决定成立市委让群众满意工作办公室，决心从解决群众最不满意的问题入手，通过问“漏”于民、问“失”于民，建立倒逼问题解决机制，实现群众工作由临时性突击向常态化坚持转变。

二、“让群众满意”走的是群众路线

让群众满意工作办公室不是一个简单设立的机构，而是一个做好群众工作的平台，建立完善一整套解决群众最不满意问题的工作机制，重点抓好三个关键环节。

第一个环节，坚持“改什么”让群众说了算，实现群众意见汇集全覆盖。为全方位征集民意、最大限度尊重民意，在莱州市推行了“1234工作法”，重点用好四条渠道。用好“一封信”：每年年底年初以市委、市政府名义印发《致全市人民的一封信》，发放到全市每个家庭征求意见建议，将群众反映最为强烈、呼声最高的重要事项列入各级党委政府年度决策。2013年至2014年，大到滨海开发规划，小到公交站牌设立，有450多个事项列入市镇两级决策，10个方面重点事项纳入“市政府年度为民服务实事”。用好“两支队伍”：全市1100多名各级人大代表、政协委员联系群众，参政议政，把征求到的社情民意形成代表建议和政协提案，既建言献策又监督问题解决。用好“三种方法”：市级领导和镇街、部门主要负责人推行“一线工作法”，深入基层一线听民意，接地气；重点工作采取“调查问卷法”，吸纳群众意见，让群众意愿贯穿决策全过程；重大决策实行“听证评估法”，土地征用、征地拆迁、物价调整等民生事项，先召集群众代表进行讨论听证、风险评估，群众不答应不满意的坚决不实施。用好“四条渠道”：在市广播电台设立“阳光政务热线”，全市42个热点部门和46个服务窗口每天轮流上线与市民交流；在政府网站开设“阳光对话”，民生部门主要负责人亲自回复群众反映的热点问题；开通“市长公开电话”，24小时专线值守听取民声；在市内媒体开设专栏，每个工作日提供平台供群众发表意见与建议。“1234工作法”为群众反映问题打开了“天窗”。短短两年，全市收集群众意见建议2万多条。看到党委、政府动了真格，让群众满意工作办公室受到群众热切关注，久而久之，成了群众口口相传的“满意办”。

第二个环节，坚持“改没改”让群众全知道，搭建结果反馈“直通车”。坚持敞开门创满意，群众反映热点问题办理情况及时反馈，全过程接受群众监督。在市内全媒体开设“让群众满意、建幸福莱州”版块、“让群众满意活动”专栏，以问题整改责任单位主动反馈、媒体采访反馈、“满意办”督导反馈等方式，将热点问题办理情况和整改效果反馈给广大群众。开通“阳光政务热线”平台，由39个热点民生部门或其他相关部门主要负责人对本单位承办的年度或月度热点问题进展情况，以及群众在线提出的民生问题，全部实行在线回复。每月编发《工作动态》和《工作简报》，对上月热点问题解决进展情况进行全市通报。第一年即累计梳理出40多类热点问题，集中督办解决240多项。

第三个环节，坚持“改得好不好”让群众来评判，做到以群众评价定奖惩。市委把解决“群众最不满意问题”落实情况纳入全市年度责任目标考核，对镇街和部门单位工作推进情况进行分类计分、统计汇总，做到工作推进到哪里，考核就跟进到哪里。对群众关注度较高的城乡教育、公共卫生、精神文化、治安状况、生态环保、干部作风等热度高的工作项目，在全市范围内开展群众满意度随机抽样调查，将调查结果作为年终考核系数，进一步放大“群众满意”在考核中的权重。坚持把“群众满意”与干部使用挂起钩来，每季度组织机关干部和服务对象对本部门本单位领导班子、领导干部办理热点问题情况进行打分评议，评议结果作为干部评先树优和选拔任用的重要依据。对反映热点问题推进速度慢、解决不到位、群众评价不高的领导干部，通过下发提醒书、函询书、谈话书、诫勉书等，责令限期整改，彰显群众评价对干部的刚性约束作用。

群众的笑脸是最大的和谐。让群众满意工作的三个环节，环环相扣，组成了一个全闭合的群众工作链条，让群众走上前台当好评判员，让党员干部下沉到一线服务民生，赢得市民点赞。2013 年，市里组织开展了“身边的榜样——群众满意集体、群众满意干部”评选，75 个群众满意集体、127 名群众满意干部经过自下而上层层推选脱颖而出，表彰名单通过全市媒体平台公示 7 天，没有收到一例投诉。

三、“让群众满意”走在群众前面

莱州让群众满意工作的探索，正值党的群众路线教育实践活动深入开展。习近平总书记在党的群众路线教育实践活动第一批总结暨第二批部署会议上指出：“要更加强化问题导向，盯住作风问题不放，从小事做起，从具体事情抓起，让群众看到实实在在的成效……”

为把让群众满意工作不断引向深入，莱州在坚持全市力行“一线工作法”直达民意的基础上，建立了市委常委会会议月评“群众最不满意问题”工作机制，坚持每月听取群众最不满意问题情况汇报，涉及“群众最不满意问题”的单位，单位负责人不仅要在常委会会议上说明情况，还要形成专门整改方案，拿出立足当前、着眼长远的超前预案。坚持问题导向、结果导向的倒逼机制，让各级党员领导干部经受了一次深刻的思想洗礼：群众工作不是发现了问题才去做，而是要做到走在群众所思所想所盼的前面。

作为一座千年古邑，莱州人民历来崇文重教，有着很高的精神文化生活需求。为此，市委、市政府始终坚持城市建设规划到哪里，文化广场建设就跟进到哪里。市领导舍得把城市最好的地段让位于广场和绿地建设。2012年10月全面建成开放的掖县公园，占地16公顷，紧邻莱州一中，地理、交通位置优越。这样的黄金地段如果用于商业开发，市财政无疑会增加一笔不小的收入。但市领导权衡再三，还是坚持把公益性和便民性放在第一位，主动让利于民，排除众议建成了这一民生项目。时隔多年，我听说这里已经成为莱州市民休闲娱乐的首选地，慕名到莱州观光的客人和自媒体人赞叹说，掖县公园见证了莱州人的幸福表情。

不止掖县公园，结合“一文一武，一山一海”的历史文化特色，至2014年，莱州先后建设、改造完成广场绿地58处，万人拥有综合公园指数在全国县级市领先，服务半径缩小到500米。市住建部门曾有个统计，这些好的开发地段如果按照城市出让金计算的话，政府至少可增加收入10个亿。

文化是一个城市的灵魂。2013年，莱州启动建设莱州市民之家，2016年5月建成开放，建有革命历史馆、文化馆、博物馆、图书馆、科技馆等11处场馆，这一市民心目中的文化地标，不到5年累计接待市内外参观游客超百万人次。

民生连着民心，让群众满意工作的实践和群众的认可，激励着莱州领导干部努力走在群众的前面，走进群众的心里，努力把民生实事一件一件办实办好。

作为莱州市历史上财政投入最大的医疗项目，投资5亿元的市人民医院新院于2012年5月投入使用，建筑面积15万平方米，设计床位1500张，拥有16个高标准净化手术室、3000平方米急救中心、1300平方米查体中心和1000平方米配液中心，配备核磁共振、64排128层螺旋CT、直线加速器等高精仪器设备，达到全省县级市一流水平，成为全省首批县域三级医院。由此下延，莱州积极推进解决农村看病难问题，先后新建改造镇街卫生院20处、社区卫生服务站26处、农村标准化卫生室508处。

农村低保事关百姓衣食冷暖，莱州在全省率先推出了“诚信低保”的创新工作经验，1000多个因大病致贫的家庭由此受益。循此上溯，莱州把因病致贫的问题摆到桌面上解决，及时推出《一站式医疗救助办法》，将乳腺癌、宫颈癌、肺癌、儿童白血病等20种重大疾病，纳入大病保险保障范围，全市参合农民58.58万人，至2013年底受益者达104.3万人次。

城乡教育资源失衡的问题在各地都存在，也是我到乡村学校调研思考的一个重要课题。在市委、市政府的努力下，全市先后购置了164辆专用校车，为农村家长解决了孩子上下学的后顾之忧。至2013年底，全市累计投入6亿多元，先后启动了校舍安全工程、农村中小学热水、热饭、改厕、取暖工程，新建校舍36万平方米，中小学全部实现了校校通和班班通，在全省首批通过了全国义务教育发展基本均衡县验收。

幼有所教、老有所养、病有所医、贫有所助、住有所居、民有所乐，这背后，是莱州市倾尽财力投入民生的巨大决心。2009年，莱州投入3.6亿元财政资金用于改善民生，2013年增加到12亿，2014年增加到14.5亿，2016年全市民生事业财政投入达到40亿元以上。在莱州的几年间，莱州建立了财政投入民生事业稳定增长机制，每年新增财力的80%用于落实民生政策和发展社会事业。自2011年到2016年，莱州成功蝉联文化强省建设先进市“两连冠”、平安山东建设先进市“三连冠”、省级文明城市和全国科普示范市“四连冠”、全国文化先进市“五连冠”、全国科技进步先进市“六连冠”。我想，这些荣誉的取得，既是莱州干部群众创先争优的结果，也是与市领导始终舍得加大财力投入教育科技文化等各项社会事业密不可分的。

“作为一个典型的具有城乡两种形态特征的县域，莱州坚持全面协调发展，以群众满意为最高标准，树立了新的政绩观，扩大了惠民政策的覆盖面，创新了社会治理体系，值得研究借鉴。”中共中央党校社会学教研室主任谢教授这样评价。

在莱州这片热土工作久了，很不舍得离开。尽管我已调离莱州多年，但我会永远记得，莱州是一座有历史的文化之城，是一座有朝气的奋进之城，是一座有温度的幸福之城。

采 访 人：潘书民 张 涛

撰稿整理人：张 涛 潘书民

烟台经济技术开发区建区始末

姜德华*

1978 年 12 月，党的十一届三中全会作出以经济建设为中心、实行改革开放的历史性决策，开启了中国历史上崭新的篇章。1984 年 5 月，国务院确定烟台为首批 14 个对外开放沿海港口城市之一，同时批准设立烟台经济开发区。烟台的对外开放走在了全国的前列。我自 1983 年 11 月至 1988 年 1 月任职烟台市政府常务副市长期间，具体负责外事和外经贸工作，直

1985 年 3 月 20 日，烟台经济技术开发区举行奠基典礼　　（兰培喜 摄）

---

* 姜德华，1984 年 7 月至 11 月中共任烟台市经济技术开发区筹备委员会主任。

接参与了烟台对外开放的一些重大事项，其中包括烟台经济开发区的申报与筹备。我更是于 1984 年 7 月至 11 月担任了烟台经济开发区筹备委员会主任，全面负责开发区的筹备工作。这段时间虽短，但在 40 多年的光阴里依然熠熠生辉、历历在目。

一、转变观念，争取主动，明确建设开发区的开放目标

1861 年，烟台被迫开埠，开启了当地产品出口国外的历史。新中国成立后，烟台依然承担着重要的国家出口任务。党的十一届三中全会后，中国开始搞改革开放，1980 年也搞了深圳经济特区，但多数人的思想认识还是跟不上。同年，上级安排烟台行署[①] 一个到美国考察的指标，这是新中国成立以来烟台政府官员的第一次出国。当时大家你推我，我推你，谁都不想去。为什么？怕将来在政治上说不清楚。最后还是推到了我身上，因为我当时是分管工业的副专员。临走前，上级领导对我千叮万嘱：“一定要讲纪律，千万别出问题！”正是这段特殊的经历，打开了我的眼界，对我的思想造成了一定的冲击；也正是这段经历，让我走上了烟台外事与外经贸岗位，才有了参与烟台经济开发区筹备工作的机缘。

1984 年 1 月，邓小平同志视察南方后给出的结论是“开放政策是放不是收”。像他老人家一样牵挂着对外开放的还有其他国家领导人。其中，同年 2 月，万里和胡启立两位老领导来到烟台，其间组织召开了好几次座谈会，我参加了三次。我对座谈中两位领导人的谈话印象最深的有三点：一是利用外资不是坏事，而是好事；二是资本主义的科学技术可以和社会主义结合；三是时间就是金钱，效率就是生命。联想到 4 年前的美国之行，这次座谈加深了我对思想解放与对外开放的理解。受到思想启发的不仅是

① 1983 年 8 月 30 日，烟台地区撤销，组建地级烟台市，烟台行署改为烟台市政府。

我一个人，在座的烟台领导都有了不同程度的观念转变，这些座谈确定的内容为烟台后来兴办开发区作了充分的思想准备，奠定了思想基础。

回到北京的小平同志提出：除现在的特区之外，可以考虑再开放几个港口城市。这些地方不叫特区，但可以实行特区的某些政策。1984 年 3 月 26 日至 4 月 6 日，中央召开沿海部分城市座谈会。我和市长董传周进京参加了此次座谈会。座谈会主要内容是学习邓小平同志关于对外开放和特区工作的重要指示，解放思想，畅所欲言；会议着重讨论了如何加快步伐扩大开放，更好地利用外资、引进先进技术的问题，进一步开放沿海部分港口城市的重要战略思想。座谈会形成了一个会议纪要，提出了进一步开放 14 个沿海港口城市，并逐步兴办经济开发区的设想。

返烟后，时任烟台市委书记的王济夫，随即召开了市委领导班子会议，学习、领会、贯彻座谈会精神。经过讨论，大家认为既然党中央、国务院要开放 14 个沿海港口城市，烟台必将入选，虽然还没有下达正式文件，但烟台必须主动出击。通过前期的思想转变，在建不建开发区这个问题上，市委、市政府一班人的思想认识是一致的，即必须抓住这个机会。但作为一件大家想都没想过也没见过的新生事物，对“建一个什么样的开发区”和“怎么建”的问题上存有争议，争议比较激烈。当时有三种观点：一种是建设一个综合型的城市；一种是建一个“卫星城市”，即烟台市附属的小城区；一种是建设一个有开发区特色的新城区。最后大家的意见统一在中央“三为主”和“四化”要求上，即：“产品结构以工业为主，资金来源以外资为主，产品市场以出口为主；生产专业化，生活服务社会化，城区环境园林化，交通便捷化。”围绕这个要求，确立了把开发区建设成一个安静、美丽的现代化海滨城区，并充分发挥其窗口作用，对内地经济发挥带动作用的建区思路。

二、全市统筹，长远规划，明确后沙旺为未来开发区发展福地

行动紧迫，在召开市委领导班子会议之际，已经听闻青岛等几个城市也在积极争取开发区的审批。建设开发区，选址是关键第一步。地址选好了，才能向国务院报批。如果选址不符合国家要求，报上去也批不下来。4 月 9 日，烟台市成立了以我为组长，各相关部门组成的选址小组。按照对开发区的选址座谈会六项原则，即要有明确的地域界限，便于管理；占粮田要少，居住人口要少；有城市依托，能充分利用现有的公共设施，节省前期

2023 年 9 月，开发区天地广场

开发投资；交通方便，距海港、码头、火车站、飞机场较近；有较好的地质条件和自然环境；地域开阔，远期有发展余地，便于远近期结合。大家依据资料，先从地图上按此6个条件从北到南、从南到北地反复过了好多遍。然后我带领几个同志先从龙口开始进行选址考察。龙口、蓬莱虽然有港口，但不通铁路，公路等级也比较低。接着又考察了福山区的八角口，这里离铁路、机场相对较近，而且八角港有建设深水大港的自然条件，但这里村庄较多、规模较大，搬迁难度较大。那时，威海、文登、荣成等县市都归属烟台管辖。在北京我们向谷牧副总理汇报工作时，他曾建议可以考虑在石岛建开发区。石岛地方虽好，却不通铁路，缺乏淡水资源，不利于长远发展。随后，又到威海（当时是县级市）考察，发现有个地方各种

条件都比较优越，在第二次去威海准备确定选址时，当地驻军提出了不同意见，只能放弃。在威海市成为省辖地级市后，那块地还是办起了开发区。从威海向西，又考察了牟平的养马岛，该岛10平方公里正符合国务院的面积要求，且独立岛屿，界限清楚，便于管理，但明显的缺陷是没有发展余地，将来的局限性很大。

几经周折，最后考察并看好了现在开发区起步区所处的位置。这块地方属福山区管辖，大部分面积是海滩堆积形成，当时称为后沙旺。这里有个民谣："后沙旺，地儿荒，零零星星几个庄。黄沙从秋刮到春，提来咸水洗衣裳。"这片地方没有基本农田，但有"三河一海"作为边界。东面是夹河，南面是柳子河，西面是柳林河，北面是大海。10平方公里面积里只有4个村庄，村民约3900人。村里的主要作物是花生，因为全是沙地，不长粮食。这个区域以后的发展空间也很大。大家一致对此表示满意。

我把市委、市政府的几位领导请到现场，详细汇报了选中后沙旺的四点理由：一是这里多属盐碱地，建设开发区不会占用良田；二是地势平坦，不用大填大挖，节省不少建设资金；三是距离港口、铁路、机场都很近，公路干道穿区而过，交通十分便利；四是靠近芝罘区和福山区的城区，便于日常管理和提供服务。4月下旬，市委、市政府5名领导同志召开了专题碰头会，对候选地点的考察情况进行了认真的类比、辨析、筛选，倾向于将烟台开发区定位于福山区夹河以西的后沙旺区域。

在我们选址后不久，5月4日，中共中央、国务院批转《沿海部分城市座谈会纪要》，决定进一步开放大连、秦皇岛、烟台、青岛等14个沿海港口城市，并提出逐步兴办经济技术开发区。

当时国务院分管此项工作的是副总理谷牧同志。9月初，谷牧副总理带领由国家计委、经委、特区办等10个部门组成的考察团现场考察了烟台经济技术开发区的筹备情况。在下榻的东山宾馆里，他详细研究了开发区的选址方案，提出到现场看看。9月7日上午，我陪着谷牧副总理徒步沿着弯曲小道爬上了福莱山的山顶。在山顶上看远处的市区、芝罘岛、大海、夹河等，都一览无余。谷牧副总理又用望远镜认真地向四周观望后，对这个选址非常满意。他在山顶上伸开左臂，用手指着福莱山的东北方向说："就那个方向，先开发 2 平方公里。"谷牧副总理说话带着浓重的乡音（谷牧是威海荣成人），人非常和善，对我"老姜、老姜"地叫，就像多年相处的老伙计，一点也没有副总理的架子。因为这个地方叫福莱山，谷牧副总理亲自点名这里叫烟台福莱山经济技术开发区。后来按照国家的统一要求，不带地域名，定名为烟台经济技术开发区。

三、使命担当，履职开发区筹备委员会，完成规划与起步建设

在紧锣密鼓选址的同时，组建机构的工作也在同步推进。1984 年 7 月 26 日，烟台市政府以 192 号文件，设立烟台市福莱山经济技术开发区筹备委员会，为市局级单位。其中，由我任筹委会主任，办公地址设在毓璜顶宾馆 3 号楼。而后在市委组织部和人事局的帮助下，通过组织直接调配和登报招聘等形式，选拔和调入了一批得力干部。开发区的筹建工作正式全面展开。

开发区初建之时，一切工作都是摸着石头过河，不断探索实验。我兼任筹委会主任，感到担子很重。一方面，体现了市委、市政府对开发区的重视；另一方面，我和同志们一样，也没有建设开发区的经验。好在当时大家心很齐，劲也很大，闯过了一个又一个难关。筹委会成立后，做好开发区第一个规划设计方案成为首要任务，这是获准国家批复的首要环节。当时国内的城市规划方案设计还没有市场化一说，市里组织人员在全国众多资深规划设计单位中进行遴选，最终确定由哈尔滨建筑工学院、天津大学和山东省规划设计院三家单位为开发区进行规划设计，并对三家单位提

出了规划要求：合理配置资源，实现环境、功能、生活、服务、设施、产业均达到现代化。

经过精心的准备工作，天津大学、哈尔滨建筑工学院和山东省规划设计院共设计了9套方案。9月上旬，全国29家建筑设计单位的50余名专家应邀汇集在烟台华侨宾馆，对这9套规划方案进行评审。经过五天五夜的激烈讨论评审，天津大学的1号方案胜出。这个规划方案吸取了世界先进城市的规划经验，力避工业、人口、建筑、交通等过分拥挤在中心城区的“城市病”，把城市空间规划为功能分离、容量得当、疏密有致、建筑新颖、交通便捷、生态环境良好的崭新格局，保障了城市建设和经济发展健康、协调、有序地高起点推进。

兴建经济技术开发区是对外开放一个重要环节。9月19日，山东省人民政府以94号文件，印发《青岛、烟台两市进一步对外开放的条件、内容和若干优惠政策》的通知。通知要求大力加快开发区基础建设的前期工作，搞好规划的论证评议，并对青岛、烟台两市的进一步开放提出了要求。按照省委、省政府的要求，烟台加快了开发区的筹建工作。其中，筹建班子吸取了国内外新建城市的精华，在“七通一平”起步时期首先规划建设地下隧道，总投资1亿多元，我的观点是一定要形成一次性的基础设施，而且要高起点、高标准。这个方案在市直机关领导层中掀起了波澜，大家议论纷纷：“花那么多钱在地下打个洞，不值得。”市里有的领导甚至当着我的面大发脾气，说我是“败家子”，“白干了10年的计委主任！”但事实证明，地下隧道成为后来其他县市区进行基础设施建设的优秀典型。开发区起步时，还遇到过一个大难题，就是首期开发牵扯到3个农村的搬迁问题。怎么解决这个难题？我想到可以借助省里的大力支持，为此我先后几次跑省城，用3个多月的时间把3个村的“农转非”办妥了。当时，这让别的开发区羡慕不已。

10月6日，筹备委员会由烟台毓璜顶宾馆3号楼迁至福莱山开发区现场办公，办公地址设在福山区良种场。先由筹备委员会的两名副主任率领10名工作人员到开发区，这是正式进驻开发区最早的12名建设者。

10月20日，国务院正式批准设立“烟台经济技术开发区”，是首批14个国家级经济技术开发区之一，划定区域范围为：夹河以西、柳林河以东、柳子河以北、海岸线以南，规划建设面积10平方公里，首期开发2平方公里。国务院的批文内容包括这几个方面：一是定位烟台是东部沿海重要的港口城市。二是必须把现有企业的技术改造放在经济工作的首位来抓。三是要注意发挥旅游资源丰富的优势，大力发展旅游业。有计划地建造一批旅游服务设施，增加旅游商品的生产和供应，提高旅游服务质量和经营管理水平，通过各种渠道开辟客源；要内外兼顾，高、中、低档相结合，适应各方面的需要，提高经济效益。四是发展海产品是经济开发的重要内容。要积极引进先进的养殖、加工、保鲜技术和远洋捕捞技术及装备，使海产品的数量、质量和加工深度，在近几年内有个较大的突破。

随着国务院的正式批准，开发区的基础设施建设迅速全面铺开。11月20日，烟台市市长董传周主持召开经济技术开发区筹建工作汇报会。市直部门33个单位的负责人参加了会议，会上宣布“烟台市福莱山经济技术开发区”更名为“烟台经济技术开发区”，并正式设立烟台经济技术开发区管理委员会。烟台市副市长虞俊鹤兼任管委会主任，我就不再兼任开发区的领导职务了。建立烟台经济技术开发区的上述前期工作完成后，筹委会也就完成了历史使命。1985年3月20日，市委、市政府举行了烟台经济技术开发区的开工奠基典礼。

虽然我不再兼任筹委会主任职能，但作为常务副市长，开发区的建设工作依然是我工作的重点。事实上，市委、市政府对开发区的支持是倾注全力的。中国建开发区，没有先例，我们创建者只能多学、多看、多动脑筋；在实际运作上没有现成的套路，只能自己多探索、多尝试。开发区刚起步时，面对一片黄沙滩，一穷二白的开发区办什么事都难。搞基础设施建设需要钱，上面给的根本不够用，怎么办？烟台当时的工业项目嫁接能力差，外资项目又引不进来，怎么办？没资金没项目没企业，怎么办？筹委会副主任后来的管委会副主任田增成同志提出了“利用”之策。即：通过我们的优惠政策和便宜的土地达到“内联外引”的作用，把项目引进来。这让我和市委领导茅塞顿开，于是就产生了“借鸡下蛋”“借水行舟”的思路，出台了“关心、支持、利用”的六字工作方针，意在动员利用各方面的力量来促进开发区的建设和发展。这一思路对开发区起步时期的发展起到了重要作用。建区初期的一批项目，如亚东标准件、乐泰密封胶、西蒙西轴承、春生轴承、二轻专家楼、氨纶等，都是那时利用便宜的土地，再利用市机械局、纺织局、二轻局的关系和资金引进的。

1985 年 4 月 26 日，烟台亚东标准件有限公司举行开工典礼

建区之后，市委、市政府多次在开发区召开现场办公会，协调各部门工作，为开发区解决了许多实际问题。其中，我也多有参与。当时搞基础设施建设时，要挖开烟潍路（今长江路），按上级规定，谁挖谁补谁掏钱。

为省下这笔不该花的钱，我几次跑到省交通厅做工作，请求“关心支持”，后来省公路局没要烟台一分钱。1986年，听说中国人民银行总行在招远开会，我就跑到招远把行长请到烟台，并带他到开发区“参观”，请求“关心支持”。人民银行那年支持了我们2000万元的贷款。

烟台经济技术开发区发展到现在，已经是烟台一张鲜亮的名片，我们那一代创业者当时根本无法想象，开发区的辐射带动效应，能影响整个烟台市的发展。我为自己能为开发区的建设尽一份力量深感自豪！

采　访　人：倪　婧

撰稿整理人：倪　婧　时丕全　韩正黎　韩兆蕾

争创长岛“全国双拥模范县”三连冠

宋修武*

长岛素有拥军光荣传统。我生在长岛，长在长岛，曾在长岛生活工作了 50 多年。见证了长岛军民亲如一家的鱼水之情。军民互助的感人事迹太多了，“三天三夜”也说不完。解放战争时期，长岛有 1300 多名渔民参加解放长岛和舟山群岛等战役；新中国成立后，长岛老百姓更是自发地拥军爱军。长岛人民还爱武尚武，岛上可以说人人都是“民兵”。“女炮兵班”“神枪手”参加军事比武，受到党和国家领导人的接见。长岛双拥共建工作历来受到国家领导人的关注，先后有彭德怀、董必武、叶剑英、杨尚昆、万里、李鹏、宋平、乔石等几十位党和国家领导人来岛视察，给予长岛双拥工作高度评价。这一切都鞭策着我们地方负责同志继续发扬优良传统，继

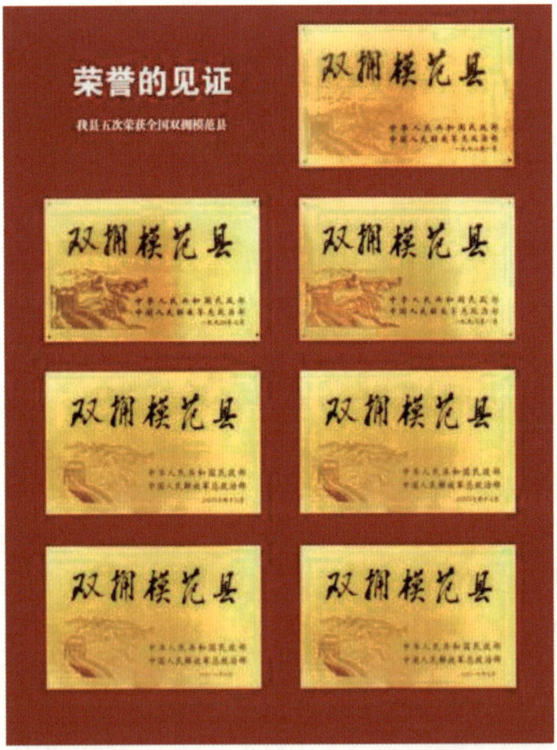

至今为止，长岛县 7 次获得全国双拥模范县牌匾

---

*宋修武，1988 年 8 月至 1996 年 10 月任中共长岛县委书记。

往开来，开创双拥共建新局面。

1988年8月，我担任中共长岛县委书记，1996年10月离职。这一时期，改革开放不断深化，长岛县“耕海牧渔，建设宝岛”高潮迭起，经济社会发展实现重大突破，成为全省第一个“小康县”。在这种背景下，长岛县委、县政府始终把双拥共建工作摆在党委、政府工作的重要位置，凝心聚力，在全国叫响“富了海岛人，不忘守岛人”的拥军品牌。军地双方坚持国家整体利益高于一切，以发展社会生产力、提高部队战斗力为目标，双拥共建，双向奉献，富民强兵，同心报国，形成强大合力，产生良好经济效益、军事效益和社会效益。这期间，长岛获得“全国拥军优属先进单位”荣誉称号，“全国双拥模范县”创建实现“三连冠”。

一、继往开来，开创长岛双拥工作新的时代内容

党的十一届三中全会后，党中央关于建设社会主义精神文明战略方针的提出，为长岛的双拥共建活动赋予了新的时代内容。要在经济大潮冲击下，实现物质文明与精神文明同步发展，走好长岛特色的拥军路子，对领导干部既是考验，也是挑战。

为此，长岛在组织保障和制度建设上不断跟进，在形式内容上不断创新。1982年4月24日至26日，长岛县军民联防工作会议召开，制定《军民联防组织工作暂行规定》。1985年12月28日，内长山要塞区与烟台市及长岛县、蓬莱县、黄县、掖县召开第一次联席会议，确定双拥活动内容，并成立四县一市军民共建领导小组，大会印发《军民共建情况反映》，把军民共建工作纳入精神文明建设总体规划。1986年1月，内长山要塞区召开军民共建座谈会。1987年底，长岛县拥军小组发展到76个，并在城区建立拥军优属联合服务网，各种拥军爱民活动层出不穷，形式多样。我当时虽然尚未履职县委书记，但是作为副书记和县长，我也亲自组织并参与

到整个活动当中，为长岛的双拥工作尽职尽责。

1988年8月，我刚任长岛县委书记，民政部、解放军总政治部授予长岛县“全国拥军优属先进单位”荣誉称号。当时的我很振奋，全县上下都很振奋。振奋之余我想得更多的是：如何在这么高的平台上做出更多的努力。于是，马上启动双拥工作大调查，深入基层提炼典型，召开相关座谈会，集思广益，寻找双拥工作新的突破口，推动双拥工作再上新台阶。1989年初，省军区政治部和省民政厅在积极探索和平建设时期，如何强化全民国防观念、增进军政军民团结的问题，确定对内长山守备部队和长岛县“双拥共建”典型事迹经验进行调查、总结和宣传推广。这和我的想法不谋而合，也给予了我很大的激励，为开拓双拥工作新局面提供了很好的机遇。

二、以点带面，长岛双拥共建先进经验推广至全省

早在1988年长岛县被授予“全国拥军优属先进单位”时，其典型带动作用就已经开始显现。当年，省里成立由省委、省政府相关领导为组长、副组长的省国防教育领导小组，大力推动全民国防教育活动的开展。

1989年4月27日至28日，省委、省政府和省军区在长岛召开了“双拥共建”工作座谈会，进一步总结和论证了长岛经验，对长岛这个典型作出了很高评价，并在全省初步推广。5月14日，军委秘书长杨白冰同志亲临长岛视察后，感慨地说：“我到过许多地方，军民关系像你们这样好的不多见，这里有40年双拥共建的历史，有雄厚的群众基础，事迹很感人，值得介绍到全国。”并为长岛双拥工作题词：“向英雄的长岛人民学习，共建海上钢铁长城。”6月17日，中共山东省委召开常委扩大会议，决定在全省范围内开展学习内长山守备部队和长岛县“双拥共建”经验的活动。7月18日上午，省委、省政府和省军区在济南隆重召开“双拥共建”命名表彰大会，我代表长岛在大会发言介绍经验。会上同时印发《关于学习长

岛“双拥共建”工作经验的决定》《关于命名表彰长岛“双拥共建”先进单位和模范个人的决定》，授予长岛“拥军优属模范县”，授予内长山守备师“拥政爱民模范集体”，授予长岛县南长山镇乐园村党支部书记蔡大禹“爱国拥军模范”荣誉称号，对长岛县南长山镇乐园村等11个军地双方双拥共建先进单位给予通报表彰。7月24日，总政治部又在北京举行“长岛军民双拥共建事迹新闻发布会”，我和驻军代表共同介绍了“双拥共建、双向奉献、富民强兵、同心报国”的经验做法。《人民日报》《解放军报》《光明日报》和中央人民广播电台、中央电视台等驻京新闻单位，对长岛“双拥共建”的事迹和经验进行了大篇幅的宣传报道，在全国、全军产生了良好的社会影响。

三、升级再造，长岛首次获得“全国双拥模范县”称号

“双拥共建”命名表彰大会后，我和班子成员认识到这次会议的重要意义，就是要继承发扬、开拓创新，把长岛双拥共建提高到一个新水平。1989年7月25日，长岛县委、县政府下发《关于认真落实省委、省政府、省军区召开“双拥共建”命名表彰大会精神的决定》，对下一步双拥工作进行全面部署。相继组建了军民联防委员会、军地双拥工作领导小组，部队和县里分别建立了联席会议和议事制度，定期交换意见，研究解决问题，并制定了《军地双拥共建守则》。地方政府把双拥共建工作纳入基层领导干部岗位目标责任制，作为考评的重要条件，确保双拥共建工作向规范化、制度化、经常化方向发展。

长岛广泛开展拥军传统教育和“战士在我心中”教育。1989年，修建了长岛战役纪念馆、革命烈士纪念馆，利用清明节、长岛解放日等时间节点，开展祭奠教育宣传活动。在渔村开展“党有富民政策，民有报国之心”教育，回顾改革，算账对比，使广大群众认识到党的政策带来的实惠。在1990年

至1991年，先后召开双拥报告会、表彰会40多次，推广典型18个。通过强有力的宣传教育，进一步增强了广大干部群众做好双拥工作的自觉性和主动性，从县城到渔村，从机关到基层，双拥活动广泛深入，经久不衰。

这一时期，长岛县拥军活动形成了“攀比”之风。人民群众视官兵为亲人，关心、体贴、照顾，无微不至。战士家乡遭受水灾，广大干部群众慷慨解囊，有钱捐钱，有物献物；老战士退伍时，从机关学校到企业渔村，男女老少涌上码头，送别的队伍浩浩荡荡，感人至深。渔民走到哪里，就把长岛人民拥军的传统带到哪里，在开发南海渔场时，长岛渔民发扬“船行千里海，拥军不断线”的传统，船队在西沙群岛作业期间，把写有“长岛西沙海上钢钉，同守共建海上长城”的贝雕横匾连同慰问品赠送守岛官兵，并把从海南岛带去的6棵相思树栽种在永兴岛上。驻岛部队也视人民如父母，把驻地当故乡，学人民、爱人民、为人民的活动层出不穷。全县上下军爱民、民拥军蔚然成风。1990年，长岛县被省委、省政府和省军区授予“双

1992年1月15日，长岛县首次获得“全国双拥模范县”称号。图为载誉归来，军民在码头迎接

拥模范县”称号。

1991 年 7 月，我代表长岛县出席全国“八一”座谈会，受到江泽民、李鹏等党和国家领导人的亲切接见。1992 年 1 月，长岛县首次被全国双拥工作领导小组、民政部、解放军总政治部授予“全国双拥模范县”称号，我个人也被山东省委、省政府、省军区授予“拥军优属模范个人”。

四、再接再厉，长岛荣获“全国双拥模范县”两连冠

军地优势互补，相互支援，有力地促进了长岛经济社会的发展和驻岛部队战斗力的提高。一代代驻岛官兵把长岛当作家乡来建设，当时岛上驻军叫响“爱民情不深，愧当戍边人”的口号，他们急地方所急，帮地方所需，想方设法促进海岛振兴。我任职县委书记期间，正是“耕海牧渔”战略实施的最佳时期。养殖产业的高速发展，致使渔忙季节外雇劳动力大量涌入，驻岛部队主动提供闲置的营房 20 多万平方米，解决了大量外雇工的住宿难问题。同时，部队发挥士兵集中的优势，每年平均出工 4 万人次，帮助突击装卸货物、植树、收海带等，推动了海岛经济继续呈跳跃发展之势，两个文明建设整体水平不断提高。1992 年，长岛县成为山东省第一个“小康县”。1993 年，成为“全国农村综合实力百强县”，这是全县军民奋发努力、共同劳作的结果。

吃水不忘打井人，海岛富裕不忘亲人解放军。岛上群众富了，开始千方百计为部队进一步改善生活条件，解决战备、训练、国防施工等方面的实际问题。全国第一台拥军缝纫机、拥军照相机、拥军洗衣机、拥军彩电、拥军计算机和第一座拥军楼、第一条拥军海缆等“七个全国拥军第一”，饱含着海岛群众拥军优属的深情厚谊。全国第一台拥军彩电已被中国军事博物馆保存收藏。20 世纪 90 年代初，长岛在全国率先放开粮油价格，为保障驻军粮油供应，县财政每年拿出 100 万元，用于补贴部队粮油价格的

亏损。1992年4月，驻砣矶岛守备一团来信反映岛上军用煤供应紧张，我和班子成员克服困难，仅用3天时间就从县里调出300吨优质煤炭专船送达。

常年拥军，典型的示范带动作用十分有效，那时相继涌现出全国“拥军优属先进个人”蔡大禹，全省“十佳兵妈妈”李来英、朱桂芝，“拥军好支书”顾本健、王成强、宋延满，以及“活雷锋”朱锦新、胡喜田等一批批全县上下耳熟能详的拥军模范人物。县里及时推广了这些典型经验，使全县上下形成了比、学、赶、超，竞相开展拥军共建活动的可喜局面。1994年7月，在国家打破双拥模范县终身制后，长岛县再次获得“全国双拥模范县”称号。

五、锲而不舍，争创“全国双拥模范县”三连冠

长岛争创双拥共建“三连冠”时，全国各地创建活动高潮迭起，竞争态势咄咄逼人。加上国家对“双拥模范县”命名打破终身制，实行动态管理，创建标准越来越高。面对新形势下出现的新情况、新问题，长岛在军地上下深入开展了“长岛荣获‘两连冠’，今后应当怎么办”的大讨论，军地双方及时摆正自己的位置，要在更高的起点上确立新的目标。“誓创‘三连冠’，共奔现代化”的口号广为战士与群众响应，双向奉献、同心报国的内涵层次不断提高。驻岛部队自觉服从现代化建设的需要，充分发挥人力、物力和技术方面的优势，多渠道、多形式地参与海岛建设。特别在1994年底抢修电缆和几次抗风暴潮面前，驻军总是冲锋陷阵，奋不顾身，有效地保护了人民群众的生命和财产安全。

地方各级组织发挥经济优势，全方位地为部队建设尽义务、办实事，有力地提高了部队的战斗力。1994年8月28日，全军陆空军船艇部队正规化建设会议在长岛召开。为了服从军事演习，地方政府封闭了有关海域20多个小时，演习区域内的顺流网全部迁移，作业船只全部停产，丰收在

望的扇贝、农作物等全都清掉。尽管这次全县直接经济损失达100多万元，但地方政府以顾全大局、报效祖国的实际行动极大地鼓励了子弟兵，驻岛部队在参加军区组织的轻武器实弹射击、火炮射击中，均获得优异成绩，其中3个项目在军区名列榜首，受到总部的好评。要塞区先后被济南军区评为“抓基层先进单位”，被总部表彰为“训练配套先进单位”，战法研究成果和训法改革成果先后被两级军区和总部推广，有3个团级单位被省军区表彰为先进党委，所有建制连队都达到了“十好十配套”要求，先后组织实弹演习、火炮射击58连次，均获得优秀成绩。船运大队还被总部表彰为军区训练标兵单位。

军地双方提高定位，由过去一般性地做好事送温暖活动，发展到共同培育“四有”新人，同教共育、同娱共乐，共筑钢铁长城。到1995年，全县军地之间互聘思想政治工作人员116名，军地业余党校已发展到16处，南隍城、北隍城、砣矶等乡镇还成立了军警民治安联防办公室，共同维护海上治安和社会秩序，实现军民共建、共治的有机结合。

1994年至1995年，地方各级先后用于部队建设的投资达500多万元，兴建和改造装修部队现代化楼房、营房3处，修建双拥路2条；向部队赠送卡拉OK录放机、彩电、冰箱等电器300多台套，安装程控电话10多部，划拨菜地300余亩、饲料地100多亩，建成塑料大棚23个；改造、新建饲养场15个；在全国率先实行长岛景点对军人及其家属免费、军人乘船到北岛免费等政策，帮助驻军较好地解决了吃菜难、吃水难、通信难、用电难等问题。每年举行军地双方联欢会、篮球赛、知识竞赛等活动200多场次，寓教育于娱乐之中。同时期，海岛驻军也积极支援地方建设，累计出动兵力达3万多人次，先后参加大小工程项目60多个，投入劳动日5万多个，出动车、船、机械1200余台次；义务植树5万余株；抢修电缆1300多米；多次抢救渔船、扑灭山火，救护遇难群众80人次，抢救各类物资1300多吨，无偿献血62人次。在双拥共建的活动中，军地双方亲如一家。

多年来，军地双方从维护军政军民团结这一大局出发，本着“团结—协商—团结”的原则，突出感情维护，妥善解决一般性军地矛盾纠纷。每当驻军与地方出现矛盾纠纷的时候，宁可地方利益吃亏也要多为部队着想，积极帮助驻军解决战备训练、退伍军人安置、军人家属就业、子女上学等困难，千方百计为驻军排忧解难。对其住房、家属调动和子女入学实行“三个优先照顾”原则，不断拓宽退伍军人和转业志愿兵安置渠道，使全县安置率和两用人才开发使用率连续 10 年达到 100%。

1996 年 10 月，我被调离长岛。1997 年 1 月，长岛县第三次获得“全国双拥模范县”称号，成功实现“全国双拥模范县”三连冠。

长岛军地双拥工作经过 70 多年的风风雨雨，是几代人的共同努力，一路走来，不断传承、创新、提高，始终保持着蓬勃的生机和旺盛的活力。长岛先后 7 次荣获“全国双拥模范县”称号。双拥共建工作成为长岛最闪亮、最有影响的政治名片。

采　访　人：刘红梅　王　静

撰稿整理人：刘红梅　王　静　姜俊英

加快长岛养殖结构调整步伐

姜必欣*

我是1989年12月由龙口市北马镇党委书记转任长岛县政府副县长来到长岛的，1995年4月任职长岛县委书记，同期赴西藏聂拉木县任县委书记，1998年7月援藏回来主持长岛县工作，2001年11月调离长岛，任烟台市委党校常务副校长。1998年我回岛时，正赶上栉孔扇贝出现大面积死亡，渔业产业进入低谷期，全县经济遭遇历史性重创。此后的三年半时间里，我带领全县上下积极找原因、想办法、解难题，大力调整养殖产业结构。下面，我具体讲讲当时的情况。

一、发展遇瓶颈，长岛养殖结构调整迫在眉睫

长岛海水养殖具有得天独厚的自然和资源优势。长岛栉孔扇贝筏式人工养殖始于1976年，品质好，效益高，为国内首创。党的十一届三中全会后，党的政策好，长岛提出“耕海牧渔”发展战略，走“以养兴渔，以渔兴岛”的路子，栉孔扇贝养殖发展迅猛，成为长岛的支柱产业，使长岛渔业由传统的“猎捕型”向“牧养型”转变。1994年，全县扇贝养殖面积和单位产量均创全国之最，其总产量约占全国产量的70%，实现销售收入3.6亿元，达到历史顶峰。在长岛的带动下，蓬莱、龙口、招远、莱州、海阳和胶南等地，

* 姜必欣，1998年7月至2001年11月任中共长岛县委书记。

也开始大面积养殖扇贝。

但从1996年秋天开始，栉孔扇贝出现大面积死亡，且逐年加重。记得1998年我刚从西藏回长岛工作，便面临着严峻形势：当年7月下旬，栉孔扇贝从南部新井洲海区开始死亡，随后从西向东、从南向北，迅速蔓延。到8月下旬，全县养殖扇贝受灾绝产面积约为2.7万亩，占养殖总面积的90%以上，南五乡镇大部分养殖户绝产绝收，扇贝养殖业面临着前所未有的困难。随着扇贝受灾，与之相关联的水产加工企业也陷入困境。据统计：1998年全县国内生产总值完成10.14亿元，比上年下降25.9%；乡村两级收入完成9.3亿元，比上年下降40.9%；水产品总产量完成21.3万吨，比上年下降27.6%；渔民人均纯收入3467元，比上年下降30%，长岛经济发展严重受挫。

对此，我和班子成员主动出击，多次组织参观、到外地查验情况，通过请进来、走下去等方法找原因、想对策、破难题，多次聘请省级扇贝专家团、国内扇贝养殖领域专家来岛帮助分析栉孔扇贝死亡原因。县班子成员分头带队到各乡镇走访调研，与乡镇和渔村干部、养殖业户代表、渔民座谈交流，共同分析原因，一起探讨解决方案。根据掌握的情况和专家的分析，比较一致的结论是，造成全县栉孔扇贝病害死亡的根本原因是海洋大环境污染和栉孔扇贝贝种的老化退化，直接原因是渔民养殖户违反养殖操作规程，过度密集养殖、饵料不足等。也就是说造成长岛栉孔扇贝大面积死亡，人为因素占据很大的比例。

经过缜密的分析，造成这种情况是必然的，以前没出现只是时间问题。全县从20世纪70年代开始养殖栉孔扇贝，在之后的20年里没有更换过品种。长期使用弱贝种繁殖后代，必然导致扇贝免疫力退化，抗病能力差，病害多发。另外，由于县、乡两级技术上指导不力和群众认识上的误区，养殖户一味贪大求快，无限度地增加放养密度，每层放养量高者达到200粒，每笼最高放养到2000粒以上，超出了合理放养密度近3倍。如此高的养殖密度，势必导致栉孔扇贝摄食不足，全县海域的自然承载能力不堪重负，导致扇贝免疫力退化、抗病力差，部分扇贝死亡又会导致更大面积扇贝死亡。同时，全县当时能养殖扇贝的海域基本都养上了，养殖海域水流不畅，海洋环境越来越差，这些不利因素叠加，在1997年开始集中爆发，导致栉孔扇贝死亡状况愈演愈烈，直至1998年夏天一发不可收拾。

二、科学冷静处理，及时稳妥梳理新思路

说实话，我并不是养殖专家，你要问我该怎么办，我还真不知道。但工作了这么多年，也算经历了不少突发事件和严峻考验，有一个道理我明白：越是困难时期越要冷静，越是焦头烂额之时越要稳住。1998年七八月间，在请教了一些渔业专家，召开了班子会议后，县里果断决定让各乡镇严格规范渔民的海上养殖作业，在及时清理受病死亡的栉孔扇贝时，不得再增养新的栉孔扇贝，不得将病死扇贝丢弃海中，须妥善集中掩埋，以净化海洋水质，减少疾病传播。重点从两个方面抓落实，一是疏通水流通道，降低扇贝的放养密度；二是正好借此时机疏导规范一下各岛屿之间的航道，解决多年来一些养殖户之间的海域纠纷。其中，最重要的是做好养殖户的思想工作，一方面，让各乡镇回去以召开会议、走访养殖场等多种形式，与养殖户面对面讲好道理，稳定人心，团结一致，共渡难关。另一方面，县委、县政府组织水产局、各乡镇等组成专门治理小组，采取加宽水流通道、航道、养殖区间距、筏距和严格控制扇贝分苗粒数等多种办法，来疏散海区承载量，降低养殖密度，给扇贝创造适宜的生存环境。县委、县政府规定蓬长航道、长砣航道及其他主航道宽度不少于1500米，捕捞航道宽度不少于1000米，养殖大区之间距离不少于500米，养殖区之间距离不少于200米，各岛屿外环沿岸线养殖区离岸距离不少于1000米，庙岛塘内养殖区及大小黑山内沿岸线的养殖区离岸距离不少于300米。组织港航局、渔政站等

相关部门，集中组船到海区进行严格规范与测量，保障水道的畅通。

三、遵从自然规律，找准结构调整突破口

找到了栉孔扇贝死亡的原因，稳定了人心，合理疏导了海域，咱不能让海上粮仓闲着啊！想办法弥补损失、转亏为盈才是正道。经过多方考证、认真谋划，决定认真吸取南五乡镇养殖单一的教训，推进养殖品种多元化，实行贝藻间养、轮养。1998年10月，县委、县政府召开全县养殖结构调整会议，专门研究部署养殖产业结构调整工作。会议分析了近几年扇贝病死亡的原因，统一思想，寻找对策：压缩栉孔扇贝养殖面积，虾夷扇贝养殖被列入长岛县渔业生产计划，扩大海带、海湾扇贝养殖面积，做到合理养殖，实现区域布局的生态优化；抓住当时海带海上夹苗的关键时机，增加海带放养量。长岛有着养殖海带出口日本的悠久历史，尤其北五岛的海带品质位居全国前列，先从北五岛入手，压缩扇贝养殖亩数，增加海带养殖面积，开始试养黑鲪鱼。会议过后，北五乡镇党委书记领了任务，当天返回各自乡镇，安排各养殖场预订海带苗，保证苗种供应。当年即实现了贝藻兼养。

与此同时，秋冬季节并不是海参、鲍鱼等海珍品放养季节，但却是保苗的关键时节。要实现多品种兼养，必须先从苗种入手。1998年秋冬季节，县委、县政府组织水产局等部门对全县的育苗场进行摸底调查，对大连獐子岛等周边育苗市场进行考察。组织专家对长岛育苗厂进行技术指导，优化养殖品种，搞好养殖品种的提纯扶壮和引进改良，先从育苗亲贝做起，做到健康育苗，培育个体大、生长快、抗病力强的苗贝，为提高养殖成活率和产量打好基础。在栉孔扇贝亲贝的采取上，县里选择了三种方式：一是从大小钦岛、南北隍城岛海域采捕原生自然大贝；二是引进国外同纬度大贝；三是在全县海域内选择个体大、无病菌感染的大贝进行暂养扶壮做亲贝用。为防

止其他品种也出现如栉孔扇贝贝种老化的情况，县里对鲍鱼、海湾贝、虾夷贝等品种也参照栉孔扇贝选苗的方法进行提纯扶壮和改良。同时，在苗种的使用上鼓励渔民逐渐用人工苗取代自然苗，坚决杜绝使用三类苗。

与此同时，县里积极实施渔业资源修复工程，加快营造“海底森林”，改善海洋生态条件，优化海洋环境。县委、县政府大力推广南隍城经验做法，鼓励各乡镇和相关渔业企业不断加大海底投石改造力度，采取人工投石、投放人造礁体等方式，在离岸300—500米的海域，选择底质较好的沙砾底、石板底海域进行投石布礁，使海珍品底播增殖区域不断扩大，为实施立体化生态养殖拓展更大的海底适养空间。同时，县委、县政府还从陆地污染源管控入手，进一步改善全县海区的生态环境，为贝类生长提供优良场所。

四、大力推进，初步形成多元化养殖结构

经过秋冬两个季节的走访、调整和推动，县委、县政府有了信心，广大渔民养殖户也平稳了心态，积极配合乡镇的安排部署积极行动起来。1999年的春天正是全县上下大干一场，进一步推动全县养殖结构优化调整的关键时刻。

首先要刹住部分群众盲目增加放养苗种的惯性思维，纠正他们“多养点，就算死一半还剩一半”的错误养殖理念，鼓励减少扇贝单位放养粒数。当时为抓好扇贝分苗量下足了功夫，县里派出工作组对全县所有扇贝养殖户逐乡镇、逐村、逐户进行了编码排号，统一制作标记牌，要求逐笼投放，共放置标记牌700多万个。当时县里还抽调专人成立了4个督查小组，在扇贝分苗季节，分片包干，深入分苗现场和海区一线，采取陆上查、海上堵的办法，严格检查装苗数量、苗种质量情况，对违反规定的根据情节进行教育或取缔。

同时，大力调整优化养殖产业结构。1999年上半年，我牵头召开了全

县和县乡村三级干部大会，专题部署养殖产业结构调整工作。县里成立了长岛县养殖规范化管理领导小组，印发了优化调整长岛县扇贝养殖业结构调整的实施意见和具体工作方案。在养殖结构调整上提出了“两个搞活”的发展思路：一是品种上搞活，适合什么就养什么，“宜贝则贝，宜参则参”，构建多品种养殖格局；二是体制上搞活，适合什么模式就采取什么模式，不搞统一模式，不搞一刀切。为了鼓励多品种养殖，扩大养殖规模，在整个养殖结构调整中，长岛县出台了一系列优惠政策，在资金信贷、税收、海区使用和新品种引进等方面对生产单位给予政策倾斜。开会议、定政策之余，县委、县政府班子成员纷纷走进养殖场倾听渔民心声，乘船出海实地察看海珍品生长状况，我们经常提前和养殖户打好招呼，当他们底播、分拣、外挂苗种时，和他们一同乘船出海参与海上作业。头年苗种抓得及时，1999 年春天就保证了养殖结构调整的顺利进行。春季夹苗时，全县科学合理压缩了栉孔扇贝养殖面积，扩大了海湾扇贝养殖面积，引进并搞好墨西哥贝养殖，增加了虾夷贝、虾夷海胆、海参和鱼类养殖数量。到了夏天，海带的品质和产量打破多年纪录。产业的科学调整给迷茫中的养殖户带来

长岛渔民在海岸鹅卵石上晒海带

了希望，激发了养殖渔民的生产积极性。

秋冬时节，经过科学论证，又对全县扇贝养殖区重新进行了规划布局，在养殖区内打开了6条水流通道，进一步加大了水体交换能力，改善了海区条件。到了年底，全县扇贝养殖总体面积达到2.5万多亩，其中栉孔扇贝1.5万多亩，海湾扇贝1万多亩；养殖海带及藻类1.2万多亩，海参近8000万头、鲍鱼2200多万头。经过不断摸索和适度调整，养殖结构由过去单一的栉孔扇贝养殖发展为栉孔扇贝、海湾扇贝、虾夷扇贝、海带、海参、鲍鱼、鱼类、海胆等八大优势品种养殖。

五、加大科学引导力度，形成多品种、多形式、多元化养殖结构

2000年，县委、县政府加大了科技引领的力度。为了让渔民更好地了解、掌握科学养殖的方法，春天，县里组织了栉孔扇贝养殖示范户、报告团等到各乡镇做巡回报告，通过他们现身说法，对扇贝分苗时间、扒网、提水层等工序进行详细讲解；组织专家总结完善了《栉孔扇贝养殖技术规范》印发给各养殖户，使群众对“科学养殖”实现了从感性认识到理性认识的飞跃。到夏天时，县直相关部门联合科研院所在全县10个乡镇设立了22个海洋环境监测站，重点监测海水温度变化、浮游生物当量等信息，并定期通过电视台发布信息简报。集中水产科研部门技术力量，通过引种培育等手段开展栉孔扇贝的杂交育苗，在全县大力推广杂交扇贝养殖，优化改良了栉孔扇贝种质，提高抵御自然病害的能力。与水产科学院黄海研究所等科研院所达成协议，开发栉孔扇贝三倍体育苗、引进虾夷马粪海胆、长叶海带、刺参浅海养殖等新技术，为群众养好各类新品种提供技术支撑和服务。开通科技110电话，组织技术人员到基层进行现场服务，规范养殖的技术流程。

长岛海域万亩养殖场

通过科学论证和实践论证，改变传统养殖方法。主要针对栉孔扇贝养殖历史上形成的“春分秋收”或“春分翌年收”的传统模式，实行“春分夏收”或“秋分夏收”，避过栉孔扇贝容易出现死亡的夏季高温期。在栉孔扇贝收获后的夏季，放养适宜较高水温的海湾扇贝，变往年的一茬养殖为两茬养殖，不仅增加扇贝的产量，还能增加渔民的效益。同时，总结经验教训，制定了扇贝养殖休作期制度，根据南五乡和北五乡的不同情况，规定每年的 7 月 25 日至 8 月 31 日为南五乡扇贝养殖休作期，7 月 30 日至 8 月 31 日为北五乡扇贝养殖休作期，休作期内只允许养殖单位进行常规性海上管理，严禁从事分苗、搬运、提水层等有可能影响扇贝生长的作业项目，改变渔民生产操作的随意性和盲目性。经过论证和推广，养殖形式也不断多样化，有底播、筏式圈养、网箱、围网等多种形式。到 2000 年底，全县栉孔扇贝放养面积压缩到 1 万多亩，其中，换季养面积 3800 多亩，占比达到三分之一；在南隍城岛、小钦岛、大竹山岛建成 3 个虾夷贝底播增殖区，总面积达 1 万余亩，投入大，发展快，成为养殖业新的增长点；海带养殖面积达到 1 万多亩；海参存养量达到 8200 多万头，鲍鱼存养量达到

1300多万头，杂交苗种推广迅速；虾夷海胆存养量达到200多万个；放养鱼类达到200多万尾，养鱼网箱增加到近800个，全县养鱼产量达到400吨，其中鲈鱼产量比上一年增长60%，产值增加了638%。长岛育苗业也开始回升，育苗业收入突破6000万元。

经过三年多的摸索和全县上下的共同努力，养殖产业结构调整让长岛经济走出迷茫期。到2001年，全县虾夷扇贝养殖1.1亿个，收获虾夷扇贝1000多吨；海参养殖4000多万头，苗种储备近7000万头；海带养殖面积调整至7000多亩，产量1.3万吨；养殖网箱1300多个，养殖鱼类160多万尾；鲍鱼养殖700多万头；栉孔扇贝、海湾扇贝、贻贝、牡蛎养殖1万多亩，产量近1400吨，全县的养殖结构由单一的栉孔扇贝发展到长中短期相结合的十几个品种，养殖产业实现了由数量膨胀型向质量效益型转变。

我任职书记的三年，正是长岛经济发展的困难期和迷茫期，县委、县政府一班人在抓牢抓实渔业产业结构调整的同时，克服困难，大力发展多种经济，以“渔家乐”带动长岛旅游业发展，引进风电，加强交通、港口等基础设施建设，全县经济较好地摆脱了主导产业连续受灾的不利影响，逐步走上良性、多元化发展轨道，从2000年开始出现恢复性增长。2001年比1998年，全县国内生产总值增长3.6%，地方财政收入增长10.7%，渔村人均纯收入增长3.3%，社会消费品总额增长17.9%，第三产业实现增加值增长6.8%，县乡工业企业实现销售收入增长26.9%，风电企业上缴利税占比达到20%左右。全县旅游接待人次由1998年的50万人次增长到74万人次，旅游直接收入比1998年增长了131%。其中，“渔家乐”特色旅游发展迅速，2001年接待游客11万人次，实现收入880万元，给长岛旅游注入了新的活力。

采　访　人：王　静　冯学凌

撰稿整理人：王　静　冯学凌　姜俊英

积极探索美丽海岛的转型之路

张延廷*

我从2001年1月开始到长岛工作，2009年12月到烟台市海洋渔业局任局长两年，2011年11月又回到长岛担任县委书记，一直到2016年12月调任滨州工作，前前后后加起来，在岛上工作了近15个年头。可以说，对长岛的情况比较熟悉，也有着深厚的感情。在岛工作期间，我一直在积极探索实践长岛的科学发展道路。2011年11月任职长岛县委书记伊始，我提出了以打造中国北方生态旅游度假岛为目标，实现美丽海岛的转型之路，全力建设国际一流、国内领先的旅游目的地的发展思路，确立实施“规划引领、生态优先、基础先行”三大桩基工程。

一、坚持规划引领，以科学谋划明确发展方向

长岛作为山东省唯一的海岛县，渔业长期占据产业主导地位。1984年全省海岛工作会议后，长岛通过实施“耕海牧渔”战略，发展重点从捕捞转移到养殖上来，经济得到了快速发展，1992年成为山东省第一个小康县。但从1996年起，海上养殖业连年遭灾，长岛经济陷入低谷。2002年、2007年，山东省委、省政府，烟台市委、市政府先后在长岛召开现场会议，从资金、政策、项目等方面给予支持，长岛经济发展有了一定起色。但以渔业为主

* 张延廷，2011年11月至2016年12月任中共长岛县委书记。

黄渤海交汇处

导的发展格局没有改变，在三产中仍占比 50% 以上，旅游业始终停留在低端观光游阶段，经济发展缺乏可持续性。按老路子继续走下去，一味吃老本，早晚坐吃山空。

2011 年 11 月，我任长岛县委书记后，摆在眼前的首要课题是长岛高质量发展之路怎么走。经过深入调研，我们认识到长岛最大的优势在于四面环海、风景秀美，具备较好的旅游自然条件，发展旅游业大有可为；最大的阻碍就是基础设施建设和服务水平、服务能力的低端化。为此，我们坚持高点定位，提出“建设中国北方生态旅游度假岛”的发展目标，全力建设国际一流、国内领先的旅游目的地。目标提出来了，接下来就要解决实现路径的问题。我当时作了一个比喻，长岛的发展就好比盖一座大楼，先要把地基打好。这一届领导班子的职责使命，就是首先打好地基，真正把身子扑下来，稳扎稳打，一步一个脚印把长岛未来发展的地基打结实，为长岛高质量可持续发展奠定坚实的基础。

为了高起点、高标准、高水平制定长岛发展规划，2012 年县里邀请了享誉全球的“新加坡规划之父”——新加坡宜居城市中心首任主席刘太格先生，为长岛编制发展规划。编制规划时，我专门去了新加坡，亲自拜访商讨。这一年刘太格先生也先后两次来长岛进行了实地考察和调研。之后，我们又先后数次通过视频进行沟通、讨论，最终编制完成了长岛总体发展规划和城市概念设计。随后，我多次带队到省政府和省发改委汇报沟通，2012 年 12 月 12 日，经省政府同意，《长岛休闲度假岛发展规划》正式批复实施。同时，为把《发展规划》科学分解，立体细化，形成完整科学有效的实施方案，县里又聘请中国科学院海岸带研究所等高层次专业机构，先后编制完成了海域使用、土地利用、海岛整治修复、海陆交通和海洋文化产业发展等7项规划以及20余处重点区域详细规划，形成以总体规划为统领、专项规划为支撑、区域规划为辐射的“1+7+N”的规划体系。这些系统规划，为把长岛打造成中国北方生态旅游度假岛提供了科学依据和根本遵循，打开了长岛旅游发展的空间布局。

二、坚持生态优先，以绿色生态夯实发展根基

海岛环境承载力薄弱。长期以来的过度捕捞和人为干预，使长岛海洋资源日益枯竭，生态环境越来越脆弱，决不能再走老路子。为此，我鲜明地提出“生态优先”的理念。现在看来，当时的想法与现在“绿水青山就是金山银山”的生态发展理念是完全契合的。《发展规划》是全面围绕生态优先发展来设计的，行动方案也是向着生态建设的目标来实施的。工作中，县里从保护和修复两个方面入手，来改善优化长岛的生态环境。

一方面是保护。长岛海洋、陆地生物资源极其丰富，怎么保护起来？长岛自身的力量有限，保护措施刚性不足、缺少力度，必须借助外界的力量。什么力量？国家的力量、法规的力量。我和班子成员积极主动向上级争取上划为相关保护区，责成相关部门成立申办小组，选调专门工作人员组成攻关团队，努力争取为海岛多画几个“圈”，利用国家的资源和对保护区的政策规定，把岛上生物资源依法合规保护起来。2013年2月22日，国家海洋局批准长岛设立国家级海洋生态文明建设示范区。2012年至2014年，农业部、省政府先后批准设立长岛许氏平鲉、皱纹盘鲍、长岛光棘球海胆、长岛魁蚶、长岛刺参等6个省级以上水产种质资源保护区。2016年9月14日，国务院批准长岛县为国家重点生态功能区。至此，长岛各类保护区和示范

区达到15个。同时，着力解决垃圾污水污染等问题。在垃圾处理方面，早在2011年县里就积极协调市里同意，把长岛城区垃圾集中压缩后运到市垃圾处理厂，并在其他岛屿分别建设小型垃圾处理场。在污水处理方面，结合长岛的实际情况，采取集中处理和分散地埋式处理相结合的方式，2014年，建设了日处理能力3800吨的污水处理站。在不容易集中收集污水的各岛屿，建设了9处地埋式污水处理设施。长岛城区污水无害化处理率达到97%，乡村垃圾无害化处理覆盖率达到80%，城乡居民的生态环境和居住条件有了很大改善。

另一方面是修复。对已经破坏的生态环境，要通过各种手段把它修复起来。长岛100多公里的海岸线是海岛的生态项链。从2000年起开始的育保苗业膨胀发展，由于缺乏规划，管理无序，低档育保苗场及设施遍布岸线，污水直排大海，原来随处可见的贝藻海珍品不见了，岸边密密麻麻的破旧建筑挡住了游客的脚步和视线。要修复海岸环境必须狠下决心，全部拆除这些违章建筑。在多方积极协调好育保苗业发展，以及相关人员的经济损失后，2012年至2016年累计拆除了南北长山岛岸线破旧建筑53万平方米，整治恢复岸线20公里，渔业生产岸线由57%压缩到17%，海岛人记忆中美丽的海岸线又回来了。与此同时，县里还开展了对裸露山体的广泛治理。过去建育苗场、海参池子，把山体破坏得不像样，到处都能看到裸露丑陋的山体。县里向上级争取了2亿元专项资金，进行裸露山体和地质灾害治理。2013年至2016年，补植造林6000多亩，新增绿地面积13万平方米，森林覆盖率大大提升。除了山和岸，海也在大力治理的范围内，2012年至2013年，县直几个部门联合对所辖海域进行承载力和养殖容量调查，重新划出海上生产区，明确“压缩贝类养殖、拓展藻类养殖、鼓励引导外海区开发、大力发展海洋牧场”的生态养殖思路，2013年至2016年投资3亿元实施了5处生态化海洋牧场、8处种质资源保护区建设，改造海域10万亩。大力推行“水面贝藻鱼兼养、垂直面上中下立体养殖、海底海珍品底播增殖”

的科学养殖模式，实现贝藻鱼与海珍品代谢物、营养物间相互转换，形成了一个完整的生态链。经此改造与调整，渔业生产效益非常好，渔业总产值年均增长 9.8% 以上。5 年间，先后投入生态保护修复资金 15.5 亿元，海岛的生态环境得到了全面改善提升。

三、坚持基础先行，以完善的城乡建设助推长岛高质量发展

基础保障不仅是发展旅游业的需要，更是长岛百姓生产生活的需要。长岛作为海岛县，过去一直存在着吃水、用电和交通“三大难”。之前为解决“供电难”的问题，自 1980 年开始，从蓬莱到长岛铺设的海底电缆，是由一根电缆把各个岛屿串联起来，而且是多次分段实施的。到 2012 年，最早的一段用了 30 年，已经老化，北岛每年停电时间长达五六百个小时，几乎家家户户都买了小型发电机。南隍城乡是烟台市最早的一批电气化村，但是一停电还赶不上人家烧柴火的，群众意见很大。同时，长期以来长岛老百姓吃的都是苦咸水，岛上 80% 以上的地下水因海水倒灌而水质恶化，人均淡水资源拥有量仅为全国平均水平的 2.7%，淡水资源十分匮乏。之前，南岛主城区曾上过海水淡化，但成本高，水质不能保证；北岛也搞了海水淡化，一方水成本 30 多块钱，老百姓也用不起。海上交通是长岛唯一通道，受天气影响非常大，遇到 7 级以上大风就不能通航。南部岛屿每年有 40 余天不通航，北部岛屿有 80 余天不通航。

这些基础性问题不解决，不仅人民群众生活会受到严重影响，旅游服务业也不可能发展起来。为了解决吃水难的问题，我和班子成员，以及相关部门跑市里进省里，经过努力，2012 年开始实施跨海引水工程，5 月 27 日，蓬长跨海引水项目在济南签约，投资 1.8 亿元，从蓬莱至长岛铺设了两条 8 公里长海底引水管线。2014 年 10 月，建成通水，日供淡水能力达

到1万吨，比原来提高了5倍。同时，又在其他岛屿先后建设了蓄水设施，通过船舶运输淡水，彻底结束了长岛“吃水难”的历史。2012年，双回路电网改造工程同期实施，9月，投资3.1亿元完成了80公里的双回路电网改造，两条电路各自形成一个环，这样即使一条电路断了还有另一条备用，实现了海岛全域供电“双保险”，解决了用电难的问题。2013年11月，35千伏大钦变电站扩建工程完工。2014年8月，铺设钦隍线新建10千伏工程海底光伏电缆。2015年7月，投资2000万元建设了砣矶岛微电网系统，2016年8月竣工。9月，全省首条海底电力光缆——烟台电网220千伏汤邱站至110千伏长山海底光缆在长岛侧完工，全长10.5千米。这些工程的投运，为长岛生产生活、经济发展提供了可靠电力保障。

2014年10月，蓬莱—长岛跨海引水工程通水仪式

在陆岛交通码头提升工程实施中，我们主要是做了两件事：上大船、修码头。上大船，就是提升船舶吨位，增强抗风能力，满足恶劣天气下的通航需求。2012年至2016年底，先后累计投资3.6亿元新上客运船舶16艘，这样全年长岛因恶劣天气停航天数，由过去的40天左右缩短至10天左右。修码头，就是增加码头数量，升级改造设施，保障船舶靠岸。2012年2月至2016年11月，先后累计投资1.76亿元建设了中心渔港和大钦岛、砣矶岛、北隍城岛等7处陆岛交通码头，并对全县70%的乡镇陆岛交通码头进行了升级改造。2015年12月，投资5亿元实施了长岛港交通综合服务体项目，建设了3个千吨级码头。同时，累计投资1亿元，建设改造城乡路网和国

防道路12.7公里，岛内交通条件得到有效改善。

大建设依赖大投入。长岛的财力十分薄弱，一年的财政收入不到1个亿，这么大的投资，钱从哪来？一方面积极向上争取。千方百计发动力量多方到市、跑省、进京，2012年至2016年，累计争取到位无偿资金32亿元，是"十一五"时期的4倍。另一方面开展市场化运作。比如，项目建设上，县里策划推出"百里慢道"、整岛开发、妈祖文化园、海洋牧场等拉动力大、带动性强的项目。2014年，先后举办了北京、上海等招商推介会，组织走访知名企业350多家，总投资121亿元的76个项目相继开工建设。在船舶更新上，我们按照"谁投资、谁经营、谁收益"的原则，2015年引进了3家民营企业，新上12艘高抗风等级豪华客船，把长岛陆岛海上航线的交通船舶更新了80%。

基础打牢之后，长岛就全力以赴"盖大楼"——发展提升旅游服务业。长岛景点多，但景深浅，互不相连，交通不便，多数游客来了以后，待不了多长时间，看看景点就走了，除了几十元的门票收入，没有给长岛带来多少经济效益。如何解决游客"看了吃了就走了"的问题？我们及时提出推动长岛旅游实现两个转变：即观光游向休闲游转变，导游向自助游转变，目的就是把长岛打造成一个真正意义上的度假岛。游客来了之后，是观光旅游，还是休闲度假，完全自主选择，好比自助餐。基于这一理念，我们提出了建设环岛慢行旅游服务体系的构想。即把整个长岛作为一个大景区，把原来分散间断的各个景点串联起来，整合为相互连通、星罗棋布的一体化全域旅游系统。自2013年起，投资3.63亿元，实施南长山岛、北长山岛环岛慢行旅游服务体系建设，2017年完工。这样游客由原来在岛1—2天的消费扩大到3—4天以上，消费时间的拉长，带来的是经济效益的大幅增长。

旅游服务业的崛起也带动了长岛各行业的全面发展，最显著的是"渔家乐"。长岛"渔家乐"起步于20世纪90年代，但长期以来一直处于低层次的无序发展状态，以家庭小旅馆为主要模式，千篇一律，没有形成海岛渔俗特色，而且由于低价恶性竞争，服务不到位，经常受到游客投诉。随着长岛旅游服务业的快速发展，我们意识到，这种低端散乱的模式已经不能适应长岛旅游业发展，必须下定决心对“渔家乐”进行改造升级。我们按照“一岛一主题、一户一特色”的思路，投资了4.9亿元，建设了4处高端渔家风情园和文化聚集园；突出休闲垂钓、摄影写生、军旅国防等主题，系统打造提升了1000余户民俗“渔家乐”。同时，从加强市场执法管理、提升渔民文明素质等方面入手，不断提升“渔家乐”服务质量，真正把“渔家乐”打造成为长岛旅游的一个特色品牌。“渔家乐”的升级不仅提升了服务质量，也为渔民带来巨大经济效益。

旅游服务业的纵深发展也为生态渔业拓宽了增长空间。比如，海洋牧场，过去只是在底下网箱内进行养殖，随着旅游业的兴起，我们把海面平台进行了升级打造，着力发展海上观光旅游，通过赶海、拔笼、放流等多

2014年9月，南北长山联岛大桥建成通车

种参与互动体验，打通了三产旅游业和一产生态渔业的发展通道，实现了旅游与渔业的融合发展，互促共进。

通过这一系列措施的实施，长岛的转型发展迈出坚实步伐，2012 年至 2016 年，累计完成基础设施投资 28 亿元，是“十一五”时期的 4.6 倍；2016 年旅游总收入、地方可用财力均是 2011 年的 3 倍；旅游服务业占 GDP 比重由 35% 提高到 45%。

2016 年底，根据组织安排，我离开长岛到滨州工作。回顾自己的历程，我从 33 岁进岛，到 49 岁离开，可以说把自己最好的时光和年华留在了长岛，也对长岛有着极其深厚的感情。直到现在，长岛的一山一海一草一木，在长岛工作期间的点点滴滴，还时常浮现在我的脑海里。在长岛任职期间有收获，有遗憾，也很辛苦。但长岛的每一点进步，都让我充分认识到“功成不必在我”精神境界和“功成必定有我”历史担当的重要性。时至今日，我始终认为，是长岛培养了我、成就了我，没有长岛这个工作平台就没有我的今天。我离开长岛以后，长岛也有了越来越大的变化，我也是从心里感到高兴。我相信，长岛的明天一定会更加美好！

采　访　人：刘红梅　王　静

撰稿整理人：刘红梅　王　静

后　记

历时数载，《改革开放以来烟台市、县委书记口述历史》终于付梓出版。改革开放是决定当代中国命运的关键抉择，这一时期的市委书记和县委书记，既是历史的亲历者、见证者，更是地方改革发展的决策者、实践者，是党执政兴国的宝贵资源。这部图书承载着数十位曾主政烟台市及各县（市、区）的书记对改革开放以来岁月的深情回望，凝聚着他们亲历地方改革发展实践的心血与智慧、经验与感悟，更映射出烟台广大党员干部群众在时代大潮中劈波斩浪、踔厉奋发的壮美画卷。

在征编过程中，我们始终坚持以马克思列宁主义、毛泽东思想、邓小平理论、“三个代表”重要思想、科学发展观、习近平新时代中国特色社会主义思想为指导，深入学习贯彻习近平总书记关于党的历史和党史工作的重要论述，坚持“党史姓党”的立场，坚持实事求是、与时俱进的原则，严把政治关、导向关、史实关、保密关、文字关，力争打造一部文质相彰、资政启智的党史著作。

市委党史研究院院长李丕志针对口述历史征编工作给予了指导性建议，围绕征集对象的筛选、采访环节的实施、各单位的组织协调以及经费的落实保障等事项作出了具体安排，并在书稿付梓前亲自统筹审核把关，为如期出版提供了坚实保障。党史一科负责具体组织实施书稿征编工作，在联络采访、撰写整理、图片征编、史料核实、审读把关等各个环节，都付出了艰辛的汗水和炽热的心血。

本书的征编出版，离不开各方的鼎力支持。我们要向接受访谈的各位书记致以最诚挚的敬意与感谢。有些书记工作繁忙，分身乏术；有些书记年事已高，行动不便，但他们仍不顾辛劳，梳理回顾过往，用朴实的语言还原历史场景，用真挚的情感讲述奋斗故事。我们要向一些重大改革的亲历者表示最诚挚的敬意与感谢。当我们遇到困惑征询意见时，他们热情地、详尽地给予答疑解惑，对撰稿认真地字斟句酌。正是他们的无私支持，让许多未曾见诸史料的历史场景得以再现纸面，成为宝贵的精神财富。同时，我们要感谢各区市党史部门工作人员的通力协作，他们承担了大量繁重的采访整理、史料图片收集与撰写工作，以尊重历史、敬畏历史的态度对待每一份口述素材，力求原原本本呈现历史风貌，其间的付出与坚守，亦值得肯定和铭记。

按出版要求，文章中涉及的部分领导同志的名字，我们做了模糊处理，恳请读者海涵。同时，由于时间跨度长、涉及面广，部分历史细节因年代久远难免存在记忆偏差，我们虽多方查阅档案、史料，核实时间、地点、人物、数字等关键信息，但书稿中或许仍有疏漏或不妥之处，恳请读者批评指正。

编者

2024 年 12 月